语言文字探微

——洪波学术论文集

洪 波 著

人民出版社

目　录

《论语》"可逝"解

——从因声求义到因声析义

　　《论语·雍也》：宰我问曰："仁者，虽告之曰'井有仁焉'，其从之也？"子曰："何为其然也？君子可逝也，不可陷也；可欺也，不可罔也。"

　　何晏《论语集解》引包咸："逝，往也。言君子可使之往视耳，不肯自投从之也。"又引马融说："可欺者，可使往也；不可罔者，不可得诬罔，令自投下也。"是汉儒训"逝"为"往"，后人大多从之，如皇侃《论语义疏》云："逝，往也。"朱熹《论语集注》云："逝，谓使之往救。"

　　唯清儒俞樾别有异说。《群经平义·论语一》："宰我之意，盖谓仁者勇于为仁，设也于井之中而有仁焉，其亦从之否乎。孔注仁人堕井之说（引者按：指何晏《集解》所引孔安国说），殊有未安。'出'字经文所无，且投下从之又安能出之？宰我居言语之科，不应失言如是。皇侃因孔云'仁人堕井'，遂于经文'仁'下增'者'字，未足据也。孔以可逝为可使往视（引者按：据宋本《论语集解》，此乃包咸语，非孔安国之说），其义迂曲。'逝'当读为'折'，《周易·大有》《释文》曰：'誓，陆本作逝，虞作折。'（引者按："誓"《周易·大有》原文作"哲"。）是'逝'与'折'古通用。君子杀身成仁则有之矣，故可得而摧折，然不可非理陷害之，故可折不可陷。"

俞樾对何晏《集解》所引孔安国说和包咸说的批评是很有道理的。首先，训"逝"为"往"，于《论语》此章文意难通；其次，文中"陷""欺""罔"皆为及物动词，且助动词"可"后一般要求接及物动词，而"往"义之"逝"乃不及物动词，与原文的句法要求不相吻合。俞樾读"逝"为"折"，意为"摧折"，与此章文意、句法皆洽然理顺。

不过，问题并没有完全解决。"逝"，《广韵》"时制切"，为禅母祭韵去声。"折"则有两个反切音，其一是"常列切"，禅母薛韵入声，今音 shé，意思是"断而犹连"（《说文》）；其二是"旨热切"，章母薛韵入声，今音 zhé，意思是"拗断"。俞氏未指明其所谓"折"是禅母入声之"折"还是章母入声之"折"。根据他的义训，似乎应为章母入声之"折"，因为这个"折"是及物动词，而禅母入声乃不及物动词。但取章母入声之"折"，与"逝"的声母又不合，且俞氏所引《周易·大有》的异文又只能说明"逝"与禅母入声之"折"通假，不能证明"逝"与章母入声之"折"通假。要彻底搞清楚《论语》此章中"逝"的音义，必须从上古汉语的形态入手。

"逝"的上古音是 *ɦljeds（郑张尚芳 2003，下同），禅母入声"折"的上古音是 *ɦljed，章母入声"折"的上古音是 *ʔljed。"逝"与禅母入声"折"在上古声母相同，并且同属"月"部，所不同的是"逝"有一个韵尾 *-s，而"折"没有这个韵尾。这个韵尾是个形态音位，有几种形态功能，其中一种形态功能是及物化功能，或者叫增价功能，也就是将不及物动词、形容词乃至普通名词变成及物动词，将单及物动词变成双及物动词（参见 Axel Schuessler 2007：41-46，洪波 2009）。这种现象在上古文献中是非常常见的。

不及物动词用作及物动词例：

（1）往蹇来反，内喜之也。（《周易·蹇卦·九三象》）《经典释文》(以下简称《释文》)卷二：内喜，徐许意反，犹好也。按：喜为不及物动词，上声，上古音是 *qhlɯ?；例中用作及物动词，去声，上古音是 *qhlɯs。

（2）渔者走渊，木者走山。(《淮南子·说林训》) 高诱注：走读奏记之奏。按：走为不及物动词，上声，上古音是 *?soo?；例中走为及物动词用法，去声，上古音是 *?soos。

形容词用作及物动词例：

（3）不宜空我师。(《诗经·小雅·节南山》)《释文》卷六：空我，苦贡反，穷也。按：空为形容词，平声，上古音是 *khooŋ；例中空用作及物动词，去声，上古音是 *khooŋs。

（4）如好好色，如恶恶臭。(《礼记·大学》)《释文》卷十四：如好好，上呼报反，下如字。如恶恶，上乌路反，下如字。按：好为形容词，上声，上古音是 *qhuu?；例中上一个好为及物动词，去声，上古音是 *qhuus。恶为形容词，入声，上古音是 *qaag；例中上一个恶为及物动词，去声，上古音是 *qaags。

普通名词用作及物动词例：

（5）若常膏之。(《左传·襄公十九年》)《释文》卷十八：常膏：古报反。按：膏为名词，平声，上古音是 *kaaw；例中用作及物动词，去声，上古音是 *kaaws。

（6）虽无有质，谁能间之？(《左传·隐公三年》)《释文》卷十五：间之，间厕之间。按：间为名词，平声，上古音是 *kreen；例中间用作及物动词，去声，上古音是 *kreens。

（7）自上下下，其道大光。(《周易·益卦·象》)《释文》卷二：下下，上遐嫁反，下如字。按：下为方位名词，上声，上古音是 *graaʔ；例中第一个下用作及物动词，去声，上古音是 *graas。

单及物动词用作双及物动词例：

（8）晋侯饮赵盾酒。（《左传·宣公二年》）《释文》卷十六：饮，於鸩反。按：饮为单及物动词，上声，上古音是 *qumʔ；例中用作双及物动词，去声，上古音是 *qums。

（9）公语之故，且告之悔。（《左传·隐公元年》）《释文》卷十五：语，鱼据反。按：语为不及物动词，也作单及物动词用，上声，上古音是 *ŋaʔ；例中用作双及物动词，去声，上古音是 *ŋas。

根据上古汉语 *-s 词尾的上述功能，我们认为"可逝"之"逝"应是不及物动词禅母入声"折"的及物化用法。

禅母入声"折"的及物化用法写作"逝"，《论语》此章不是孤例。在《诗经》里也有。

（10）无易由言，无曰苟矣。莫扪朕舌，言不可逝矣。（《诗经·大雅·抑》）

例中"逝"郑玄释为"往"，非；俞樾释为"逮""及"，亦与上下文意不相吻合。上一章曰："……慎尔出话，敬尔威仪，无不柔嘉。白圭之玷，尚可磨也；斯言之玷，不可为也。"而此章下文是："无言不酬，无德不报。"在这样的语境中"逝"无论训"往"还是训"逮""及"都是讲不通的。此章这几句的正解解释应是：不要出言不一，不要随便说话，没有人按住我的舌头，说出来的话是不可阻断的。其中"可逝"与《论语》"可逝"正是同一种句法，意思亦相当，都是"折（shé）"的及物化用法。在《论语》里是"可摧折"的意思，此处则是"可阻断"的意思。

此外，在《诗经》里还有：

（11）毋逝我梁，毋发我笱。（《诗经·邶风·谷风》）毛传：逝，之也。梁，鱼梁。

（12）毋逝我梁，毋发我笱。（《诗经·小雅·小弁》）郑笺：逝，之也。

以上2例中的"逝"毛《传》郑《笺》皆训"之"，这个"之"是位移动词，意思是"到……去"，与"往"是同义词。这两句话应是当时的成言，所以在《诗经》里反复出现。例中"梁"是鱼梁，鱼梁是一种为捕鱼而垒起来的小水坝，这种小水坝是不可以行人的，且禁止别人到鱼梁那里去，于理也不合，所以训"逝"为"之"，与诗句意思实难切合。例中"发"，《韩诗》释为"乱"，诗句的意思是不要搞乱我的鱼筌，那么前句"逝"的意思当与"发"相近，应指某种破坏性的行为，因此也应是"折（shé）"的及物化用法。

传统训诂学有形训、义训和声训三种主要训诂方法，清儒借助古音学研究的成果，在声训方面更是取得了远远超出前人的巨大成就，"因声求义"成为清儒训诂的一个法宝，"一声之转"成为清儒的训诂口头禅。然而遗憾的是，由于清儒对于上古汉语形态缺乏基本认识，对《经典释文》所记录的"读破"现象缺乏正确的认识，因而未能从"因声求义"迈向因声析义的形态学研究。现在我们对上古汉语存在构词和构形形态已经取得了广泛共识，加上上古汉语语音研究也取得了进一步的突破，因而因声析义的形态学研究应是当前及今后一个时期内训诂学的首要任务。

参考文献

洪波：《上古汉语 *-s 后缀的指派旁格功能》，《民族语文》2009 年第 4 期。

金理新：《上古汉语形态研究》，黄山书社 2006 年版。

（唐）陆德明撰，黄焯汇校：《经典释文汇校》，中华书局 2006 年版。

梅祖麟：《四声别义中的时间层次》，《中国语文》1980 年第 6 期。

郑张尚芳：《上古音系》，上海世纪出版集团、上海教育出版社 2003 年版。

周法高：《中国古代语法·构词编》，台湾"中研院"历史语言研究所专刊 1962 年版。

周祖谟：《四声别义释例》，载周祖谟《问学集》，中华书局 1966〔1946〕年版。

Axel Schuessler（许思莱），*ABC Etymological Dictionary of Old Chinese*，Library of Congress Cataloging-in-Publication data，University of Hawaii Press，2007.

G.B.Downer（唐纳），*Derivation by Tone-Change in Classical Chinese*（《古代汉语中的四声别义》），Bulletin of the School of Oriental and African Studies，Vol.22，1959.

（原载《语言研究》2013 年第 3 期）

上古汉语"施"字音义考

一、"施"的词根音义

  《说文解字·㫃部》:"施,旗旖施也。从㫃,也声。"又同部:"旖,旖施,旗貌。从㫃,奇声。"段玉裁注云:"旖施,叠韵字,在十七部。许于旗曰旖施,于木曰橋施,于禾曰倚移,皆读如阿那。……本谓旌旗柔顺之貌,引伸为凡柔顺之称。倚移与旖施同,许以从㫃从禾别之。"据段注,"旖施"与"倚移""橋施"实为一词之异写或分化,为叠韵连绵词。"施"的词根义(本义)不应读"式支切"的音,应读以支切的音。据郑张尚芳的上古音系,应拟为 *lal[①],与"移""迻"等字同音,今音读 yí。

  据段玉裁《说文解字注》,"施"的本义是旌旗柔顺貌,但《诗经·桧风·隰有苌楚》:"隰有苌楚,猗傩其枝。"毛传曰:猗傩,柔顺也。王引之《经义述闻·毛诗上》:"……下文又云'猗傩其华''猗傩其实','华''实'并不得言柔顺而亦言'猗傩',则'猗傩'乃盛美之

---

① 郑张尚芳《上古音系》页 521 将"施"拟为 *hljal,这是按"式支切"的反切音构拟的,不可视为"施"字词根之音。

貌矣。"王说是。所谓盛美，在旗帜即为风中飘扬舒展的样子。《说文解字·㫃部》"旖""旇""旎"并为旌旗在风中不同的飘扬样态。

（1）旖，旌旗旖旎也。

（2）旇，旌旗飞扬貌。

（3）旎，旌旗披靡也。

根据以上分析，"施"的词根义应是（旗帜）飘扬舒展貌。旗帜在风中飘扬舒展是一种状态，这种状态可用以比喻人的行走状态。

（4）蚤起，施从良人之所之。（孟子·离娄下）赵岐注：施者，邪施而行，不欲使良人觉也。

（5）而良人未之知也，施施从外来，骄其妻妾。（孟子·离娄下）赵岐注：施施，犹扁扁喜悦之貌。

按例（4）（5）之"施"并音 yí，旧注曰音"怡"。例（4）所谓"邪施而行"，乃是逶迤随行，良人向左则向左良人向右则向右的尾随状态。例（5）赵注"施施"为"扁扁喜悦之貌"不确，"施施"即摇摇摆摆的样子，也是"飘扬舒展貌"的比喻用法。

二、先秦典籍"施"的音义问题

（一）"施"在先秦典籍中的使用根据后世音注，有多种读音，其中主要有三种读音。

1.读式支切的音，《经典释文》注为如字或不注音，今音 shī。例如：

（6）肃肃兔罝，施于中逵。（诗经·周南·兔罝）《经典释文》："施，如字。"

（7）其施之也悖，其求之也佛。（礼记·学记）《经典释文》："施，如字。"

（8）母施衿，结帨，曰："勉之敬之，夙夜无违宫事。"庶母及门内，施鞶，申之以父母之命。（仪礼·士昏礼）例中两"施"字《经典释文》皆无音注。

2. 读式豉切，今音 shì。例如：

（9）益动而巽，日进无疆。天施地生，其益无方。（周易·益卦）《经典释文》："施，始豉反。"

（10）楚有三施，我有三怨。怨雠已多，将何以战？（左传·僖公二十八年）《经典释文》："施，始豉反。"

（11）天德而出宁，日月照而四时行，若昼夜之有经，云行而雨施矣。（庄子·天道）《经典释文》："施，始豉反。"

3. 读以豉切，今音 yì。例如：

（12）葛之覃兮，施于中谷。（诗经·周南·葛覃）《经典释文》："施，毛以豉反。"

（13）果臝之实，亦施于宇。（诗经·豳风·东山）《经典释文》："施，以豉反。"

（14）茑与女萝，施于松柏。（诗经·小雅·頍弁）《经典释文》："施，以豉反。"

（15）莫莫葛藟，施于条枚。（诗经·大雅·旱麓）《经典释文》："施，以豉反。"

（二）先秦典籍中"施"的意义前人训释纷纭复杂，披繁就简，以音统义，主要有：

1. 与式支切的音匹配的主要是施加、施设义。例如：

（16）肃肃兔罝，施于中林。（诗经·周南·兔罝）

（17）勤大命，施于烝彝鼎。（礼记·祭统）郑玄注："施，犹著也。"

（18）为熬：捶之，去其皽，编萑，布牛肉焉。屑桂与姜，以洒诸上而盐之，干而食之。施羊亦如之。施麋、施鹿、施麕皆如牛羊。（礼记·内则）

由施加、施设义引申为颁布、给予义，仍读式支切的音。例如：

（19）乃施典于邦国，而建其牧，立其监，设其参，傅其伍，陈其殷，置其辅。（周礼·天官·冢宰）

（20）乃施教法于邦国都鄙，使之各以教其所治民。（周礼·地官·司徒）

（21）汝克黜乃心，施实德于民，至于婚友……（尚书·盘庚上）

（22）猛则民残，残则施之以宽。（左传·昭公二十年）

2. 与式豉切的音匹配的意义主要有两类。第一类是表示施加、给予的东西。例如：

（23）楚有三施，我有三怨。怨雠已多，将何以战？（左传·僖公二十八年）《经典释文》："施，始豉反。"

（24）君子之行也，度于礼，施取其厚，事举其中，敛从其薄。（左传·哀公十一年）《经典释文》："施，尸豉反。"

（25）故上悖日月之明，下烁山川之精，中堕四时之施；惴耎之虫，肖翘之物，莫不失其性。（庄子·胠箧）《经典释文》："施，始豉反。"

第二类是表示施加、给予有结果或已完成。例如：

（26）栾枝曰："未报秦施而伐其师，其为死君乎？"（左传·僖公三十三年）《经典释文》：施，始豉反。

（27）公子商人骤施于国，而多聚士，尽其家，贷于公、有司以继之。（左传·文公十四年）《经典释文》："施，式豉反。"

（28）施于人而不忘，非天布也。（庄子·列御寇）《经典释文》："施，始豉反。"

3. 与以豉切的音相匹配的意义是延及。前面例（12）至（15）各例都是表示空间的延及，通过空间隐喻也可以表示对象的延及。例如：

（29）既受帝祉，施于孙子。（诗经·大雅·皇矣）《经典释文》："施，以豉反。"

（30）颍考叔，纯孝也。爱其母，施及庄公。（左传·隐公元年）《经典释文》："施，以豉反。"

（31）君若顾报周室，施及寡人，以奖天衷，君之惠也。（左传·定公四年）《经典释文》："施，以豉反。"

（32）至于惠王，天不靖周，生颓祸心，施于叔带。（左传·昭公二十六年）《经典释文》："施，以豉反。"

三、先秦"施"字音义的形态句法分析

"施"的词根义是"舒展貌",《集韵》余支切,上古音读 *lal,今音读 yí。"施"读"式支切"今读 shī 的音义是从其词根义"舒展貌"的使动用法来的。根据梅祖麟(2008),在上古汉语早期,存在一个使动前缀 *s-,这个前缀能得到亲属语言藏文的支持,可确定无疑。那么在"施"词根音义的基础上加使动前缀 *s-,就构成 *s-lal,意思是使舒展、使延展,这种意义前引例(8)即是明证。该例中"施衿""施罄"意思是使衿伸展、使罄伸展。由使伸展义变为"施加、施设"义,再变为"给予"义,顺理成章。

"施"的"施加、施设"义也写作"敀"。《说文解字·攴部》:"(敀),敷也。从攴,也声,读与施同。"段注:"今字作施,施行而敀废矣。……经传多假借。"从文字角度讲,在"施加"这个意义上是"施"假借为"敀",但从词源角度,"敀"乃是"施"的派生词,也可以说是"施"在"施加、施设"这个义项上另造的字。从句法角度看,在《诗经》《左传》《论语》等文献里,施加、施设义的"施"主要构成两种句型。

> (33)NP1＋V(施)＋于NP2:*肃肃兔罝,施于中逵。*(诗经·周南·兔罝)
>
> (34)NP1＋V(施)(＋NP2)(＋于NP3):*汝克黜乃心,施实德于民。*(尚书·盘庚上)

第(33)句型中的NP1是"施"的受事论元,是梅广(2015)所指出的"使动基础上的受动"用法;第(34)句型中的NP1很像施事论元，但它来源于致事论元（causer），这是一种有意致使句，其原型句式意义是某人使某物施加于某处或某人。因此，今读 shī 的"施"，来源于"施"（*lal）的使动用法，应无问题。由于使动前缀 *s- 的作用，到中古演变为"式支切"的音，今读 shī。

上古汉语有一个 *-s 后缀，这个后缀有两种很常见的功能，一是名物化功能，二是既事式（完成体，perfect）功能。（参看梅祖麟，1980；金理新，2005；洪波，2009）"施"读"式豉切"的去声一读前文已经指出有两种意义。其一是表示施加、给予的东西，这种意义乃是"施"（*s-lal）加上名物化后缀 *-s 所表达的意义，如例（23）至（25）。其二是表示施加、给予有结果或已完成，这种意义乃是"施"（*s-lal）加上表示完成体功能的后缀 *-s 所表达的意义，如例（26）至（28）。

"施"的词根义是旗帜舒展、延展的样子，用为动词是"延展""伸展"义，在这个意义上添加表示完成的后缀 *-s，即 *lal-s，中古读"以豉反"，今音 yì，其义是表示延展有了结果，仍然用作不及物动词，通过介词"于（於）""及"引入所延及的空间处所或对象，因而有"延展到""延及"的意思。前文例（12）至（15）和例（29）至（32）中的"施"都是这种用法。

在先秦典籍中，"施"除了上述三种音义，还有一种不太常见的音义现象。

（35）君子不施其亲。（论语·微子）《经典释文》"施"作"弛"，曰："旧音絁（shī）。又诗纸反，又诗豉反。孔云：'以支反，一音敕纸反，落也。'并不及旧音。本今作'施'。"

例（35）中的"施"东汉熹平石经即作"施"，《经典释文》所据本作"弛"。该"施"字究为何音何义，可谓莫衷一是，连陆德明也无法裁定。朱熹《论语集注》曰："施，陆氏本作'弛'。……弛，遗弃也。"

程树德《论语集释》曰："考施、弛二字古多通用。《周官·遂人》注'施读为弛'可证也。此文'不施'即'不弛'假借。郑注《坊记》云：弛，弃忘也。以训此文最当。"

我们认为朱熹和程树德的训解可从。考先秦典籍，"施""弛"互为通假确有其例。

（36）凡征役之施舍，与其祭祀、饮食、丧纪之禁令。（周礼·地官·司徒）《经典释文》："'施'当为'弛'。施，式氏反。"

（37）乃弛弓而自后缚之。（左传·襄公十八年）《经典释文》："弛，式氏反，本又作"施"，音同。"

（38）凡遗人弓者，张弓尚筋，弛弓尚角。（礼记·曲礼上）《经典释文》："弛，本又作"施"，同式是反，谓不张也。"

（39）云者为雨乎？雨者为云乎？孰隆施是？（庄子·天运）《疏》："隆，兴也；施，废也。"《经典释文》："施，音弛，式氏反。"

按"弛"今读 chí，而《经典释文》读为"式氏反"或"式是反"，原本应读 shǐ，与"矢"同音，松弛、松懈义，与"张"相对。"弛"在典籍中多写作"施"，因此"施"在这个意义上也读"式氏反"，今音 shǐ。

"弛"与"施"通假是从文字角度而言的，从音义来源角度看，"弛"乃是"施"的同族词，应是从"式豉反"（上古音 *s-lal-s，今音 shì）表示施加有结果义的"施"派生而来的。从语义上看，施加有结果含有"已经施加了的"这样一层意思，给予有结果含有"已经给过的"这样一层意思。正如"厌"原本表示"吃饱"既而表示"厌恶"一样，"已经施加了的"和"已经给过的"作为一种结果状态很容易产生心理疏远，因而衍生出"松弛""松懈"这样的意思。在句法表现方面，施加有结果是"施加"义之"施"的完成体意义，这种意义的用法有着明显的去及物化倾向，前引例（26）至（28）都是不及物用法。根据许思莱（2007）、洪波（2009）的研究，上古汉语的 *-s 后缀除了名物化功能、完成体功能，还有一种增加动词配价的功能，这种功能可以使不及物动词变成及物动词，使单及物动词变成双及物动词。典型的例子如"雨"，表示"下雨"义时是不及物动词，当它用作及物动词时则读去声；"饮"本是单及物动词，读上声，变成双及物动词时读去声。例如：

（40）今我来思，雨雪霏霏。(诗经·小雅·采薇)《经典释文》："雨，于付反。"

（41）晋侯饮赵盾酒。（左传·宣公二年）《经典释文》："饮，於鸩反。"

表施加有结果义的"施"具有不及物性，读"式豉反"，本身已经有一个后缀 *-s，若让它带宾语，就需要再加上一个具有增价功能的后缀 *-s，从而形成 *s-lal-s-s 这样一种语音形式。在上古汉语里，当一个音节尾出现两个 *-s，无论这两个 *-s 是否都是形态性后缀，到中古时期则变读为上声。最典型的例子如"去"，"去"是去声字，词根内部即有一个 *-s 韵尾，当"去"用作及物动词时，后面又加上一个跟及物化（transitivilization）有关的形态后缀 *-s，遂读为上声，今音 qǔ。例如：

（42）子贡欲去告朔之饩羊。（论语·八佾）《经典释文》："去，起吕反。"

（43）子贡问政。子曰："足食，足兵，民信之矣。"子贡曰："必不得已而去，于斯三者何先?"（论语·颜渊）《经典释文》："去，起吕反。"

（44）卫侯不去其旗，是以甚败。（左传·闵公二年）《经典释文》："去，起吕反。藏也。一云除也。"

根据以上分析，可以将先秦典籍中"施"的音义总结如下：

施：*lal，今音 yí，义为舒展貌，用为动词是"伸展""延展"义。

*s-lal，今音 shī，义为使伸展，引申为施加，给予。表施加义时，字亦作"敚"。

*s-lal-s，今音 shì，有二义：施加／给予之物；施加／给予有结果。

*lal-s，今音 yì，义为延及。

*s-lal-s-s，今音 shǐ，义为松弛，松懈，废弛。在这个意义上也写作"弛"。

四、结　语

洪波（2013）以《论语·雍也》"君子可逝也，不可陷也"中"逝"的训解为例，提出先秦典籍的训诂应该从传统的"因声求义"转变为注重形态分析的因声析义。本文对先秦典籍中"施"字的音义探索乃是那篇文章的延续。尽管从 20 世纪 80 年代以来，上古汉语形态问题受到越来越多的国内外学者的关注，也涌现出一批非常有价值的研究成果，但是到目前为止，上古汉语形态研究仍处于起步阶段，可谓"路漫漫其修远兮"。因此，本文的一个重要目的就是希望通过这样一些个案的研究以引起学术界对上古汉语形态现象的更多关注，姑且算作又一块砖吧。

参考文献

洪波：《上古汉语 *-s 后缀的指派旁格功能》，《民族语文》2009 年第 4 期。

洪波：《〈论语〉"可逝"解——从因声求义到因声析义》，《语言研究》2013 年第 3 期。

金理新：《汉藏语完成体后缀 *-s》，《民族语文》2005 年第 2 期。

梅广：《上古汉语语法纲要》，（台）三民书局 2015 年版。

梅祖麟:《上古汉语动词清浊别义的来源》,《民族语文》2008 年第 3 期。

郑张尚芳:《上古音系》,上海教育出版社 2003 年版。

Axel Schuessler(许思莱),*ABC Etymological Dictionary of Old Chinese*,Library of Congress Cataloging-in-Publication Data,University of Hawaii Press,2007.

(原载《汉字汉语研究》2018 年第 1 期)

去声别义与上古汉语的方向范畴

一、引　言

(一) 本文的缘起

去声别义和清浊别义的形态功能在最近十年来越来越受到学者们的关注和认同。最近的相关研究如金理新 (2005a, b; 2006), 宋亚云 (2006), 孙玉文 (2005, 2007), 许思莱 (Axel Schuessler, 2007), 梅祖麟 (2008), 洪波 (2009a), 洪波、杨作玲 (2010) 等。洪波 (2009a) 肯定了前人关于去声别义的两种形态功能, 即名物化功能和完成体 (既事式) 功能, 将其余的去声别义现象加以统一解释, 认为是一种增价功能, 他叫作指派旁格功能, 并认为上古汉语指派旁格的后缀 *-s₃ 与藏文具有同类功能的后缀 -s 是同源的。其实, 在洪波之前, 许思莱 (2007) 已经指出上古汉语 *-s 后缀具有增价功能。本文在许思莱 (2007) 和洪波 (2009a) 的基础上做进一步研究。

沃尔芬登 (1929) 指出藏文 -s 后缀的一个重要形态功能是及物化功能, 而这种功能来源于该后缀的方向功能, 也就是说, 藏文与及物化有关的 -s 后缀原本是表示方向的, 属于方向范畴 (参见洪波 2009a)。洪波 (2009a) 认为上古汉语 *-s₃ 与藏文里跟及物化有关的后缀 -s 是同源的，如果这个假设成立，那么上古汉语的 *-s₃ 原本也应该具有标明方向的功能，而它的增价功能也应该是从它的方向功能衍生出来的。我们通过对所有跟 *-s₃ 有关的去声别义现象的穷尽性检讨，发现上述推论是可以成立的，上古汉语存在方向范畴，*-s₃ 原本应是方向范畴标记；同时还发现洪波（2009a）对于某些去声别义现象的解释是不合理的，应予以纠正。

（二）前人对古汉语方向范畴的感觉和认识

去声别义可能表示方向范畴，这一点前人早已有所觉察，在晚近一些学者那里实际上已经有比较明确的认识。

宋代贾昌朝《群经音辨》卷六云：上化下曰风（方戎切），下刺上曰风（方凤切）。下白上曰告（古禄切，《礼》："为天子出必告。"），上布下曰告（古报切，《书》："予誓告汝。"）。上育下曰养（余两切，《书》："政在养民。"），下奉上曰养（余亮切）。上赋下曰共（九容切），下奉上曰共（九用切）。迎，逆也（鱼京切），谓逆曰迎（鱼映切，《昏礼》："有堉亲迎。"）。守，保也（式帚切），谓保曰守（式救切，《春秋传》："守在四夷。"诸侯为天子守土曰守，是以天子出视四方为巡守。）亨，献也（呼两切），神受其献曰亨（呼亮切）。上述这些例子，说的都是变读表示方向的反置，即非去声表示一种方向，变读为去声表示相反的方向。

近现代一些学者对于去声别义的一些解释都是承贾昌朝而来，如周祖谟（1966）的"意义有彼此上下之分而异其读"，周法高（1962）的"主动被动关系之转变"，梅祖麟（1980）的"内向动词和外向动词"，黄坤尧（1992）的"区别关系方向类"和"区别上下尊卑类"，金理新（2005b，2006）的"动词施与指向"。

梅祖麟（1980）在谈到"内向动词和外向动词"时说："汉语外向动词的去声 -s 也许跟藏文工具格和离格的 -s 有关，最初可能是标动力来源的方向词尾。"梅先生这个说法不仅明确指出及物化 *-s 后缀最初跟方向有关，而且将其与藏语相关的形态后缀联系了起来。潘悟云（1991/2002）在论述上古汉语的使动形态时谈道："有方向性的自动和使动之间，方向自然相反。所以，这里的去声到底代表使动语法意义，还是代表方向性语法意义，有时好像难以说清楚。在藏缅语中存在表示动作方向意义的语法范畴，我们相信上古汉语也是有去声代表方向性的形态存在。"潘先生进一步明确指出上古汉语具有方向范畴。

（三）本文的研究方法和结论

本文依据《经典释文》的音注，考察动词如字和破读之间不同的语义和语法功能，将去声别义的形态功能和相关的句法表现结合起来加以研究，避免单纯形态语义角度的主观片面性和单纯句法视角对音义关系的漠视。根据这种研究方法，我们得到上古汉语与去声别义相关的方向范畴的三个下位范畴：物理空间的方向，人际空间关系的方向，伦理空间关系的方向。

二、去声别义与物理空间的方向

语言中的方向范畴与人类对于事物运动方向的感知和认识有关。在客体世界中，事物的运动往往具有方向性，这种方向性以感知主体为坐标而确定，体现的是运动的客体与感知主体之间的空间关系，因此，一种语言如果有方向范畴，它首先必然能反应运动的客体与感知主体在物理空间中的方向关系。上古汉语方向范畴能反映运动客体与感知主体之间的这种物理空间方向关系。

（一）闻

"闻"的本义是人听到声音，也就是声波传到人的耳朵使人感知到。从运动角度看，声波传到人的耳朵，是一种由外向内的运动，即声波向感知主体的运动。在上古汉语中，"闻"表示"听到"义时读平声，①《经典释文》（下文省称为《释文》）凡"闻"为"听到"义时皆不注音，即如字。此外，在《释文》中"闻"还有去声一读，有两个义项，一是名词，"名声"的意思；另一个是动词，是"传到"的意思，表示的不是声音传到感知主体的耳朵里，而是传到感知主体之外的地方。从声波运动的角度看，此时不是向感知主体运动，而是一种向外的运动。《释文》中这种用法有 27 例，都是不及物的。例如：

（1）我西土惟时怙冒，闻于上帝，帝休。（尚书·康诰）《释文》："闻如字，徐又音问。"

（2）鲁击柝，闻于邾，吴二千里，不三月不至，何及于我？（左传·哀公七年）《释文》："闻音问，又如字。"

（3）鼓锺于宫，声闻于外。（诗经·小雅·白华）《释文》：闻音问。

（4）鹤鸣于九皋，声闻于野。（诗经·小雅·鹤鸣）《释文》："闻音问。下同。"

（5）锐喙决吻，数目顾脰，小体骞腹，若是者谓之羽属，恒无力而轻，其声清阳而远闻。（周礼·冬官·考工记）《释文》："闻，音问，下同。"

"闻于上帝"就是"传到上帝（那里）"，"闻于邾"就是"传到邾国"，"声闻于外""声闻于野"就是"传到外面""传到野外"，"远闻"就是"传到很远"。与平声"闻"相比较，去声"闻"表示声波在物理

---

① 我们赞同上古汉语还没有音位性声调的观点，因为《经典释文》《群经音辨》都是用中古的声调系统来反映破读现象的，所以本文为了叙述方便，借用中古的声调系统。

空间中"向外"而不是"向内"的运动方向。有人将这类用法看作被动用法，但从引例可以看出，介词"于"引出的大多都不是感知主体，而是方位，所以视为被动用法是难以成立的。

（二）迎

《群经音辨》卷六："迎，逆也（鱼京切）；谓逆曰迎（鱼映切，《昏礼》：'有婿亲迎。'）。"平声"迎"义为"迎接"，原指对造访者的迎接。例如：

（6）冠之日，主人紒而迎宾。（仪礼·士冠礼）

（7）主人迎宾于庙门外，揖让如初，升。（仪礼·士昏礼）

（8）大夫士见于国君，君若劳之，则还辟，再拜稽首；君若迎拜，则还辟，不敢答拜。（礼记·曲礼下）

在上古，男子娶妻时自己到女方家中迎接新娘，是谓"亲迎"，此时"迎"破读为去声。例如：

（9）大邦有子，伣天之妹。文定厥祥，亲迎于渭。（诗经·大雅·大明）《释文》："迎，鱼敬反。"

（10）曾子问曰："亲迎，女在涂，而婿之父母死，如之何？"（礼记·曾子问）《释文》："迎，鱼敬反，下同。"

（11）何讥尔？讥始不亲迎也。（公羊传·隐公二年）何休注："礼所以必亲迎者，所以示男先女也。"《释文》："亲迎，鱼敬反，注及下同。"

（12）男子亲迎，男先于女，刚柔之义也。（礼记·郊特牲）《释文》："迎，鱼敬反。"

（13）昏礼，婿亲迎，见于舅姑，舅姑承子以授婿，恐事之违也。（礼记·坊记）《释文》："迎，鱼敬反。"

"亲迎"相对于一般的迎接，实际上是一种"往娶"，这在物理空间的运动方向上跟一般的迎接方向正相反，"迎"破读为去声，正是为了区别这种空间方向的差异。

（三）视（示）

《广韵》"视"有"承矢"和"常利"二切。周法高和王力认为去声表示使动，俞敏《古汉语派生新词的模式》也有同样的看法："'示'是个使动词，甲骨文中就有了；'视'字造出来后，一方面记录自动词'看'，一方面记录使动词'示'；后来两下里分配定了以后，'视'表示自动，'示'表示使动。"黄坤尧将"视"归入"相见相请类"，认为："《释文》上声如字 A 音有瞻视义，去声 B 音或作'示'字，有显示义，即以物示人，给人看的意思。"黄坤尧的看法是对的，《释文》的音注正反映了这种差别。

"视"读如字上声时，义为"瞻视"，共 11 例：

（14）将入户，视必下。入户奉扃，视瞻毋回。（礼记·曲礼上）《释文》："视，常止反，下同，徐音示，沈又市志反。"

（15）中之质若示日。（庄子·徐无鬼）《释文》："示日，音视，司马本作视，云：视日瞻远也。"

"瞻视"义的"视"是人主动地将目光停留于某种事物之上，这是一种由内向外的视线运动。当某种事物显示出来让人看到，或者某人有意识地将某物展示出来让别人看到，此时是以感知客体为主体，是客体的显示或展示，从视角运动角度说，就是一种相反的方向。《释文》"视"表示"显示""展示"义时破读为去声，文献中这个意义上"视""示"

亦多互用。例如：

（16）我有嘉宾，德音孔昭。视民不恌，君子是则是效。（诗经·小雅·鹿鸣）郑玄笺："视，古示字也。"《释文》："视音示。"

（17）敬恭听，宗尔父母之言。夙夜无愆，视诸衿鞶。（仪礼·士昏礼）郑玄注："示之以衿鞶者，皆诰戒使识之也。不示之以衣笄者，尊者之戒，不嫌忘之。视乃正字，今文作示，俗误行之。"

（18）尝试与来，以予示之。（庄子·应帝王）《释文》："示之，本亦作视。崔云：视，示之也。"

（19）今使民离实学伪，非所以视民也，为后世虑，不若休之。（庄子·列御寇）《释文》："以视，音示。下同。"

（20）幼子常视毋诳。（礼记·曲礼上）郑玄注："视，今之示字。小未有所知，常示以正物，以正教之无诳欺。"《释文》："视音示。"

（四）观

《广韵》"观"有"古丸""古玩"（换韵去声）二切，周法高、唐纳、孙玉文皆认为"观"的去声一读表示使动，黄坤尧认为："Downer及周法高均归入使谓式一类，恐未必对。'楚子观兵'亦不是'使兵观'的意思；即说陈兵使人观之，别人亦可不看，则使观一说终会落空。"但他没有提出新的看法。从《释文》的音注来看，"观"读去声时其中的一个义项是"示"，即显示给人看的意思，跟"视"读去声时的意思一样，但在句法上，"观"比"视"更为灵活，有以下四种情况：

1. 观＋内容宾语

（21）予欲观古人之象。（尚书·益稷）孔安国《传》："欲观示法象之服制。"《释文》："观，旧音官，又官唤反。"

（22）楚子遂观兵于坻箕之山。（左传·昭公五年）杜预注："观，示也。"《释文》："观，旧音官，读《尔雅》者皆官唤反，注同。"

2. 观＋对象宾语

（23）嘉量既成，以观四国。（周礼·冬官·考工记）郑玄注："以观示四方，使放象之。"《释文》："观，古乱反，示也，又如字，注同。"

（24）彼又恶能愦愦然为世俗之礼，以观众人之耳目哉？（庄子·大宗师）《释文》："以观，古乱反，示也，注同。"

3. 观＋对象宾语＋内容宾语

（25）予必以不享征之，且观之兵。（国语·周语上）

4. "观"单用：

（26）归大礼之日，既受饔饩，请观。（仪礼·聘礼）《释文》："请观，古乱反，下注同，又如字。"

（27）后妃斋戒，亲东向躬桑，禁妇女毋观，省妇使，以劝蚕事。（礼记·月令）郑玄注："毋观，去容饰也。"《释文》："观，古唤反，注同。"

如果说前文"视"读去声时大多数情况下接对象宾语，似乎可解释为使动，那么"观"读去声意思与"视"相同，而其句法表现呈现出如此多样性，除了第 2、3 两种情况可解释为使动之外，其余两种情况显然不能解释为使动，这进一步说明用使动来解释"视""观"的去声别义现象是不能成立的。事实上，无论去声"观"的句法表现如何，与平声"观"比较起来，差别就在于视觉物理空间关系的不同，与"视"的上、去两读的区别完全一致。

三、去声别义与人际空间关系的方向

将物理空间关系投射到人际关系上，就形成人际空间关系。去声别义的一种常见用法就是显示人际予取关系的方向。

（一）借

有些动词语义上蕴含相反的方向，如现代汉语的"借"，可以是借入，也可以是借出，所以"我借了他一本书"是有歧义的。

上古汉语的"借"表示借入和借出时有入声和去声的区别。《广韵》"借"有两读："借，假借，子夜切。"又："借，假借也，资昔切。""借"的异读从《广韵》来看并不能反映二者在词义和用法上的不同。《群经音辨》卷六云："取于人曰借（子亦切），与之曰借（子夜切）。"说明"借"的异读在词义和用法上有差别。

《经典释文》"借"共注音 14 次，其中"子夜反"12 次，"子亦反"1 次，如字 1 次。如字和"子亦反"的"借"意思是借入：

（28）夫铭，天子令德，诸侯言时计功，大夫称伐。今称伐，则下等也；计功，则借人也。（左传·襄公十九年）杜预注："借，晋力也。"《释文》："借，如字，一音情亦反。"

当"借"读"子夜反"时，义为"借出"：

（29）子曰："吾犹及史之阙文也。有马者借人乘之，今亡矣夫！"（论语·卫灵公）《释文》："借，子夜反，注同。"

例（28）的"借人"和例（29）的"借人"字面上并无区别，但读音不同，意义也不同。"借入"和"借出"，差别就在于予取空间方向性的不同。

除了"借"以外，很多给予类动词都有相同的表现。《群经音辨》卷六："取于人曰假（古雅切），与之曰假（古讶切，《春秋传》：'不以礼假人。'）。取于人曰借（子亦切），与之曰借（子夜切）。取于人曰乞（去讫切），与之曰乞（去既切）。取于人曰贷（他得切，字亦作貣），与之曰贷（他代切）。"

这类动词常见的有：假、受（授）、买（卖）、奉、借、乞、貣（贷）、学（敩）、籴粜、赊贳、贳贷、禀、藉。它们的共同特点是非去声和去声之间有予取方向的差异，此外，变读去声以后，这些词都有了"给予"义，在配价上由二价动词变成三价动词。如"受"，非去声是接受义，为二价动词，变读为去声后成了一个给予义的三价动词。去声的增价功能就是这样衍生出来的。

（二）奉（捧）

有些动词本身没有给予义，也不涉及人际方向性，但是变读为去声之后获得了给予义，同时也有了方向性，如"奉""劳""语""食""饮"等。

"奉"《广韵》音"扶陇切"，上声。从《经典释文》的注音来看，"奉"读上声时义为"捧"，并不表示方向，只是单纯的"拿着、端着"的意思，如：

（30）宾右取脯，左奉之，乃归，执以反命。（仪礼·士昏礼）《释文》："奉，芳勇反。"

（31）敖左奉食，右执饮，曰："嗟！来食。"（礼记·檀弓下）《释文》："奉，芳勇反。"

（32）秦伯纳女五人，怀嬴与焉，奉匜沃盥。（左传·僖公二十三年）《释文》："奉，芳勇反。"

（33）怀锦奉壶饮冰以蒲伏焉。（左传·昭公十三年）《释文》："奉，芳勇反。"

在这个意义上"奉"有时也写作"捧"：

（34）凡奉者当心，提者当带。（礼记·曲礼下）《释文》："奉，本亦作捧，同芳勇反。"

（35）进盥，少者奉盘，长者奉水，请沃盥，盥卒，授巾。（礼记·内则）《释文》："奉，芳勇反，本或作捧，下同。"

当"奉"读去声时，变成了一个三价给予义动词，表示奉某物给某人，具有了人际方向性。《释文》共2例：

（36）晋原轸曰："秦违蹇叔，而以贪勤民，天奉我也。"（左传·僖公三十三年）杜预注："奉，与也。"《释文》："奉，扶用反，注及下同。"

（37）莱章曰："君卑政暴，往岁克敌，今又胜都，天奉多矣，又焉能进？役将班矣。"（左传·哀公二十四年）《释文》："奉，扶用反。"

（三）劳

《广韵》"劳"有"鲁刀""郎到"二切，为平去之别。《群经音辨》

卷六："劳，勋也（力刀切），赏勋劝功曰劳（力到切）。"周祖谟归入"意义别有引申转移而异其读"一类，周法高认为去声为他动式，唐纳认为派生词是使动式（causative），黄坤尧同意周祖谟的看法，归入"劳苦劳之类"。《马氏文通》卷五"动字辨音"认为二者为名词和动词的区别。

"劳"读平声时是"辛劳"的意思，是一个形容词，形容词表示一种属性，语义上无方向可言。当"劳"变读为去声时，是"慰劳"的意思，表示用某种事物来慰劳某人，具有了给予义，动作行为也具有了人际方向性。《释文》"劳"注去声"力报反"时均为"慰劳"义，如：

（38）君以燕礼劳使臣，若臣有功，故与群臣乐之。（仪礼·燕礼）《释文》："劳，力报反。"

（39）越大夫胥犴劳王于豫章之汭。（左传·昭公二十四年）《释文》："劳，力报反。"

（40）岂弟君子，神所劳矣。（诗经·大雅·旱麓）郑玄笺："劳，劳来，犹言佑助。"《释文》："劳，力报反。注同。来，力代反，本亦作'徕'，同。"

（41）三岁贯女，莫我肯劳。（诗经·魏风·硕鼠）郑玄笺："不肯劳来我。"《释文》："劳，如字，又力报反，注同。徕，本亦作'来'，同力代反。"

（42）孔子曰："奉三无私，以劳天下。"（礼记·孔子闲居）郑玄注："劳，劳来。"《释文》："劳，力报反，注及下同。来，力代反。"

（43）子曰："爱之，能勿劳乎？忠焉，能勿诲乎？"（论语·宪问）何晏《集解》："孔曰：'言人有所爱，必欲劳来之；有所忠，必欲教诲之。'"《释文》："劳，力报反，注同。来，力代反。"

以上例（40）至（43）注文皆用"劳来"解释"劳"，其中的"来"也不读平声，而读去声，字也写作"倈""徕"。这个"来"也是表示给予义，文献中也作"赉"。例如：

（44）尔尚辅予一人，致天之罚，予其大赉汝。（尚书·汤誓）孔安国《传》："赉，与也。汝庶几辅成我，我大与汝爵赏。"《释文》："赉，力代反，徐音来。"

（四）语

《广韵》"语"有"鱼巨""牛倨"二切，为上去之别。《群经音辨》云："语，言也（仰举切）；以言告之谓之语（牛据切）。"诸家皆以为上声为自动词，去声为他动词，唐纳认为派生词是表效果的（effective）。但"语"读上声如字时义为"谈论""谈话"，可以是不及物的，也可以是及物的。例如：

（45）食不语，寝不言。（论语·乡党）

（46）子不语怪、力、乱、神。（论语·述而）

（47）郑公子曼满与王子伯廖语，欲为卿。（左传·宣公六年）

"语"读去声时为"告诉"义，"告诉"为信息传递活动，也是一种给予，因而也具有了人际方向性。例如：

（48）公语范文子。（左传·成公九年）《释文》："语，鱼据反。"

（49）穆叔出而告人曰："孟孙将死矣。吾语诸赵孟之偷也，而又甚焉。"又与季孙语晋故，季孙不从。（左传·襄公三十一年）《释文》："语诸，鱼据反。"

（50）公语之故，且告之悔。（左传·隐公元年）《释文》："语，鱼据反。"

例（49）中有两个"语"，前一个"语"是"告诉"义，注为"鱼据反"，后一个"语"为"谈论"义，《释文》不注音。

（五）食

《群经音辨》卷六："餐谓之食（时力切，凡食物也），饷谓之食（音寺）。"黄坤尧归入"区别致使类"。王力认为"食"和"飤"是使动构词。金理新认为"食"和"飤"是施事动词和受事动词的区别。

《释文》"食"音"嗣"为去声时，有两种用法，一种是名词"饭食"义，如：

（51）食不厌精，脍不厌细。（论语·乡党）《释文》："食，音嗣，饭也。"

另一种用法是动词，后面可接双宾语，也可接一个指人宾语或者一个受事宾语，受事成分有时也用"以"引介。例如：

（52）及食大夫鼋，召子公而弗与也。（左传·宣公四年）《释文》："食音嗣。"

（53）子见夫牺牛乎？衣以文绣，食以刍叔，及其牵而入于大庙，虽欲为孤犊，其可得乎！（庄子·列御寇）《释文》："食以，音嗣。"

（54）子曰："食夫稻，衣夫锦，于女安乎？"（论语·阳货）《释文》："食夫，上音嗣，下音符，下同。"

（55）鼓筴播精，足以食十人。（庄子·人间世）《释文》："以食，音嗣。"

（56）则以观德，德以处事，事以度功，功以食民。（左传·文公十八年）杜预注："食，养也。"《释文》："食音嗣，注同。"

上述例证中的"食"都是"喂养""供养"的意思，《群经音辨》用"饷"来解释去声"食"，非常准确，"饷"就是给食物吃的意思，因此这些例证中的"食"都含有给予义。"食"如字读时是吃饭的意思，不具有方向性，变读为去声时表示给食物吃，动作就有了人际方向性，与一般给予义动词并无二致。

与"食"相同的动词还有"饮""啖""饭""衣"等。"衣之"就是"给他衣服穿"，而且也可以构成双宾语结构，例如：

（57）大子帅师，公衣之偏衣，佩之金玦。（左传·闵公二年）《释文》："公衣之偏，於既反，下'衣身之偏''衣之纯''衣之龙服'，注'衣之'同。"

四、去声别义与伦理空间关系的方向

《群经音辨》卷六提到的"风""告""养""共"等的去声别义现象所涉及的属于社会伦理的上下尊卑关系，体现的是社会伦理空间关系的方向。属于这一类的除了《群经音辨》提到的之外还有不少，如"听""从"等。下面具体分析"养""告""听""从"四个例证。

（一）养

《群经音辨》卷六："上育下曰养（余两切，《书》：'政在养民。'），下奉上曰养（余亮切）。"《广韵》："养，育也，馀两切。"又："养，供养，馀亮切。"《释文》音注也反映了这一情况：

（58）子云："小人皆能养其亲，君子不敬，何以辨？"（礼记·坊记）《释文》："养，羊尚反。"

（59）谨身节用，以养父母。（孝经·庶人章）《释文》："养，羊尚反。"

（60）子曰："今之孝者，是谓能养。至于犬马，皆能有养。不敬，何以别乎？"（论语·为政）《释文》："能养，羊尚反，下及注'养人'同。"

（二）告（诰）

《群经音辨》卷六："下白上曰告（古禄切，《礼》：'为人子出必告。'），上布下曰告（古报切，《书》：'予誓告汝。'）。"周祖谟认为是"意义有彼此上下之分而有异读"，周法高归入"主动被动关系之转变——上和下的关系"一类中，唐纳认为"派生词具有变狭的意义"，黄坤尧归入"相见请见类"。《广韵》"告"有"古沃""古到"二切，并云："告上曰告，发下曰诰。"说的正是方向的不同，《经典释文》对"告"注音并不多，共有15例，但却表现出明显的方向性。

当"告"为下告上，或没有明显的上下关系时，读入声，如：

（61）告、谒，请也。（尔雅·释言）郭璞注："皆求请也。"《释文》："告音谷。"

（62）夫为人子者，出必告，反必面。（礼记·曲礼上）《释文》："告，古毒反。"

（63）子贡欲去告朔之饩羊。（论语·八佾）《释文》："告，古笃反。"

（64）子贡问友。子曰："忠告而善道之，不可则止，毋自辱焉。"（论语·颜渊）《释文》："告，古毒反。"

（65）齐毂王姬之丧。（礼记·檀弓下）郑玄注："毂当为告，声之误也。"《释文》:"觳音告,又古毒反。"

当"告"义为上告下时,读去声,而且"告"和"诰"有异文:

(66) 作六辞,以通上下亲疏远近,一曰祠,二曰命,三曰诰,四曰会,五曰祷,六曰诔。(周礼·春官·宗伯下)郑玄注:"郑司农云:'诰,谓《康诰》《盘庚之诰》之属也。盘庚将迁于殷,诰其世臣卿大夫,道其先祖之善功,故曰以通上下亲疏远近。'……杜子春云:'诰当为告,书亦或为告。'"

(67) 乃祖先父丕乃告我高后曰:"作丕刑于朕孙。"(尚书·盘庚中)《释文》:"告,工号反。"

(68) 今我既羞告尔于朕志,若否,罔有弗钦。(尚书·盘庚下)《释文》:"告,故报反。"

上告下的"告"后来用"诰"表示,所以唐纳认为意义变狭,但他只是根据后代的意义,而没有看到"告"去声别义的方向功能。

(三)听

《广韵》"听"有"他丁""他定"二切。《群经音辨》卷六云:"听,聆也,他丁切。聆谓之听,他定切。"看起来好像互训,区别不明显。周祖谟归入"意义别有引申变转而异其读"一类,唐纳归入"派生词是表效果的"中。黄坤尧认为去声为如字,"两读的区别是:去声A音有聆听义,平声B音引申有听从义,两读与'从'字相似,有相关意义。由于听的结果可从可不从,不从则两义明显不同,从则两义容易相混。"但他又说:"上述的假设也许不能成立。"这里需要关注的有两个问题,一个是"听"的平去两读之间的区别到底是什么,另一个是到底平声还是去声是如字。

"听"有"聆听""听治""听任""听从"等义，《释文》这类意义的"听"共有 9 例：

1. 聆听

（69）靡神不举，靡爱斯牲。圭璧既卒，宁莫我听！（诗经·大雅·云汉）郑玄笺："无所爱于三牲，礼神之圭璧又已尽矣，曾无听聆我之精诚而兴云雨。"《释文》："听，依义吐定反，协句吐丁反。"

"莫我听"是"神莫听我"，施事主语是"神"，地位高，故而读平声。陆德明认为根据意义当读去声，有误。

2. 听治

（70）圣人南面而听天下，所且先者五，民不与焉。（礼记·大传）《释文》："听，体宁反。"

3. 听任

（71）六月，晋人复卫侯。（左传·僖公二十八年）杜预注："以叔武受盟于践土，故听卫侯归。"《释文》："听，吐丁反。"

4. 听从

（72）祭仲谏而公弗听。（诗经·郑风·将仲子序）《释文》："听，吐丁反。"

（73）婴曰："我在，故栾氏不作。我亡，吾二昆其忧哉！且人各有能有不能，舍我何害？"弗听。（左传·成公五年）《释文》：

"听，吐丁反。"

以上各种意义实际上归纳起来都是"上听下"，即在上位的人（神）听在下位的人所说或所行。

"听"读去声时表示下听上，义为"听受"，《释文》共有5例，如：

> （74）毋或如东门遂，不听公命，杀适立庶。（左传·襄公二十三年）《释文》："听，吐定反。"
>
> （75）公冉务人曰："若君命，可死；非君命，何听？"弗听，乃入，杀而埋之马矢之中。（左传·文公十八年）《释文》："何听，吐定反。"

《释文》"听"平去两读都经常注音，那么到底哪个读音是如字呢？上文例（75）有两个"听"，《释文》只给"何听"注音"吐定反"，而"弗听"没有注音，这个例证说明读平声的"听"是如字。

"听"平声如字表示上听下，去声破读表示下听上，破读显示的是伦理关系下对上的方向。

（四）从

"从"的读音和意义都比较复杂，这里只讨论"从"的随行义。《广韵》："从，就也，疾容切。"又："从，随行也，疾用切。"《群经音辨》卷三："从，随也（在容切）；从，篷其后也（才用切）。"二者虽有平去之别，但意义区别并不明显。由于"从"在《左传》的用例很多，所以下面只考察《左传》用例。《释文》"从"的音注表现出尊卑的方向性。

"从"不注音即如字读平声时，表示"跟随"义，但不能显示随从者与被随从者两者之间的尊卑关系。如：

（76）左并辔，右援枹而鼓，马逸不能止，师从之。（左传·成公二年）

（77）公及诸侯朝王，遂从刘康公、成肃公会晋侯伐秦。（左传·成公十三年）

（78）晋栾鲂帅师从卫孙文子伐齐。（左传·襄公十九年）

（79）秦获晋侯以归，晋大夫反首拔舍从之。（左传·僖公十五年）

（80）其后余从狄君以田渭滨，女为惠公来求杀余，命女三宿，女中宿至。（左传·僖公二十四年）

（81）己丑，先蔑奔秦，士会从之。（左传·文公七年）

（82）二月，盟于平阳。三子皆从。（左传·哀公二十七年）杜预注：“季康子、叔孙文子、孟武伯，皆从舌庸盟。”《释文》：“从，如字，注同。从，才用反，非也。”

（83）知伯从赵孟盟，而后赵氏定，祀安于於庙。（左传·定公十四年）

例（82）表示的是“跟随”，并无“侍从”义，所以陆德明认为破读去声是不恰当的。

“从”破读为去声时表示的是地位低的人跟随地位高的人，有“侍从”“扈从”义，如：

（84）晋侯赏从亡者。（左传·僖公二十四年）《释文》：“从，才用反。”

（85）孟献子从。王以为介，而重贿之。（左传·成公十三年）杜预注：“介，辅相威仪者。献子相公以礼，故王重贿之。”《释文》：“从，才用反。”

（86）郑伯享赵孟于垂陇，子展、伯有、子西、子产、子大叔、二子石从。（左传·襄公二十七年）《释文》："从，才用反。"

（87）庆封田于莱，陈无宇从。（左传·襄公二十八年）《释文》："从，才用反。"

（88）求曰："一子守，二子从公御诸竟。"（左传·哀公十一年）《释文》："从，才用反。"

（89）九月，晋惠公卒。怀公命无从亡人，期，期而不至，无赦。狐突之子毛及偃从重耳在秦，弗召。（左传·僖公二十三年）《释文》："从，才用反，后皆同。"

（90）三月，宋司马华孙来盟。（左传·文公十五年经）杜预注："华孙奉使邻国，能临事制宜，至鲁而后定盟，故不称使，其官皆从，故书司马。"《释文》："从，才用反。"

（91）晋侯问原守于寺人勃鞮。对曰："昔赵衰以壶飧从，径馁而弗食。"（左传·僖公二十五年）《释文》："从，才用反，旧如字。"

最后一例说明当义为"侍从"时要读去声，旧如字读是不恰当的。

有些例证《经典释文》难以定夺是"随从"义还是"侍从"义，因而就出平去两读，倾向于"侍从"义就先出去声，后注如字，反之就先出如字，再注去声。例如：

（92）王奔郧，锺建负季芈以从，由于徐苏而从。（左传·定公四年）《释文》："从，才用反，下同，一音如字。"

（93）右宰谷从而逃归，卫人将杀之。（左传·襄公十四年）《释文》："从，才用反，又如字，注同。"

（94）昔平王东迁，吾七姓从王，牲用备具。（左传·襄公十年）《释文》："从，才用反，注同，又如字。"

（95）及河，子犯以璧授公子曰："臣负羁绁从君巡于天下，臣之罪甚多矣。臣犹知之，而况君乎！请由此亡。"（左传·僖公二十四年)《释文》:"从,才用反,又如字。"

(96) 齐氏射公,中南楚之背,公遂出。寅闭郭门,逾而从公。(左传·昭公二十年)《释文》:"从,才用反,又如字,下从公同。"

(97) 夏,屈建从陈侯围陈。(左传·襄公二十三年)《释文》:"从,才用反,又如字。"

(98) 郑子蟜闻将伐许,遂相郑伯以从诸侯之师。穆叔从公。(左传·襄公十六年)杜预注:"从公归。"《释文》:"从,才用反,又如字,注同。"

(99) 叶公诸梁之弟后臧从其母于吴,不待而归。(左传·定公五年)《释文》:"从,如字,又才用反。"

(100) 公逐群公子,公子兰奔晋,从晋文公伐郑。(左传·宣公三年)《释文》:"从,如字,又才用反。"

(101) 秋,蔡人、卫人、陈人从王伐郑。(左传·桓公五年经)《释文》:"从,如字,又才用反。"

例(98)有两个"从",只有后一个"从"注音,说明"跟随"义如字读,而"侍从"义要破读。而后一个"从"之所以要注两音,是因为这里的"从"不好确定是"跟随"义还是"侍从"义,《释文》倾向于"侍从"义。

五、结 语

上古汉语方向范畴的上述三类次范畴中虽然很多例证都是非去声表示的是一种方向,去声表示的是另一种方向,但也有不少例证显示非去声没有方向性,去声才显示方向,这样的例证说明:在上古汉语里,只有去声（也就是 *-s 后缀）才是方向范畴的标记，非去声不能认为也是一种方向范畴的标记。非去声如果有方向性，都是默认的方向，是无标记的，去声显示的是有标记方向。

洪波（2009a）将"养"类动词的去声一读也归入增价，认为改变价的内容与改变价量是一样的，这个看法是错误的，因为那时他对上古汉语的方向范畴还没有充分的认识，没有考虑到去声的增价功能乃是其方向功能的衍生功能，为了一致的解释而强为之说，在此予以纠正。

参考文献

洪波：《上古汉语 *-s 后缀的指派旁格功能》，《民族语文》2009 年第 4 期。

洪波：《周秦汉语"被动语态"之检讨》，《历史语言学》2009 年第 2 辑。

洪波：《汉语历史语法研究》，商务印书馆 2010 年版。

洪波、杨作玲：《先秦汉语"见"类动词的清浊交替及其来源》，《民族语文》2010 年第 1 期。

黄坤尧：《经典释文动词异读新探》，（台）学生书局 1992 年版。

（宋）贾昌朝：《群经音辨》，《四部丛刊》续编本，商务印书馆 1934 年版。

金理新：《汉藏语完成体后缀 *-s》，《民族语文》2005 年第 2 期。

金理新：《受格动词后缀 *-s》，《温州师范学院学报》（哲学社会科学版）2005 年第 3 期。

金理新：《上古汉语形态研究》，黄山书社 2006 年版。

（唐）陆德明撰，黄焯汇校：《经典释文汇校》，中华书局 2006 年版。

马建忠：《马氏文通》，商务印书馆 1983 年版。

马学良：《〈汉藏语概论〉导言述要》，载《马学良民族语言研究文集》，中央民族大学出版社 1999 年版。

梅祖麟：《四声别义中的时间层次》，《中国语文》1980 年第 6 期。

梅祖麟：《内部构拟汉语三例》，《中国语文》1988 年第 3 期。

梅祖麟：《上古汉语 *s- 前级的构词功用》，载《中研院第二届国际汉学会议论文集》语言与文字组，台湾"中研院"1989 年版，第 23—32 页。

梅祖麟：《上古汉语动词浊清别义的来源——再论原始汉藏语 *s- 前缀的使动化构词功用》，《民族语文》2008 年第 3 期。

潘悟云：《上古汉语使动词的屈折形式》，《温州师范学院学报》1991 年第 2 期；又载《著名中青年语言学家自选集·潘悟云卷》，安徽教育出版社 2002 年版。

宋亚云：《从〈左传〉的"见""闻""伐"看上古汉语的被动构词和使动构词》，《语言学论丛》第 32 辑，商务印书馆 2006 年版。

孙玉文：《从"闻""见"的音变构词看上古汉语有被动构词》，《湖北大学学报》（哲学社会科学版）2004 年第 5 期。

孙玉文：《汉语变调构词研究》（增订本），商务印书馆 2007 年版。

王力：《古汉语自动词和是动词的配对》，《中华文史论丛》1965 年第 6 辑；又载《王力语言学论文集》，商务印书馆 2003 年版。

吴安其：《与亲属语相近的上古汉语的使动形态》，《民族语文》1996 年第 6 期。

吴安其：《上古汉语的韵尾和声调的起源》，《民族语文》2001 年第 2 期。

杨树达：《古书疑义举例续补》，载《古书疑义举例五种》，中华书局 2005 年版。

余大光：《"赐"与"献""取"和"予"正反同辞》，《黔南民族师专学报》1996 年第 1 期。

俞敏：《东汉以前的姜语和西羌语》，《民族语文》1991 年第 1 期。

俞敏：《古汉语派生新词的模式》，载《俞敏语言学论文集》，商务印书馆 1999 年版。

周法高：《中国古代语法·构词编》，台湾"中研院"历史语言研究所专刊 1962 年版。

周祖谟：《四声别义释例》，载《问学集》，中华书局 1966［1946］年版。

Axel Schuessler（许思莱），*ABC Etymological Dictionary of Old Chinese*，Library of Congress Cataloging-in-Publication data，University of Hawaii Press，2007.

G.B.Downer（唐纳）*Derivation by Tone-Change in Classical Chinese*（《古代汉

语中的四声别义》），Bulletin of the School of Oriental and African Studies，Vol.22，1959.

Stuart N.Wolfenden，*Outlines of Tibeto-Burman Linguistic Morphology*，The Royal Asiatic Society，1929.

（原载洪波、吴福祥、孙朝奋编：《梅祖麟教授八秩寿庆学术论文集》，首都师范大学出版社 2015 年版，与高迎泽合著）

关于《说文解字》谐声字的几个问题

一、引　言

20 世纪初，瑞典汉学家高本汉发现谐声字在上古汉语声母系统研究中的价值一如《诗经》韵脚字在上古汉语韵母系统研究中的价值。从那时起，谐声字便一直是研究上古汉语声母的主要依据。

高本汉起初是从《康熙字典》里挑选出 1200 个谐声字做材料，其中混进了不少晚出的谐声字，因而他的做法受到后人的批评。目前，大家都基本上以《说文解字》里的谐声字为准。

《说文》里的谐声字虽然都是上古时期创制的，但也仍然是个异质系统，其中包含了许多复杂的情况。如果不辨析考订就加以利用，那么得出来的结论也是很靠不住的。

全面揭示并解决《说文》谐声字的各种问题，目前尚难以做到；本文提出《说文》谐声字的四个方面的问题进行讨论，这些问题恰当与否，敬请方家指正。

二、《说文》谐声字的时代问题

通常我们使用"上古"这个时间概念，其外延是相当宽泛的，上自有文献留传下来的殷商下至东汉统称为上古。这段历史的长度并不亚于从东汉末年到当代的历史长度。研究上古汉语的语音，当然不可能求得这么长历史的统一音系，因为它是不存在的。实际存在过的只有殷商音系、西周音系、春秋音系、战国音系、两汉音系等。这些音系之间虽然有继承关系，但也必定有或大或小的差异。早在四百年前，陈第就曾说过："盖时有古今，地有南北，字有更革，音有转移，亦势所必至。"①因此，我们研究上古汉语的语音，脑子里必须有一个明确的历史观念，所研究的上古音是上古的哪一个时期的语音。没有这样的历史观念，上古汉语的语音将永远是一笔糊涂账。清代以来，上古汉语的韵部研究能够一步步走向深入，就因为研究的时间范围是明确的，即以《诗经》的押韵为根基，研究《诗经》时代的韵母系统。现在拿《说文》里的谐声字做根据来研究上古汉语的声母，情况就很不同了。《说文》里的谐声字有 8057 个（据朱骏声的统计），这么多的谐声字都是什么时候创制出来的呢？有人提出在上古曾有过一个"谐声时代"，也有人认为《说文》里的谐声字基本上是反映春秋战国时代的语音面貌。但这些说法与汉字的发展规律都是不相吻合的。许慎在《说文解字·叙》里说："仓颉之初作书也，盖依类象形，故谓之文；其后形声相益，即谓之字。字者言孳乳而浸多也。"所谓"浸多"，就是逐渐丰富的意思。许慎的话道出了汉字发展的基本规律。我们拿《说文》里谐声字的字数和所占的比例同甲骨文、金文里谐声字的相关情况做一对照，就可以看出谐声字由少而

---

① 陈第：《毛诗古音考·自序》。

多的递增轨迹。据台湾李孝定先生的统计，甲骨文的谐声字在所据统计的 1225 个字中有 334 个，占 27.27% 弱；金文中的谐声字在所据统计的 2514 个字中有 1516 个，占 60.30% 强。[①] 到了《说文》，正文 9353 个小篆中谐声字有 8057 个，占 86.14% 强。这三组统计数字充分说明了谐声字是逐渐丰富起来的，而不是在上古的某一个短时期内一下子创制出来的。《说文》里的谐声字较之甲骨文金文和周秦六国文字虽然也有字形结构的更革情况存在，但总的来看，是在甲骨文、金文和周秦六国文字的基础上发展丰富起来的。因此，可以说《说文》里的谐声字就是整个上古时期所有谐声字的集大成，其中既有从甲骨文、金文继承下来的很古老的谐声字，也有两汉时期乃至许慎生活的时代新创制的谐声字，其时代的跨度达 14 个世纪以上。这么长时间里创制出来的谐声字，所据当然不可能是一个共时的同质语音系统。因此，拿《说文》里的谐声字做根据来研究上古汉语的声母，若对其创制时代不预加离析考订，也就不可能得到合理而科学的结论。

考订《说文》谐声字的创制时间虽然有相当大的难度，但是利用甲骨文、金文和周秦六国文字等古文字材料，将《说文》谐声字的创制时间大致分辨清楚，还是有可能的。或者，干脆直接利用甲骨文的谐声字来研究殷商时期的声母系统，利用西周金文的谐声字（排除那些与甲骨文一脉相承的谐声字）来研究西周时期的声母系统，利用六国文字的谐声字（排除那些与甲骨文、金文一脉相承的谐声字）来研究春秋战国时期的声母系统。如果数量足够的话，得出来的结论就要比不加分辨地利用《说文》里的谐声字做依据所得到的结论可靠多了。

---

① 李孝定：《殷商甲骨文字在汉字发展史上的相当位置》，台湾历史语言研究所集刊第 64 本 4 分册，1993 年。

三、《说文》谐声字的方言问题

上古时期的汉语存在着复杂的方言分歧，这是历史事实。《孟子·滕文公下》云：“有楚大夫于此，欲其子之齐语也，则使齐人傅诸？使楚人傅诸？”《荀子·儒效》云：“居楚而楚，居越而越，居夏而夏。”周秦人的这些议论就是当时方言歧出的见证。尽管至迟到春秋时期就已经有了“雅言”（当时的通用语）①，但不同方言区的人在创制谐声字的时候不一定都按照“雅言”的读音去创制，而且，有些语素可能只存在于某个方言里，“雅言”里没有；有些语素各个方言的读音差别很大。为这样的语素造字，就不得不照方言的实际读音去造。因此，上古汉语的方言不可能不在谐声字里留下深深的印迹。

《说文》虽以秦代形成的小篆为本，但正如许慎在《说文解字·叙》里所说，小篆只是李斯等人在六国文字的基础上省改规范而成的，并非另起炉灶重新创制的，因此，《说文》里的谐声字也必然包含了上古汉语的方言因素。

许慎在《说文》里对不少谐声字在说解时，明确指出其所反映的是某一方言的语素。例如：

> 艸部：虈，楚谓之蓠，晋谓之虈，齐谓之茝，从艸嚻声。
>
> 艸部：莒，齐谓芋为莒。从艸吕声。
>
> 言部：訦，燕代东齐谓信訦，从言冘声。
>
> 聿部：聿，所以书也。楚谓之聿，吴谓之不律，燕谓之弗。从

① 《论语·子罕》：“子所雅言，《诗》《书》、执礼，皆雅言也。”可见孔子时代已有通用语存在了。

聿一声。

至于许慎没有指明而实际上来源于不同方言的谐声字可能会更多。例如：

  艸部：蓷，萑也。从艸推声。
  又：萑，艸多貌。从艸隹声。

  "蓷"与"萑"意义相同，"蓷"中古音他回切，透母灰韵；"萑"中古音职追切，章母脂韵，两者的读音也是相近的。因此，"蓷"与"萑"当是同一个语素在不同方言里的变体。造字者以本方言为据选择主谐字，因而造出了"蓷"和"萑"两个字。

  艸部：莞，艸也，可以作席。从艸完声。
  又：蔺，莞属。从艸閵声。
  又：芄，芄蘭，莞也。从艸丸声。

  "莞""蔺""芄蘭"指称的是同一种事物，"莞"与"芄"同音，中古音均为胡官切，匣母桓韵，"蔺"与"蘭"声母相同，韵母相近，"蔺"中古音良刃切，来母震韵，"蘭"中古音为洛干切，来母寒韵。因此，它们也当是同一语素在不同方言里的变体。
  《说文》里的谐声字不仅包含了上古汉语的方言因素，而且还包含了上古时期其他一些民族语言的因素。例如：

  禾部：秏，稻属。从禾毛声。伊尹曰："饭之美者玄山之禾，南海之秏。"按："秏"中古音呼到切，晓母号韵。这个字所代表的语素与壮侗语族的语言有关。今壮侗语称"稻"为：

hau^4（武鸣壮语）、khau^3（龙州壮语）、rau^2（布依语）、xau^3（傣语）、əu^4（侗语）、hu^3（仫佬语）、au^4（水语）。

女部：嫭，南楚之外谓好曰嫭。从女隋声。按："嫭"中古音徒果切，定母果韵。此字所代表的语素也当与壮侗语族的语言有关。

今壮侗语的"好"为：di^1（泰语）、dei^1（武鸣壮语）、ʔdai^1（龙州壮语）、ʔdi^1（布依语）、di^1（西傣语）、li^6（德傣语）、lɑːi^1（侗语）、i^1（仫佬语）、dɑːi^1（水语）、dai^2（毛难语）。

上述情况表明《说文》的谐声字绝不是以某个共域语言系统或通语系统为基础创制出来的，因而反映的也绝不仅仅是一个共域语言系统或通语系统的语音面貌。

四、《说文》谐声字的可靠性问题

《说文解字》是"五经无双许叔重"穷毕生之精力，在前人字书的基础上，"博采通人"撰写而成的。许慎对汉字字形结构的分析绝大多数都是正确的，但由于他以小篆为本，加之他所处的时代甲骨文尚未出土，于西周金文所见也很有限，因而对某些字形的分析难免出现错误。就谐声字而言，许慎说解的错误表现在以下三个方面：（1）把某些非谐声字误析为谐声字；（2）把某些谐声字误析为非谐声字；（3）对某些谐声字的声符（主谐字）认定不当。对于许慎说解的错误，自唐宋以来学者们多有订正。下面我们引用赵诚先生的一些考证结果来作为证据（为节省篇幅，只引他的考证结论，略去他的考证过程。详细情况请参看赵诚先生的《说文谐声探索》（一二三））。①

---

① 见赵诚《古代文字音韵论文集》，中华书局 1991 年版，第 203—254 页。

1. 把非谐声字误析为谐声字：

受部：受，从受舟省声。按：受从"舟"得声非。此为会意字。

上部：帝，从上朿声。按：帝从"朿"得声非。此为象形字。

晨部：農，从晨囟声。按：農从囟得声非。此为会意字。

2. 把谐声字误析为非谐声字：

身部：躳，从身从吕。按：躳应是从"身""吕"声的谐声字。"吕"即"膂"字。

用部：庸，从用从庚。按：庸应是从"用""庚"声的谐声字。

3. 误认谐声字的声符：

木部：柳，从木丣声。丣，古文酉。按：柳从"丣（酉）"声非。应是从"卯"声。

宀部：宫，从宀从躳省声。按：宫从"躳"省声非。应是从"吕（膂）"声。

许慎对谐声字的说解所出现的错误尽管总的来看是极少数，但是如果我们对这些错误的分析不了解，没有订正清楚，那么也会在一定程度上影响我们对某些语音现象的认识。例如：许慎将"帝"误析为从"朿"得声。"帝"中古音是端母，而"朿"中古音是清母。许慎将"农"误析为从"囟"得声，"农"中古音是泥母，而"囟"中古音是心母。许慎将"柳"误析为从"丣（酉）"得声。"柳"中古音是来母，而"酉"中古音是以母。如果我们不清楚许慎对这些字的分析是错误的，就会误认为在上古时期端母与清母，泥母与心母，来母与以母之间也有密切联系，从而有可能使我们在上古汉语声母研究中得出错误的结论。

五、主谐字与被谐字的语音关系问题

我们利用《说文》的谐声字来研究上古汉语声母，首先必须明确的一个问题是：《说文》谐声字的主谐字与被谐字的声母是否都相同，或至少发音部位相同。如果是，那么只需照着过去研究《切韵》的声母系统的法子，把同谐声的字都系连起来，然后进行归纳就行了。如果谐声字的主谐字与被谐字的声母不一定相同或相近，那么，利用谐声字就应该非常慎重，否则就会得出不切实际的结论。

清代学者段玉裁有一句名言，叫"同谐声者必同部"。这是就谐声字的韵母而言的，意思是凡是主谐字相同的谐声字，其韵母必定是相同或相近的，可以归纳为一个韵部。段氏这句话实际上肯定了谐声字的主谐字与被谐字在韵母方面是相同的，至少是非常近似的。韵母如此，声母又如何呢？对此，学术界有两种意见：一种意见认为一个谐声字既然从某得声，那么主谐字与被谐字之间在声母方面也应该是相同或相近（发音部位相同）的，否则就不成其为谐声字了。段氏的"同谐声者必同部"也应该适用于声母。这是自高本汉以来多数研究上古音的学者的看法。另一种意见则认为"同谐声者必同部"，就韵母而言是可以成立的，但不适合于声母，因为《说文》里许多杂乱的谐声现象难以找到合理的解释。章太炎先生在《文始·略例》中曾说过"近代言小学者，或云财识半字，便可例他，此于韵类则合，音纽犹不应也。凡同从一声者，不皆同归一纽。……若以声母作概，一切整齐，斯不精之论也。"王力先生晚年也说："如果我们说：'凡同声符者必同声母'，那就荒谬了。……从谐声偏旁推测上古声母，各人能有不同的结论，而这些结论往往是靠不住的。"① 章、王二位都认为谐声字的主谐字与被谐字之间在声母上不一定相同，甚至可以有很大的差别，我们不能"以声母作概，一切整齐"，去研究上古汉语的声母系统。这种看法很值得我们重视。

《说文》里的谐声字是古代劳动人民创造的，造字者不是语音专家，更没有受过现代的语音学训练，若说古人造字之时必得选一个声母相同的字或至少是发音部位相同的字来做主谐字，未免太苛求古人了。再说，从高本汉以来大多数学者都承认上古发音部位相同的字可以互谐（鼻音声母除外），可是从音感上看，发音部位相同的音听起来并不一定就相似。比如人们承认上古喉擦音（晓母）与舌根塞音（见、溪、群母）可以互谐，而在音感上喉擦音与舌根塞音是很不相同的。此外，发音部位相同的不送气音与送气音、清音与浊音也都有明显的音感差别，既然承认这些有明显音感差别的音可以互谐，那么发音部位不同的音就一定不可以互谐吗？

换个角度说，主张谐声字的主谐字与被谐字的声母也必相同或相近的学者，对于《说文》里复杂的谐声现象除了能归并的外一般都用复辅音声母去解释。从汉藏语系很多语言的现实情况来看，汉语在历史上曾经有过复辅音声母是可以肯定的，因此用复辅音声母去解释《说文》里的某些谐声现象，这可能是条正确的路子。但是若把《说文》谐声字中各种不合常规的谐声现象都解释为复辅音声母，则也存在着问题。其一，要想把《说文》里所有不合常规的谐声现象都纳入复辅音的框架，并且做到不矛盾不龃龉，则必须构拟大量的三合四合乃至五合的复辅音声母才能敷用，但如此复杂的复辅音声母在汉语的亲属语言里是难以找到旁证的。其二，如此复杂的复辅音声母是如何演化的？又是如何消失的？为什么从《说文》到《切韵》的短短数百年间就全部消失了？这些问题也难以解释清楚。由此可见，不承认谐声字的主谐字与被谐字在声

---

① 王力：《汉语语音史》，中国社会出版社 1985 年版，第 17—18 页。

母上有不严格对应的现象存在，就会给解释谐声现象带来巨大困难。

总之，我们认为《说文》里复杂的谐声现象原因不止一种，但不能排除某种人为因素，应该承认《说文》复杂的谐声现象里有一部分并无音理上的联系，而是造字者不严格按照音同音近的原则去选择主谐字造成的。

我们这样说，并非臆测，《说文》里所收重文的一些谐声现象能充分地证明这一点。此外，上古文献中的遥假字、声训等材料也能作为旁证。

《说文》在 9353 个正文之外还收了一千多个重文，重文与正字是同一语素的不同写法，也就是异体字。重文及相应的正字里有许多谐声字，有重文和正字都是谐声字的，有其中之一是谐声字的。重文和正字既是同一语素的不同写法，其音读应该是相同的。如果重文与正字都是谐声字，那么其主谐字的音读也应该相同或相近才是，然而有许多重文和正字所用的主谐字在声母上差别很大。例如：

口部：唐，大言也。从口庚声。喝，古文唐从易。按：唐中古音徒郎切，定母，从庚得声，庚中古音古行切，见母。重文喝从易得声，易中古音与章切，以母。

目部：瞀，睐也。从目攸声。眪，瞀或从丩。按：瞀中古音敕鸠切，彻母，从攸得声，攸中古音以周切，以母。重文眪从丩得声，中古音居求切，见母。

鸟部：鶃，鸟也。从鸟兒声。鷊，鶃或从鬲。鶒，司马相如说鶃从赤。按：鶃中古音五历切，疑母，从兒得声，兒中古汝移切，日母。重文鷊从鬲得声，鬲中古音郎击切，来母。鶒从赤得声，赤中古音昌石切，昌母。另外，此字还有一种写法作鷁，从益得声，益中古音伊昔切，影母。

木部：松，木也。从木公声。榕，松或从容。按：松中古音思恭切，心母，从公得声，公中古音古红切，见母。重文窽从容得声，容中古音馀封切，以母。

手部：擂，引也。从手留声。抽，擂或从由。捒，擂或从秀。按：擂中古音为敕鸠切，彻母，从留得声，留中古音力求切，来母。重文抽从由得声，由中古音以周切，以母。捒，从秀得声，秀中古音息救切，心母。

瓜部：瓞，瓞也。从瓜失声。胇，瓞或从弗。按：瓞中古音徒结切，定母，从失得声，失中古音式质切，书母。重文胇从弗得声，弗中古音分勿切，非母。

以上几个例子重文主谐字的声母与正字的声母都有或大或小的差异，并且难以找到严整的对应关系，因而既不可能是历史音变造成的，也难以用方言差异来解释，只能是造字者不严格按照音同音近的原则选择主谐字造成的。

上古文献中的通假现象和声训都涉及字与字之间的语音关系。对于通假字，王力先生曾立了一条原则："假借字的形成，根据这样一个原则，语音必须相同或相近。""有时候假借字与本字虽也可以只是双声或叠韵，但是如果韵部相差很远，即使是双声，也不能假借；如果声纽相差很远，即使是叠韵，也不能假借。"[1] 对于声训，王力先生说："除了释义之外，释者与被释者有时是同音的关系，有时是双声叠韵的关系。"[2] 根据我们对这两种材料的调查，通假字的借字与本字之间，声训的主释字与被释字之间在韵母上要求都是相当严格的，一般必须是相同或相近的。例如，长沙马王堆汉墓出土的帛书《战国策》里的通假现象共 680 条，[3] 没有一条是韵母相差很远的。《释名·释天》中的声训材料

---

① 王力：《古代汉语·通论十六》，中华书局 1962 年版。
② 王力：《古代汉语·通论十七》，中华书局 1962 年版。
③ 此据马王堆汉墓帛书整理小组《马王堆汉墓出土帛书〈战国策〉释文》统计得出。

共93条，也没有一条是韵母相差很远的。可是在声母上则显得相当的宽松，通假字的借字与本字、声训的主释字与被释字之间在声母上都可以完全不同。例如：

1. 通假字

　　许借为所：《诗经·小雅·伐木》："伐木许许。"《说文》斤部："所，伐木声也。从斤户声。《诗》曰'伐木所所'。"按：许中古音虚吕切，晓母语韵；所中古音疏举切，生母语韵。

　　湘借为蕭：《诗经·召南·采蘋》："于以湘之。""湘"《韩诗》作"蕭"。按：湘中古音息良切，心母阳韵；蕭中古音式羊切，书母阳韵。

2. 声训

　　《释名》："钟，空也。"按：钟中古音职容切，章母钟韵；空中古音苦红切，溪母东韵。

　　又："枕，检也。"按：枕中古音章荏切，章母寝韵，检中古音居庵切，见母琰韵。

　　《白虎通》："爵公者，通也。"按：公中古音古红切，见母东韵；通中古音他红切，透母东韵。

　　又："心之为言任也。"按：心中古音息林切，心母侵韵；任中古音如林切，日母侵韵，又汝鸩切，日母沁韵。

　　《风俗通》："神者，信也。"按：神中古音食邻切，船母真韵；信中古音息晋切，心母震韵。

　　又："禹者，辅也。"按：禹中古音王矩切，云母麌韵；辅中古音扶雨切，奉母麌韵。

上述通假现象与声训现象使我们得出这样一个结论：上古时期人们对待字与字之间语音关系有明显的重韵轻声倾向。或许在上古人看来，两个字只要韵母是相同或相近的，听起来就是相近的、和谐的，就可以用之于通假，用之于声训。通假、声训与谐声，道理实际上是一样的，既然通假、声训可以不讲究声母是否相同或相近，谐声又有什么不可以呢？

六、结　语

通过以上四节的分析，我们可以看出，《说文》的谐声字是一个包含了多种因素的复杂的异质系统。虽然我们不怀疑《说文》的谐声字在上古汉语声母研究中的价值，但是我们认为，要借助《说文》谐声字这个阶梯去探求上古汉语的声母，必须首先把这个阶梯本身放稳当了，研究透了，否则，就像在沙滩上建筑高楼大厦，根基不稳，是不可能站得住的。

（原载《古汉语研究》1999 年第 2 期）

周秦汉语"之 s"可及性问题再研究

拙作（洪波 2008）运用 Mira Ariel 的可及性理论阐释了周秦汉语"之 s"的产生根源，并分析了周秦汉语"之 s"的可及性及其逐步衰微的原因。沈家煊、完权（2009）对拙作提出了批评，他们的批评意见主要涉及以下三个方面：

（一）"可及性"概念问题；

（二）"之"字的性质和功能问题；

（三）某些语言现象的认识问题。

本文就沈、完二位所涉及的上述三个方面展开讨论。

一、关于"可及性"概念问题

沈、完文的主要目的之一是"要廓清'可及性'这个概念"（沈家煊、完权 2009：3）。他们认为拙文混淆了"可及性"概念与"已知"概念，把"可及性"跟"已知"信息等同起来。他们将"可及性"（accessibility）改称"可及度"。对"可及度"的定义如下：

说话人推测，听话人听到一个指称词语后，从头脑记忆中或

周围环境中搜索、找出目标事物或事件的难易程度。容易找出的可及度高，不容易找出的可及度低。(5 页)

"可及性" 概念是 Sperber & Wlison (1986) 首先使用的，而对这一概念加以阐发并形成一种理论的则是 Mira Ariel (1985a，b，1988，1990，1991，1994)，因此，我们要弄清 "可及性" 这个概念，必须回到 Ariel 的文本中去。

Ariel 的可及性理论是从传统的 "已知" (Givenness) 发展而来，因此她早期的 "可及性" 研究就直接冠名为 "已知"，她的博士论文题目就叫 *Givenness Marking* (1985a)，同年发表的另一篇文章也名为 *The Discourse function of Given Information*。她正式使用 Accessibility 这个概念是从 1988 年开始的，这一年她发表 *Referring and Accessibility*，首次在标题中放弃 "已知" (givenness) 这个术语，而采用 "可及性" (accessibility) 这个概念。我们没有看到 Ariel 给 "可及性" (accessibility) 下一个简单明了的定义，但是我们根据 Ariel (1988，1990) 的阐述，可以明确提取出 "可及性" 的基本含义。所谓 "可及性" (accessibility)，实际上就是听话人将所听到的有定名词或名词短语的所指与语境中存在的或者自己的知识储备中存在的某种具体对象联系起来的反应速度。传统的 "已知" (givenness) 或者 "定指" (definiteness) 概念都无法区分听话人接受有定名词短语时将其与特定所指对象联系起来的反应速度的差异，而 "可及性" 这个概念能够体现这种差异，Ariel 的研究目的就要找出话语中有定名词短语的在听话人一方的这种反应速度的差异及其形式标记。她特别强调语境的重要性，她把语境区分为三类 (Ariel1990，1991，1994)：文本语境 (context)、物理语境 (physical environment)、百科语境 (encyclopaedic knowledge)。在文本语境中，"先行词" (antecedent) 的位置对于可及性起重要作用，先行词的距离越近，可及性程度越高，反之则越低，因

而她把自己的这种主张叫作"文本地理观"（geographic view of context）
（Ariel1990：5）。可及性不仅仅跟语境有密切关系，跟不同类的有定名
词或者有定名词短语也有直接关系，因为不同类的有定名词或名词短语
对上述三种语境的依赖性、依赖程度以及相关性（relevance）、相关程
度是不尽相同的。她通过对英语、希伯来语、汉语等多种语言有定名词
短语语境相关性、依赖性的观察和分析，认为传统划入"已知"范畴的
名词性成分实际上是一个可及性程度不等的连续统，这个连续统由低及
高是：完整姓名＋修饰语 ＞ 完整姓名 ＞ 长的有定描述名词短语 ＞ 短
的有定描述名词短语 ＞ 姓氏 ＞ 名字 ＞远指代词＋修饰语 ＞ 近指代词
＋修饰语 ＞ 远指代词（＋NP） ＞ 近指代词（＋NP） ＞ 重读代词＋手
势 ＞ 重读代词 ＞ 非重读代词 ＞ 附着化代词 ＞ 极高可及性标记（包括
省略空位、反身称代和一致性标记等）。总之，综观 Ariel 1985—1994
年近十年间的主要研究成果，她的可及性理论都是在有定名词（或有定
名词短语）也就是"已知"（givenness）范畴内展开的，从未提出过表
达新信息的名词（或名词短语）也存在可及性问题。沈、完的"可及
度"概念显然跟 Ariel 的"可及性"概念不同，他们认为不仅"已知"
信息有可及度，未知信息（new）也有可及度。在这里我们不打算对
沈、完的观点作出评判，只想说明一点：我们的研究是在 Ariel "可及
性"理论框架下展开的，并非我们自己的杜撰或者歪曲。

二、关于"之"的性质和功能问题

拙文基本接受传统对"之s"中"之"的性质的看法，认为这里的
"之"跟定语标记"之"的性质是一样的，它们都来自指示代词"之"，
但是已经语法化为定语标记，只是这种语法化还不很彻底，还具有指
示代词的一些印迹。沈、完文则认为"之s"中的"之"仍是一个地道

的指示代词。这个观点与我们的观点不完全冲突，但是，要把这里的 "之"看作地道的指示代词，我们需要逾越一个很大的障碍：除了时代较早的《尚书》《诗经》里有 "朕其弟"（《尚书·康诰》）"千斯仓""万斯箱"（《诗经·小雅·甫田》）之外，为什么在《左传》《论语》以下文献里根本见不到其他指示代词进入这个位置？如果这个障碍不能找到有力证据克服掉，那么把名词修饰语和中心语之间的 "之"和 "之 s"里的 "之"看作地道的指示代词是无法令人信服的。语法化的规律之一就是择一性，择一性也往往作为语法化成熟的一个显著表现。他们采纳张敏（2003）的一个测试办法，得到的结论是古代汉语定语和中心语之间的 "之"还是指示代词，而现代汉语定语和中心语之间的 "的"是定语标记。但是张敏的测试办法是有问题的。因为现代汉语的定语标记 "的"的早期形式是 "底"，其最初来源有人认为是方位词 "底"（江蓝生1999），也有人认为是上古汉语继承下来的 "者"（吕叔湘（1943），而古代汉语定语标记 "之"来自指示代词（王力1980，Anne O. Yue1998，张敏2003）。无论近代汉语的定语标记 "底"来源于方位词还是来源于上古汉语承袭下来的 "者"，定语标记 "之"都与它们在分布上有显著不同。因此，这两种不同来源的定语标记在用法上出现差异，跟它们所从来的词的用法直接相关。方位词 "底"是后置的，被称为特殊指示代词的 "者"也是后附的，"底"无论来源于哪一个，它演化为定语标记也是后置的，即它是附着在定语之后的，所以有 "鸡的、狗的、马的血"；而指示代词 "之"是前置的，演化为定语标记也是前置的，即它是附着在中心语之前的，所以不会有 "鸡之、狗之、马之血"。反过来，在古代汉语里我们可以看到像下面这样的例子：

（1）羊与牛唯异，羊有齿，牛无齿。而羊牛之非羊也，之非牛也，未可。是不俱有，而或类焉。（《公孙龙子·通变论》）

但在现代汉语里我们却看不到"羊牛的非羊、的非牛"这样的说法。显然我们不能因为现代汉语不能说"羊牛的非羊、的非牛"就说现代汉语的"的"不是定语标记；同样的道理我们也不能根据现代汉语有"鸡的、狗的、马的血"而古代汉语不能说"鸡之、狗之、马之血"就断定古代汉语"之"不是定语标记。

拙文认为"之 s"中的"之"不是一个单纯的定语标记，由于它来自指示代词，它还是一个"可及性"标记。根据 Ariel 的可及性等级标记序列，我们认为"之"标记指称性小句具有"较高可及性"（中度可及性）。沈、完文认为这里的"之"不是标记可及性，而是"提高指别度"。他们首先引入一个新的概念"指别度"，并定义如下：

说话人觉得，他提供的指称词语指示听话人从头脑记忆中或周围环境中搜索、找出目标事物或事件的指示强度。指示强度高的指别度高，指示强度低的指别度低。（5 页）

他们指出：

"指别度"和"可及度"的联系是：指称目标对听话人来说可及度低，说话人所用指称词语的指别度应该高；指称目标对听话人来说可及度高，说话人所用指称词语的指别度可以低。要提高指称目标的可及度就要提高指称词语的指别度，提高了指称词语的指别度也就提高了指称目标的可及度。（5 页）

在这个基础上，他们认为："正如指示词'这'和手指起到提高指别度的作用，主谓结构加上'之'字也是起提高指别度的作用。"（5 页）他们这样来看主谓结构中"之"字的作用与他们把"之"看作地道指示代词的看法是一贯的。

这里的关键问题是，提高可及度的预设是指称结构都是可及的，沈、完二位也正是这样表述的，"已知信息不一定可及度高，未知信息不一定可及度低"（6 页）。看来他们是把"可及性"跟概念认知混同起来了。"可及性"跟概念认知实际上是两回事，"可及性"属于语用指称范畴，概念认知属于认知语义范畴。举个简单的例子：

（2）我来了个同学。

"同学"这个名词的概念意义一般人都知道，但是在这个句子里，作为交际载体，"同学"所指的具体对象听话人是不知道的（至少说话人推测听话人不知道），所以这里的"同学"在指称上是不可及的，即听话人不能将这个指称形式跟特定的所指对象联系起来。

由于沈、完混同了可及性和意义理解，所以他们在分析"之 s"时有很多看法跟我们的认识不同，这里我们只提出一点来讨论。

照沈、完二位的观点，下面两个例子将得到跟事实和事理都完全相反的认识：

（3）赤之适齐也，乘肥马，衣轻裘。（《论语·雍也》）
（4）夫子至于是邦也，必闻其政。（《论语·学而》）

这两句都有一个表示时间的指称性小句，前一例的"赤之适齐也"是"之 s"，后一例的"夫子至于是邦也"是非"之 s"。前一例指称的是一个既成事实，因为前文有交代——"子华使於齐"。后一例指称的是一个虚拟事件，表示的是"夫子到某一个国家的时候"。按照沈、完的说法，"赤之适齐也"因为可及度低，所以要加"之"提高可及度；"夫子至于是邦也"因为可及度高，所以不加"之"。其结果是：听话人知道的事实性事件比听话人不知道的虚拟事件的可及度低。这显然与事理完全相悖谬。为了说明问题，我们把上两例的全文抄录于下：

子华使於齐，冉子为其母请粟。子曰："与之釜。"请益。曰："与之庾。"冉子与之粟五秉。子曰："赤之适齐也，乘肥马，衣轻裘。吾闻之也：君子周急不继富。"

子禽问於子贡曰："夫子至於是邦也，必闻其政。求之与？抑与之与？"子贡曰："夫子温、良、恭、俭、让以得之。夫子之求之也，其诸异乎人之求之与？"

根据两例的上下文，实际情况是，孔子跟冉有说"赤之适齐也"的时候，冉有早就知道公西华到齐国去了，因而是可及性事件。相反，子禽跟子贡说"夫子至于是邦也"的时候，上下文没有任何交代说夫子去了哪个国家或者去过哪个国家，子禽完全是虚拟一种情形用以引出下文，子贡完全不清楚夫子是否真的去了哪个国家，因此句子指称的是一个不可及的事件。

拙文指出让步从句中有两种情形：事实让步和虚拟让步，前一种让步从句如果连词"虽"出现在从句句首，则一般都使用"之 s"，后一种让步从句如果连词"虽"出现在句首，主谓之间并不加"之"。如果按照沈、完的分析，得到的结果也是跟事理和事实相违背的：事实让步从句的可及度反而低，虚拟让步从句的可及度反而高。

三、关于一些语言现象的认识问题

拙文对周秦汉语"之 s"的隐现规律进行了调查分析，着重分析了"之 s"在宾语位置上的隐现规律。"之 s"主要充当感知动词、心理动词和比较动词的宾语，我们定量分析了感知动词"知""见""闻"带小句宾语的情况和心理动词"恐""惧""患""恶""愿"带小句宾语的情况，发现这两类动词带与不带"之 s"小句宾语不是随机的，呈现出某种规律性。在感知动词中，"知"最倾向于带"之 s"宾语而"闻"最不倾向于带"之 s"宾语，"见"所带小句宾语是"之 s"和非"之 s"两种情况大致均衡，呈现出随机性特点。我们从说话人的场景预设角度对这三个动词带"之 s"宾语的规律性进行了解释，认为"知"的场景预设倾向于确认说话人所知道的某种事实，而"闻"的场景预设倾向于报道一种新情况，"见"则介乎"知""闻"之间，既可以是确认说话人所见的某种事实，也可以是向听话人报道一种所见的新情况。对我们的这种解释沈、完提出不同看法。他们认为："我知道的事情你不一定知道，'知'的宾语代表的事件可及度低，所以倾向于加'之'，而我听说的事情你很可能也已听说，'闻'的宾语代表的事件可及度高，所以倾向于不加'之'。"（6 页）

根据 Ariel 的可及性理论，已知信息是可及性信息，但存在可及性高低的差异；新信息是不可及信息，因而也无所谓可及性高低的问题。那我们就来看一看"知""闻"所带宾语的实际情形。"知"和"闻"在《左传》中都是高频动词，用例丰富，我们就以《左传》为对象对"知""闻"所带的宾语进行穷尽性考察。"知"共出现 280 例，其中带宾语的 222 例，不带宾语的 58 例。根据语境（上下文语境和百科语境），"知"所带宾语表达已知信息的 188 例，表达新信息的 34 例。表达已知信息的宾语情况如下表：

之 s	非之 s	之	1、2 身代词	专名	"所"字结构	"其"字名词短语	名词	动词短语
46	1	43	6	2	6	9	59	16

其中非"之 s"小句宾语表达已知信息的例子是：

（5）（华亥）使少司寇咺以归，曰："子之齿长矣，不能事人，

以三公子为质，必免。"公子既入，华㑩将自门行，公遽见之，执
其手曰："余知而无罪也。入，复而所。"（昭公二十年）

宋国大夫华定、华亥和向宁合谋反叛宋元公，导致宋国内乱，少
司寇华㑩虽为华氏同族，并未参与反叛，所以华亥请他将扣押的宋元公
的三个儿子送还给宋元公，他送去之后宋元公特地会见他，就是要告诉
他，他没有参与反叛，没有罪过。华㑩没有罪，自己心里很清楚，宋元
公跟他说"余知而无罪也"，其中的"而无罪"并不表达新信息，而是
交际双方的共享信息。宋元公之所以要这样说，按我们的说法就是一种
确认，以表明自己分得清谁有罪谁无罪。此例之所以未用"之 s"，应
该与宾语小句的主语是第二人称代词"而"有关，第二人称代词的可及
性等级高于来源于指示代词的可及性标记"之"。

代词"之"充当"知"的宾语，全部为回指性称代，称代前文或
物理语境中存在的事物。例如：

(6) 祭仲专，郑伯患之，使其婿雍纠杀之。将享诸郊，雍姬
知之。（桓公十五年）

(7) 子犯以璧授公子，曰："臣负羁绁，从君巡於天下。臣之
罪甚多矣，臣犹知之，而况君乎？请由此亡。"（僖公二十四年）

前例"之"回指前文"郑伯患之，使其婿雍纠杀之"。后例"之"
回指前文"臣之罪多矣"。

第一、二人称代词和专有名词都是定指的，表达已知信息。在周
秦汉语里专有名词如果要表达新信息，要加不定指被饰代词"者"，如
"齐人有冯谖者"（《战国策·齐策四》）。"所"字结构相当于一个普通名
词短语，其本身不一定表达已知信息。"所"字结构充当"知"的宾语，
如果是肯定句，则皆表示已知信息，如果是否定句或者反问句，则皆表

示新信息。这里的 6 例全部是肯定句。例如：

（8）晋灵公不君：厚敛以彫墙，从台上弹人而观其辟丸也……
三进及溜，而后视之，曰："余知所过矣，将改之。"（宣公二年）

（9）吴子使其弟蹶由犒师，楚人执之，将以衅鼓。王使问焉，
曰："女卜来吉乎？"对曰："吉。寡君闻君将治兵於敝邑，卜之以
守龟，曰：'余亟使人犒师，请行以观王怒之疾徐而为之备，尚克
知之？'龟兆告吉，曰：'克可知也。'君若欢焉好逆使臣，滋敝邑
休怠而忘其死，亡无日矣。今君奋焉震电冯怒，虐执使臣，将以
衅鼓，则吴知所备矣。"（昭公五年）

前例"所过"有"先行词"——"厚敛以彫墙，从台上弹人而观其
辟丸也……"，所以表达的是已知信息；后例"所备"有"先行词"——
"使人犒师，请行以观王怒之疾徐而为之备……"，因而"所备"表达的
是可推知信息。

"其"字名词短语指带领属定语"其"的名词短语，这种短语以
及后面的名词、动词短语都跟"所"字结构一样，根据语境才能判断
出是否表达已知信息。值得指出的是"知"带普通名词宾语大多数都
是光杆名词，其中表示已知信息的多是表示当时礼义制度的名词如
"礼""命""义""政""罪"等，"知＋名词"往往具有熟语性。这些名
词所指称的事物都存在于交际双方的百科语境中，因而是可及的。"知"
带表示已知信息的动词性短语作宾语，该动词性短语实际上相当于一个
"之 s"，只是小句的主语没有出现而已。例如：

（10）佚之狐言於郑伯曰："国危矣！若使烛之武见秦君，师
必退。"公从之。辞曰："臣之壮也，犹不如人；今老矣，无能为也
已。"公曰："吾不能早用子，今急而求子，是寡人之过也。然郑

亡，子亦有不利焉。"许之。夜缒而出，见秦伯，曰："秦、晋围郑，郑既知亡矣……"（僖公三十年）

（11）晋师归，范文子后入。武子曰："无为吾望尔也乎？"对曰："师有功，国人喜以逆之，先入，必属耳目焉，是代帅受名也，故不敢。"武子曰："吾知免矣。"（成公二年）

前例"知亡"有先行词——"然郑亡"，且据前文"秦、晋围郑"亦可推知，因为秦、晋是当时的超级大国，他们共同围郑，郑国灭亡是可推知的。后例"知免"，"免"有特定含义，即指免于刑戮。范武子看到自己的儿子如此谦恭让誉，就知道自己不会因为儿子犯错误而遭受刑戮了。"免"所表示的事件根据范文子的话即可推知，而且"知免"也是当时的一个成言。

在《左传》里，"知"的宾语表达新信息有很严格的条件限制：只有在否定句、反问句中才表达新信息。例如：

（12）公曰："寡人有子，未知其谁立焉。"（闵公二年）

（13）公曰："君王何如？"对曰："非小人之所得知也。"固问之，对曰："其为大子也，师保奉之，以朝於婴齐，而夕於侧也，不知其他。"（成公九年）

（14）甲午晦，楚晨压晋军而陈。军吏患之，范匄趋进，曰："塞井夷灶，陈於军中而疏行首。晋、楚唯天所授，何患焉？"文子执戈逐之，曰："国之存亡，天也。童子何知焉！"（成公十六年）

（15）献子曰："若王室何？"对曰："老夫其国家不能恤，敢及王室？抑人亦有言曰：'嫠不恤其纬，而忧宗周之陨，为将及焉。'今王室实蠢蠢焉，吾小国惧矣，然大国之忧也，吾侪何知焉？吾子其早图之。"（昭公二十四年）

前 2 例为否定句,"知"的宾语分别是"其谁立焉"和"其他"。"其谁立焉"是小句宾语,其中疑问代词"谁"是小句动词"立"的宾语前置,疑问代词是表达新信息的,整个宾语小句也是表达新信息的;"其他"的"他"是旁指代词,旁指代词属于不定指,只能表达新信息。后 2 例为反问句,"何知焉"相当于现代北京话里的"知道什么呀",疑问代词"何"是"知"的宾语前置,疑问代词是表达新信息的。

还有一个非常有证明力的例子:

(16)楚屈瑕伐罗,斗伯比送之,还,谓其御曰:"莫敖必败。举趾高,心不固矣。"遂见楚子曰:"必济师。"楚子辞焉,入告夫人邓曼。邓曼曰:"大夫其非众之谓,其谓君抚小民以信,训诸司以德,而威莫敖以刑也。莫敖狃於蒲骚之役,将自用也,必小罗。君若不镇抚,其不设备乎?夫固谓君训众而好镇抚之,召诸司而劝之以令德,见莫敖而告诸天之不假易也。不然,夫岂不知楚师之尽行也?"楚子使赖人追之,不及。(桓公十三年)

例中"夫岂不知楚师之尽行也"是一个反问句,也是一个否定句。反问含有否定意义,否定之否定遂为肯定,"知"的宾语"楚师之尽行"是个"之 s",所表示的事件是斗伯比、楚子以及楚子夫人邓曼的共享信息,因而是已知信息。

"闻"的宾语与"知"的宾语有显著差异。"闻"的宾语并不像"知"的宾语那样有截然的分野:在肯定句里表达已知信息,在否定和反问句中表达新信息。"闻"的宾语在肯定句和否定句里都既可以表达已知信息也可以表达新信息。表达已知信息的例如:

(17)遂寘姜氏于城颍,而誓之曰:"不及黄泉,无相见也!"既而悔之。颍考叔为颍谷封人,闻之,有献於公。(隐公元年)

（18）秦伯使辞焉，曰："二三子何其戚也！寡人之从君而西也，亦晋之妖梦是践，岂敢以至？"晋大夫三拜稽首，曰："君履后土而戴皇天，皇天后土实闻君之言，群臣敢在下风？"（僖公十五年）

前例"闻之"之"之"回指前文郑庄公对其母亲发誓而后又后悔的情况。后例"闻君之言"之"君之言"即指前文秦伯所说之言。

"闻"的宾语表达新信息的例如：

（19）大叔完聚，缮甲兵，具卒乘，将袭郑，夫人将启之。公闻其期。（隐公元年）

（20）介葛卢闻牛鸣，曰："'是生三牺皆用之矣'，其音云。"（僖公二十九年）

前例"闻其期"的"其期"指大叔袭郑的日期，但这个日期具体哪一天上文没有交代，因此表达的是新信息。后例"闻牛鸣"之"牛鸣"在语境中也是第一次出现，也是新信息。

下面这个例子中"闻"肯定与否定并存，肯定句"闻"的宾语表达新信息，而否定句"闻"的宾语表达已知信息：

（21）及卫州吁立，将脩先君之怨於郑，而求宠於诸侯，以和其民。使告於宋曰："君若伐郑，以除君害，君为主，敝邑以赋与陈蔡从，则卫国之愿也。"宋人许之。於是陈蔡方睦於卫，故宋公、陈侯、蔡人、卫人伐郑，围其东门，五日而还。公问於众仲曰："卫州吁其成乎？"对曰："臣闻以德和民，不闻以乱；以乱，犹治丝而棼之也。"（隐公四年）

例中肯定句"闻"的宾语"以德和民"没有语境支持，表达的是新信息。否定句"闻"的宾语"以乱（和民）"主体部分"和民"承上省略了，因为上文出现了，因而是已知信息；保留的"以乱"有语境支持，即指前文"脩先君之怨於郑"，因而也是已知信息。

我们说"知"的场景预设是确认某种已知信息，而"闻"的场景预设是报道新信息。这种差别在第一人称主语的句子中体现得最为充分。

"知"在第一人称主语句子中出现 14 次，所带宾语基本涵盖了前文所列的各种类型。无论是哪种类型的宾语，一律表示已知信息。例如：

（22）吴子问於伍员曰："初而言伐楚，余知其可也，而恐其使余往也，又恶人之有余之功也。今余将自有之矣，伐楚何如？"（昭公三十年）

（23）秋，郯子来朝，公与之宴。昭子问焉，曰："少皞氏鸟名官。何故也？"郯子曰："吾祖也，我知之。……"（昭公十七年）

（24）初，申侯，申出也，有宠於楚文王。文王将死，与之璧，使行，曰："唯我知女。……"（僖公七年）

（25）白公奔山而缢，其徒微之。生拘石乞而问白公之死焉。对曰："余知其死所，而长者使余勿言。"（哀公十六年）

（26）秦伯曰："国谓君何？"对曰："小人戚，谓之不免；君子恕，以为必归。小人曰：'我毒秦，秦岂归君？'君子曰：'我知罪矣，秦必归君。'"（僖公十五年）

（27）宋合左师曰："大国令，小国共。吾知共而已。"（昭公元年）

"闻"在第一人称主语句子出现 89 次，其中带小句或者语段宾语 87 例，名词宾语 2 例。小句宾语或者语段宾语一律为非"之 s"，且都是说话人第一次引述一个事件或者一种说法，没有任何语境支持，因而一律表示新信息。具体又有以下几种情况：

1.小句或者语段宾语直接接于"闻"之后。例如：

（28）吾闻姬姓唐叔之后，其后衰者也，其将由晋公子乎！（僖公二十三年）

（29）其子曰胜，在吴，子西欲召之。叶公曰："吾闻胜也诈而乱，无乃害乎？"子西曰："吾闻胜也信而勇，不为不利。舍诸边竟，使卫藩焉。"叶公曰："周仁之谓信，率义之谓勇。吾闻胜也好复言，而求死士。殆有私乎？复言，非信也；期死，非勇也。子必悔之。"（哀公十六年）

（30）叔詹谏曰："臣闻天之所启，人弗及也。"（僖公二十三年）

（31）侨闻为国非不能事大字小之难，无礼以定其位之患。（昭公十六年）

2."闻"后有"之"，这个"之"虽然仍是个称代性指代词，称代后面引述的内容，实际上它已经接近一个标补词（complementizer），类似于英语的宾语从句标补词 that，因而它不是一个可及性标记。例如：

（32）吾闻之：文不犯顺，武不违敌。（僖公三十三年）

（33）吾闻之：宋灾，於是乎知有天道。何故？（襄公九年）

（34）臣闻之：俭，德之共也；侈，恶之大也。（庄公二十四年）

（35）侨闻之：大适小，有五美：宥其罪戾，赦其过失，救其菑患，赏其德刑，教其不及。（襄公二十八年）

3. "之"后有"曰"或"……曰"。例如：

（36）吾闻之曰："忠信，礼之器也；卑让，礼之宗也。"（昭公二年）

（37）吾闻诸叔向曰："好恶不愆，民知所适，事无不济。"（昭公十五年）

（38）吾闻前志有之曰："敌惠敌怨，不在后嗣，忠之道也。"（文公六年）

"闻"的宾语是名词的 2 例如下：

（39）陈书曰："此行也，吾闻鼓而已，不闻金矣。"（哀公十一年）

吴齐交战之前，齐国将士相励必死之志，所以陈书说了这样的话。杜预注曰："鼓以进军，金以退军。不闻金，言将死也。《传》言吴师强，齐人皆自知将败。"例中"鼓""金"皆无语境支持，均表示新信息。

比较第一人称句子中"知""闻"所带宾语，可谓判然有别。第一，最重要的一点是"知"的宾语一律表示已知信息，而"闻"的宾语一律表示新信息。第二，"知"的宾语在形式上很驳杂，各种类型的宾语都有，而"闻"的宾语绝大多数都是非"之 s"小句或者语段。第三，"知"有回指性代词"之"和人称代词宾语，"闻"没有这样的宾语，"闻"后出现的"之"均不是回指性称代。以 89∶14 的悬殊频率比例，"闻"没有一例带回指性代词"之"和人称代词宾语，这个事实就已经充分显示出"闻"和"知"所带宾语的信息类别差异。第四，"知"的宾语最长不过 4 个词，这是因为已知信息没有必要长篇大论，符合"不过量准则"；"闻"的宾语除了 2 例名词宾语外，没有少于 5 个词的，长的可以是很长的一段话：

> （40）侨闻文公之为盟主也，宫室卑庳，无观台榭，以崇大诸侯之馆，馆如公寝；库厩缮脩，司空以时平易道路，圬人以时塓馆宫室；诸侯宾至，甸设庭燎，仆人巡宫，车马有所，宾从有代，巾车脂辖，隶人牧圉，各瞻其事，百官之属，各展其物；公不留宾，而亦无废事，忧乐同之，事则巡之，教其不知，而恤其不足；宾至如归，无宁菑患，不畏寇盗，而亦不患燥湿。（襄公三十一年）

这是因为新信息要根据信息本身的量度给足，符合"足量准则"。

　　以上四种情况充分证明我们的分析是对的，"知"的场景预设在于确认所知道的事物或者事件，而"闻"的场景预设在于报道一种新的信息。① 沈、完二位说"我知道的事情你不一定知道……而我听说的事情你很可能也已听说……"，这个看法也许是有道理的，但是他们忽视了认知情况与交际行为的区别。我知道的事情之所以需要用"我知道……"的言语形式跟听话人说一遍，不是想告诉对方所不知道的事情，而是想向对方表明我已经知道了，因而是一种确认。我听说的事情之所以需要用"我听说……"这样的言语形式跟听话人说一遍，不是想向对方确认我听说了，而是预设对方可能没听说，所以需要告诉他。拙文已经指出古代汉语"知""闻"的这种区别在现代汉语的对应词"知道""听说"之间也存在，现代汉语口语通过焦点重音来显示这种区别。比较：

---

① 　张家骅（2009：244—245）对现代汉语"知道""认为"的研究也支持了我们的认识。他综合其他一些学者的相关研究，指出："知道"是叙实谓词，语义中不仅包含（a）"认知状态主体在其意识中有命题 P"，而且包含事实预设——（b）"对于言语行为主体（我），P 的所指在现实世界里是有的"：他知道 P＝"他知道 P＋我知道 P"……换言之，"知道"句向受话人通报的不是 P 本身，而是 P 在认知主体中有；P 本身则被作为语用预设处置，即被"我"看作在该交际情景中已给受话人的信息。

我知道他去美国了。

我听说他去美国了。

一般情况下，前例的句重音一定在"知道"上，而后例的句重音一定不在"听说"上。句重音体现焦点，说明前例的焦点在"知道"上，而后例的焦点不在"听说"上。焦点落在"知道"上就是为了强调"知道"，也就是确认"（我）知道"，而焦点不在"听说"上则显然不是想确认"（我）听说"。后例的焦点一般会落在"去美国"上，这显然是说话人预设听话人不知道"他去美国"这件事，是向他报道一个新信息。

沈、完还对拙文关于心理动词"恐""惧""患""恶""愿"带与不带"之s"宾语的分析提出不同看法。他们认为：

由于人的"趋利避害"心理，希望发生的事情跟人的心理距离近，可及度高，倾向于不加"之"，害怕发生的事情跟人的心理距离远，可及度低，倾向于加"之"。（6页）

问题还是出在对"可及性"概念的认识上。只有已知信息才有"可及性"（按他们的说法是"可及度"），新信息为不可及信息，因而不存在"可及性"问题。我们的调查结果显示，"恐""惧""患""恶"所带宾语是原因宾语，而"愿"带的是目的宾语。原因宾语所表示的一般是交际双方的共享信息，以"患"字为例，在《左传》里"患"除了带"之s"宾语外，还带体词宾语和谓词性宾语，所带的体词宾语主要是如下两类：回指性代词"之"（28例）和专有名词（7例），回指性代词"之"回指前文出现的事件或者事物，专有名词为人名或者国名，都是表示已知信息。例如：

（41）祭仲专，郑伯患之。（桓公十五年）

（42）宣子骤谏，公患之。（宣公二年）

（43）宣子与诸大夫皆患穆赢。（文公七年）

（44）鲁人患阳虎矣。（定公六年）

其他体词宾语（1例）和谓词性宾语（8例）也都是表示已知信息的。例如：

（45）卫侯欲叛晋，而患诸大夫。（定公八年）

（46）刘子谓苌弘曰："甘氏又往矣。"对曰："何害？同德度义。《大誓》曰：'纣有亿兆夷人，亦有离德；余有乱臣十人，同心同德。'此周所以兴也。君其务德，无患无人。"（昭公二十四年）

前例"患诸大夫"之"诸大夫"即卫国之诸大夫，且下文有卫国大夫支持卫君叛晋之语，因而是可及性信息；后例"无患无人"之"无人"有前文语境支持，为可及性信息。

"愿"则与"患"形成鲜明对照。《左传》里"愿"带宾语共28例，其中26例为表达新信息的非"之 s"小句或者谓词性短语。例如：

（47）我襄公未忘君之旧勋，而惧社稷之陨，是以有殽之师。犹愿赦罪于穆公，穆公弗听，而即楚谋我。（成公十三年）

（48）寡君使匄，以岁之不易，不虞之不戒，寡君愿与一二兄弟相见，以谋不协。（襄公三年）

（49）辞曰："夫和戎狄，国之福也；八年之中九合诸侯，诸侯无慝，君之灵也，二三子之劳也，臣何力之有焉？抑臣愿君安其乐而思其终也。"（襄公十一年）

（50）楚子成章华之台，愿以诸侯落之。（昭公七年）

（51）寡君欲徼福於周公，愿乞灵於臧氏。（哀公二十四年）

只有 2 例"愿"的宾语是表示已知信息的：

（52）宣伯曰："鲁以先子之故，将存吾宗，必召女。召女何如？"对曰："愿之久矣。"（昭公四年）

（53）齐侯执阳虎，将东之。阳虎愿东，乃囚诸西鄙。（定公九年）

前例"愿之"之"之"称代前文提到的"鲁召"之事，是已知信息，不过此例"愿之"实为句子的话题，并非句子的谓语部分。后例"愿东"之"东"名词用为动词，与前文"东之"之"东"用法同，所指同，因而是已知信息。

"患""愿"在《左传》里的使用情况说明，用"趋利避害"心理来解释"恐""惧""患""恶"与"愿"的差异显然是不确的，无论如何也不能认为回指性代词"之"和专有名词的可及性还低于表示新信息的小句或者谓词性短语。

最后一点，拙文对周秦文献（注意，仅限于周秦文献）里某些表示已知信息充当主语（话题）、宾语或者从句的小句不是"之 s"而是非"之 s"的现象从语言系统内部和系统外部两个角度提出了几种可能的解释，其中外部因素我们提到了文献流传过程中的失真，所举的例子是《论语·季氏》里的"禄之去公室五世矣，政逮於大夫四世矣，故夫三桓之子孙微矣。"这个例子中"政逮於大夫四世矣"与"禄之去公室五世矣"是并列关系，"政逮於大夫"与前面小句中的"禄之去公室"的句法功能相同，都是充当主语（话题），而且都是表述当时大家都知道的历史事实，是已知信息，但是"禄之去公室"是"之 s"，而"政逮於大夫"却是非"之 s"，我们认为一个很可能的原因是文献失真所致。沈、完对这个例子提出了另外的解释，他们的解释也许是有道理的，但是他们说"这种并列的例子不是少数几个而是大量的……难道都归因于文献失真?"(3页)这个说法既不符合事实，也不符合我们的分析。从事实角度说，在周秦文献里，像上面这样并列的例子一个使用"之 s"一个不使用"之 s"的情况是非常罕见的，至少在我们调查统计的三部文献里这是仅见。他们说"上面列出的已经不少"，我们检视他们所列的例子，其例(6)有"若事之捷"与"不捷"对举，他们认为"不捷"是"若事不捷"的省略，安知不是"若事之不捷"的省略？其例(12)"德之不修，学之不讲，闻义不能徙，不善不能改，是吾忧也。"其中"德之不修，学之不讲，闻义不能徙，不善不能改"确实是并列关系，但这四个句子的内部关系并不一致，"德之不修""学之不讲"是"之 s"，其中"德""学"都是后面动词受事成分的话题化；而"闻义不能徙""不善不能改"则是紧缩复句，最起码"闻义"显然不是"徙"的受事成分话题化，因而不能看作句子的主语(话题)。其例(13)(14)所并列或对举的都是"之 s"，其例(15)a/b 是《史记》的例子，既不在我们所论范围之内，也不能作为反驳我们的证据，因为前人早有充分论述，《史记》时代"之 s"已经大为衰微了。而且严格说来，其例(15)a/b 也不能算并列，虽然在同一篇中出现，但却不是在同一语境当中，更不在上下句中。这样他们的"不少"实例实际上没有一个是真正的反例。从我们的分析角度说，我们更侧重从语言系统内部找原因，提出了四点语言系统内部因素，沈、完似乎将我们所谈的语言系统内部因素都忽略掉了。

参考文献

洪波：《周秦汉语"之 s"的可及性及相关问题》，《中国语文》2008 年第 4 期。

江蓝生：《处所词的领格用法与结构助词"底"的由来》，《中国语文》1999 年第 2 期。

吕叔湘:《论"底、地"之辨及"底"字的由来》,《中国文化研究汇刊》1943年第3期。

沈家煊、完权:《也谈"之"字结构和"之"字的功能》,《语言研究》2009年第2期。

王力:《汉语史稿》(中册),中华书局1980年版。

张家骅:《"知道"与"认为"句法差异的语义、语用解释》,《当代语言学》2009第3期。

张敏:《从类型学看上古汉语定语标记"之"语法化的来源》,载吴福祥、洪波主编《语法化与语法研究》(一),商务印书馆2003年版。

Anne,O. Yue,"Zhi 之 in Pre-Qin Chinese",*T'oung Pao* LXXXIV,1998.

Ariel,M.,The discourse functions of given information,*Theoretical Linguistics* 12:2/3:99-113,1985.

Ariel,M.,Referring and accessibility,*Journal of Linguistics* 24:65-87,1988.

Ariel,M.,*Accessing Noun-phrase Antecedents*. London & N.Y.:Routledge,1990.

Ariel,M.,The function of accessibility in a theory grammar,*Journal of Pragmatics* 16:443-463,1991.

Ariel,M.,Interpreting anaphoric expressions:A cognitive versus a pragmatic approach,*Journal of Linguistics* 30:3-42,1994.

Sperber,D. and Wilson,D,*Relevance*. Oxford:Blackwell,1986.

(原载《语言研究》2010年第1期)

从《左传》看先秦汉语"也""矣"的语气功能差异

　　"也"和"矣"是先秦汉语最常见的两个句末语气助词，其间的差别古人早有认识，《淮南子·说林训》："'也'之与'矣'，相去千里。"《马氏文通》认为："'也'字所以助论断之辞气，'矣'字惟以助叙说之辞气。故凡句意之为当然者，'也'字结之；已然者，'矣'字结之。所谓当然者，决是非、断可否耳。所谓已然者，陈其事，必其效而已。"（引自《马氏文通读本》536—537页）后来之学者讨论"也""矣"的功能差别，大抵不出《文通》之概。蒲立本（1995）认为"也"不是一个体助词（particle of aspect）而"矣"是一个体助词，他的说法极有见地，但不认为"矣"有语气功能则是不符合语言实际的。刘承慧（2007、2008）深入探讨了"也""矣"的功能及其差别。她指出，"也"的语气功能是表示"指认"，"矣"的语气功能是表示"评断"。这是一个非常好的见解，但如何界定"指认"与"评断"则是一个问题。本文以《左传》为据，进一步研究"也""矣"作为句末语气助词的功能差别。选择《左传》的主要原因是这部文献的人物对话部分语境都很明确，要讨论"也""矣"所表示的语气意义差别，没有明确的语境支持，往往难以说清楚。

一、"也""矣"的语气功能

语气助词"也"来源于判断词（洪波，2000），其基本功能是出现在判断句句末表示判断。由表示判断拓展到表示说明、释因、列举等功能。例如：

（1）夏，君氏卒——声子也。不赴于诸侯，不反哭于寝，不祔于姑，故不曰"薨"。不称夫人，故不言葬。不书姓，为公故，曰"君氏"。（隐公三年）

（2）三月，公及邾仪父盟于蔑。邾子克也。未王命，故不书爵。曰"仪父"，贵之也。（隐公元年）

（3）元年，春，王周正月，不书即位，摄也。（隐公元年）

（4）男女同姓，其生不蕃，晋公子，姬出也，而至于今，一也；离外之患，而天不靖晋国，殆将启之，二也；有三士，足以上人，而从之，三也。（僖公二十三年）

例（1）表示判断，例（2）之"曰'仪父'，贵之也"是说明，例（3）表示释因，例（4）表示列举。《左传》中凡史官所用之"也"，大抵不出上述四种功能。

除了上述四种用法之外，"也"还可以表示推论。例如：

（5）若弃德不让，是废先君之举也。（隐公三年）

（6）陈桓公方有宠于王，陈、卫方睦，若朝陈使请，必可得也。（隐公四年）

（7）吾不得志于汉东也，我则使然。我张吾三军，而被吾甲

兵，以武临之，彼则惧而协以谋我，故难间也。（桓公六年）

（8）谋及妇人，宜其死也。（桓公十五年）

这种用法只见于人物对话当中。这种用法与前四种用法的区别在于：前四种用法都是对客观事实的"按断"，因而基本上不反映言者的个人观点和态度；而这种用法虽然是基于某种事实或者事理作出推论，但都免不了要体现出言者的个人观点和态度。以往的研究不区别对待"也"的前四种功能和第五种功能的差别，将其笼统地归入语气词。我们认为，前四种用法的"也"都是判断词，只有第五种功能的"也"才是真正的语气词。"也"与"矣"之间不易分别的地方也都集中在"也"的这种用法上。

"矣"的来源还不清楚，可能跟存在动词"有"有关。"矣""有"的上古音很接近，都属于"云"母"之"部字；据郑张尚芳（2003），"矣"的上古语音形式是 *Gɯʔ，"有"的上古语音形式是 *Gʷɯʔ。但这需要证明，我们将另文讨论。在春秋战国文献里，"已"也有句末语气词功能，其用法与"矣"接近，因此有人认为"矣"跟"已"有关。俞敏（1987）在《经传释词札记》里说："卷一说'已，语终辞也'，就是'矣'的原始形式。"（66页）但"矣"与"已"的语音形式不同，两者之间没有渊源关系。语气助同"已"由完成义动词"已"语法化而来，其演化过程在春秋战国文献里能清楚地看出来；而"矣"最早见于《尚书》，在《诗经》里已有大量用例。

"矣"有两种功能。其一是表示事件的已然或者将然。表示已然例如：

（9）太子曰："君非姬氏，居不安，食不饱。我辞，姬必有罪。君老矣，吾又不乐。"（僖公四年）

（10）将杀里克，公使谓之曰："微子，则不及此。虽然，子杀

二君与一大夫，为子君者，不亦难乎？"对曰："不有废也，君何以兴？欲加之罪，其无辞乎？臣闻命矣。"伏剑而死。（僖公十年）

（11）将适齐，谓季隗曰："待我二十五年，不来而后嫁。"对曰："我二十五年矣，又如是而嫁，则就木焉。请待子。"（僖公二十三年）

（12）楚子登巢车，以望晋军。子重使大宰伯州犁侍于王后。王曰："骋而左右，何也？"曰："召军吏也。""皆聚于中军矣。"曰："合谋也。""张幕矣。"曰："虔卜于先君也。""彻幕矣。"曰："将发命也。""甚嚣，且尘上矣。"曰："将塞井夷灶而为行也。""皆乘矣，左右执兵而下矣。"曰："听誓也。""战乎？"曰："未可知也。""乘而左右皆下矣。"曰："战祷也。"（成公十六年）

（13）公使阳处父追之，及诸河，则在舟中矣。（僖公三十三年）

例（9）至（12）都是人物对话，"矣"所表示的已然皆以说话的时间为参照时间。例（13）为史官记叙语言，"矣"所表示的已然以前一句"及诸河"的事件发生时间为参照时间。

有时候，"矣"出现在表示虚拟事件的句子末尾，表示该虚拟事件之已然。例如：

（14）夫狐蛊，必其君也。蛊之贞，风也；其悔，山也。岁云秋矣，我落其实，而取其材，所以克也。实落材亡，不败，何待？（僖公十五年）

（15）秦伯使公孙枝对曰："君之未入，寡人惧之；入而未定列，犹吾忧也。苟列定矣，敢不承命？"（僖公十五年）

（16）邾文公卜迁于绎。史曰："利于民而不利于君。"邾子曰："苟利于民，孤之利也。天生民而树之君，以利之也。民既利矣，孤必与焉。"左右曰:"命可长也,君何弗为?"邾子曰:"命在养民。死之短长,时也。民苟利矣,迁也,吉莫如之!"遂迁于绎。(文公十三年)

以上各例的"矣"字句都是虚拟句,"矣"表示虚拟事件的已然,后接表达虚拟事件已然带来的结果。"矣"表示将然,例如:

(17)羽父请杀桓公,将以求大宰。公曰:"为其少故也,吾将授之矣。使营菟裘,吾将老焉。"羽父惧,反谮公子桓公而请弑之。(隐公十一年)

(18)二年,春,虢公败犬戎于渭汭。舟之侨曰:"无德而禄,殃也。殃将至矣。"遂奔晋。(闵公二年)

(19)冬,晋侯围原,命三日之粮。原不降,命去之。谍出,曰:"原将降矣。"军史曰:"请待之。"(僖公二十五年)

(20)史骈曰:"使者目动而言肆,惧我也,将遁矣。薄诸河,必败之。"(文公十二年)

(21)子仪之乱,析公奔晋,晋人寘诸戎车之殿,以为谋主。绕角之役,晋将遁矣,析公曰:"楚师轻窕,易震荡也。若多鼓钧声,以夜军之,楚师必遁。"晋人从之,楚师宵溃。(襄公二十六年)

例(17)至(20)"矣"表示将然,以言者说话的时间为参照时间;例(21)"矣"表示将然,以言者提供的"绕角之役"为参照时间。

其二是表示言者对命题的强烈断言语气。例如:

(22)闰月不告朔,非礼也。闰以正时,时以作事,事以厚生,生民之道于是乎在矣。不告闰朔,弃时政也,何以为民?(文

公六年）

（23）先轸怒曰："武夫力而拘诸原，妇人暂而免诸国，堕军实而长寇雠，亡无日矣！"（僖公三十三年）

（24）宣子曰："乌呼！'我之怀矣，自诒伊戚'，其我之谓矣。"（宣公二年）

（25）今其谋曰："晋政多门，不可从也。守事齐、楚，有亡而已，蔑从晋矣。"（成公十六年）

（26）庚寅，郑子国、子耳侵蔡，获蔡司马公子燮。郑人皆喜，唯子产不顺，曰："小国无文德而有武功，祸莫大焉。楚人来讨，能勿从乎？从之，晋师必至。晋、楚伐郑，自今郑国不四、五年弗得宁矣。"（襄公八年）

（27）见舞《韶箾》者，曰："德至矣哉，大矣！如天之无不帱也，如地之无不载也。虽甚盛德，其蔑以加于此矣，观止矣。若有他乐，吾不敢请已。"（襄公二十九年）

表示已然或将然的"矣"都是从参照时间点上看待事件的状态，属于体（aspect）范畴，而以上各例中的"矣"都与时间视点无关，纯粹表达言者对待命题的认识和态度，表示强烈的断言语气，属于真正的语气（mood）范畴。在《左传》中，"矣"的这种用法基本不见于史官的叙述语言，例（22）是唯一出自史官之口的例子。这正如表示推论语气的"也"不出现在史官的叙述语言里一样。

二、"也""矣"的语气功能比较

表示判断的"也"和表示已然与将然的"矣"在功能上没有交叉，正可谓"相去千里"。但表示推论语气的"也"和表示断言语气的"矣"

相当接近，推论也是一种断言，因此两者之间的差异需要说明。

据观察，"也""矣"表达纯语气意义有两点差异。其一，两者体现言者主观性程度不同。表示推论的"也"总是以事实或者事理为据。例如：

> （28）公曰："姜氏欲之，焉辟害？"对曰："姜氏何厌之有？不如早为之所，无使滋蔓！蔓，难图也。蔓草犹不可除，况君之宠弟乎？"（隐公元年）
>
> （29）少师归，请追楚师。随侯将许之。季梁止之，曰："天方授楚，楚之赢，其诱我也。"（桓公六年）
>
> （30）秋，随及楚平，楚子将不许。斗伯比曰："天去其疾矣，随未可克也。"（桓公八年）
>
> （31）公子偃曰："宋师不整，可败也。宋败，齐必还。请击之。"公弗许。（庄公十年）
>
> （32）丕豹奔秦，言于秦伯曰："晋侯背大主而忌小怨，民弗与也。伐之，必出。"（僖公十年）
>
> （33）利而用之，阻隘可也；声盛致志，鼓儳可也。（僖公二十二年）
>
> （34）郑子华之弟子臧出奔宋，好聚鹬冠。郑伯闻而恶之，使盗诱之。八月，盗杀之于陈、宋之间。君子曰："服之不衷，身之灾也。《诗》曰：'彼己之子，不称其服。'子臧之服，不称也夫！"（僖公二十四年）

例（28）"蔓，难图也"的推论依据是"蔓草犹不可除，况君之宠弟"。例（29）"楚之赢，其诱我也"的推论依据是"天方授楚"。例（30）"随未可克也"的推论依据是"天去其疾矣"。例（31）"可败也"的推论依据是"宋师不整"。例（32）"民弗与也"的推论依据是"晋侯背大主而忌小怨"。例（33）"阻隘可也"的推论依据是"利而用之"，"鼓儳可也"的推论依据是"声盛致志"。例（34）"不称也夫"的推论依据是子臧因好聚鹬冠而遭杀身之祸。

"矣"表示断言语气不一定需要事实或者事理依据，往往只是表达言者个人的一种看法或主张。例如：

（35）公子吕曰："国不堪贰，君将若之何？欲与大叔，臣请事之；若弗与，则请除之，无生民心。"公曰："无庸，将自及。"大叔又收贰以为己邑，至于廪延。子封曰："可矣。厚将得众。"（隐公元年）

（36）公子州吁，嬖人之子也。有宠而好兵，公弗禁。庄姜恶之。石碏谏曰："臣闻爱子，教之以义方，弗纳于邪。骄、奢、淫、泆，所自邪也。四者之来，宠禄过也。将立州吁，乃定之矣；若犹未也，阶之为祸。夫宠而不骄，骄而能降，降而不憾，憾而能眕者，鲜矣。"（隐公三年）

（37）初，郑伯将以高渠弥为卿，昭公恶之，固谏，不听。昭公立，惧其杀己也，辛卯，弑昭公而立公子亹。君子谓昭公知所恶矣。公子达曰："高伯其为戮乎！复恶已甚矣。"（桓公十七年）

（38）夏，宋公伐郑。子鱼曰："所谓祸在此矣。"（僖公二十二年）

（39）己巳，晋师陈于莘北，胥臣以下军之佐当陈、蔡。子玉以若敖之六卒将中军，曰："今日必无晋矣。"（僖公二十八年）

正因为"矣"所表达的断言语气能体现言者的个人看法或主张，所以在《左传》中史官引用君子评价历史人物之言，其中往往有"矣"字。例如：

（40）君子曰："宋宣公可谓知人矣。"（隐公三年）

（41）郑伯使卒出豭，行出犬、鸡，以诅射颍考叔者。君子谓郑庄公："失政刑矣。政以治民，刑以正邪。既无德政，又无威刑，是以及邪。邪而诅之，将何益矣！"（隐公十一年）

（42）六年，春，王人救卫。夏，卫侯入，放公子黔牟于周，放宁跪于秦，杀左公子泄、右公子职，乃即位。君子以二公子之立黔牟为不度矣。（庄公六年）

（43）秋，七月丙申，振旅，恺以入于晋，献俘、授馘，饮至、大赏，征会讨贰。杀舟之侨以徇于国，民于是大服。君子谓文公其能刑矣，三罪而民服。（僖公二十八年）

"也""矣"的这种差别通过下面两个对比可以更清楚地看出来：

（44）a. 楚子伐郑。子驷将及楚平，子孔、子蟜曰："与大国盟，口血未干而背之，可乎？"子驷、子展曰："吾盟固云'唯强是从'，今楚师至，晋不我救，则楚强矣。盟誓之言，岂敢背之？且要盟无质，神弗临也。所临唯信，信者，言之瑞也，善之主也，是故临之。明神不蠲要盟，背之，可也。"乃及楚平。（襄公九年）

b. 战于长勺。公将鼓之。刿曰："未可。"齐人三鼓。刿曰："可矣！"齐师败绩。公将驰之。刿曰："未可。"下，视其辙，登轼而望之，曰："可矣！"遂逐齐师。（庄公十年）

（45）a. 臣闻之：唯则定国。《诗》曰："不识不知，顺帝之则。"文王之谓也。又曰："不僭不贼，鲜不为则。"无好无恶，不忌不克之谓也。（僖公九年）

b.（楚子）曰："无从晋师！晋侯在外十九年矣，而果得晋国。险阻艰难，备尝之矣；民之情伪，尽知之矣。天假之年，而除其害，天之所置，其可废乎？军志曰：'允当则归。'又曰：'知

难而退。'又曰：'有德不可敌。'此三志者，晋之谓矣。"（僖公二十八年）

例（44）a"背之，可也"是基于"明神不蠲要盟"的推论，而例（44）b第一个"可矣"并不是基于"齐人三鼓"所作出的推论，第二个"可矣"也不是基于"下，视其辙，登轼而望之"所作出的推论。例（45）a"文王之谓也"是对所引诗句的解释，同样，"无好无恶，不忌不克之谓也"也是对所引诗句的解释。而例（45）b"晋之谓矣"是根据所引军志之言对晋国当时政治状况的一种断言。

其二，"也"所表示的推论语气由于总是以事实或事理为据，因而它所体现的断言语气强度相对较弱；"矣"所表示的断言语气由于可以完全出于言者的个人观点，因而其断言语气强度比"也"要高。比较下面的例子：

（46）a. 卫宁武子来聘，公与之宴，为赋《湛露》及《彤弓》。不辞，又不答赋。使行人私焉。对曰："臣以为肄业及之也。昔诸侯朝正于王，王宴乐之，于是乎赋《湛露》，则天子当阳，诸侯用命也。诸侯敌王所忾，而献其功，王于是乎赐之彤弓一、彤矢百、旅弓矢千，以觉报宴。今陪臣来继旧好，君辱贶之，其敢干大礼以自取戾？"（文公四年）

b. 夫人氏之丧至自齐。君子以齐人之杀哀姜也为已甚矣。女子，从人者也。（僖公元年）

例（46）a卫国的宁武子到鲁国聘问，鲁公在宴会上为他赋《湛露》和《彤弓》两首诗，完全不合乎周礼，所以宁武子不辞谢，也不答赋。而鲁公却不明白宁武子为什么会这样，还派人私底下去探问缘故。宁武子不便明说鲁公失礼，于是委婉地说"臣以为肄业及之也"。这句话的意思是：我以为熟悉《诗经》的人知道呢。例（46）b 是史官借君子之口表达对齐国杀死哀姜这件事情的批评。哀姜是鲁庄公的妻子，她不仅与一个臣子私通，还参与了闵公夺取君位的阴谋，但是史官认为她一个女子，即使有诸多不淑，也罪不至死，更不应该由她的娘家人来处置她，杀死她。"君子以齐人之杀哀姜也为已甚矣。"断言语气是很强烈的。

在《左传》中，除了"也""矣"，"也已"和"其……乎"也能表示断言语气。"也已"表示断言语气不像"矣"那样完全可以不需要事实或事理依据，但也不像"也"那样完全依赖于事实或事理。例如：

（47）晋桓、庄之族偪，献公患之。士蔿曰："去富子，则群公子可谋也已。"（庄公二十三年）

（48）子文闻其死也，曰："古人有言曰：'知臣莫若君。'弗可改也已。"（僖公七年）

（49）公厚敛焉，陈氏厚施焉，民归之矣。《诗》曰："虽无德与女，式歌且舞。"陈氏之施，民歌舞之矣。后世若少惰，陈氏而不亡，则国其国也已。（昭公二十六年）

（50）今闻夫差，次有台榭陂池焉，宿有妃嫱嫔御焉；一日之行，所欲必成，玩好必从；珍异是聚，观乐是务；视民如雠，而用之日新。夫先自败也已，安能败我？（哀公元年）

"（其）……乎"表示断言语气不仅依赖于事实或事理，而且明显带有测度和不肯定性，在语用上往往用于需要委婉表达的场合。例如：

（51）周内史闻之曰："臧孙达其有后于鲁乎！君违，不忘谏之以德。"（桓公二年）

（52）对曰："童谣云：'丙之晨，龙尾伏辰；均服振振，取虢之旗。鹑之贲贲，天策焞焞，火中成军，虢公其奔。'其九月、十月之交乎！丙子旦，日在尾，月在策，鹑火中，必是时也。"（僖公五年）

（53）二十一年，春，宋人为鹿上之盟，以求诸侯于楚。楚人许之。公子目夷曰："小国争盟，祸也。宋其亡乎！幸而后败。"（僖公二十一年）

（54）舜有大功二十而为天子，今行父虽未获一吉人，去一凶矣。于舜之功，二十之一也，庶几免于戾乎！（文公十八年）

根据上述情况可以看出，"矣""也已""也""（其）……乎"四者在断言语气的强弱程度上构成一个连续统，"矣"字最强，"也已"次之，"也"字较弱而"（其）……乎"最弱，如下图：

矣＞也已＞也＞（其）……乎

参考文献

洪波：《先秦判断句的几个问题》，《南开学报》2000 年第 5 期。

刘承慧：《先秦"矣"的功能及其分化》，《语言与语言学》2007 年第 3 期。

刘承慧：《先秦"也""矣"之辨——以《左传》文本为主要证据的研究》，《中国语言学集刊》2008 年第 2 卷第 2 期。

蒲立本：《古汉语体态的各方面》，《古汉语研究》1995 年第 2 期。

（原载吴福祥、汪国胜主编《语法化与语法研究》（七），商务印书馆 2015 年版）

汉语单论元动词带论元宾语的历史考察

——兼论古代诗歌句法对常规句法的影响

一、引　言

1.单论元动词指只蕴含一个论元的动词。汉语形容词在句法上与单论元动词基本一致，且也只蕴含一个论元，可归入单论元动词。

2.汉语单论元动词带论元宾语有两种句法环境，其一是使动句法。例如：

（1）a.晋败秦师于殽。（《左传·僖公三十一年》）

b.他坏了我的大事。

c.强化了主体意识。

其二是非使动句法。例如：

（2）a.春日载阳，有鸣仓庚。（《诗经·豳风·七月》）

b.家里来了两位客人。

c.台上坐着主席团。

使动句法在深层结构中实际上包含有两个事件，一个表达使因事件，一个表达使果事件，每个事件都有自己的述谓动词，因此使动句法不是单纯的单论元动词构成的句法。本文只讨论非使动句法结构单论元动词带论元宾语问题。

3. 有一种情况需要指出，单论元动词构成的"领主属宾"结构，其宾语都是单论元动词的论元成分，例如：

（3）a. 雄鸡自断其尾。（《左传·昭公二十二年》）

b. 女忘君之为孺子牛而折其齿乎？（《左传·哀公六年》）

c.（王冕）七岁上死了父亲。（《儒林外史》第一回）

对于"领主属宾"结构的句法属性和句法成因学术界有不同的观点，我们认为这种结构是使动句法结构的一个小类，例（3）之a、b两例中"断""折"的使动义甚明。相关问题我们另文讨论，本文也不涉及此类现象。

4. 在先秦汉语里，还有一种情况，一些单论元动词带论元宾语时会发生音变，由非去声变读为去声。例如：

（4）a. 其雨其雨，杲杲出日。（《诗经·卫风·伯兮》）《经典释文》："出，如字，沈推类反。"

b. 今我来思，雨雪霏霏。（《诗经·小雅·采薇》）《经典释文》："雨，于付反。"

c. 凤鸟不至，河不出图，吾已矣夫！（《论语·子罕》）《经典释文》："出，如字，旧尺遂反。"

根据许思莱（Schuessler，Axel，2007）和洪波（2009），将不及物动词变读为去声，是先秦时期的一种形态变价现象（Morpho-Syntax

Applicative），就是通过形态手段将一价动词变为二价动词，或者将二价动词变成三价动词，上述各例中的单论元动词变读之后其句法配价已经发生了变化，故此类单论元动词带宾语现象不在本文讨论范围之内。

5. "有""无"两个动词都有两个义顶，其一是表示"领有""不领有"，其二是表示"存在""不存在"。后一个义项实际上应归入单论元动词，储泽祥等（1997）对"有""无"这一义项的句法表现做过历史考察，本文不再涉及。

二、先秦至唐宋时期单论元动词带论元宾语的历时考察

1. 从形式上看，在非使动句法结构中单论元动词带论元宾语在殷商时期似已出现：

（5）其自东来雨？其自南来雨？其自西来雨？其自北来雨？（甲骨文合集：12870）

但殷商时期的语法我们目前的认识是非常有限的，很多语法现象能否按现今解读出来的甲骨文去分析没有把握。可靠的非使动句法结构单论元动词带论元宾语是先秦时期才出现的，最早见于《诗经·豳风》，除前引例（2）a 外还有：

（6）a. 七月流火。（《诗经·豳风·七月》）

b. 十月陨箨。（《诗经·豳风·七月》）

c. 我来自东，零雨其濛。（《诗经·豳风·东山》）

与《诗经·豳风》时代较近的散文我们只在《春秋》中见到一个例子：

（7）陨石于宋五。（《春秋·僖公十六年》）

在先秦典籍中我们只检索到（6）（7）和前引例（2）a 这四个例子，值得注意的是这三个例子都是表示物候变化的，而物候现象阐释主要跟历法有关。① 目前保存较完整的早期历法文献是《大戴礼记·夏小正》和《礼记·月令》，我们注意到，《大戴礼记·夏小正》中单论元动词的论元成分出现在宾语位置是无标记的，而出现在主语位置上则是有标记的。② 例如：

（8）a. 三月……鸣鸠。
b. 五月……鴂则鸣。

因此，先秦文献中物候变化的这种表述方式是《诗经》的诗歌语言创新，还是历法语言另有语源，目前还难以确定。不过，就文献源头而言，这种句法现象始见于《诗经》，则是确凿无疑的，后来的同类句法皆肇源于此。

2. 例（6）（7）这种句法现象跟现代汉语语法学界所谓的"存现句"很相像，实则有很大差异。其一，存现句句法主语一般是处所成分，即便句法上没有出现处所主语，往往也隐含着处所主语，而先秦时期的

---

① 在先秦晚期的散文里，可见到一些非物候表述的类似用例，实际上却是使动句法：a. 肉腐出虫，鱼枯生蠹。（荀子·劝学）b. 师之所处，必生荆楚。（吕氏春秋·应同）例 a 的正确解读是：肉腐烂了（会）导致蛆虫出现，鱼朽烂了（会）导致蠹虫出现。b 的正确解读是：军队待过的地方，必定（会）导致荆楚生长。

② 《夏小正》有一种说法是孔子得之于杞，而杞为夏胤，承夏祀，《夏小正》的语言是否与夏人语言有关，是值得探讨的一个问题。

这些例子皆无处所主语，也不隐含着处所主语；其二，存现句的宾语一般都是不定指的（indefinite），或者是通指的（generic），不能是定指的（definite），而先秦时期单论元动词所带的论元宾语要么是定指的，如例（6）a 中的"火"（指"大火"，即二十八宿中的"心宿"），要么是通指的，如例（6）b 中的"箨"。例（7）能进一步证明这一点。《公羊传》对例（7）的解释是："曷为先言陨而后言石？陨石，记闻，闻其磌然，视之则石，察之则五。"照这个解释，"陨石于宋五"是按感觉认知的先后顺序安排的，实际上则是由于先秦时期单论元动词的论元宾语不能是不定指的，因而只能进行特殊句法处理，将数词"五"放到句末，让它在句法上成为一个述谓成分。

虽然先秦时期单论元动词带论元宾语所构成的句子与后来的存现句有显著差异，但毫无疑问，它正是后来的存现句的句法源头，为了表述的方便，本文将此类句式一体称为存现句。

3. 到汉魏六朝时期，单论元动词带论元宾语总体上仍不多见，但在句法和语义上，这个时期里单论元动词带论元宾语则较先秦时期有重大变化，表现在以下几个方面：

第一，先秦时期的例子全部都是表示物候变化的，到汉魏时期表示物候变化的用例仍可见到，但已不多见：

（9）池塘生春草，园柳变鸣禽。（谢灵运：《登池上楼》）

第二，先秦时期的用例都没有出现处所主语，但汉魏时期的用例绝大多数都有处所主语，这一变化是单论元动词带论元宾语从先秦到汉魏的最重大变化，也是一种根本性变化。由于这一变化，真正的存现句开始产生。例如：

（10）a. 外发芙蓉菱华，内隐巨石白沙。（司马相如：《子虚赋》）

    b. 中庭生旅谷，井上生旅葵。(《乐府诗集·十五从军征》)

    c. 路边生草，悉作人状。(《搜神记》卷六)

    d. 孝哀彬彬，克揽威神，凋落洪枝，颠倒鼎臣。(《前汉纪·孝平皇帝纪》)

    e. 风动春朝，月明秋夜，早雁初莺，开花落叶，有来斯应，每不能已也。(梁·萧子显：《自序》，《全梁文》卷二十三)

    第三，现代汉语存现句包含动态存现句和状态存现句两类，动态存现句又包括消失、出现、变化（状态改变）三小类，状态存现句又包括静态状态存现句和动态状态存现句两小类。先秦时期单论元动词带论元宾语所构成的句子如果也算存现句的话，都是动态存现句，而到东汉以后则开始出现表示静态状态的存现句。也就是说，东汉以后，表示静态状态的单论元动词开始出现带论元宾语的用例。例如：

    (11) a. 汝南汝阳彭氏墓头立一石人。(《风俗通仪·神怪》)

    b. 红罗复斗帐，四角垂香囊。(《乐府诗·焦仲卿妻》)

    c. 周匝皆垂金铎。(《洛阳伽蓝记·城内》)

    表示静态状态的单论元动词可以出现在存现句当中，这也是非常重要的一种变化，它带来了另一个句法后果：及物动词也开始进入存现句，表示静态状态存在。例如：

    (12) a. 门户画神荼、郁垒与虎。(《论衡·订鬼》)

    b. 马边悬男头，马后载妇女。(蔡文姬：《悲愤诗》)

    c. 斋前种一株松。(《世说新语·言语》)

    第四，汉代以后单论元动词所带的论元宾语不再限于定指名词和通指性名词，开始出现不定指名词短语。例如：

（13）a. 甘泉房中生芝九茎。（《史记·封禅书》）

b. 汝南汝阳彭氏墓头立一石人。（《风俗通仪·神怪》）

c. 佛堂前生桑树一株。（《洛阳伽蓝记·城内》）

d. 梁下县（悬）一珠，大如弹丸。（《古小说钩沉·述异记》）

表面上看，这一变化跟单论元动词带论元宾语的用例开始在散文作品中较多出现有关，在我们搜集到的汉魏六朝时期的用例中，宾语由不定指名词短语充当的例子全部见于散文作品。实际上，这一变化与单论元动词带论元宾语所构成的句子的常规焦点转移密切相关。我们知道，在现代汉语里，存现句宾语之所以不允许定指名词充当，是因为定指名词不能成为句子的常规焦点，所以如果非得要用定指性名词做存现句的宾语，也必须将其不定指化。例如：

（14）中国出了个毛泽东。

这也就是说，在现代汉语里，存现句的常规焦点都落在宾语上。但先秦时期单论元动词带论元宾语构成的句子，其常规焦点都不在宾语上，而在整个谓语上，也就是说，先秦时期单论元动词带论元宾语构成的句子都是宽域焦点，拿前引例（6）来说，（6）a 的焦点是"流火"，（6）b 的焦点是"陨箨"。前引例（7）更能说明问题，该例之所以采取特殊句法处理手段将宾语的数量限制语"五"挪到了句末，根本原因不是要保障宾语名词的通指性，而是要保证句子的常规焦点不落在动词宾语上。前文我们说先秦时期单论元动词带论元宾语构成的句子与存现句有很大差异，缺少处所主语是一个方面，但真正的差异就在于句子的常规焦点辖域不同。从这个意义上说，汉代以后单论元动词开始带不定指宾语，不仅意味着这种句式的常规焦点向宾语转移，也意味着真正意义上的存现句的产生。

4. 到唐宋时期，单论元动词带论元宾语构成的存现句在诗歌中大量出现，成为这个时期诗歌语言的一道亮丽风景。相对于同一时期内的散文作品，存现句不仅总体数量多，而且使用的动词更为广泛，句式表现形式更加丰富，可以说，汉语存现句的定型是从这个时期的诗歌开始的。

这一时期存现句值得注意的变化有以下几个方面：

第一，趋向义单论元动词带论元宾语开始出现，且用例较多。从先秦到汉魏六朝，典型趋向动词"来""去""上""下"等单论元动词都未见带论元宾语的用例，到唐代，这些趋向动词带论元宾语的用例纷纷出现。例如：

（15）a. 竹喧归浣女，莲动下鱼舟。（唐·王维：《山居秋暝》）

b. 渡头余落日，墟里上孤烟。（唐·王维：《辋川闲居赠裴秀才迪》）

c. 望望不见君，连山起烟雾。（唐·李白：《金乡送韦八之西京》）

d. 怅望聊歌紫芝曲，时危惨淡来悲风。（唐·杜甫：《题李尊师松树障子歌》）

e. 但添新战骨，不返旧征魂。（唐·杜甫：《东楼》）

f. 无情一去云中雁，有意归来梁上燕。（宋·晏殊：《玉楼春》）

第二，典型单论元动词"死"开始见于存现句。例如：

（16）a. 当庭死兰芷，四垣盛蘙荟。（唐·皮日休：《吴中苦雨

因书一百韵寄鲁望》）①

b. 欲知松老看尘壁，死却题诗几许人。（唐·白居易：《题流沟寺古松》）

c. 自从死却家中女，无人更共鹦鹉语。（唐·王建：《伤邻家鹦鹉词》）

"死"开始出现在存现句意义重大，现代汉语动态存现句有三种语义类型：表示出现，表示消失，表示变化。在汉魏以前，存现句只有表示出现和表示变化两种语义类型，还没有见到表示消失义的存现句，唐宋时期"死"出现于存现句代表了存现句一种语义类型的产生。

第三，形容词开始在存现句中出现，例（16）a 中的"四垣盛蓁莽"即是一个例子，此外例如：

（17）a. 遥知兄弟登高处，遍插茱萸少一人。（王维：《九月九日忆山东兄弟》）

b. 何事抛儿行远道，无音耗，江头又绿王孙草。（宋·欧阳修：《渔家傲》）

c. 仁者心便是仁，早是多了一"安"字。（朱熹：《朱子语类》卷二十六）

汉语形容词属于单论元动词的一个次类，但在现代汉语里，形容词除了"多""少"外基本不能用于存现句，但在唐宋时期的诗歌语言里，不仅"多""少"已见于存现句，颜色形容词"绿"也可以带论元宾语构成存现句。

第四，在汉魏六朝时期开始出现状态存现句，但都是表示静态状

---

① 此例及下 2 例转引自俞理明、吕建军（2011：37—39）。

态的，到唐宋时期产生了动态状态存现句。例如：

（18）a. 俯视洛阳川，茫茫走胡兵。（李白：《古风六首其一》）

b. 漠漠水田飞白鹭，阴阴夏木啭黄鹂。（王维：《积雨辋川庄作》）

c. 春城无处不飞花，寒食东风御柳斜。（唐·韩翃：《寒食日即事》）

至于不及物动词出现在静态状态句中则更为常见。例如：

（19）a. 江上小堂巢翡翠，苑边高冢卧麒麟。（杜甫：《曲江二首》）

b. 中天悬明月，令严夜寂寥。（杜甫：《后出塞五首其二》）

d. 空庭无玉树，高殿坐幽人。（李白：《题江夏修静修寺》）

第五，体标记"却""了"开始在存现句中出现。例如：

（20）a. 欲知松老看尘壁，死却题诗几许人。（白居易：《题流沟寺古松》）

b. 自从死却家中女，无人更共鹦鹉语。（唐·王建：《伤邻家鹦鹉词》）

c. 孔明亦自言一年死了几多人，不得不急为之意。（朱熹：《朱子语类》卷一百三十六）

d. 仁者心便是仁，早是多了一"安"字。（朱熹：《朱子语类》卷二十六）

e. 与贤说话，却似扶醉汉，救得一边，倒了一边。（《近思录》卷十四）

唐宋时期体标记"却""了"在存现句中出现一方面跟体标记产生的年代有关，同时也与存现句的发展定型有关。前文指出先秦时期单论元动词带论元宾语构成的句子不能算真正意义上的存现句，有一个重要依据是，存现句所表达的是有界（bounded）事件，而先秦时期单论元动词带论元宾语构成的句子所表达的都是无界事件。体标记是有界事件的重要标志，因此唐宋时期体标记在存现句中出现，标志着汉语存现句的最终定型。

5. 元代以后单论元动词带宾语构成的存现句在语义上较前代已无变化，在句法上较前代也无太大变化，唯一的句法变化是表示状态持续的体标记"着"开始进入单论元动词构成的存现句。例如：

（21）a. 土床上卧着个年少人。（元《刘知远诸宫调》）

b. 门上挂着斑竹帘儿，帘儿下卧着个哈叭狗儿。（元·孟汉卿：《张孔目智勘魔合罗》）

c. 月光之下，水面上立着一个年老之人。（《喻世明言·宋四公大闹禁魂张》）

d. 济州城中客店内歇着个客人，姓叶名春。（《水浒传》第八十回）

e. 堪可与仙家受用，既不是者波，却怎岭外飞着双凤。（元·无名氏：《龙济山野猿听经》第一折）

体标记"着"在存现句中出现始于唐代，例如：

（22）于佛像左右书着愿主名，尽是日本国人官位姓名。（《入唐求法巡礼行记》卷二）

但出现在单论元动词构成的存现句中则是元代以后才能见到。（21）

a—d 都是静态状态存现句，而 e 则是动态状态存现句。

三、古代诗歌语言对单论元动词
带论元宾语结构的影响

1. 在非使动句法结构中单论元动词带论元宾语始见于《诗经》，但有限的例子都属于物候表述，在完整保留上古不同季节物候变化的历法文献《大戴礼记·夏小正》和《礼记·月令》里同样的句法屡见不鲜，因此《诗经》里的例子不能说是诗歌语言的句法创新，即使不是另有语源，至少也是上古时期历法文献的物候变化表述通例。不过，在先秦时期这种句法显然不是常规句法，《公羊传》对《春秋》"陨石于宋五"予以特别关注并作出解释就是证明。从这个角度看，即使《诗经》中的几个例子不是诗歌语言创新，也是不合当时常规句法的。而无可否认的是，《诗经》的几个实例是这种句法的最早实例，是此后各个历史时期同类句法的源头，因此汉语非使动句法结构中单论元动词带论元宾语肇始于诗歌，这个结论是可以成立的。

2. 从西汉到唐宋的一千多年时间里，非使动句法结构中单论元动词带论元宾语虽然不仅见于诗歌及其他文学语言中，但以诗歌为代表的文学语言对这种句法的演化和发展起到了巨大的推动作用。

早在西汉时期，非使动句单论元动词带宾语现象在司马相如的赋中就频繁出现。例如：

（23）a. 其南则隆冬生长，涌水跃波。（司马相如：《上林赋》）

b. 崪丘陵，下平原，扬翠叶，杌紫茎，发红华，垂朱荣。（司马相如：《上林赋》）

c. 其高燥则生葳菥苞荔，薛莎青薠；其卑湿则生藏莨蒹葭，东

蔷雕胡，莲藕觚卢、菴闾轩于。众物居之，不可胜图。（司马相如：
《子虚赋》）

在司马相如的赋中，非使动句单论元动词带宾语构成的句子除
(23) a 仍为物候描述之外，其余均为特定场景中的物象描述，这表明这
种句型已经摆脱历法语言的羁绊，开始运用于现实场景表达。

现实场景必定存在于具体空间处所或方位之中，因此表示空间处
所或方位的处所、方位成分开始在这种句型中出现，例（23）的每一个
例句都有明确的处所成分或方位成分，而且连词"则"的使用表明处所
成分或方位成分是作为主话题加以凸显的。处所、方位成分充当话题性
主语是单论元动词构成的存现句的特征之一，也是条件之一，因此汉语
存现句的基本句法构架在西汉时期的诗歌语言中率先呈现出来。

现实场景描述无非四种情况：出现了什么，存在着什么，变化了什
么，消失了什么。在场景确定的前提下，这四种情形之中作为出现、存
在、变化、消失的主体总是作为关注的焦点，这导致这种句型的常规焦
点由宽域焦点向窄域焦点转移，宾语成为句子的常规焦点所在。这一点
从（23）c 可以得到印证。例中"众物居之，不可胜图"一句中的主语
"众物"是承上文两个"生"字句的宾语而来，在篇章中上一句的焦点
成为下一句的话题是叙述的一般规则，可见例中两个"生"字句的焦点
只是"生"的宾语，而不再是"生＋宾语"。前文说过，焦点转移标志
着真正意义上存现句的产生，而焦点转移最初就发生在西汉的诗歌语言
之中。

在语法化理论中有所谓"高频"机制，任何一种具体的语法化现
象都必须依赖一定的使用频率。构式的产生跟词汇单位的语法化一样，
使用频率是基础。实际上，"高频"只是客观观察到和统计出来的表
象，其实质是可及性（accessibility）问题，可及性的本质是语言形式进
人大脑库藏的程度和从大脑库藏中提取出来的速度。一个语言形式进

入大脑库藏的程度越高，其稳定性和可提取性也就越高；一个语言形式从大脑库藏中提取出来的速度越高，其可及性就越高。汉语存现句到汉魏六朝时期，构式的基本框架和语用含义已经形成，但使用频率还未达到足够高的程度。有一种观点认为汉语存现句要到元代的白话性作品中才可以见到，这种观点显然是错误的，但从一个侧面反映出存现句在文言性作品中使用频率不高的事实。唐宋时期的诗歌语言大量使用存现句，不仅将存现句构式的使用频率推到了一个新的高度，更重要的是还大大拓展了存现句的使用范围，有不少单论元动词和形容词不仅在当时的散文作品中不能用于存现句，即使在现代汉语的规范语法里也不能用于存现句，但在唐宋时期的诗歌中却可以用于存现句，如"归""返""走""上""余""绿"等。唐宋诗歌中存现句构式的大量使用和范围拓展无疑对存现句构式作为一种能产构式的最终形成发挥了重要作用。此外，存现句构式在句法上的最后一道"工序"——体标记——也是在唐宋时期的诗歌语言里率先使用的。汉语体标记萌芽于唐代（刘坚等，1992），在唐代文献中，体标记"却"的使用虽不限于诗歌，但在存现句中出现目前所见最早的用例都是在诗歌中，如前引例（20）a、b。

总之，汉语单论元动词在非使动句中带论元宾语虽然不能说是诗歌语言的创新而产生的，但在其演化过程中诗歌等文学语言的作用是不能忽视的，特别是存现句构式的产生和发展，就历史文献所显示的情况看，诗歌语言起了关键性的推动作用。徐杰、覃业位（2015）把诗歌文体作为三类"语言特区"之一，并认为语言特区跟语言接触和母语习得一起构成推动语言创新的三大源泉。从汉语史上存现句构式的产生和发展情况来看，他们的观点是有一定道理的。

参考文献

储泽祥等：《汉语存在句的历时性考察》，《古汉语研究》1997 年第 4 期。

洪波:《上古汉语后缀 *-s 的指派旁格功能》,《民族语文》2009 年第 4 期。

刘坚、江蓝生、白维国、曹广顺:《近代汉语虚词研究》,北京语文出版社 1992 年版。

王建军:《汉语存在句的历时研究》,天津古籍出版社 2003 年版。

王勇、徐杰:《汉语存在句的构式语法研究》,《语言研究》2010 年第 3 期。

徐杰、覃业位:《"语言特区"的性质与类型》,《当代修辞学》2015 年第 4 期。

俞理明、吕建军:《"王冕死了父亲"句的历史考察》,《中国语文》2011 年第 1 期。

Schuessler, Axel(许思莱), *ABC Etymological Dictionary of Old Chinese*, Honolulu: University of Hawaii Press, 2007.

（原载中国社会科学院语言研究所《历史语言学研究》
编辑部编《历史语言学研究》(第九辑),商务印书馆
2015 年版,与徐杰合著）

领主属宾式的句法来源和句式意义的嬗变

一、引 言

郭继懋（1990）将"王冕七岁上死了父亲"这种主语和宾语之间有比较稳定的"领有—隶属"关系（主语是"领有"的一方，宾语是"隶属"的一方），且述语动词和主语没有直接的语义关系的句子称为"领主属宾句"，我们基本同意这个定义，但笼统地说"述语动词和主语没有直接的语义关系"并不准确，根据我们对领主属宾句的考察，这类句式在语义上存在着致使关系和（或）受影响关系，即主语所表人物是其后述宾短语所表事件的致使者和（或）受影响者。

从句式意义上看，汉语领主属宾句包含以下四类：

（一）出现义：<u>他长胡子了</u>。[①]

（二）状态义：<u>他黑着个脸</u>，一言不发。

（三）状态改变义：<u>我崴了脚</u>。

---

① 现代汉语用例引用 CCL 语料库的都标明其自带的出处，没有标明出处的都是我们自拟的例子（大多是我们日常读写或听说过的句子，都完全符合我们的语感）。

（四）消失义：<u>王冕死了父亲</u>。

因此探讨领主属宾句的生成机制和句法来源，不能只盯着"王冕死了父亲"这类领主属宾句，应该对所有领主属宾句作出统一的解释。

徐杰（1999）用生成语言学理论阐释"王冕死了父亲"这类领主属宾句的生成机制，引发了一个研究热点，十多年来，相关的文章络绎不绝，蔚为大观。沈家煊（2006）对生成语言学理论框架内所做的各种解释提出了批评，而石毓智（2007）又对沈先生的观点提出了质疑。石文之后，有不少学者的观点与石文相同或相近，认为这类领主属宾句导源于存现句。有一个历史事实必须指出，汉语领主属宾句在《尚书》《周易》中就可以见到，例如：

（1）a. 非天天民，<u>民</u>中绝命。（《尚书·高宗肜日》）

b. 九四，<u>鼎</u>折足。（《周易·鼎卦·九四》）

c. 明夷于飞，<u>垂</u>其翼。（《周易·明夷·初九》）

而存现句即使照储泽祥等人（1997）把"有""无"句也算进来，也要到战国时期才产生，而其他动词构成的典型存现句则是西汉以后才产生的（参看洪波、徐杰，2015）。先出现的句式不可能导源于后出现的句式，因此石文的观点以及与之相同或相近的观点显然不能成立。

二、领主属宾式导源于使动句式

从已有研究成果看，刘晓林（2007）已注意到领主属宾句在句法上可能跟使动句有关联。熊仲儒（2012）站在现代汉语角度，明确提出领属性致使句，认为领主属宾句具有致使义，但他没有从历时角度考察领主属宾句与使动句的关联和领主属宾句句式意义的嬗变。

从逻辑和语言事实来看，着眼于使动句的致使主体（causer，下文统称为致事）与致使对象（causee，下文统称为役事）之间是否具有"稳定的"领属关系，可以将使动句分为非领主属宾型使动句和领主属宾型使动句① 两类。

（一）非领属使动。例如：

（2）a. 将仲子分，无踰我墙，无折我树桑。（《诗经·郑风·将仲子》）

b. 公戟其手，曰："必断而足！"（《左传·哀公二十五年》）

c. 你坏了我的大事。（CCL 语料库 \ 文件名：\ 当代 \ 报刊 \ 作家文摘 \1997\1997A 文章标题：《许世友智救朱德、刘伯承》\ 作者：李欣）

d. 父亲狠下心来断了儿子的经济来源。

例（2）的 4 个例子当中致事和役事之间都不存在领属关系，提取出来不能构成领属性偏正结构：* 仲子我树桑、* 公而足、* 你我的大事、* 父亲儿子的经济来源。

（二）领属使动。例如：

（3）a. 宾孟适郊，见雄鸡自断其尾。（《左传·昭公二十二年》）②

---

① 非领主属宾型使动句和领主属宾型使动句，下文分别简称非领属使动和领属使动。

② 无论是郭继懋（1990）还是历来研究领主属宾句的学者对这类句式主语、宾语的要求都是主语和宾语之间有比较稳定的"领有—隶属"关系，并没有从形式上规定宾语不能带领属或指称标记。相反，杨作玲、吴福祥（2014：71—73）全面统计了八部先秦文献，共得领主属宾句 27 例，其中就有 4 例是宾语带领属标记"其"的，我们检索 CCL 语料库发现，现代汉语有意领属使动句也有大量宾语前带有领属标记"其 / 自己的"，比如：他采取主动出击的积极防守战术，巩固了自己的防御阵地。（文件名：\ 当代 \ 应用文 \ 社

b. 吾断足也，固吾罪当之，不可奈何。(《韩非子·外储说左下》)

c. 我崴了脚。

d. 他歪着脑袋。

例（3）的 4 个例子中致事和役事之间都存在领属关系，提取出来可以形成领属性偏正结构："雄鸡之尾""吾足""我的脚""他的脑袋"。

从构形形态[①] 上看，先秦文献中，凡自动形式与使动形式相区分的动词，在领主属宾式中都用使动形式。例如：

（4）a. 九四，鼎折足。(《周易·鼎卦九四爻辞》)《经典释文》："折，之舌反。"按："折"自动词是浊声母，变读为清声母是使动词。

b. 或以戟钩之，断肘而死。(《左传·襄公二十三年》)《经典释文》："断，音短。"按："短"丁管反，此例"断"与"短"同音，清声母，是使动词，自动词是全浊上声，今读去声。

c. 宾孟适郊，见雄鸡自断其尾。(《左传·昭公二十二年》)《经典释文》："断，丁管反。"按："断"自动词是浊声母，变读为清声母是使动词。

会科学 \ 当代世界文学名著鉴赏词典）/ 汉武帝能接触西王母，坚定了其统治欲念；李隆基招魂杨玉环，完善了自己的人格感情……（文件名：\ 当代 \ 报刊 \1994 年报刊精选\01）。至于"自"，无论是传统语法的状语说，还是生成语法的附加语 / 嫁接语说，一般都认为它并不改变句子的基本句法结构。我们认为该例的"自"是强调"雄鸡"对"断其尾"的操控性或目的性，属于凸显操控性或目的性的有意领属使动句。也有用其他词语（如"伪"）做状语凸显有意性或目的性的，如：师退，冉猛伪伤足而先。其兄会乃呼曰："猛也殿。"(《左传·定公八年》)

① 清浊别义是上古汉语的重要构形形态，浊声母字是自动词，清声母字是使动词。清声母使动词导源于更早时期的使动化前缀 *s-，对此梅祖麟（2008）有很精辟的论证。

从现代汉语语感和句式变换来看，表示状态义、状态改变义和消失义的领主属宾式大多有着或隐或显的致使（操控／责任）义。

有的领主属宾式直觉解读是受影响义，但隐含有致使（责任）义，为了凸显①其致使（责任）义，可变换为"把"字句②或者增添相关语境。例如：

（5）a. 他崴了脚／他把脚崴了／他走路不长眼睛，没走几步就崴了脚。

b. 我丢了钱包／我把钱包（给）丢了／我由于粗心大意，丢了钱包。

例（5）a（5）b 的第一句我们的直觉解读都是表示受影响关系，"他""我"分别是"脚崴了""钱包丢了"的受损者，但隐含有致使义（主语是显性受损者和隐性责任者），可通过变换为"把"字句或者增添相关语境（表示主语过失的语句，如"走路不长眼睛""由于粗心大意"）加以凸显，这时"他""我"就分别是"脚崴了""钱包丢了"的责任者。③

---

① "直觉解读"指在不依赖特殊语境（即凸显某种语言要素所需的语境，也可称为凸显语境）或句式变换等情况下根据语感或直觉对语句作出的解读（"语感"或"直觉"指母语者下意识的语言知识，参考温宾利，2002：1—3），而"凸显"指通过特殊／凸显语境或句式变换等将某种语言要素（如致使者或受影响者角色）从背景（ground）／基体（base）／界标（landmark）移向图形（figure）／侧面（profile）／射体（trajector）从而使隐性／不太显著的语言要素变成显性／更加显著的语言要素的一种句法—语用操作手段（"凸显"及其涉及的相关概念参看兰盖克，2013：125—127，188—194，218—226，235—248，292—302）。

② 据张伯江（2000），"把"字句的主语具有"使因性特征"，是致使性事件的责任者，"'把'字句总有'追究责任'的意味。"由此可知，将领主属宾句变换为"把"字句正是为了凸显致使关系和致事的责任者角色。

③ 凸显责任者是指责任者由隐性变成了显性，责任者凸显后并不是说就不是受损者了，它仍然同时是受损者，因为主语和宾语是领属关系，宾语受到影响，主语也必然受到连带影响。

有的领主属宾式直觉解读是致使（操控）义。例如：

（6）下班回来，她阴沉着脸，默不作声。（CCL 语料库\文件名：\当代\报刊\1994 年报刊精选\01）

（7）学生则要端正学习态度，好好学习，不辜负希望工程的期望。（CCL 语料库\文件名：\当代\报刊\1994 年报刊精选\01）

例（6）（7）我们的直觉解读是表示致使（操控）关系，"她"是"脸阴沉着"的操控者，目的是配合"默不作声"表达某种负面情绪，"学生"是"学习态度端正"的操控者，目的是"好好学习，不辜负希望工程的期望"。这两句是有意领属使动句，直觉解读就是致使（操控）义。

从跨语言事实看，受损性领属致使构式（adversity causative construction）[①] 用使动句法不是汉语特有的现象，在英语、日语、泰语等语言里都有同类构式。

1. 现代英语表达受损性影响义的构式是 S + have + O + Ved，是一种受损致使构式。例如：

（8）a. I have my leg hurt.（我伤了腿／我把腿伤了）

b. I have my wallet stolen.（我丢了钱包／我把钱包丢了）

---

① Adversity causative 直译是"不幸致使"，熊仲儒（2012）译作"不如意的致使句式"，本文译为"受损致使"。表达受影响义的领主属宾句其致事（causer）所受的影响未必都是不幸的，但大多数情况下都是负面的，因此我们觉得译成受损致使比较妥当。另外，"受损致使"是就大多数情况来说的，全面来看，应该是"受影响致使"，包括受损、受益和中性（无所谓损益）三种情况（这三种情况下文都有涉及，见例（23）及其分析），学界根据大多数情况将这种表示受影响义的领属使动句命名为 adversity causative，并不意味着这种句式只含有不幸／受损义（就像王力（2014：332）认为"汉语被动式的作用基本是表示不幸或不愉快的事情"，也是就大多数情况而言的，并不是说被动式只能表示不幸或不愉快义）。

2. 日语存在与"王冕死了父亲"类似的构式，也是一种受损致使构式。例如①：

(9) Taloo-ga musuko-o sin-ase-ta.

太郎 -NOM 儿子 -ACC 死 -CAUSE-PAST

a. 太郎把个儿子死了。

b. 太郎死了儿子。（受损致使）

不过，根据 Pylkkänen（2008：90），日语这种构式仍有凸显致使关系（a）和凸显受影响关系（b）两种解读②，而汉语"王冕死了父亲"基本只能解读为受影响关系。

3. 泰语"丢失"义动词构成的句子必须用使动句法形式③。

(10) ผม　　　ทำ　　บัตร　ประชาชน　　　　หาย

phom^{33}　tham^{33}　bat^{22}　pra^{22}tsha:^{33}tshon^{33}　ha:i^{25}

我　　　做　　卡　　人民　　　　　丢

我把身份证弄丢了。

---

① 例句引自 Pylkkänen（2008：90）。

② Pylkkänen（2008：90）对此例的第二种解读（b）感到困惑，她说："受损致使（解读）令人费解，因为它有致使形态（-ase）却没有一个明显的致使意义。"根据我们与日语母语人的交流，此例仍是表示致使关系，凸显太郎的责任者角色（即上面的 a 种解读），用于类似这样的语境：太郎的儿子不愿当兵，太郎非要让他当兵，结果儿子打仗牺牲了。如果要表示单纯受影响关系（即上面的 b 种解读），则需使用被动态。果真如此的话，Pylkkänen 就不必对第二种解读（单纯受影响义解读）感到困惑了。这样看来，日语对于"死"类动词领主属宾句致使关系和受影响关系的表达都是有标记的（分别用使动形态标记和被动形态标记），现代汉语则只有凸显致使关系时才是有标记的（词汇—句法标记，即使用"把 / 把个"字式），受影响关系一般都是无标记的。

③ 下面例句中的 tham33 表示致使义，泰语丢失义动词构成的句子不能没有这个致使义动词。

(11) ทำ　　หนังสือ　เดินทาง　　สูญหาย　　ที่　　ประเทศ　ญี่ปุ่น

tham³³ naŋ²⁴suː²⁴ dəːn³³thaːŋ³³ suːn²⁴haːy²⁴ thiː⁴¹ pra²²theːt⁴¹ jiː⁴¹pun²²

做　　证件　　旅行　　　　丢失　　　于　　国家　　日本

在日本把护照弄丢了。

综上所述，我们认为，汉语领主属宾句原本是使动句的一个小类，句法上直接来源于使动句的句法框架；致使义是领主属宾句的原初句式意义，领事主语的原型语义角色是致事（causer）。领属使动句在具体语境中有两种语义凸显选择：凸显致使义或凸显受影响义。凸显致使义时，受影响义便被抑制，反之亦然。凸显受影响义的领主属宾句在历史演化过程中受影响义逐渐规约化（conventionalization），朝着专门表达受影响义的方向演化，成为一种"受损致使句式"。

三、汉语使动句的不同类型及其语义差异

（一）汉语使动句的不同类型

使动（causative）是汉语的重要形态句法范畴。在历代文献中使动句具有很高的使用频率，上古汉语尤其如此。所谓使动[①]，简单地说，就是"主语所代表的人物并不施行动词所表示的动作，而是致使宾语所代表的人或事物施行这个动作，或致使他们产生某种结果"（参看李佐丰，2004：102）。着眼于使动句的致事是否有意识或有目的地导致某种

---

① 关于使动句的成因，国际上有两种观点，一种观点认为使动句是由致使事件和被使事件两个子事件融合而成，代表性学者是科姆里（Comrie，1989：165-166）；另一种观点则认为使动句并不是由两个子事件构成的，而是通过形态句法手段增元产生的，代表性学者是迪克森（Dixon，2000：30-31；Dixon，2012：239-293）。相关讨论参看黄成龙（2014）。本文不涉及使动句本身的来源问题，对此不加评论。

事态的发生，可以将使动句分为有意致使和无意致使两类。①

1. 有意致使。例如：

（12）a. 晋败秦师于崤。（《左传·僖公三十一年》）

b. 工师得大木……匠人斫而小之。（《孟子·梁惠王下》）

c. 政府通过一系列举措，终于转变了社会风气。

d. 我们想办法平息了事端。

例（12）a 中的"败秦师"这一致使性事件乃是致事（晋）的意愿和目的，同样，（12）b 中的致使性事件"小之"也是致事（匠人）有意为之的。（12）c 中"转变社会风气"是致事（政府）的愿望和目的，（12）d 中"平息事端"是致事（我们）的意愿和目的。

2. 无意致使。例如：

（13）a. 赫赫宗周，褒姒灭之。（《诗经·小雅·正月》）

b. 庄公寤生，惊姜氏。（《左传·隐公元年》）

c. 别让"一粒老鼠屎坏了一锅汤"。（CCL 语料库 \ 文件名：\ 当代 \ 报刊 \《人民日报》\1993 年人民日报 \3 月份）

d. 赵行德无意中伤了他的自尊心，所以把他气得暴跳如雷。（CCL 语料库 \ 文件名：\ 当代 \ 翻译作品 \ 文学 \ 敦煌）

（13）a 中的"灭之（使之灭）"不可能是致事（"褒姒"）的意愿或目的。同样，（13）b 中"惊姜氏"也不可能是致事（"庄公寤生"）的意愿或目的，因为致事"庄公寤生"本身就是一个事件，不具有意愿性。（13）c 中的致事（"一粒老鼠屎"）不是指人名词短语，不具有意愿性，

---

① 周红（2010）和熊仲儒（2012）已分出这两类使动。

而（13）d 中"无意中"表明致事（"赵行德"）不是有意要"伤他的自尊心"。

以上是非领属使动，领属使动也有上述两种类型，有意致使的例如：

（14）a. 宾孟适郊，见雄鸡自断其尾。问之，侍者曰："自惮其牲也。"（《左传·昭公二十二年》）

b. 今王破卒散兵，以奉骑射，臣恐其攻获之利，不如所失之费也。（《战国策·赵策二》）

c. 学生则要端正学习态度，好好学习，不辜负希望工程的期望。（CCL 语料库 \ 文件名：\ 当代 \ 报刊 \1994 年报刊精选 \01）

（14）a 中的致事"雄鸡"为了避免被用作牺牲，有意将自己的尾巴弄断掉；（14）b 中的致事"王"为了达到"奉骑射"的目的，有意使"卒破""兵散"；（14）c 中的致事"学生"为了"不辜负希望工程的期望"就要努力端正自己的学习态度，好好学习。

无意致使的例如：

（15）a. 吾断足也，固吾罪当之，不可奈何。（《韩非子·外储说左下》）

b. 小明崴了脚。

（15）a 中的致事"吾"因为犯了罪导致自己的脚被斩断了，这是"不可奈何"的，所以"断足"不可能是致事（"吾"）的意愿或目的；（15）b 按照一般常识"崴了脚"不可能是致事（"小明"）的意愿或目的。

综合以上分类，可以得到以下四种类型：

（16）a. 有意非领属使动。

b. 有意领属使动。

c. 无意非领属使动。

d. 无意领属使动。

（二）不同类型使动句的语义差别

上述四种类型存在着有意致使与无意致使的差别，致事与役事之间存在着领属关系与非领属关系的差异，从而造成这四种类型的使动句的内部语义关系差异。

ab 两类的致事都具有主观意愿要导致致使性事件的发生，所以这两类中的致事跟一般自主性主动句的施事非常接近①，对句子的谓语动词具有操控性，是致使性事件的操控者。ab 两类使动句的致事与一般自主性主动句的施事也有不同之处：其一，一般自主性主动句的施事是操控并施行谓语动词所表示的动作行为，而这两类使动句的致事只能操控谓语动词所表示的行为或状态却不能施行谓语动词所表示的行为或状态。其二，一般自主性主动句的谓语动词只能由自主动词充当，而这两类使动句的谓语动词可以由自主动词充当，也可以由非自主动词、形容词乃至名词充当。例如：

（17）a. 王弗听，负之斧钺，以徇於诸侯。（《左传·昭公四年》）

b. 物固有似然而似不然者，故决指而身死，或断臂而顾活。类不可必推。（《淮南子·说山训》）

c. 子路曰："卫君待子而为政，子将奚先？"子曰："必也，正名乎？……"（《论语·子路》）

d. 尔欲吴王我乎？（《左传·定公十年》）

---

① 熊仲儒（2012）就将这类使动句的致事等同于一般主动句的施事。

例（17）a"负"是自主动词；（17）b 的谓语动词"决""断"都是非自主动词；（17）c 的谓语动词"正"是形容词，而（17）d 的谓语动词"吴王"是专有名词。

cd 两类的致事在主观上不具有导致致使性事件发生的意愿，只是在客观上造成了致使性事件的发生，因此这两类的致事只是致使性事件的责任者，而非操控者。比较：

(18) a. 宾孟适郊，见雄鸡自断其尾。问之，侍者曰："自惮其牺也。"（《左传·昭公二十二年》）

　　b. 吾断足也，吾罪固当之。（《韩非子·外储说左下》）

（18）a 中致事"雄鸡"为了避免被用作牺牲，蓄意将自己的尾巴弄断掉，也就是说致事"雄鸡"操控了"断尾"事件的发生；（18）b 中的致事"吾"乃是因为犯了罪导致自己的脚被斩断了，"吾"没有操控"断足"事件的发生，但对"断足"事件却具有不可推卸的责任。

由于 cd 类使动句表示无意致使事件，所以其谓语动词一般都由非自主动词或形容词充当，有时候，cd 类使动句的谓语动词表面上看是由自主动词充当的，但实际上仍然表达非自主性意义。例如：

(19) a. 赵盾弑其君。（《左传·宣公二年》）

　　b. 子灵之妻杀三夫、一君、一子。（《左传·昭公二十八年》）

（19）a（19）b 中的谓语动词"弑""杀"本身都是自主动词，但（19）a 实际表达的是"赵盾导致其君被杀"的意思，（19）b 实际表达的是"子灵之妻导致（先后）三个丈夫被杀、一位国君被杀、一个儿子被杀"的意思，其中的"弑""杀"，既非致事（赵盾 / 子灵之妻）施行，亦非役事（其君 / 三夫、一君、一子）施行，两句的致事只是致使性事件的责任者，而两句的役事则是谓语动词所表示的动作行为的承受者。①

在 ab 两类中，a 类使动句由于致事与役事之间不存在领属关系，所以致事操控的致使性事件对致事本身不一定产生影响；b 类领属使动句由于致事与役事之间存在领属关系，致事操控的致使性事件必定对致事本身产生某种影响。比较：

(20) a. 公戟其手，曰："必断而足！"（《左传·哀公二十五年》）

b. 宾孟适郊，见雄鸡自断其尾。问之，侍者曰："自惮其牺也。"（《左传·昭 公二十二年》）

(20) a 中致事"公"操控着"断而足"的发生，但这一致使性事件对致事"公"本身没有影响；(20) b 则不然，致事"雄鸡"操控着"断其尾"的发生，而这一致使性事件对致事"雄鸡"本身产生了直接的影响——它的尾巴断了。

cd 两类之间的区别与 ab 两类相类似，c 类由于致事与役事之间不存在领属关系，因而致使性事件对致事本身没有影响，d 类则由于致事与役事之间存在着领属关系，因而致使性事件对致事本身有直接的影响。比较：

(21) a. 将仲子兮，无逾我里，无折我树杞。（《诗经·郑风·将仲子》）

b. 人有畏影恶迹而去之走者，举足愈数而迹愈多，走愈疾而影不离身，自以为尚迟，疾走不休，绝力而死。（《庄子·渔父》）

---

① 梅广（2015：270、368）特别指出例（19）这类句子是使动态而非一般主动态并且进行了论证，我们信从这种观点并予以采纳。

(21) a "折我树杞" 对致事 "仲子" 没有影响，而（21）b "绝力" 对致事 "人有畏影恶迹而去之走者" 有直接影响，致事因 "绝力" 而 "死"。

综上，由于领主属宾句的致事与役事之间存在领属关系，因此致使性事件对役事的影响必然也影响到致事本身，所以 bd 两类的致事同时也是受影响者，所受的影响可以是负面的（受损）也可以是正面的（受益）或中性的，无论是什么样的影响，都跟这两种句型本身无关，而取决于谓语动词的语义特征和具体的上下文语境。先看 b 类，比较：

(22) a. 公子商人骤施于国，而多聚士，尽其家，贷于公、有司以继之。（《左传·文公十四年》）

b. 君子正其衣冠，尊其瞻视，俨然人望而畏之，斯不亦威而不猛乎！（《论语·尧曰》）

c. 黄帝、尧、舜，垂衣裳而天下治，盖取诸《乾》《坤》。（《周易·系辞下》）

(22) a 的 "尽其家" 对于致事 "公子商人" 的影响显然是负面的。① (22) b "正其衣冠，尊其瞻视" 对致事 "君子" 的影响则是正面的，下文 "俨然人望而畏之" 正是这种正面影响的效果。(22) c "垂衣裳" 对致事 "黄帝、尧、舜" 的影响无所谓正面负面，是中性的。

再看 d 类，比较：

(23) a. 綦毋张丧车。（《左传·成公二年》）

b. 男子八月生齿，八岁龀齿。（《孔子家语·本命》）

c. 腾驾罢牛，骖蹇驴兮。骥垂两耳，服盐车兮。（贾谊：《吊屈

---

① 当然其目的是为了收买人心，以小损而逐大利。

原赋》)

（23）a "丧车" 对致事 "綦毋张" 的影响是负面的，（23）b "生齿""龀齿" 对致事 "男子" 的影响是正面的（成长的标志），而（23）c "垂两耳" 对致事 "骥" 的影响则无所谓正面还是负面，是中性的。

据上所述，四种类型使动句按照其内部语义关系的不同可重新表述如下：

（24）a. 致事（操控者）＋V（有意致使）＋役事。

b. 致事（操控者）/领有者（受影响者）＋V（有意致使）＋役事/被领有者。

c. 致事（责任者）＋V（无意致使）＋役事。

d. 致事（责任者）/领有者（受影响者）＋V（无意致使）＋役事/被领有者。

四、两类领属使动句的不同语义凸显
策略差异与句式意义的嬗变

在上述四种类型使动句中，bd 两类皆为领主属宾式。这两类中，句子的致事主语都具有三种语义角色，即：致使者（在 b 类中具体化为操控者，在 d 类中具体化为责任者）、领有者和受影响者。其中领有者和受影响者之间具有依存关系，可以合而为一，因此 bd 两类领属使动句就可以简化为下面两种下位类型：

（25）b′. 致事（操控者）/受影响者＋动词（有意致使）＋役事

d′. 致事（责任者）/受影响者＋动词（无意致使）＋役事

那么根据主语语义角色的不同，在句式内部就存在两种语义关系：致使关系和受影响关系。尽管在任何情况下 b′d′ 两类领属使动句都具有这两种语义关系，但在具体语境中则存在着凸显致使关系还是凸显受影响关系这两种选择策略。选择前者，则致事主语的操控者或责任者角色随之而凸显；选择后者，则致事主语的受影响者角色也随之而得到凸显。

（一）b′ 类领属使动句的语义凸显策略

b′ 类领属使动句由于是有意致使，致事对致使性事件具有操控性和目的性，其直觉解读就是致使关系，这类领主属宾句基本上以凸显致使关系中的操控关系和致事的操控者角色为策略，致事的受影响义被抑制，古今皆然。由于这个缘故，在历史文献中很难发现这类领主属宾句凸显受影响关系和致事的受影响者角色的具体例证，除了例（22）b 外，我们只在禅宗语录里发现一个例子：

（26）上堂云："达磨无端少林面壁，二祖断臂，一生受屈。黄檗树头讨甚木蜜？"（《古尊宿语录·法演禅师语录》）

据《景德传灯录》，二祖慧可在嵩山少室峰求道于达摩，立雪中持利刃自断左臂，以示求法之决心，所以"二祖断臂"是 b′ 类领属使动句。例中通过"一生受屈"来凸显"二祖断臂"的受影响关系和"二祖"的受影响者角色。

b′ 类领属使动句基本上都是凸显致使关系和致事的操控者角色①，表现为在具体语境中往往有表示目的、原因或手段的语句存在。例如：

---

① 有意致使的直觉解读／操控关系有时可能不太显著，使用简单的凸显手段（通过表示原因或目的的语句凸显"有意致使"之"意"，或通过表示手段的语句凸显"操控性"）使之更加显著。

（27）a. 公子商人<u>骤施于国，而多聚士</u>，<u>尽其家</u>，贷于公有司以继之。（《左传·文公十四年》）

b. <u>王破卒散兵</u>以奉骑射。（《战国策·赵策二》）

c. 遇盗人，而<u>断指</u>以免身，利也。（《墨子·大取》）

d. 臣闻之：有裂土以安社稷者，闻杀身<u>破家</u>以存其国者，不闻<u>出君</u>以为封疆者。（《淮南子·人间训》）

e. 悼惠王惧不得出城，上车太息。内史参乘怪问其故，悼惠王具以状语内史，内史曰："王宁<u>亡十城</u>耶？将亡齐国耶？"悼惠王曰："得全身而已，<u>何敢爱城哉</u>？"（《新序·善谋》）

（27）a 中"骤施于国，而多聚士"是"公子商人尽其家"的原因或目的，（27）的 b、c、d 中用目的连词"以"引出的"奉骑射""免身""安社稷""存其国""为封疆"等都是目的，（27）e 中"亡十城""何敢爱城哉？"（意即下文"献十城，为鲁元公主汤沐邑"）是"（悼惠王）得全身"的手段。

现代汉语 b′类领属使动句也是如此，以"端正"为例：

（28）a. 我党还开展了著名的延安整风运动，<u>端正了思想路线</u>，巩固了组织，增强了团结，进一步提高了党的战斗力。（CCL 语料库＼文件名：＼当代＼报刊＼《人民日报》＼1995 年《人民日报》＼8 月份）

b. 有了这样一个章程在全市发布，<u>不少老板端正了认识</u>，行为规矩多了。（CCL 语料库＼文件名：＼当代＼报刊＼《人民日报》＼1994 年《人民日报》＼第 2 季度）

c. 为把全心全意依靠工人阶级的方针落到实处，<u>领导班子端正了对企业领导体"三句话"的认识</u>。（CCL 语料库＼文件名：＼当代＼报刊＼1994 年报刊精选＼12）

(28) a 中"开展著名的延安整风运动"是"(我党)端正思想路线"的原因或手段，而"进一步提高了党的战斗力"既是结果也是目的；(28) b"有了这样一个章程在全市发布"是"(不少老板)端正认识"的原因，而"行为规矩多了"既是结果也是目的。(28) c"为把全心全意依靠工人阶级的方针落到实处"是"(领导班子)端正对企业领导体制'三句话'的认识"的目的。

(二) d′类领属使动句的语义凸显策略

d′类领主属宾句与 b′ 类不同，两种语义凸显策略基本上都存在。不过，由于 d′类领属使动句是无意致使，致事主语对致使性事件不具有操控性，而只是责任者，其直觉解读一般都是受影响关系，如果要凸显致使关系和致事的责任者角色，就需要有更多的语境支持。① 例如：

(29) a. 臧与谷，二人相与牧羊，而俱亡其羊。问臧奚事，则挟策读书；问谷奚事，则博塞以游。二人者，事业不同，其于亡羊均也。(《庄子·骈拇》)

　b. 初，叔向欲取于申公巫臣氏，其母欲取其党。叔向曰："吾母多而庶鲜，吾惩舅氏矣。"其母曰："子灵之妻杀三夫、一君、一子，而亡一国、两卿矣，可无惩乎？吾闻之：甚美必有甚恶。是郑穆少妃姚子之子，子貉之妹也。子貉早死，无后，而天钟美于是，必将以是大有败也。"(《左传·昭公二十八年》)

　c. 冬十一月己巳朔，宋公及楚人战于泓。宋人既成列，楚人未既济。司马曰："彼众我寡，及其未既济也，请击之。"公曰："不可。"既济而未成列，又以告。公曰："未可。"既陈而后击之，宋

---

① 这些语境大多是详细描述致事的某些过失（比如由于没有做该做的事或做了不该做的事而造成的过失，由于容貌性格等因素而造成的过失，等等）的语句，以此来凸显致使关系和致事的责任者（承担过失的人）角色。

师败绩。<u>公伤股</u>，门官歼焉。国人皆咎公。公曰："君子不重伤，不禽二毛。古之为军也，不以阻隘也。寡人虽亡国之余。不鼓不成列。"（《左传·僖公二十二年》）

（29）a 为了凸显"臧与谷俱亡其羊"的致使关系和致事"臧与谷"的责任者角色，后文花了很长的篇幅来补充说明他们把羊丢了的原因。（29）b 为了凸显"子灵之妻杀三夫、一君、一子，而亡一国、两卿"的致使关系以及致事"子灵之妻"（夏姬）的责任者角色，叔向的母亲又进一步申明"甚美必有甚恶""天钟美于是，必将以是大有败也"。（29）c 叙述的是宋襄公迂腐愚蠢导致宋国战败自己也伤了大腿的故事，为了凸显"公伤股"的致使关系和宋襄公的责任者角色，在"公伤股"的前后文花了很长篇幅交代他的迂腐言行。

在现代汉语里，d′类领属使动句的直觉解读也都是受影响关系，但在特定语境中也能凸显其致使关系。例如：

（30）a.<u>贾政</u>不了解这一点，结果到处碰钉子，<u>丢官</u>回家。（CCL 语料库 \ 文件名：\ 当代 \CWAC\ALT0049）

b.<u>依法配备公务用枪的人员</u>，<u>丢失枪支</u>不及时报告，造成严重后果的，处三年以下有期徒刑或者拘役。（CCL 语料库 \ 文件名：\ 当代 \CWAC\ALT0049）

（30）a 通过"不了解这一点，结果到处碰钉子"来凸显致使关系和"贾政"的责任者角色，（30）b 通过"不及时报告，造成严重后果"来凸显致使关系和"依法配备公务用枪的人员"的责任者角色。

此外，d′类领属使动句在近现代汉语里往往通过变换为"把"字句来凸显其致使关系和致事的责任者角色。例如：

（31）a. 小明丢了钱包 / 小明把钱包（给）丢了。

b. 我崴了脚 / 我把脚（给）崴了。

c. 他折光了本钱 / 他把本钱都（给）折光了。

现代汉语"把"字句是一种致使句式，致使义是"把"字句的基本句式意义，这一观点已经得到越来越多的学者的赞同（参看洪波，2013）。张伯江（2000）指出，"把"字句的主语具有"使因性特征"，是致使性事件的责任者，"'把'字句总有'追究责任'的意味。"由此可知，将领主属宾句变换为"把"字句，正是为了凸显致使关系和致事的责任者角色。

d′类领属使动句凸显受影响关系[①] 在古代汉语里就很常见，至今犹然。例如：

（32）a. 老臣病足，曾不能疾走，不得见久矣。……（《战国策·赵策四》）

b. 灵姑浮以戈击阖庐，阖庐伤将指，取其一屦。还，卒于陉。（《左传·定公十四年》）

c. 乐正子春下堂而伤足，瘳而数月不出，犹有忧色。（《吕氏春秋·孝行》）

d. 其一人伤足，不能行，卧树下。（干宝：《搜神记》卷十八）

e. 左将军辛庆忌者。武贤子也。……叩头流血。上意乃解。（荀悦：《前汉记·孝成皇帝纪》）

f. 锻八岁丧母，号泣不绝声，自然之哀，同于成人，故幼以至性见称。（《三国志·魏书》卷二十七）

---

① 无意致使的直觉解读 / 受影响关系有时可能不太显著，使用简单的凸显手段（表示结果的语句）使之更加显著。

（32）a 通过"曾不能疾走，不得见久矣"来凸显"老臣病足"的受影响关系和致事"老臣"的受影响者角色。(32) 的 b、c、d 三个由"伤"构成的 d′ 类领属使动句，分别通过"卒于陉""瘳而数月不出，犹有忧色""不能行，卧树下"等补充说明来凸显受影响关系和致事"阖庐""乐正子春""其一人"的受影响者角色。（32）e 通过"上意乃解"凸显"（左将军辛庆忌）（叩头）流血"的受影响关系和致事"左将军辛庆忌"的受影响者角色。（32）f 通过"号泣不绝声，自然之哀，同于成人"来凸显"煆丧母"的受影响关系和致事"煆"的受影响者角色。

现代汉语 d′ 类领属使动句凸显受影响关系也非常常见。以"崴了脚"为例，CCL 现代汉语语料库共有 24 条，其中 11 例都有明确的语境支持来凸显其受影响关系。例如：

（33）a. 乔娅前一阵子崴了脚，至今还贴着止痛膏，走起路来略有些瘸。（文件名：\ 当代 \ 报刊 \《人民日报》\1994 年《人民日报》\ 第 4 季度）

b. 蒋雪莲因在昨天的比赛中崴了脚，今天她和搭档陈林放弃了半决赛。（文件名：\ 当代 \ 报刊 \ 新华社 \ 新华社 2001 年 6 月份新闻报道）

c. 青面兽杨志崴了脚，跑不过刘跃进。（文件名：\ 当代 \ 文学 \ 大陆作家 \ 刘震云《我叫刘跃进》）

根据上文的考察可以看出，b′ 类领属使动句是有意使动，致事对致使性事件具有操控性，从而抑制了此类使动句致事受影响性的表达，其后果是此类使动句以凸显致使关系为常态，无论古代汉语还是现代汉语，此类使动句的直觉解读都是致使关系，如果要凸显其受影响关系和致事的受影响者角色，需要有更多的特殊语境支持。与 b′ 类领属使动句相反，d′ 类领属使动句由于致事对致使性事件不具有操控性，致使性事件对致事的影响性就容易得到凸显，其后果是此类使动句以凸显受影响关系和致事的受影响者角色为常态，无论是古代汉语还是现代汉语，此类使动句的直觉解读都是受影响关系，如果要凸显其致使关系，要么需要更多特定的语境支持，要么变换为其他句式。

b′d′两类虽然都是领属使动句，但由于各自的直觉解读和常态凸显选择不同，逐渐分化为两种构式，b′类构式的致使义逐渐规约化（conventionalization），而受影响义被完全抑制，成为专门表达致使义的构式；d′类构式的受影响义逐渐规约化，致使义被完全抑制，逐渐成为专门表达受影响义的"受损致使"构式。

（三）b′类领主属宾式致使义的规约化

b′类构式致使义规约化的突出表现是排斥受影响义的直觉解读，例（22）b和例（26）尽管都有语境支持来凸显其受影响关系，但两个b′类句本身的直觉解读仍然是致使义。再如：

（34）1999 年考试时，<u>我端正了态度</u>，认真对待，结果顺利过关。（CCL 语料库＼文件名：＼当代＼网络语料＼网页＼C000020）

（34）通过"结果顺利过关"来凸显"我端正了态度"的受影响关系，但这个句子本身的直觉解读仍然是致使义，即"我使我的态度端正了"。

由此可知，b′类构式表达受影响义的用例少见，其原因就在于这类构式排斥受影响义的直觉解读。而这一构式排斥受影响义的直觉解读，显然与致事的意愿性和对致使性事件的操控性直接相关。

（四）d′类领主属宾式受影响义的规约化

d′类构式受影响义规约化的表征之一是受影响义的直觉解读。据

（二）的考察可知，d′类构式要表达致使义，需要有很强的语境支持，这表明这一构式本身的直觉解读不是致使义而是受影响义。

　　d′类构式受影响义规约化的表征之二是死亡义动词的进入。据帅志嵩（2008），死亡义动词是在中古晚期开始进入 d′类构式的，也就是说"王冕死了父亲"这种句子在中古时期就产生了。在上古时期，死亡义动词能构成非领属使动句（参看俞理明、吕建军，2011），但不能构成领属使动句（前引例（23）a 中的"丧"是"失去"义而非"死亡"义），分析其原因，尽管上古时期 d′类构式的直觉解读是受影响义，但构式本身的原型语义关系是致使关系而不是受影响关系，死亡义动词如果进入 d′类构式，就会出现领有者导致被领有者死亡的失伦现象。有意失伦现象是存在的，如子弒父、臣弒君之类往往而有，但无意失伦现象却是难以理解的，因此即使存在无意失伦现象，也不能用死亡义动词直接构成领主属宾句来表达，前引例（29）b 实际就是无意失伦现象，"子灵之妻"实际上导致了三个丈夫的死亡、一位国君的死亡、一个儿子的死亡，但句子并没有使用死亡义动词"死"，而使用了"杀"，原因就在于此。由此可见，中古晚期开始死亡义动词进入 d′类构式①，表明该构式已经侧重表达受影响义，实际情况也正是如此。例如：

　　（35）a. 王戎丧儿万子，山简往省之，王悲不自胜。（《世说新语·伤逝》——转引自帅志嵩，2008：264）

---

①　根据帅志嵩（2008），上古汉语"丧/亡"均可用于甲型句（即我们所说的 d′类领属使动句：当事＋动词＋对象）和乙型句（对象＋动词），但那时用于甲型句的"丧""亡"均表示"丢失/失去/丧失"义，用于乙型句的"丧"可以表示死亡义但用例较少，用于乙型句的"亡"主要表示"灭亡/逃亡"义。中古特别是中古晚期（魏晋南北朝时期）开始，"死亡"义的"丧/亡"才开始进入甲型句（d′类领属使动句），至此，死亡类领主属宾句正式形成，至于现代汉语死亡类领主属宾句最终定型为"NP 领有者＋死了＋NP 被领有者"，则是同义句式（NP 领有者＋丧/亡/死［了］＋NP 被领有者）类推和竞争的结果，我们采信帅志嵩（2008）的观点，具体论证参看该文。

b. 新兴刘殷，字长盛。七岁丧父，哀毁过礼。(《搜神记》卷十一——转引自帅志嵩，2008：265)

c. 晋琅琊王凝之妻……尝频亡二男，悼惜过甚，哭泣累年，若居至艰。(《异苑》卷六——转引自帅志嵩，2008：265)

(35) 的三个例子都是 d′ 类句，不仅直觉解读是受影响义，而且语境中都存在致事受影响的结果，如 a 例的"王悲不自胜"，b 例的"哀毁过礼"，c 例的"悼惜过甚，哭泣累年"。

d′ 类构式受影响义规约化的表征之三是分化策略的运用。元明以后，"把"字句成为表达致使义的一种重要构式，d′ 类领主属宾构式如果要表达致使义，则通过变换为"把"字句来实现。例如：

(36) a. 且说武大无甚生意，终日挑担子出去街上卖炊饼度日，不幸把浑家故了，丢下个女孩儿，年方十二岁，名唤迎儿，爷儿两个过活。(《金瓶梅词话》第一回)

b. 贾老儿既把个大儿子死了，这二儿子便成了个宝贝，书也不教他念了。(《老残游记》第十五回)

d′ 类构式受影响义规约化表征之四，如果要表达受影响义，首选此构式，甚至不能转换为非领主属宾式的其他构式。这种情况在现代汉语里表现得更加突出。在 CCL 现代汉语语料库里，"××长智齿"一共有 4 个例子，都表示受影响义，而"××的智齿长了"则一例也没有。"××长脾气"一共 6 个例子，全部表达受影响义，而"××的脾气长了"只有 1 例：

(37) a. 他现在已经是四十多岁的人了，可是却还在长智齿，这才是使他闷闷不乐的原因。(文件名：\当代\翻译作品\文学

\《银河英雄传说》04)

b. 爹近来确是长脾气，他总爱唠叨，他爱和天赐闲谈，可谈不到一处；天赐有时候故意躲着他。(文件名：\现代\文学\老舍长篇 2 文章标题：《牛天赐传》作者：老舍)

c. 我不了解他们的医术有多少长进，只觉得他们的脾气长了不少，训起人来管你是谁。(文件名：\当代\报刊\《人民日报》\2000 年《人民日报》\2000 年《人民日报》)

"××长胡子"一共有 24 例，全部表示受影响义，而"××的胡子长了"有 17 例，全部用于描写，而不表达受影响义。比较：

(38) a. 女孩子因为长胡子，找不到郎君。(文件名：\当代\报刊\1994 年报刊精选\09)

b. 他头发乱蓬蓬的，胡子长得老长，而且也乱，衬衣上净是汤水污渍，衬衫袖口那儿秃噜着。(文件名：\当代\文学\大陆作家\《刘心武选集》文章标题：《小墩子》作者：刘心武)

以上四方面的表征表明，从中古时期开始，d′类构式已经朝着专门表达受损性影响义方向发展，到近现代汉语里，d′类构式已经成为一种专门表达受损性影响义的受损致使构式（adversity causative construction）。"王戎丧儿万子"和"王冕死了父亲"这类句子正是 d′类构式表达受损性影响义的典型事例。

五、结　语

b′、d′两类领主属宾句原本都是使动句的组成部分，由于致事主语语义角色凸显和句式语义关系直觉解读的不同，导致这两类句式发生了分化，各自经历了一个构式演变的过程。b′类在演变的过程中受影响义被完全抑制，成为专门表达致使义的构式；d′类在演化的过程中致使义被完全抑制，成为专门表达受损性影响义的受损致使构式。洪波、董正存（2004）提出了结构语法化和功能语法化两个概念，并指出构式的语法化存在结构语法化和功能语法化非正向匹配的情形。本文所讨论的 d′类领主属宾句演化为专门表达受损性影响义的受损致使构式，从语法化角度看，只涉及功能语法化，而不涉及结构的语法化，也属于结构语法化与功能语法化非正向匹配的一个案例。

参考文献

储泽祥、刘精盛、龙国富、田辉、叶桂郴、郑贤章：《汉语存在句的历时性考察》，《古汉语研究》1997 年第 4 期。

郭继懋：《领主属宾句》，《中国语文》1990 年第 1 期。

洪波：《无定"把"字句的生成机制》，《历史语言学》第 6 辑，商务印书馆 2013 年版。

洪波、董正存：《"非 X 不可"格式的历史演化和语法化》，《中国语文》2004 年第 3 期。

洪波、徐杰：《汉语单论元动词带论元宾语的历史考察——兼论古代诗歌句法对常规句法的影响》，《历史语言学研究》第 9 辑，商务印书馆 2015 年版。

黄成龙：《类型学视野中的致使结构》，《民族语文》2014 年第 5 期。

兰盖克：《认知语法基础（第一卷）理论前提》（牛保义、王义娜译），北京大学出版社 2013 年版。

李钻娘：《出现式与消失式动词的存在句》，《语文研究》1987 年第 3 期。

李佐丰：《上古语法研究——李佐丰自选集》，北京广播学院出版社 2004 年版。

刘顺心：《汉语中致使范畴的结构类型研究》，南开大学出版社 2014 年版。

刘晓林：《也谈"王冕死了父亲"的生成方式》，《中国语文》2007 年第 5 期。

梅广：《上古汉语语法纲要》，（台北）三民书局 2015 年版。

梅祖麟：《上古汉语动词浊清别义的来源——再论原始汉藏语 *s- 前缀的使动化构词功用》，《民族语文》2008 年第 3 期。

彭利贞：《从语义到语法》，中国社会科学出版社 2011 年版。

沈家煊：《"王冕死了父亲"的生成方式——兼说汉语"糅合"造句》，《中国语文》2006 年第 4 期。

石毓智：《语言学假设中的证据问题——论"王冕死了父亲"之类句子产生的历史条件》，《语言科学》2007 年第 4 期。

帅志嵩：《"王冕死了父亲"的衍生过程和机制》，《语言科学》2008 年第 3 期。

宋亚云：《汉语作格动词的历史演变研究》，北京大学出版社 2014 年版。

王建军：《汉语存在句的历时研究》，天津古籍出版社 2003 年版。

王力：《汉语语法史》，《王力全集》（第三卷），中华书局 2014 年版。

温宾利：《当代句法学导论》，外语教学与研究出版社 2002 年版。

熊仲儒：《领属性致使句的句法分析》，《安徽师范大学学报》（人文社会科学版）2012 年第 3 期。

徐杰：《两种保留宾语句式及相关句法理论问题》，《当代语言学》1999 年第 1 期。

杨作玲：《上古汉语非宾格动词研究》，商务印书馆 2014 年版。

杨作玲、吴福祥：《先秦汉语中的领主属宾句——兼论"王冕死了父亲"的历史来源》，《历史语言学研究》第 8 辑，商务印书馆 2014 年版。

俞理明、吕建军：《"王冕死了父亲"句的历史考察》，《中国语文》2011 年第 1 期。

张伯江：《论"把"字句的句式语义》，《语言研究》2000 年第 1 期。

张黎：《"有意"和"无意"——汉语"镜像"表达中的意合范畴》，《世界汉语教学》2003 年第 1 期。

张豫峰：《现代汉语致使态研究》，复旦大学出版社 2014 年版。

周红：《从有意与无意看致使表达的功能与特征》，《乐山师范学院学报》2010

年第 3 期。

庄会彬：《建国以来"王冕死了父亲"句式的研究及其启示》，《浙江外国语学院学报》2013 年第 1 期。

Comrie，Bernard，*Language Universals and Linguistic Typology*：*Syntax and Morphology*，Chicago：The University of Chicago Press，1989.

Comrie，Bernard and Maria Polinsky（eds.），*Causativity and Transitivity*，Amsterdam/Philadelphia：John Benjamins Publishing，1993.

Dixon，Robert Malcolm Ward，"A Typology of Causatives：Form，Syntax and Meaning"，in Dixon，Robert Malcolm Ward，Alexandra and Yurievna Aikhenwald（eds.），*Changing Valency*：*Case Studies in Transitivity*，Cambridge：Cambridge University Press，30-83，2000.

Dixon，Robert Malcolm Ward，*Basic Linguistic Theory*，Vol.3：Further Grammatical Topics，Oxford：Oxford University Press，2012.

Pylkkänen，Liina，*Introducing Arguments*，The MIT Press，2008.

（原载《中国语文》2016 年第 6 期，与卢玉亮合著）

上古汉语后附性"者"的语法化
及相关问题

一、前　言

本文的研究对象是上古汉语后附性语言成分"者"，不涉及作为文字的"者"与"之""诸"等的纠葛问题。

作为后附性语言成分的"者"不见于殷商甲骨文。传世文献最早见于《诗经》的《大雅》和《鲁颂》(《尚书·洪范》里有1例，但《洪范》的成文年代不易确定)。《大雅》仅《生民之什·卷阿》1见，《鲁颂》仅《駉》4见，且为同句复出。《小雅》"者"已习见。出土文献最早见于春秋时期金文（参见赵诚，2001：267）。

后附性"者"的语源目前还不清楚，《尚书》里动词性成分的转指用法不用"者"。例如：

(1) 今商王受……乃惟四方之多罪逋逃是崇是长。(《牧誓》)

这说明《尚书》的语言系统里不用"者"加在谓词性成分之后表示转指。

"者"的词源也不清楚，我们不知道它从何而来。出土文献和部分传世文献显示它跟表示"多"义的"诸"和宾格指示代词"之"之间都有很多纠葛。在金文里，表示"多"义的"诸"都写作"者"，例如：①

(2) 其隹我者侯百生。（今甲盘）读为：其惟我诸侯百姓。

(3) 用乐父兄者士。（子璋钟）读为：用乐父兄诸士。

在金文里，"者"有时也做宾格指示代词"之"解。例如：

(4) 卫小子家逆诸。（九年卫鼎）读为：卫小子家逆之。

这种情况在传世文献里也较常见。如《山海经·五藏山经》里宾格代词"之"均作"者"（参见洪波1994）。他如：

(5) 不利而利之，不如利而后利之之利也；不爱而用之，不如爱而后用之之功也。利而后利之，不如利而不利者之利也；爱而后用之，不如爱而不用者之功也。（《荀子·富国》）

(6) 礼之中焉能思索，谓之能虑；礼之中焉能勿易，谓之能固。能虑，能固，加好者焉，斯圣人矣。（《荀子·礼论》）

按例（5）"不如利而不利者之利也""不如爱而不用者之功也"两句句法应同于"不如利而后利之之利也""不如爱而后用之之功也"，其中"者"用法同宾格代词"之"。例（6）"好者焉"王先谦《荀子集解》据《史记》谓"好"后夺"之"字，遂据补"之"字。据例（5）可知

---

① 例（2）（3）（4）转引自赵诚（2001：267），例（4）"家"原文未隶定，字形似"家"字篆书，此处姑以"家"代之。

此例中"者"也应当训为宾格代词"之"，非夺"之"字。

"者"与"诸""之"之间的这种纠葛是纯粹文字上的通假还是与"者"的词源有关，我们现在还无法作出明确的判断。

"者"到中古以后逐渐消失了，近代汉语里的名词化标记"底"或来源于"者"，但亦未成为确论，因此也可以说不知道它到哪里去了。

二、先秦时期"者"的用法

朱德熙（1983）将先秦时期后附性"者"的功能归为两大类：转指和自指，但"者"的具体用法是比较复杂的。

（一）"者"附于动词（含形容词）或动词性短语之后，构成名词性结构，转指动词的一个论元成分，一般情况下转指的是动词的施事，也可以转指动词的受事。例如：

> （7）其为人也孝弟而好犯上者，鲜矣。（《论语·学而》）
>
> （8）初，武城人或有因于吴竟田焉，拘鄫人之沤菅者，曰："何故使吾水滋？"及吴师至。拘者道之以伐武城。（《左传·哀公八年》）

例（7）"其为人也孝弟而好犯上者"之"者"转指施事丰富，例（8）"拘者"即指前文"拘鄫人"之"鄫人"，因此"者"转指受事成分。朱德熙（1983）指出"者"提取的是主语，这个认识是正确的。主语可以由施事成分充当，也可以由受事成分充当。有时候"者"加在一个名词之后，构成的"者"字结构也表转指。例如：

> （9）子曰："圣人，吾不得而见之矣；得见君子者，斯可矣。"

子曰，"善人，吾不得而见之矣；得见有恒者，斯可矣。亡而为有，虚而为盈，约而为泰，难乎有恒矣。"（《论语·述而》）

（10）子曰："论笃是与，君子者乎？色庄者乎？"（《论语·先进》）

例（9）的"得见君子者"中"君子者"的意思是"像君子的人"或"是君子的人"，下文"得见有恒者"与"得见君子者"句法平行。例（10）的"君子者"与下文"色庄者"对文，"色庄者"为转指性"者"字结构无疑，因此这里的"君子者"意思是"像君子的人""是君子的人"，也是转指性结构。

（二）"者"附于动词或动词短语之后，构成名词性结构，该结构指称的是动词或动词短语所表示的行为或者状态。朱德熙将这种用法的"者"称为自指标记。例如：

（11）孔子於乡党，恂恂如也，似不能言者。（《论语·乡党》）

（12）阳虎伪不见冉猛者，曰："猛在此，必败。"（《左传·定公八年》）

从文献用例看，这种用法的"者"字结构主要出现在比况动词后面做宾语。例（11）"似不能言者"意思是"像不能言的样子"，例（12）"伪不见冉猛者"意思是"假装（像）没看见冉猛的样子"。

（三）"者"附于数词之后，构成名词性结构，转指与数量相关的事物。例如：

（13）子贡问政。子曰"足食，足兵，民信之矣。"子贡曰："必不得已而去，于斯三者何先？"（《论语·颜渊》）

（14）五亩之宅，树之以桑，五十者可以衣帛矣。鸡豚狗彘之

畜，无失其时，七十者可以食肉矣。（《孟子·梁惠王上》）

（四）"者"附于状态形容词之后。朱德熙没有讨论到这种用法，袁毓林（1997：165）认为这种用法的"者"是状态词后缀演变而来的助词。例如：

（15）菁菁者莪，在彼中阿。（《诗经·小雅·菁菁者莪》）
（16）微生亩谓孔子曰："丘何为是栖栖者与？无乃为佞乎？"（《论语·宪问》）

这种用法在《诗经》里比较常见，在先秦其他文献里罕见。《诗经》里主要有两种情况，一是加在叠音状态形容词之后，如例（15）。二是加在"有"构成的状态形容词之后，例如：

（17）有卷者阿，飘风自南。（《诗经·大雅·卷阿》）
（18）有菀者柳，不尚息焉。（《诗经·小雅·菀柳》）

"有"构成的状态形容词相当于叠音状态形容词，所以以上两种情况实际上就是一种。

《诗经》里这种用法的"者"字结构只有分布在名词前面的，没有分布在名词后面的，而且名词都是单音节的，所以"者"有可能是因为韵律的需要而加上去的。不过结合《论语》的例子（例16）看，这种用法应与第（二）种用法相同，是一种自指用法。

（五）"者"附于数名短语之后，构成名词性结构。朱德熙认为"者"的这种用法是自指性的。例如：

（19）夫三子者之言何如？（《论语·先进》）

（20）冉有曰："夫子欲之，吾二臣者皆不欲也。"（《论语·季氏》）

（六）"者"附于话题之后。这种用法朱德熙归入自指用法。例如：

（21）政者，正也。（《论语·颜渊》）

（22）若寡人者，可以保民乎哉？（《孟子·梁惠王上》）

（七）"者"附于假设小句之后，有表示假设的意味。朱德熙认为这种用法仍然是"者"字的自指用法。例如：

（23）子谓子贱：君子哉若人！鲁无君子者，斯焉取斯？（《论语·公冶长》）

（24）季氏使闵子骞为费宰。闵子骞曰："善为我辞焉。如有复我者，则吾必在汶上矣。"（《论语·雍也》）

（八）"者"附于句末，表示肯定语气。在《论语》里我们见到两例：

（25）安见方六七十，如五六十，而非邦也者？（《论语·先进》）

（26）子曰："恶紫之夺朱也，恶郑声之乱雅乐也，恶利口之覆邦家者。"（《论语·阳货》）

以上两例"者"都位于句末，（25）"者"在语气词"也"之后，在上古汉语里，"也"做句末语气词最靠近句子的命题部分，那么分布在它之后的"者"只能是语气词。（26）是三个并列句，且句子的句法结构相同，前两句句末语气词用的是"也"，最后一句用的是"者"，这个"者"也只能是语气词。

除了上述八种用法之外，还有一种用法必须提到。前面说过"者"与宾格代词"之"之间有纠葛，不仅如此，"者"与定语标记的"之"之间也有纠葛。裴学海《古书虚字集释》认为《诗经》里的"楚楚者茨"即相当于"楚楚之茨"，"者"是定语标记。但这个说法不能成立，因为在《诗经》里我们找不到"楚楚之茨"之类的说法，更何况还有像"是栖栖者"的现象存在，所以我们将这类用法的"者"视为自指用法。不过在先秦散文里确实存在一些"者"用作定语标记的用例。裴学海举到的有：

(27) 不道仁义者故，不听学者之言。(《韩非子·显学》)

(28) 虚则知实之情，静则知动者正。(《韩非子·主道》)

(29) 此持（特）凶言之所自生，而暴人者道也。(《墨子·非命》)

上述例证中"仁义者故""动者正""暴人者道"的"者"如果确实是定语标记的话，那么有两种可能，一种可能是"者"为"之"的通假字，另一种可能是"者"由上述第二项用法演化出定语标记功能。这两种可能性我们目前无法作出明确的抉择，不过，从汉代以后文献看，除了《汉书》中有"道家者流""儒家者流"的疑似用例之外，"者"未见有更多的做定语标记的用例，因此通假的可能性会更大一些，故我们暂时不认为这是"者"的一种独立用法。

三、"者"字用法的归纳和讨论

朱德熙（1983）对"者"字的性质和功能做过非常深入的研究。他以结构主义理论的视角来审视"者"字结构，将其一分为二：转指性的和自指性的，相应地，"者"字的功能也一分为二：表转指和表自指。

按照朱德熙的分析，上述（一）（三）两种用法是表转指，（二）（四）（五）（六）（七）五种用法都是表自指，第（八）种用法也是表示自指。

朱先生的分析具有高度概括性，他充分注意了"者"字的语法功能和语义功能，却忽略了"者"字的语用功能。比如出现在话题之后的"者"朱先生认为表自指，这是一种认识，也许是对的。可是在上古汉语里，话题之后不一定要用"者"，那么"者"字的用与不用，在语用上有什么不同？再比如像"有颜回者好学"，这里的"者"也是表自指，为什么要加这个表自指的"者"呢？不加可不可以呢？据对《论语》《左传》等先秦文献的查考，这个"者"是不能省去的，必须加。必须加的理据何在？

我们认为，分析"者"字的功能，光看它的语法功能和语义功能还不够，也要看它的分布环境和语用功能。

在上述八种用法中，表转指的用法虽然只有两种，但这两种用法的使用频率都是很高的，特别是第（一）种用法，基本上可以肯定是"者"字的原型功能。

表转指的"者"字结构实质上是一个句子的关系化，"者"字的作用是提取句子的主语并使句子关系化为一个名词性短语。从这个角度看，表转指的"者"可视为关系代词（relative pronoun）或关系化小品词（relativizational particle）。从《马氏文通》开始，国内学者大多主张这种用法的"者"是一种代词，《文通》称之为"接读代字"，王力《汉语史稿》称之为“特殊指示代词”，本文认为，从“者”字这种用法的分布位置和使用情况看，似应看作小品词（particle）。①小品词一般译为“助词”。

“者”字的关系化有宿主（host）出现和不出现两种情况，宿主出现的情况又有两种情形，一是宿主出现在“者”字结构的后面，这种情况最早见于《诗经》，但其他先秦文献里少见。例如：

（30）彼茁者葭，壹发五豝。（《诗经·召南·驺虞》）

（31）彼姝者子，何以予之？（《诗经·鄘风·干旄》）

（32）彼苍者天，歼我良人。（《诗经·秦风·黄鸟》）

二是宿主出现在“者”字结构的前面，“者”字结构或用“之”引出，或不用。例如：

（33）居是邦也，事其大夫之贤者，友其士之仁者。（《论语·卫灵公》）

（34）伯夷，圣之清者也；伊尹，圣之任者也；柳下惠，圣之和者也；孔子，圣之时者也。（《孟子·万章下》）

（35）子曰：“禘自既灌而往者，吾不欲观之矣。”（《论语·八佾》）

（36）子曰：“士志于道，而耻恶衣恶食者，未足与议也。”（《论语·里仁》）

上述第（二）种用法朱先生归入自指用法，朱先生的意见是正确

---

① 南开大学古代汉语教研室《古代汉语读本》（1987）已将表转指的“者”视为助词，其后赵诚（2001）也持相同观点。

的。这种用法的"者"主要作用是将谓词性成分名词化。前文将表转指的"者"视为助词，那么它的这种用法也应是助词。

上述第（四）种用法袁毓林（1997）认为是状态形容词后缀演变而来的助词，这种说法我们不取。说状态形容词后缀演变为一个助词，这不符合语法化单向性原则。语法化的结果只会使附着的变得更加附着，而不是相反。

第（五）种用法也是一种自指用法，但它负载着特定的语用信息。

在先秦汉语里，数名结构本身是用来表达不定指（indefinite）的，因此一个数名短语要表达定指（definite），就需要加特定标记，"者"字加在数名短语之后，其作用就是使这个数名短语转而表达定指。

根据我们对《论语》《左传》《孟子》等文献的查考，数名短语加"者"之后都是表达定指的，例（19）（20）之外再如：

（37）晋人执晏弱于野王，执蔡朝于原，执南郭偃于温。苗贲皇使，见晏桓子。归，言于晋侯曰："夫晏子何罪？昔者诸侯事吾先君，皆如不逮，举言群臣不信，诸侯皆有贰志。齐君恐不得礼，故不出，而使四子来。左右或沮之，曰：'君不出，必执吾使。'故高子及敛盂而逃。夫三子者曰：'若绝君好，宁归死焉。'为是犯难而来……"（《左传·宣公十七年》）

（38）君子谓华元、乐举于是乎不臣。臣，治烦去惑者也，是以伏死而争。今二子者，君生则纵其惑，死又益其侈，是弃君于恶也，何臣之为？（《左传·成公二年》）

例（37）最有说服力。例中苗贲皇对晋侯说的话里"四子"是第一次出现，是不定指的，所以不加"者"，后面"夫三子者"即晋人所执之晏弱、蔡朝、南郭偃，这是晋侯所知道的，是定指信息，因而加了"者"。

从性质上说，这种用法的"者"与第（二）（四）两种用法没有本质区别，所不同的仅在于这种用法的"者"所与组合的是名词性成分，因此这种用法的"者"也是自指标记。

第（六）种用法是"者"附于话题之后，朱德熙认为与其他场合下"者"字自指用法的功能是一样的。

把这种用法归入自指也无可厚非，从来源上讲，这种用法肯定是从"者"的自指用法演变来的，但有一个问题，在话题之后，可以出现"者"，也可以出现"也"，还可以"者""也"共现，且在《论语》《孟子》等文献里共现的顺序是"也者"。如果说"者"仍是自指标记，那也得承认"也"也是自指标记，而语言事实表明"也"没有指称功能，是一个语气词，这样来看，话题之后的"者"还是分析为标记话题的语气词为宜。此外，还需要回答一个问题：在话题之后为什么要加"者"？文献证据表明并不是所有的话题都需要加"者"或者"也"，那么加与不加就一定有语用上的区别。

有一个极富启发的现象。在春秋及战国早期文献里，用"有"引出一个专有名词充当话题，其后必加"者"。例如：

（39）哀公问："弟子孰为好学？"孔子对曰："有颜回者好学，不迁怒，不贰过，不幸短命死矣。今也则亡，未闻好学者也。"（《论语·雍也》）

（40）子游为武城宰，子曰："女得人焉耳乎？"曰："有澹台灭明者，行不由径，非公事未尝至于偃之室也。"（《论语·雍也》）

文献用例显示，用"有"引出的话题都是新引入的话题，也就是第一次提及的话题，据此我们推测"者"出现在话题之后有标记新话题的作用。

我们的这种推测在《论语》里得到另一个语言现象的支持。在

《论语》里，如果是交际双方共享性话题，后面一般只能加"也"，不能加"者"。例：

(41) 季康子问："仲由可使从政也与？"子曰："由也果，于从政乎何有？"曰："赐也可使从政也与？"曰："赐也达，于从政乎何有？"曰："求也可使从政也与？"曰"求也艺，于从政乎何有？"（《论语·雍也》）

有时为凸显共享性话题，可以"也者"连用。例如：

(42) 其为人也孝弟而好犯上者，鲜矣。不好犯上而好作乱者，未之有也。君子务本，本立而道生。孝弟也者，其为仁之本与？（《论语·学而》）

到《孟子》里，"者""也"作为话题标记的这种区分渐趋紊乱，表现之一就是共享性话题后面也可以单用"者"。例如：

(43) 孔子之谓集大成。集大成也者，金声而玉振之也。金声也者，始条理也；玉振之也者，终条理也。始条理者，智之事也；终条理者，圣之事也。智，譬则巧也；圣，譬则力也。由射於百步之外也；其至，尔力也；其中，非尔力也。（《孟子·万章下》）

例中"始条理者""终条理者"都是承前文而来，都是共享性话题，却都用"者"标记。但《孟子》里新话题不会使用"也者"标记，新话题用"也者"标记要到战国晚期才能见到，这意味着直到战国晚期以后"者""也"在标记话题上的分工才消失：

（44）鲁人有周丰也者，哀公执挚请见之。（《礼记·檀弓下》）

第（七）种用法朱德熙也归入自指用法，不过他同时也认为这种用法的"者"有表示假设的意味。条件即话题，这已是当今语言学的一种理论共识，因此这种用法的"者"的功能与第（六）种用法没有实质性差别，也是一个具有标记话题作用的语气词。

朱先生还提到誓词中的"者"，认为在《论语》《左传》等文献里誓词中所用的惯用格式"所……者"，其中的"者"与假设句末的"者"的功能是一样的。我们同意朱先生的这个分析，例如：

（45）子见南子，子路不说。夫子矢之曰："予所否者，天厌之！天厌之！"（《论语·雍也》）

（46）将盟，齐人加于载书曰："齐师出竟而不以甲车三百乘从我者，有如此盟！"（《左传·定公十年》）

这种情况下的"者"与其他假设句末一样，也可以不用。例：

（47）晏子仰天叹曰："婴所不唯忠于君、利社稷者是与，有如上帝！"乃歃。（《左传·襄公二十五年》）

根据以上分析，我们将"者"字的性质和功能分为六种：

1. 助词：转指标记；

2. 助词：自指标记；

3. 助词：有定标记；

4. 语气词：话题标记；

5. 语气词：话题标记／假设标记；

6. 语气词：表示论断性语气。

四、"者"字的功能演化过程及其机制

"者"字的上述六种功能之间存在着衍生关系，其中最关键的一步是从转指到自指的演变。

袁毓林（1997）讨论过"者"字的转指功能和自指功能之间的衍生关系，他认为"者"字的自指用法是通过谓词隐含而从转指用法演化出来的。他所说的谓词隐含，指的是言说义谓词（"曰"/"谓"之类）的隐含。

不过袁的这种看法只是一种猜想和假设，没有上古汉语语言事实的根据。

在传世文献中，《论语》是"者"用例丰富而又较早的文献，该书囊括了"者"字的所有功能。从《论语》来看，"者"的自指功能是在比况句式中从转指演化而来的。请看下面的例子：

（48）子贡问曰，"贫而无谄，富而无骄，何如？"子曰："可也。未若贫而乐道、富而好礼者也。"（《论语·学而》）

（49）孔子于乡党，恂恂如也，似不能言者。（《论语·乡党》）

（50）过位，色勃如也，足躩如也，其言似不足者。（《论语·乡党》）

例（48）孔子针对子贡的问题而回答，子贡的问题是"贫而无谄，富而无骄，怎么样？"而孔子的回答从字面来看可以有两种理解，一种理解是"比不上贫而乐道富而好礼的人"，另一种理解则是"比不上贫而乐道富而好礼这样的境界"。按前一种理解，"者"为转指，按后一种理解，"者"为自指。而根据上下文语境的提示情形，该例更倾向于理解为后者。例（49）"似不能言者"承前省略了主语"孔子"，"者"倾向于理解为自指，意思是"像不会说话的样子"，如果补上主语"孔子"，则"者"更容易理解为转指，意思是"孔子像个不会说话的人"。例（50）"其言似不足者"因为句子主语不是指人的，而"不足"正是对"其言"的说明，因此其后的"者"字只能理解为自指。

我们注意到，到了《孟子》里，在比况句中，句子主语即使出现，"者"也只能视为自指的了。例如：

（51）孟子将朝王。王使人来曰："寡人如就见者也，有寒疾，不可以风；朝将视朝，不识可使寡人得见乎？"（《孟子·公孙丑下》）

例中的"如"一般不再理解为比况动词，而理解为助动词，表示道义情态意义。之所以有这样的理解，是因为到孟子时代，这种比况结构已经发生了重新分析，详见下文。

比况动词是广义判断动词，所联系的前后两项在性质上应该相同，而且应是名词性的，典型的比况句式如：

（52）孟施舍似曾子，北官黝似子夏。（《孟子·公孙丑上》）

因此当比况动词所联系的后项是谓词性的，则需要将其名词化，"者"进入比况动词句的后项，原因就在此。

根据朱德熙（1983），"者"表转指，必须满足一个条件，即所提取的成分缺位。然而在比况句式中，句子的话题往往就是"者"所提取的成分，如例（51）"寡人如就见者"，这样就使得"者"字的成分提取功能落空，成为一个羡余成分，从而导致结构的重新分析，"者"保留了其名词化功能而不再表达转指功能，所构成的"者"字结构由此演变为一个自指性的名词短语，"者"也因此由转指功能演化出自指功能。

根据以上分析，"者"由转指演化为自指，是在特定句式中通过语用推理而发生的。语用推理是其功能演化的直接动因（motivation）。

表转指的"者"所构成的"者"字结构跟一个光杆名词一样，其指称特性是不确定的，完全依赖于所提取的句子主语而定，如果所提取的句子主语是定指的（definite），则"者"字结构也是定指的，反之则是不定指（indefinite）甚至是类指的（generic）。

演化为自指标记之后，"者"字结构的指称特性仍然如此。如：

（53）蓼蓼者莪，匪莪伊蒿。（《诗经·小雅·蓼莪》）

（54）丘何为是栖栖者与？（《论语·宪问》）

例（53）"蓼蓼者"是类指，（54）"是栖栖者"因为有指示代词"是"的修饰，是定指的。

不过，无论是转指性"者"字结构还是自指性"者"字结构，在句子中做主语的概率都远远大于做宾语的概率。有人做过一个统计，"者"字结构充当主语相对于其做宾语的比例是 8∶2（与"者"字结构相类似的"之 s"结构则正好相反）。①

根据董秀芳（2010），古代汉语句子主语并不限制不定指成分。不过，在汉语语法分析中一般不区分主语和话题，董秀芳所说的古代汉语主语不限制不定指成分，主要表现在施事主语上，至于话题，在古代汉语里一般只能容忍类指性成分而不大能容忍不定指成分，最为常见的是定指性成分。

"者"字结构由于经常充当话题，而话题通常都是有定的，"者"字由此衍生出两种功能，即话题标记功能和定指标记功能。

"者"字表自指时本身就具有羡余性，当这种"者"字结构充当话

---

① 参见石毓智、江轶（2006）《古汉语中后置关系从句的成因与功能》，第 19 页。

题时，在高频的基础上，由语用推理导致结构的重新分析，话题标记"者"由此而产生。

同样的道理，由于话题的有定性，加上高频基础，发生语用推理，话题的有定性被"强加于""者"字上，"者"由此衍生出定指标记功能。

至于出现在假设句中的"者"，本身仍是话题标记，正因为如此，"者"可以与假设连词"如""若"等共现。例如：

（55）若不得者，则大忧以惧。（《庄子·至乐》）

（56）即有所取者，是商贾人也，仲连不忍为也。（《战国策·赵策三》）

所以表示假设的"者"是从话题标记"者"演化而来的，如果这种语法化过程已经发生，那么其动因很明显，也是语用推理。

"者"做句末语气词在上古文献中不多见，这种功能是从"者"的话题标记功能演化来的。

赵元任（1965）早就说过，话题即小句，句末语气词同时也可以充当话题标记，古今汉语皆然，所不同的是，现代汉语差不多所有的句末语气词都可以出现在话题之后充当话题标记，在古代汉语里，本为句末语气词而能同时做话题标记的只有"也"。

在《论语》里，"也"和"者"做话题标记差不多一样常见。"者"由话题标记演化为句末语气词显然是"也"类推作用的结果。

根据以上分析，我们把"者"字功能演化的路径图示如下：

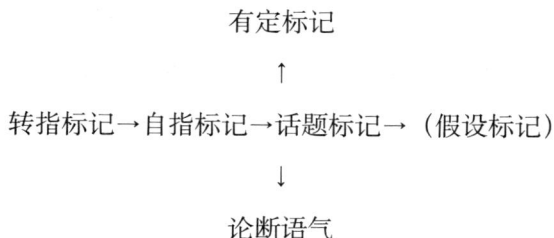

有定标记

↑

转指标记→自指标记→话题标记→（假设标记）

↓

论断语气

五、相关问题的讨论

（一）Heine & Kuteva（2002）给出的关系代词的语法化方向只有一条，即由关系代词演化为标句词（complementizer），上古汉语转指标记"者"虽然不是关系代词，但关系化是它的基本功能，而它的语法化方向则完全是另一个样子。不过"者"的语法化也并不是孤立的现象，Yap，Foong Ha & Stephen Mathews（2008）考察了日语、朝鲜语以及藏缅语的藏话、拉祜语、Chantyal 语，Yap，Foong Ha（2008）考察了马来语，在这些语言里的相关成分都有与"者"相似的语法化。

据 Yap & Matthews（2008）和 Yap（2008），在东亚和东南亚诸语言中与"者"有相同或相似的多功能词项，其功能的主要来源是名词化标记（nominalizer）功能，Yap & Wang（2008）也专门考察了古代汉语的"者"和"所"，文章认为"者"最初是一个轻名词（light noun），由轻名词演化为名词化标记、再演化出关系化标记、表言者立场（stance）的句末语气词等。说"者"最初是一个轻名词无语言事实根据，"者"的名词化功能和关系化功能是并立的，不存在演化关系。不过他们的研究成果丰富了我们的视野，不仅让我们了解到"者"字的功能演化不是孤立现象，而且对于我们认清"者"字的功能以及各项功能之间的演化关系是很有助益的。

（二）朱德熙（1983）认为，"者"所提取的成分在实际话语中必须缺位，这个观察不够准确。前引例（30）—（36）都是"者"提取的成分出现的用例，其中像例（30）—（32）那种所提取的成分分布在"者"字结构的后面的情况除了《诗经》，在其他先秦文献中少见，但也不是绝对没有。例如：

（57）问其所知闾长者杨倩。（《韩非子·外储说右上》）

（三）我们认为例（30）—（32）中的"者"是转指标记，而前引例（15）—（18）中的"者"我们认为是自指标记，两者看上去似乎相同，也有不少人就是这么认为的。实际上这两种情况是完全不同的。其一，例（30）—（32）因为前面有指示词"彼"，表明"者"字结构是名词短语的内部成分，而例（15）—（18）的"者"字结构是否是名词短语的内部成分还值得探讨。我们注意到，在《诗经》里，如果状态形容词不用"者"名词化，不能置于指示词之后。例如：

（58）嘒彼小星，维参与昴。（《诗经·召南·小星》）
（59）娈彼诸姬，聊与之谋。（《诗经·邶风·泉水》）
（60）髧彼两髦，实维我仪。（《诗经·墉风·柏舟》）

其二，像例（30）—（32）"者"字结构后面的名词都是单音节的，如果是双音节的，则前面的状态形容词就不能加"者"，这说明"者"的作用主要在于韵律方面。不过，考虑到有例（16）的存在，我们不把它视为韵律助词，而认为它是一个自指标记。

参考文献

董秀芳：《汉语光杆名词指称特性的历时演变》，《语言研究》2010 年第 1 期。

洪波：《兼指代词语源考》，《古汉语研究》1994 年第 2 期。

石毓智、江轶：《古汉语中后置关系从句的成因与功能》，《语文研究》2006 年第 1 期。

袁毓林：《"者"的语法功能及其历史演变》，《中国社会科学》1997 年第 3 期。

赵诚：《金文的"者"》，《中国语文》2001 年第 3 期。

赵元任：《中国话的文法》，丁邦新译，香港中文大学出版社 1980 [1965]

年版。

朱德熙：《自指和转指——汉语名词化标记"的、者、所、之"的语法功能和语义功能》，《方言》1983年第1期。

Foong Ha Yep, "Nominalizers (and copulas) in Malay", in Maria Jose Lopez-Couso and Elena Seone (eds.) (in collaboration with TeresaFanago) *Rethinking Grammaticalization in the Twenty-First Century*, Amsterdam/Philadelphia: John Benjamins, 2008.

Foong Ha Yap & Jiao Wang, "From light noun to nominalier: The grammaticalization of Zhe and Suo in old and middle Chinese", in Maria Jose Lopez-Couso and Elena Seone (eds.) (in collaboration with Teresa Fanago) *Rethinking Grammaticalization in the Twenty-First Century*, Amsterdem/Philadeiphia: John Benjamins, 2008.

Foong Ha Yap & Stephen Matthews, "The development of nominalizers in Fast Asian and Tibeto-Burnan languages", in Maria Jose Loper-Cousoand Elena Seone (eds,) (in collaboration with Teresa Fanago) *Rethinking Grammaticalization in the Twenty-First Century*, Amsterdam/Philadelphia, John Benjamins, 2008.

Heine, Bernd & Tania Kuteva, *World Lexicon of Grammaticalization*, Cambridge: Cambridge University Press, 2012.

（原载吴福祥、邢向东主编：《语法化与语法研究》（六），
商务印书馆2013年版）

"V/A 得慌"的词汇化及"得慌"的词缀化

——再论语法化的完形动因

一、"V/A 得慌"结构的古今差异

汉语的状态补语大约产生于唐代，自那以后，"V/A 得 VP"结构逐渐成为汉语中一种很常见的句法结构。在这一句法结构已经相当盛行的元代前后，产生了"V/A 得慌"。就我们所掌握的语料来看，最早的"V/A 得慌"实例见于元代的戏曲作品。例如：

（1）好歹要吃得醉饱了才去，被他打搅得慌。（《全元杂剧·李寿卿·说鱄诸伍员吹箫》）

（2）这个来的却是蔡小娘子，怎生怎地走得慌？（《全元南戏·高明·蔡伯喈琵琶记》）

"V/A 得慌"结构打一开始就有一种变体形式"V/A 的慌"。例如：

（3）我这里走的慌，他可也赶的凶。（《全元杂剧·关汉卿·尉迟恭单鞭夺槊》）

（4）白侍卿要住下，着这二位催逼的慌，好生败兴。（《同上·马致远·江州司马青衫泪》）

我们说"V/A 的慌"是"V/A 得慌"的变体形式，而不仅是"V/A 得慌"的异写形式，因为异写形式仅仅是书面的问题，而"V/A 的慌"与"V/A 得慌"之间恐怕不仅仅是书面异写问题，它很可能还反映了"V/A 得慌"这一句法结构的不同语法化程度。

在现代北京话里，"V/A 得（的）慌"是一种很常见的说法，拿现代北京话里的"V/A 得（的）慌"与早期的"V/A 得慌"进行比较，会发现有很大的不同。具体体现在以下几个方面：

（一）现代北京话里的"V/A 得慌"结构的重音在 V/A 上，而不在"慌"上，并且已经成为固定重音模式，"慌"因此而发生语音弱化，在口语里的实际读音是 xəŋ^0。在早期，尽管我们现在已经无法知道当时口语的实际念法，但是有一点却是肯定的，这个结构中的"慌"字一定不轻读，更不可能读轻声，因为所有的实例都显示句子的语用信息焦点就在"慌"上。所以，那时的"V/A 得慌"确确实实是一个表示状态的述补结构，而现代北京话里的"V/A 得（的）慌"怎样分析才是正确的，这个问题还有待讨论，但绝不会有人把它看作表示状态的述补结构。《现代汉语八百词》认为该结构"表示情况、状态达到很高的程度"，显然是把它归入了表示程度的述补结构里面去了。

（二）现代北京话里出现在"得（的）慌"前面的可以是动词，也可以是形容词，形容词还更常见。《现代汉语八百词》说"得慌""常用在以下词的后边：闷、闲、困、累、急、渴、愁、咸、闹、干、涩、苦、挤、呛、憋、气、热、堵、难受、憋闷"，它所列举的多数都是形容词或有形容词用法。而在早期，"得（的）慌"基本只跟动词搭配。在《全元杂剧》里能与"得（的）慌"搭配的有：缠缴、缠、搂、打搅、赶（追赶）、催逼、揣、打、饿、渴、走、惊惊颤颤。这其中除了

"饿""渴"和"惊惊颤颤"可以算作形容词或形容词短语之外，全部是动词，而且是自主的行为动词。

（三）现代北京话里的"V/A 得（的）慌"结构有着非常显著的词汇化倾向，它具有这样一些词汇性特征：

其一，它与"清楚""明白""大方""小气""吝啬""方便""高兴""快乐""糊涂""干净""利索"等形容词一样具有前重后轻的重音模式，而且它的内部不可以再被打开插入别的成分。

其二，它跟上述形容词一样可以接受程度副词"很""特""怪"等的修饰。例如：

（5）怪闷得慌／特憋闷得慌／很别扭得慌

也可以接受程度副词"有点儿"和"太"的修饰。例如：

（6）有点儿渴得慌／太憋屈得慌了

其三，它与"大方""小气""吝啬""方便""高兴""快乐"等形容词一样只能接受一般否定副词"不"的否定，而不能接受已然否定副词"没（有）"的否定。所以只能说：

（7）不闷得慌／不憋屈得慌／不想得慌／不愁得慌

却不能说：

（8）*没闷得慌／*没（有）憋屈得慌／*没有愁得慌／*没有愧得慌

其四，它总是以一个"整体"来充当句子的谓语、某些动词的宾语或者充当名词的定语。例如：

　　（9）拉惯了车，空着手儿走比跑还累得慌！（老舍《骆驼祥子》）

　　（10）王铁牛几乎不懂什么叫累得慌。（老舍《铁牛和病鸭》）

　　（11）天赐学了不少这种辞藻，到真闷得慌的时候，会对着墙角送出几个恰当的发泄积郁。（老舍《牛天赐传》）

其五，形容词当中有一些会具有某种色彩意义，"V/A 得（的）慌"结构就具有鲜明的色彩意义，它表示一种不如意的感受或感觉，所以能在这个结构中出现的动词形容词受到很大限制，常见的就是《现代汉语八百词》所列举的那些。能进入这个结构中的动词或者形容词要么本身就含有不如意感受的色彩意义，要么进入该结构之后会表达出这样的色彩意义。例如：

　　（12）……上面什么也不盖；底下热得好多了，可是上边又飘得慌。（老舍《牛天赐传》）

　　（13）"虱子皮袄"，还得穿它，又咬得慌。（汪曾祺《云致秋行状》）

　　（14）不是，他身上一冷，脚也吸得慌，上下身儿都得活动着！（郭德纲相声《可鹊进京》）

"飘""咬""吸"本身都是不含不如意感受的色彩意义的，可是当它们进入这个结构中之后，整个结构具有表示不如意感受的色彩意义。

其六，由于"V/A 得（的）慌"是一个具有形容词性的词汇单位，所以它不再能按句法模式来运作，它不能进入处置式，不能说：

（15）* 把我闷得慌 /* 把我气得慌 /* 把我咬得慌 /* 把我扎得慌

也不能进入被动式，不能说：

（16）* 被他气得慌 /* 被头发茬子扎得慌 /* 被虱子咬得慌

这一点显然与其他状态述补结构迥异，其他状态述补结构都与处置式和被动式有着非常强的亲和力。例如：

（17）把我气得半死 / 把他整得很惨 / 把人闷得喘不过气来。
（18）我被他气得半死 / 他被我整得很惨 / 里面的人都被闷得喘不过气来。

　　根据以上六点七个方面，我们完全有理由把现代北京话里的"V/A 得（的）慌"看作一个词汇性单位，把其中的"得（的）慌"看作这个词汇性单位的后缀。
　　与现代北京话的情形相比较，早期的"V /A 得（的）慌"却是一个真正的句法结构，它完全遵循句法的模式运作，具体表现在以下几个方面：
　　（一）前面已经说过，早期"V/A 得（的）慌"的逻辑重音并不在V/A 上，而在"慌"上，但 V/A 并不轻读，更不会读轻声，所以当时该结构应该有两个重音，只是"慌"字拥有了全句的逻辑重音，是句子的语用焦点，它在语流中读得更重些。有两个重音，就说明该结构不是词汇性单位，而是句法结构。
　　（二）早期的"V/A 得（的）慌"结构是可以打开的。例如：

（19）小生害得眼花，搂得慌了些儿，不知是谁，望乞恕罪。

（《全元杂剧·王实甫·崔莺莺待月西厢记》）

（20）爹爹，我饿的慌可乐。（《全元杂剧·马致远·邯郸道省悟黄粱梦》）

（21）吓的慌了手脚，走不动。（《水浒传》第10回）

以上三个例子中"慌"的后面都有扩展，其中例（19）（21）两例"慌"后还出现了时体成分"了"。不仅如此，早期"V/A得（的）慌"也不是唯一形式，其中的"慌"还可以被"慌张""慌速""慌慌张张"等替代。例如：

（22）我出城来，见一人走的慌张，敢是那人？（《全元杂剧·郑廷玉·宋上皇御断金凤钗》）

（23）楚重瞳杀的怕撞阵冲军，走的慌心忙意紧。（《全元杂剧·金仁杰·萧何月夜追韩信》）

（24）你看这厮走的慌慌张张的，你是什么人？（《全元杂剧·乔吉·李太白匹配金钱记》）

（25）把这些道士吓得慌上慌。（《三宝太监西洋记》第9回）

（三）早期的"V/A得（的）慌"只能做句子的述谓成分。根据我们的调查，《全元杂剧》中"V/A得（的）慌"共21例，《水浒传》中"V/A得（的）慌"6例，全部都是做句子的谓语，没有做宾语和定语的用例。

（四）早期的"V/A得（的）慌"经常出现在被动式中，有时也出现在处置式中。根据调查，《全元杂剧》"V/A得（的）慌"出现于被动句中的有6例，《水浒传》"V/A得（的）慌"出现于被动句中的有2例。例如：

（26）白侍郎要住下，着这二位催逼的慌，好生败兴。（《全元杂剧·马致远·江州司马青衫泪》）

（27）好多要吃得醉饱了才去，被他打搅得慌。（《全元杂剧·李寿卿·说鱄诸伍员吹箫》）

（28）因此高太尉被赶得慌，飞奔济州。（《水浒传》第 79 回）

（五）早期"V/A 得（的）慌"结构不能接受程度副词的修饰。根据我们的调查，"V/A 得（的）慌"结构能接受其他程度副词修饰是相当晚的事情，在我们调查的语料范围内，清初的《醒世姻缘传》中有 1 例前面出现了"实是"：

（29）小的实是穷的慌了，应承了他。（第 47 回）

到清代中叶的《红楼梦》里，有 1 例前面出现了"怪"：

（30）贾母道："那文的怪闷的慌，武的又不好。你倒是想个新鲜玩意儿才好。"（第 108 回）

不过"实是"和"怪"实际上都不是地道的程度副词，而是表示情态的副词，真正的程度副词是"很""特别"等，"V/A 得（的）慌"结构接受这类地道程度副词的修饰则是很晚近的事情。例如：

（31）祥子本来觉得很冷，被这一顿骂骂得忽然发了热，热气要顶开冻僵巴的皮肤，浑身有些发痒痒，头皮上特别的刺闹得慌。（老舍《骆驼祥子》第 9 章）

（六）早期"V/A 得（的）慌"结构的"慌"字后面可以加完成体

标记"了"，这个"了"与"慌"构成直接成分关系，"V/A 得（的）慌了"的结构层次是：

(32) V/A 得（的）‖慌了

洪波（2009）认为"(NP) V 得 VP"结构若重音在 VP 上，则"(NP) V 得"有显著的话题化倾向。早期的"V/A 得（的）慌了"结构，正是重音在"慌"上，所以，"V/A 得（的）"也具有显著的话题化倾向。现代北京话里的"V/A 得（的）慌"后面也可以出现"了"，但这个"了"不是完整体助词"了"而是句末助词"了"，也就是"了$_2$"，所以"V/A 得（的）慌了"的结构层次是：

(33) V/A 得（的）慌‖了

早期"V/A 得（的）慌了"和现代北京话里的"V/A 得（的）慌了"虽然字面形式相同，而两者的结构层次是不相同的，早期"V/A 得（的）慌了"的结构层次显然是句法运作的产物。

二、"V/A 得慌"结构的词汇化及"得慌"的词缀化

以上我们论述了现代北京话的"V/A 得（的）慌"与早期"V/A 得（的）慌"的差异，这些差异显示现代北京话的"V/A 得（的）慌"具有词汇性特征，而早期的"V/A 得（的）慌"则是一个地道的句法结构，这是现代北京话"V/A 得（的）慌"与早期"V/A 得（的）慌"的根本性区别。不过，现代北京话里词汇性"V/A 得（的）慌"也不是凿空产生的，它由早期的句法结构"V/A 得（的）慌"演变而来，是一种

词汇化的过程，而这个词汇性单位的产生则与"得慌"的凝固化和词缀化同步发生，"得慌"的词缀化属于语法化现象。无论是"V/A 得慌"词汇化，还是"得慌"的语法化，"V/A 得（的）慌"从古到今的演化主要反映在两个方面：一是结构重音转移导致原结构的信息结构图形重塑，"得慌"跨层融合并发生"慌"的语音弱化；二是"慌"字原有词汇意义的弱化和丧失，"得（的）慌"作为一个整体获得了特定语用意义并逐渐稳固下来、强化起来。

我们先来谈"得（的）慌"的跨层融合和词缀化。

"V/A 得（的）慌"产生于元代左右，其词汇化和语法化也是从那个时候开始的。"V/A 得（的）慌"的词汇化首先表现为"慌"作为句子的语用焦点成分的失落。前面说过，在早期，"V/A 得（的）慌"只充当句子的述谓成分，而且状态补语"慌"一般情况下总是充当句子的语用焦点成分，拥有句子的逻辑重音。但是，我们注意到，就在元代文献里，有时候"V/A 得（的）慌"结构里的状态补语"慌"已经不再充当句子的语用焦点。例如：

（34）【正末云】你恰才在那里去？【魂子云】我恰才口渴的慌，去寻一钟儿茶吃。（《全元杂剧·无名氏·玎玎珰珰盆儿鬼》）

（35）【看介】这个来的却是蔡小娘子，怎生恁地走得慌？【旦慌走上介白】天有不测风云，人有旦夕祸福。【见末介】公公，我的婆婆死了。（《全元南戏·高明·蔡伯喈琵琶记》）

例（34）"V/A 得（的）慌"所在的句子是一个背景句，后面的"去寻一钟儿茶吃"才是正面回答前文"你恰才在那里去"的前景句，所以这个句子中的"慌"不可能是句子的语用焦点，因为背景句不可能拥有语用焦点。例（35）"V/A 得（的）慌"结构前有一个情态副词"恁地"，这个情态副词是一个唯焦点成分，也就是说它总是作为句子的语用焦点成分出现的。既然句子的语用焦点已经被别的成分占据，那么"慌"也就不可能成为句子的语用焦点成分了。

"V/A 得（的）慌"结构充当述谓成分而"慌"可以不充当句子的语用焦点成分，这就背离了状态补语占据句子的语用焦点成分的惯常模式，也动摇了这个结构惯有的重音模式，"慌"字因此而失去句子的重音垄断，句子重音开始向充当谓语核心的 V/A 转移。这种重音的转移为该结构的凝固和内部信息结构的图形重塑（reconfiguration）提供了可能。我们注意到，"V/A 得（的）慌"结构的重音位置不同，其信息结构也不同，句子的意思就不同。例如：

（36）她说道："南膳部洲难过日子，走到东胜神洲花果山上去住。"又着孙行者吵得慌，却才飞进海口，占了这个山头。（《三宝太监西洋记》第 19 回）

此例中"着孙行者吵得慌"，如果重音在"吵"上，表达的是一种不如意的感受，如果重音在"慌"上，句子表达的是"被吵得不耐烦"的意思。在这个具体语境中，这两种理解似乎都讲得通，但我们认为仍以"慌"重读的语义理解为更恰当。这个例子说明，重音转移导致结构的信息结构重塑乃是"V/A 得（的）慌"结构融合和内部结构发生重新分析的根本动因。

到明代，"V/A 得（的）慌"的融合与凝固化越来越明显，具体表现在两个方面，其一是该结构出现在背景句的情形越来越常见。例如：

（37）小神饿得慌，那里管他甚么好？扯着他就要吃。（《三宝太监西洋记》第 55 回）

（38）忽然撞着一个大饿蚊虫，正没处寻个人咬，肚里饿得慌，听见王明寻瞌睡虫儿，他只说是有甚么好处寻瞌睡虫儿，他

意思就要充他。(《三宝太监西洋记》第 83 回)

其二是"V/A 得(的)慌"结构可以进入宾语从句中，而不再限于充当句子的谓语。例如：

（39）只见耿埴在桶里闷得慌，轻轻把桶盖一顶起，那董文虽是醉眼，早已看见。(《今古奇观》卷十九)

（40）妈妈听见阁前嚷得慌，也恐怕女儿短见，忙忙催下了阁。(《初刻拍案惊奇》卷二十九)

（41）汪革见逼得慌，愈加疑惑。(《喻世明言》卷三十九)

到清代初期，"V/A 得(的)慌"的融合与凝固化程度进一步加强，词汇化倾向也开始显露出来。表现在句法上较明代早期有四个方面的变化，其一是它开始出现在感觉动词的宾语从句中，甚至直接充当感觉动词的宾语。例如：

（42）他还嫌那扶嘴闲得慌，将那日晁夫人分付的话，捎带的银珠尺头，一五一十向着珍哥晁大舍学个不了。(《醒世姻缘传》第 8 回)

（43）那海会师傅他有头发，不害晒的慌。(《醒世姻缘传》第 8 回)

（44）素姐说："我害坐的慌，进来走走。"(《醒世姻缘传》第 59 回)

（45）狄大娘，你不自家经经眼，不怕闷的慌么？(《醒世姻缘传》第 59 回)

其二是"V/A 得(的)慌"结构前开始出现体认类情态副词。例如：

（46）小的实是穷的慌了，应承了他。（《醒世姻缘传》第47回）

其三是"V/A 得（的）慌"结构开始出现否定形式，而且否定词"不"出现在 V/A 前而不是"慌"字之前。例如：

（47）晁夫人说："真个，倒不诧异的慌了！"（《醒世姻缘传》第 46 回）

其四是"V/A 得（的）慌"可以进入紧缩的正反选择句中。例如：

（48）有活儿我情愿自己做，使的慌不使的慌，你别要管我。（《醒世姻缘传》第 54 回）（按："使"在《醒世姻缘传》中有"累"的意思。）

根据以上四个方面，可以说，到清代初期的《醒世姻缘传》里，"V/A 得（的）慌"的融合凝固化已经完成，它已经不再是一个句法结构，而是一个词汇性的单位。相应地，其中的"得（的）慌"也就不再是一个跨层的接邻成分，它们因弱化而凝固缩合成一个整体，成为一个词缀性质的成分。

需要指出的是，虽然"V/A 得（的）慌"结构到清代初期已经完成了凝固化过程，成为词汇性成分，但是该结构作为一个句法结构的使用并没有因此而立刻消亡，因此形成同一形式的两种用法相互竞争的局面，只是新的用法已经占据了绝对优势，《醒世姻缘传》里它的新旧两种用法的比例是 31∶3。该结构原有用法在《醒世姻缘传》的用例如：

（49）那个小孩子才下草，也不知道羞明，挣（睁）着两个眼狄良突卢的乱看，把众人喜的慌了。（第 21 回）

（50）那小和尚看见胡无翳，把手往前扑两扑，张着口大笑，把胡无翳异样的慌了。（第22回）

到清代中叶的《红楼梦》里，"V/A 得（的）慌"结构中 V/A 的选择范围已经与现代北京话基本一致了，而且该结构的原有用法也就是作为一个句法结构来使用的情况已经消亡殆尽。到再晚一些时候的《红楼复梦》里，"V/A 得（的）慌"前就可以出现程度副词"很"了，这个时候的"V/A 得（的）慌"就与现代北京话完全一致了：

（51）多时不骑牲口，很觉颠的慌，我也要下来歇歇。（《红楼复梦》第70回）

以上梳理了"V/A 得（的）慌"结构的词汇化过程，下面再来看看"V/A 得（的）慌"结构的语义功能的改变。

"V/A 得（的）慌"最初作为一个述补结构，并没有属于整个结构的固定语用意义。作为一个句法结构，它表达的语法意义是：V 或 A 所表示的行为或变化使主体产生"慌忙""慌张"的感觉或状态，这种感觉或状态尽管带有"不如意"的色彩，但是它并非主体施行某种行为或产生某种变化时对这种行为或变化本身的感觉，而是行为或变化造成的一种结果。这种语义表达可以从下面的例子中看出来：

（52）睡魔缠缴得慌，别恨禁持得煞。（《全元杂剧·白朴·裴少俊墙头马上》）

此例中"缠缴得慌"与"禁持得煞"形成对文，由此可知"慌"并不是表达主体对"缠缴"这种行为本身的感觉，而是表达"缠缴"所造成的结果，正如"煞"是"禁持"所造成的结果一样。但是像"缠缴"这样的状态动词所表达的状态行为本身也很容易使主体根据经验产生一种语用推理：它们能给人造成"不如意"的感觉。正是这种语用推理使得"慌"的词汇意义被推嬗到整个结构上，结构的语义重心也因此由"慌"而转移到前面的动词或形容词上。在这种情况下，一些本身表达"不如意"感觉的动词或形容词就开始进入这个结构。例如：

（53）王庆勾着老婆的肩胛摇头咬牙的说道："啊也！痛的慌！"（《水浒传》第 102 回）

像上例中"痛"这样的动词或形容词本身就含有"不如意"的色彩意义，它们进入这个结构，使得结构的语用推理意义得到了进一步强化，并逐渐被作为一种语言经验积累起来，沉淀下来，成了这个结构的一种语用意义。从时间上说，这种语用意义在元代还仅仅是一种语用推理意义，到明代就逐渐成为结构的固定语用意义。我们注意到，在《全元杂剧》中出现在该结构中的动词和形容词有"赶（追赶）""走""催逼""揣""打""饿""渴""惊惊颤颤"，其中大部分动词本身都不含"不如意"的色彩意义；到明代的《三宝太监西洋记》里，出现在该结构中的动词和形容词有"吓""冻""饿""吵（吵闹）""晒""激（急）""逼"共 7 个，全部都含有"不如意"色彩意义或容易造成"不如意"的语用推理。到了清代初年的《醒世姻缘传》里，除了个别例子保持了该结构的原有功能之外，绝大多数用例都表达"不如意"的感觉，如果结构中的动词或形容词本身不能表达这种语用意义，前面就要加上一个能够体现这种意义的轻动词"害"，如"害坐的慌""害走的慌""害晒的慌"等。所以到清代初年，这个结构不仅完成了结构的凝固化和内部结构关系的重新分析，而且它的语用意义也被最终固定下来成为结构的固定含义，至此一个有着自身内部形式并有着自身"词汇"意义的新的词汇单位就正式诞生了。也就是说，到清代初年，"V/A 得（的）慌"完成了它的词汇化过程，与此同时，"得慌"也演变成为一个类词缀性的成分。

到当代北京话，"V/ A 得慌"的"词汇意义"又有新的发展，不再局限于表达"不如意"的感觉，也可以用来表达"美好感觉"。例如：

（54）郭：学生郭德纲，向我的衣食父母们致敬。来了很多人哪，我打心里那么痛快。

于：高兴啊。

郭：看着你们我就美得慌。（郭德纲相声《白事会》）

尽管从我们搜集的语料来看，"V/A 得慌"的这种用法还很罕见，但上面的真实例子说明，该词汇性单位中的"得慌"的语法化程度进一步提高了，不仅"慌"本身固有的不如意感觉彻底丧失了，原来获得的"词汇意义"也发生了改变，转而只表达人的主观感受。我们可以预测，随着该词性单位的"词汇意义"的改变，"得慌"的搭配范围将会再一次发生大的变化，任何一个只要能与之一起表达人的主观感受的动词或者形容同都将可能与之搭配。

参考文献

洪波：《完形认知与"（NP）V 得 VP"句式 A 段的话题化与反话题化》，载沈家煊、吴福祥、崔希亮主编《语法化与语法研究》（四），商务印书馆 2009 年版。

洪波、王丹霞：《命令标记"与我""给我"的语法化及词汇化问题探析》，载沈家煊、吴福祥、李宗江主编《语法化与语法研究》（三），商务印书馆 2007 年版。

吕叔湘主编：《现代汉语八百词》，商务印书馆 1984 年版。

聂志平：《说"X 得慌"》，《齐齐哈尔师范学院学报》1993 年第 1 期。

唐健雄：《河北方言里的"X 得慌"》，《河北师范大学学报》2008 年第 2 期。

（原载吴福祥、陈前瑞主编《语法化与语法研究》（八），

商务印书馆 2017 年版，与关键合著）

"是……底（的）"的构式化、构式演化及相关问题

一、引　言

1. 助词"的"书面形式的前身是"底"。"底"始见于唐代文献，最初是个名词化标记（nominalizer），表示转指。

"底"字作为名词化标记最早的两个例子：

（1）a. 崔湜之为中书令，河东公张嘉贞为舍人，湜轻之，常呼为"张底"。后曾商量数事，意皆出人右，湜惊美久之，谓同官曰："知无？张底乃我辈一般人，此终是其坐处。"（《隋唐嘉话》卷下）

b. 周静乐县主，河内王懿宗妹，短丑；武氏最长，时号"大歌"。县主与则天幷马行，命元一咏，曰："马带桃花锦，裙拖绿草罗。定知纱（帪）帽底，仪容似大歌。"（《朝野金载》）——转引自刘敏芝（2008：45）

江蓝生（1999）认为上两例中的"张底"相当于"姓张的"，"纱

（帏）帽底"，相当于"戴纱（帏）帽的"。所以虽然是"N＋底"，亦当
作"V＋底"解。

据刘敏芝（2006），来源于上古汉语的关系化标记（relativization）
"者"自晋代起也可以加在名词性成分之后，功能与例（1）中的"底"
相同。例如：

（2）a. 树下有石麒麟二枚，刊其胁为文字，是秦始皇骊山墓上
物也。头高一丈三尺，东边者左脚折，折处有赤如血。（东晋·葛
洪集《西京杂记·第三》）

b. 有菜名曰芸薇，类有三种，紫色者最繁。（东晋·王嘉《拾
遗记》卷九）

c. 常有妇人来，美丽非凡间者。（南朝宋·刘义庆《幽明录》
卷四）

d. 麦地占他家，竹园皆我者。（唐·寒山《寒山诗》）——转引
自刘敏芝（2006）

可见"底"的这种功能是承袭"者"字而来的。

《敦煌变文》是唐代文献中助词"底"用例最多的，其中有助词
"底"15例（刘敏芝2008：46），其中，"N＋底"3例，"V（P）＋底"3
例，"A＋底＋N"1例，"V＋底＋N"8例，"底"字的功能亦不出晋代
以来"者"字的功能范围。

"底"作为关系化和名词化标记与判断词"是"共现，最早的例子
即见于《敦煌变文》：

（3）善德，善德！莫将浮贿施为，非是菩萨行藏，此是俗门
作底。（《维摩诘经讲经文·六》）

在此之前，作为关系化和名词化标记的"者"在唐代文献中已有与系词"是"共现的用例：

　　(4) a. 是日，果有一妇人从东骑驴来，渐近识之，乃是震母，亡十一年矣，葬于南山，其衣服尚是葬时者。(唐·李复言《续玄怪录》)

　　b. 左右齐曰："启将军，西边是虏来者贱奴念经声。"(《庐山远公话》)

《敦煌变文》中亦可见到"是"与"者"共现的例子：

　　(5) 其大王见佛化为一千体相，宜（疑）悟问言大臣曰："那是前来者一躯佛，交朕如何认得？"(《敦煌变文》补编《悉达太子修道因缘》)

据此，与系词"是"共现的"底"同样可以视为"者"的变体。

作为关系化和名词化标记的"者"和"底"所构成的名词性成分与系词"是"共现正如普通名词与系词"是"共现，无论做判断句的主语还是表语，都是很正常的，因此，在《祖堂集》里，"底"与"是"共现的例子就多起来了。例如：

　　(6) a. 师带刀行次，道吾问："背后底是什摩？"(《祖堂集·药山和尚》)

　　b. 师曰："乞眼睛底是眼不？"(《祖堂集·云岩和尚》)

　　c. 时有人便问："承师有言：大家识取混崙，莫识取劈破。如何是混崙？"师良久。问："如何是劈破底？"师云："只这个是。"(《祖堂集·福先招庆和尚》)

"是……底（的）"构式即是从"底"字结构做系词"是"字的表语这种具体判断句式演化来的。

2. "是"在战国末期到秦汉之际（3-2BC）由指示代词演变为判断词，到东汉的《论衡》里，"是"作为判断词已经很常见了。王力（1980：355）指出："'是'字用为系词以后，又产生许多活用用法，其中最主要的就是承认或否认某一件事实，有时候是追究原因。"王先生所说的"是"字的活用用法，实际上就是情态副词的用法，也就是表示断言语气的用法。这种用法在魏晋六朝文献里是相当常见的。例如：

（7）a. 迦尸拘萨罗人民，亦是败坏有变异。（托名东汉安世高译《佛说婆罗门子命终爱念不离经》）

b. 佛身行口言心念，当与智慧俱是为本。（托名三国支娄迦谶译《佛说内藏百宝经》）

例（7）的两个翻译佛经的例子未必一定是东汉安世高和三国时期支娄迦谶译的，但为六朝文献无疑，其中的"是"都是一般所说的"强调"用法。

实际上，上古汉语的判断词"也"除了用于判断句，也有表示断言语气的功能。根据刘承慧（2008）、洪波（2015），"也"在《左传》《论语》等文献里也经常用来表示说话人对命题认识的断言确认语气。系词演化为表示断言语气的情态功能是一种普遍现象，"是"表示断言语气的功能与上古汉语的"也"是一脉相承的。①

在晚唐五代（9-10AD）以下的白话文献里，"是"表示断言语气更为常见，而且用法多样。下面是《祖堂集》里的例子：

---

① Long，Haiping（2013）及 Long，Haiping & Pengfei Kuang（2017）认为汉语表确认义的"是"（按：即本文所说的表断言语气义）来源于古代汉语的形容词"是"而非来源于系词"是"。此观点为本文所不取。

（8）a. 师曰："真是省要。"（220）

b. 进曰："是什摩人会？"师云："是阇梨会。"（303）

c. 玄沙云："谛当甚谛当，敢保未彻在。"僧进问："正是也。和尚还彻也无？"（715）

d. 白牛是能证之人，故即是文殊是也。（755）

"是"表示断言确认语气用法无疑为"是……底（的）"构式的产生提供了语言基础。正是由于在"是……底（的）"构式产生之前，"是"本身就有表示断言确认语气的功能，所以在宋代（12—13AD）就出现了下面这种用例：

（9）一日，闻知事捶行者，而迅雷忽震，即大悟，趋见晦堂，忘纳其屦。即自誉曰："天下人总是参得底禅，某是悟得底。"（《五灯会元·黄龙悟新禅师》）

刘敏芝（2008：80）认为例（9）中的"天下人总是参得底禅，某是悟得底"类似现代汉语"我是昨天进的城"，所以她认为该例中"底"与"是"配合，指示焦点。该例从上下文语境看，"天下人是参得底禅"可以理解为"天下人的禅是参得底禅"，"某是悟得底"可以理解为"某底禅是悟得底禅"，因为上文有"即大悟"的先行句，大悟即是悟禅，所以"天下人"在此语境中实指"天下人的禅"，而"某是悟得底"则进一步承上省略，故而例中"底"仍然是名词化标记和关系化标记。不过，不管怎样认识"底"在该例中的作用，"是"在该例中含有表示断言确认语气而不仅仅是一般的判断，这一点是毫无疑问的。

有时候，说话人为了凸显自己的主观断言语气，还可以叠床架屋：

（10）既言北朝照证文字煞多，因甚札子内只说此两件？必是

此两件是最亲切底。（《乙卯入国奏请》）——转引自刘敏芝（2008：74）

例（10）中的"必是此两件是最亲切底"既要表示判断，又要表示断言语气（强调语气），所以就用了两个"是"，否则径可说成"此两件必是最亲切底"。

六朝以降，系词"是"表示判断和表示断言语气两种功能一直并存，当关系化和名词化标记"底"与"是"共现之后，在表示断言语气的"是"的裹挟之下，就产生了下面的例子：

（11）乌臼是作家，有呼蛇底手脚，亦有遣蛇底手段。这僧也不是瞌睡底，乌臼问："定州法道何似这里。"便是呼他。乌臼便打，是遣他。僧云："棒头有眼，不得草草打人。"却转在这僧处，便是呼来。乌臼云："汝若要，山僧回与汝。"僧便近前夺棒，也打三下，却是这僧遣去。乃至这僧大笑而出，乌臼云："消得恁么，消得恁么。"此分明是遣得他恰好。看他两个机锋互换，丝来线去，打成一片，始终宾主分明。（《碧岩录》75 则）

例（11）中"这僧也不是瞌睡底"的"底"不再是名词化标记和关系化标记，"是……底"共同表达言者对命题的断言确认语气，此时一个新的构式"是……底"诞生了，是为"是……底（的）"的构式化。①

表断言语气的"是……底（的）"构式在宋代还比较罕见，到元代逐渐多起来，"底"也是在这个时期被"的"替换的。例如：

---

① Traugott，Elizabeth Closs and Graeme Trousdale（2013：1）对于构式化的定义是：一个新的形（式）——意（义）结合体的产生。

（12）a. 尚书说道："我女奉圣旨结彩楼，你着崔小姐做次妻。他是先奸后娶的，不应娶他。"（古本《西厢记》第五本·第三折）

b.【末】告夫人知道：自幼出家是没丈夫的，在嫁出家是有丈夫的。那道姑是有丈夫的。（《琵琶记》第三十五出）

c. 曾子又承上文引武王告康叔曾说：上天之命最是无常的。凡有天下者若能絜矩而散财得民，便得了天命而国家无难保矣；若不能絜矩而亡身殖货，便失了天命而国家不可保矣。天命不常如此，为人君的岂可不思所以保之哉？（《鲁斋遗书·大学直解》）

d. 似你这般定价钱，就高丽田地里也买不得，那里是实买马的？则是胡商量的。（《原本老乞大》23 左：01）

例（12）a 中"他是先奸后娶的"并非表达"他是先奸后娶的人"，而是表达"他确实是／真的是先奸后娶"；同样，（12）b 中"那道姑是有丈夫的"是对命题"那道姑有丈夫"的断言确认，（12）c"上天之命最是无常的"就是对命题"上天之命最无常"的断言确认，（12）d 中的"那里是实买马的，则是胡商量的"是对命题"买马"的否定性断言确认和对命题"胡商量"的肯定性断言确认。

二、"是……底（的）"构式化的机制和动因

1. 上文的描述显示，系词"是"很早就衍生出表示断言确认语气的功能，晚唐五代以后"底（的）"字短语出现在"是"字后面作表语，且这样的用例越来越常见，"是……底（的）"构式就是在这样的句法环境中形成的。需要追问的是，"是"和"底（的）"是如何从非连续且跨层的两个独立成分演变成一个框式构式的呢？

前引例（9）中的"天下人是参得底禅，某是悟得底"刘敏芝

（2008）认为其中"是……底"的功能类似于现代汉语中的"我是昨天进的城"，她是将"是……底"看作表断言确认语气的框式构式，而我们认为这个例子中的"是……底"还不能看作真正的表断言确认语气的框式构式，其中的"底"还没有完全失去关系化和名词化的功能，因为这个例子中的"天下人是参得底禅"仍可理解为"天下人（的禅）是参得底禅"，"某是悟得底"可理解为"某（底禅）是悟得底（禅）"。但我们承认这个句子已经有歧解。这个句子之所以有歧解，原因有两个。原因之一是这两个句子的主语"天下人（底禅）"和"某（底禅）"分别与"参得底禅"和"悟得底（禅）"同指，实际指称对象都是"禅"，这种同指关系导致"底"作为关系化和名词化标记的转指功能被削弱。这一点可以通过比较例（9）跟例（3）清楚地看出来。前引例（3）"此是俗门作底"中的句子主语"此"回指前文的"浮贿施为"，"浮贿施为"在这里是一个"特指"的"行为"，而句子表语"俗门作底"指称的并不仅限于"浮贿施为"这一特定的行为，它泛指俗门所做的一切，因此句子主语"此"与表语"俗门作底"并不同指。这正如现代汉语里"数学老师是教数学的"与"华罗庚是教数学的"这两个句子的差别一样，前者是一个强调句，而后者则是一般的判断句，原因就在于前者的句子主语与表语同指，而后者句子主语与表语只是类属关系而非同指。

例（9）有歧解的另一个原因是，根据佛教禅宗文化语境，"参禅"是"禅性"获得的主要经验性途径，因此"参得禅"对于禅宗教徒而言是高可及信息（high accessibility）。而例（9）的上文提供了悟新禅师"闻知事捶行者，而迅雷忽震，即大悟"，因而"某是悟得底"这个句子中的"悟得"也是高可及信息。判断句的表语是提供新信息的，当判断句的表语不提供新信息，判断句就失去了判断性命题的基础，从而为系词"是"和关系化与名词化标记"底"在功能上的重新分析提供了又一个必要条件。

根据以上分析，我们认为引发"是……底（的）"构式化的机制除了晚唐五代以后"是""底"共现的用例越来越常见这样一种任何语法化和构式化都赖以发生的频率机制之外，还有两种机制：其一是句子主语与表语同指，其二是充当句子表语的"V（A）P"表达高可及信息。

上述三种机制都是"是……底（的）"构式化的必要条件而非充分条件。任何语法化或者构式化，光有必要条件而无充分条件，都是不可能发生的。我们认为，与其他语法化现象和构式化现象一样，引发"是……底（的）"构式化的充分条件是"完形动因"（gestalt motivation）驱动下的信息结构的图形重塑（re-configuration）。①

2.我们知道，系词"是"无论表示命题判断还是表示超命题的断言确认语气，句子的焦点一般都落在"是"的表语上。当"V（A）P底（的）"充当表语的时候，由于"底（的）"作为关系化和名词化标记成分，是个弱性附缀（clitic），因此，句子的焦点重音只能落在"V（A）P"上。也就是说，无论"是"本身是表示判断还是表示断言确认语气，当"V（A）P底（的）"作"是"的表语时，句子的信息结构都是以"V（A）P"为前景（figure）而形成句子的信息完形结构。

另一方面，由于"V（A）P"本身具有述谓性，可以独立表达命题，因此当"是""底（的）"构成的"是……底（的）"句子满足上述三个必要条件的时候，句子的信息结构就会发生图形重塑（re-configuration），从而导致句子的句法结构发生重新分析，V（A）P作为信息结构的前景（figure）提升为句子真值谓语，而其前后的两个弱成分"是"和"底"由于都处在背景（ground）位置，因而被重新分析成一个超命题的框式结构，共同表达言者对命题的断言语气。仍以例（9）为例，这个例子中的两个"是……底"句之所以有歧解，就是因为它们都既满足了三个必要条件，也满足了"V（A）P"充当前景信息的充分条件。而且，该例的两个"是……底"句具有对比关系，对比关系使得

---

① 参见洪波 2009，洪波、王丹霞 2007，洪波、关键 2017。

句子的"V（A）P"部分由自然焦点变成了对比焦点，从而使前景信息更加凸显。

正因为有例（9）这样的句子存在，詹芳琼、孙朝奋（2013）遂认为"是……底（的）"构式是在对比语境中产生的。但我们认为，对比语境对于"是……底（的）"构式的产生尽管起到了推动作用，但决定性因素不是对比，而是在满足必要条件的前提下完形认知动因的促动。前引例（3）"非是菩萨行藏，此是俗门作底"，其中的"是……底"句也出现在对比语境中，但句子并没有歧解，还是一个地道的判断句，原因就在于该例不满足句子主语与表语同指以及"V（A）P"表达高可及信息这两个必要条件。反过来看，"数学老师是教数学的"在任何语境中都只能理解为强调句，而"华罗庚是教数学的"这个句子，即便给出"华罗庚是教数学的，周培源是教物理的"这样的对比语境，也不可能理解为"是……的"表断言语气的强调句。实际上前引例（12）b 就是一个非常好的例证。该例中"自幼出家是没丈夫的，在嫁出家是有丈夫的"具有对比关系，但都不是强调句，而"那道姑是有丈夫的"尽管没有对比关系，却是一个地道的"是……的"表断言语气的强调句。

三、元代以后"是……底（的）"构式的演化

1. 元代开始出现"是……的便是"叠床架屋形式：

（13）a. 贫道是司马德操的便是。（《关大王单刀会杂剧》）
　　b. 贫道陈抟先生的便是。（《泰华山陈抟高卧杂剧》）——上2例转引自刘敏芝（2008：124）

例（13）所展示的现象主要见于元代文献，明代以后很快就式微

了。所以这一现象很可能是蒙古语影响的结果，很难视为"是……底（的）"构式的真正演化。

2.元代开始，出现"的"单独表示断言语气的情况：

（14）那的俺自会的，索甚么你教?（《原本老乞大》09 左：05）

明代以后这种用例更为常见：

（15）a.他汉儿言语说不得的，因此上不敢说语。（《老乞大谚解》）

b.公公，你不曾看见，解开喷鼻香的，里外俱有花色。（《金瓶梅词话》第 64 回）

c.你而今就回去得几时，少不得要到公婆家去的。（《拍案惊奇》卷 2）

d.他不曾开铺的。（《朴通事谚解》）——转引自刘敏芝（2008：158-159）

这是"是……底（的）"构式产生之后的一个重要演化，或者说是最重要的演化。"底（的）"本是关系化和名词化附缀，在与系词"是"共现的句法环境中被重新分析为"是……底（的）"框式构式，表达断言语气，功能跟一个语气副词相当。很快，"底（的）"就脱离了这个框式构式，单独即可表达断言语气功能。洪波、董正存（2004）曾研究过"非 X 不可"的构式化和功能演化问题①，根据该文的研究，"非……不

---

① "非 X 不可"的构式化在原文中称为语法化，此处为与"是…底（的）"构式对照，同样以构式化名之。这两个构式的构式化和语法化没有本质区别。

可"构式经历了比较漫长的构式化过程，但作为表达道义情态意义（表达事理必要性）的前景化构式在唐宋时期已经产生。然而，该构式直到晚近的现代汉语时期才出现省缩形式，"非"单独表达整个构式的语法意义。同样是框式构式，为何两者的演化表现如此不同？我们认为，根本的原因在于"非……不可"构式是一个前景化构式，而"是……底（的）"构式是一个背景化构式。这意味着，前景化构式和背景化构式的演化表现是有所不同的。前景化构式通常的演化趋向是强化，而背景化构式通常的演化趋向是弱化，构式省缩是弱化的重要表现，或者说是弱化的重要方式。正因为这个原因，"是……底（的）"构式产生之后不久就出现了"的"单独表达构式意义的用例。① 至于前景化构式"非……不可"在当代汉语里也出现省缩形式，"非"单独可以表达构式意义，其原因洪波、董正存（2004）已经做过分析，与前景化构式的演化趋向无关。

通过"是……底（的）"构式和"非……不可"构式演化的比较，倒是有一点值得指出来。西方的语法化理论和构式化理论，通常只强调背景化的语法化和构式化，而基本不谈前景化的语法化和构式化，因此在西方的语法化理论中，就有所谓的语法化伴随音变通则，即随着语法化程度的增强，其音段形式会发生音系学层面的弱化，也就是所谓的"语音销蚀"或"语音融合"。西方语法化理论建构的语法化斜坡是：实词＞语法词＞附（着）词＞屈折词缀。② 这个斜坡显示的不仅是功能的语法化程度逐步提高，也包括了形式的逐步弱化，即语音形式的逐步弱化。然而，语法化和构式化都不仅仅只有背景化一种途径，也有前景化途径。前景化的语法化和构式化，其伴随的形式演化不是弱化而是强

---

① 系词"是"在"是…底（的）"构式产生之前即可表达断言语气意义，且这种功能一直沿用到今天，因此元代以后文献里"是"单独表达断言语气意义，不能视为是"是…底（的）"构式的省缩。而"底（的）"原本只是个关系化和名词化附缀。

② 参看《语法化》（Hopper & Traugott 着，张丽丽译），2013：8。

化。就拿"非……不可"构式来说，尽管在当代汉语里该构式发生了构式省缩，但单用的"非"拥有句子的绝对重音（强重音），这本身就是一种强化，而且单用的"非"还常常跟同样拥有强重音的"得（děi）"一起连用，以起到强化效果。

3.在元代，"是……底（的）"构式所在的句子允许出现新的对比焦点，且可以将对比焦点成分置于该构式之后。例如：

（16）子（只）是这三人定的计策，臣也都参透：是君王下的圣旨，丽后定的见识，贼子施的机彀。（《晋文公火烧介子推杂剧》）

此例反映了"是……底（的）"构式在元代的又一种新的演化。前文的分析指明，"是……底（的）"构式是由于所在句法结构中的"V（A）P"作为焦点成分的前景位置，迫使"是"与"底（的）"在背景位置上的跨层非连续融合而产生的。随着该构式在元代的广泛使用，所在句子允许出现新的对比焦点，此例就是一个典型的例子。此例"是君王下的圣旨"以下三个句子中的"圣旨""见识"和"机彀"本是句子主语，原本的语序应是"圣旨是君王下的，见识是丽后定的，机彀是贼子施的"。言者基于语用凸显的需要，将这三个充当句子主语的成分移位到"是……底（的）"构式的后面以达到凸显对比焦点的目的。

例（16）作为"是……底（的）"构式在元代的重要演化现象，其价值不仅在于它反映了元代开始该构式允许出现新的对比焦点且允许新的对比焦点溢出该构式之外，它还开启了该构式在明代出现的另外一种新的演化。明代以后，该构式的后面可以出现作为句子对比焦点但与句子主语不同指的名词成分。例如：

（17）a.他家大娘子，也是我说的媒。（《金瓶梅词话》第3回）

b.我实对你说罢了，前者打太医那两个人，是如此如此、这

般这般使的手段。（《金瓶梅词话》第 19 回）

　　c. 娘原是气恼上起的病。（《金瓶梅词话》第 62 回）

　　d. 他说野猪挑担子，是骂的八戒，多年老石猴，是骂的老孙。（《西游记》第 20 回）

"的"字单用的时候也有这种情况：

　　（18）a. 后边卷棚，昨日才打的基。（《金瓶梅词话》第 35 回）

　　b. 我才在大官人屋里吃的饭，不要吃了。（《金瓶梅词话》第 56 回）

4. 刘敏芝（2008）认为下面各例中的"的"，类似现代汉语状态形容词词尾"的₂"：

　　（19）a. 他少女嫩妇的，留着他在屋里，有何算计？（《金瓶梅词话》第 7 回）

　　b. 到底还是媒人嘴，一尺水，十丈波的。（《金瓶梅词话》第 88 回）

　　c. 李瓶儿道："妈妈子，一瓶两瓶取了来，打水不浑的，勾谁吃？要取一两罎儿来。"（《金瓶梅词话》第 24 回）

　　d. 春梅道："不当家化化的，磕什么头？"（《金瓶梅词话》第 95 回）

我们认为以上各例中的"的"还是表示断言语气的，与例（15）各例中"的"的功能是一样的。（19）a 中"他少女嫩妇的"是对"他"的年龄状态的肯定和确认，（19）b 中"一尺水十丈波的"是对"媒人嘴"善于夸大其词的肯定和确认，（19）c 中"打水不浑的"是对"一瓶两瓶（酒）"起不到什么作用的肯定和确认，（19）d 中"不当家化化的"是对自己身份的肯定和确认。但有两点值得注意：其一，例（15）各例都可以补出"是"来，而上述各例大多似乎已经无法补出"是"来，这说明从明代开始"的"不仅可以独立表达断言语气，而且它已经向句末语气词方向演变，它的功能对原构式的依赖程度已经大大降低了。其二，刘敏芝认为上述各例中的"的"类似于现代汉语的状态形容词词尾"的₂"，也是有一定道理的，因为这些例子中"的"所在的句子在语义上都具有描述性，整体的功能接近于状态形容词。至于现代汉语状态形容词词尾"的"是否由表示断言语气的"的"演化而来，还可以做专门研究。

5. 由于明代开始表断言语气的"的"就开始完全脱离原构式而单独使用，因而清代开始就出现一种新的情况，有些程度副词如"怪""够"等修饰形容词不能单说，后面要加"的"。例如：

（20）a. 人家孩子可怪委屈的。（《儿女英雄传》第 12 回）

b. 姑娘忙拦他道："算了，够酸的了！"（《儿女英雄传》第 8 回）——转引自刘敏芝（2008：182）

我们认为这个"的"仍是表示断言语气的"的"，但为何有些程度副词修饰形容词要求加"的"，有些程度副词修饰形容词却不能加"的"，这也是一个值得研究的问题。

6. 在当代口语中，"的"开始与它前面的重读成分融合，变成重读音节，在网络语言中常写成"滴"。例如：

（21）a. @平安北京：……夜间多云转阴有小雨，最低气温 12℃，雨量虽不大但对交通还是会有一些影响滴，亲们出行就请防范下吧。

    b. @RosyBabies：胡壹博（1 岁男宝宝）－－ROSYbabies 第一次尝试 用暗调黄光源拍摄书景，感觉也很不错吧，我们的小壹壹也是很配合滴哟，赞一个。

    c. @ 樱花无量：怪不得那多的裸官老婆女儿叫人家都保管，原来是有原因滴。

这种情况是否预示着"是……底（的）"构式中"的"字的音变趋势目前尚不敢断定，但我们相信这种音变的发生绝不是偶然的，也不能完全归因于年轻人的刻意创新。

四、关于"是……底（的）"构式的一些问题

1. "是……底（的）"构式不是分裂结构

汉语语法学界有不少人将"是……底（的）"构式跟英语的 It is NP that/who REL 构式等同起来，认为"是……底（的）"构式也是一个分裂结构（cleft）。

单纯从功能角度看，汉语的"是……底（的）"构式与英语的 It is NP that/who REL 构式是可以比较的，英语的这个分裂结构就常常拿"是……底（的）"构式来对译。若从这个角度为了表述的方便起见将"是……底（的）"构式称为分裂结构也未尝不可。不过就"是……底（的）"构式本身而言，它的来源和产生过程表明，它不是一个分裂结构。"是……底（的）"构式是一个超命题构式，它的作用是表达言者对命题的断言确认语气，也常常用来体现言者对待命题的立场或态度，属认识情态（epistemic modality）和语气（mood）范畴，虽然是一个框式构式，但本质上跟一个语气副词差不多。

汉语中真正与英语 It is NP that/who REL 在结构上和功能上均可类

比的是"S/VP 的是……"构式。

2."是……底（的）"构式不是焦点标记

在现代汉语语法学界，认为"是……底（的）"是焦点标记，这种观点几乎成为定论（参看方梅 1995，袁毓林 2003）。但黄正德（1988）很早就指出该构式中的"是"不能单纯视为焦点标记，曾骞（2013）进一步探讨了将"是……底（的）"构式中的"是"看作单纯的语用标记所遇到的困难和问题。

诚然，"是……底（的）"构式句的焦点往往出现在"是……底（的）"的框架之内，例如：

（22）a. 他是昨天一早离开北京的。

b. 我想他是会来的。

但有时候句子的焦点也可以逸出"是……底（的）"框架之外。例如：

（23）a. 他是去的上海。

b. 这事儿绝对是他干的。

例（23）a 的焦点是"上海"，（23）b 的焦点被唯焦点成分"绝对"所占据，两例的焦点成分都不在"是……底（的）"构式之内。而且，前文 3.3 已经指出，焦点成分溢出"是……底（的）"构式的现象早在明代就出现了，因而也不大可能是现代汉语的一种临时性语用创新所致。

3."是……底（的）"构式中的"是"不再是动词

黄正德（1988）、曾骞（2013）都认为"是……底（的）"构式中的"是"仍然是系动词，但把"是"看作系动词也会遇到困难。

其一，"一定""必定""肯定""绝对"等语气副词出现在一般动词句当中只能分布在动词之前，不能分布在动词之后。例如：

（24）a. 明天的运动会我一定参加。

b.* 明天的运动会我参加一定。

c. 他肯定已经离开北京了。

d.* 他已经离开肯定北京了。

这些语气副词与系动词"是"共现时也只能分布在"是"的前面。例如：

（25）a. 他肯定是个教书的。

b.* 他是肯定个教书的。

c. 他绝对是个聪明绝顶的人。

d.* 他是绝对个聪明绝顶的人。

但当这些语气副词与"是……底（的）"构式共现时，它们既可以出现在"是"的前面，也可以出现在"是"的后面，而且语感上出现在"是"后更为自然。例如：

（26）a. 这种事儿我绝对是不会干的。

b. 这种事儿我是绝对不会干的。

c. 他肯定是会参加的。

d. 他是肯定会参加的。

其二，当"是……底（的）"构式与时间副词共现时，时间副词只能出现在"是"的后面。例如：

（27）a. 他是刚刚离开的。

b.* 他刚刚是离开的。

c. 计划我是已经想好了的

d.* 计划我已经是想好了的。

其三，"是……底（的）"构式与程度副词共现时，程度副词通常也只能出现在"是"的后面。例如：

（28）a. 他是非常不错的。

b.* 他非常是不错的。

c. 这孩子是挺聪明的。

d.* 这孩子挺是聪明的。

其四，弱读语气副词"都"除了不能跟重读语气副词共现之外，与上述"是……底（的）"构式中"是"的其他几种分布却非常一致。例如：

（29）a. 他都已经走了，你才告诉我。

b.* 他已经都走了，你才告诉我。

c. 他都很不高兴了，你还逗他。

d.* 他很都不高兴了，你还逗他。

以上这些事实表明，"是……底（的）"构式中的"是"不可能还是系动词。

4."是……底（的）"构式表示弱断言语气

现代汉语的断言语气有强弱两类，语气副词"必定""肯定""一定""绝对"等用来表示强断言语气，它们在句子中都必须重读，而且一般不能移位到句末；从范围副词语法化来的"都"、从类同副词语法化来的"也"以及从关联副词语法化来的"就"等则表示弱断言语气，它们不能重读，口语中常常移位到句尾或者在句尾再补说出来。例如：

（30）a. 都十二点了／十二点了都／都十二点了都。

b. 你也太夸张了／你太夸张了也／你也太夸张了也。

c. 我就不明白了，你怎么老这样啊？／我不明白了就，你怎么老这样啊？／我就不明白了就，你怎么老这样啊？

"是……底（的）"构式一般不重读，因而属表示弱断言语气一类。"都""也""就"等在句中句末同时使用的用法也可能就是受到"是……底（的）"这种框式构式的类化而产生的。当然也有另外一种可能：现代汉语弱断言语气的常规句法位置是在句末，所以"都""也""就"等都向句末位置转移，只是由于它们是在句中位置发生语法化的，原功能滞留使得它们还能继续出现在句中位置，从而造成叠床架屋的情形。

由于"是……底（的）"是一个框式结构，它的使用情况与"都""也"等还是有所不同的。最主要的一点就是"是"在特定语境中可以重读。例如：

（31）是老张告诉我的。——是老张告诉你的吗？是小王告诉你的吧。——是老张告诉我的，绝对没错！

上例最后一个"是老张告诉我的"这个句子中的"是"就是重读的，而这种情况在弱读语气副词"都""也""就"身上是不会出现的。

这种情况与单用表示断言语气的"是"是一样的。前文说过，"是"很早就从判断功能演化出表示断言语气的功能，这种功能一直保留到现代汉语。例如：

(32) a. 我们这个家庭生活是大有变化，真是大有变化，过去是，确实是困难，刚解放以后那时候。（北京大学 CCL 语料）

b. 单位，原来是这样儿，我是在这个王府井儿，之后是在这个朝阳门大街，之后这个……（北京大学 CCL 语料）

在对话过程中，说话人表示认同对方某种观点的时候，单用的"是"也要重读。例如：

(33) a. 这孩子很聪明。——这孩子是很聪明，样样功课都名列前茅。

b. 我是为你好。——你是为我好，我心里很清楚，可是为我好也不能把我当犯人看着啊？

重读的"是"与非重读的"是"不是两个性质和功能都不同的词，它们是同一个词，表示的是相同的功能，都是表示断言语气，所不同的仅在于强调与非强调而已。

5."的"字未演化出表示过去时的功能

不少学者认为现代汉语句尾"的"有表示过去时的功能，龙海平、肖小平（2009）已对此观点进行过反驳。我们同意龙海平、肖小平的观点，出现在表示已然事件句句尾的"的"仍然是表示弱断言语气。

所有这类句子都能补出"是"，单用"的"实际上是"是……的"构式的省缩。例如：

(34) a. 我昨天下午（是）五点十分下的课。

b. 我们（是）才认识的。

c. 他（是）上个月戒的烟。

第二，表示已然事件的句子末尾出现"的"，句子就不再是一个动态句，而是表达言者认识和态度的静态句。比较：

(35) a. 他上个月戒烟了。
　　 b. 他上个月戒的烟。

前一句是报道一个已然事件，句子的命题信息是新信息。后一句是对"他戒烟"这件事和戒烟的具体时间进行确认，而不是报道一个已然事件，句子的命题信息不是新信息，而是一个预设信息（高可及信息）。

五、结　语

"是……底（的）"构式的研究成果已经有很多了，而从构式化角度加以研究的就我们目力所及，目前只有詹芳琼、孙朝奋（2013）的文章。本文对"是……底（的）"的构式化进行重新梳理，主要原因是对于该构式的形成机制与动因有不同于詹、孙二位的观点。此外，詹、孙二位的文章也没有对该构式在元代之后的构式演化进行细致梳理，本文庶可弥补一点缺憾。现代汉语语法学界讨论该构式的文章不胜枚举，但在很多问题上我们有不同的看法，借此机会一并加以讨论。希望本文能对该构式的进一步研究有所裨益。

参考文献

方梅：《汉语对比焦点的句法表现手段》，《中国语文》1995 年第 4 期。

洪波：《上古汉语 *-s 后缀的指派旁格功能》，《民族语文》2009 年第 4 期。

洪波：《〈论语〉"可逝"解：从因声求义到因声析义》，《语言研究》2013 年第

3 期。

洪波、董正存：《"非 X 不可"格式的历史演化和语法化》，《中国语文》2004 年第 3 期。

洪波、关键：《"V/A 得慌"的词汇化及"得慌"的词缀化——再论语法化的完形动因》，载吴福祥、陈前瑞主编《语法化与语法研究》（八），商务印书馆 2017 年版。

洪波、王丹霞：《命令标记"与我""给我"的语法化及词汇化问题探析》，载沈家煊、吴福祥、李宗江主编《语法化与语法研究》（三），商务印书馆 2007 年版。

Hopper, Paul J. and Elizabeth Closs Traugott，《语法化》（第二版），张丽丽译，"中研院"语言学研究所 2013 年版。

黄正德：《汉语正反问句的模块语法》，《中国语文》1988 年第 4 期。

江蓝生：《处所词的领格用法与结构助词"底"的由来》，《中国语文》1999 年第 2 期。

刘承慧：《先秦"也""矣"之辨——以〈左传〉文本为主要证据的研究》，《中国语言学集刊》2008 年第二卷第 2 期。

刘敏芝：《宋代结构助词"底"的新兴用法及其来源》，《中国语文》2006 年第 1 期。

刘敏芝：《汉语结构助词"的"的历史演变研究》，语文出版社 2008 年版。

龙海平、肖小平：《已然义"（是）……的"类句式的语法化：以"S 是 AV 的 O"句式为例》，《语言教学与研究》2009 年第 2 期。

王力：《汉语史稿》，中华书局 1980 年版。

袁毓林：《从焦点理论看句尾"的"的句法语义功能》，《中国语文》2003 年第 1 期。

曾骞：《再论 VP 前"是"的语法性质》，《汉语学习》2013 年第 1 期。

詹芳琼、孙朝奋：《汉语分裂构式中的系词研究》（A Copula Analysis of shì in the Chinese Cleft Construction），《语言暨语言学》（Language and Linguistics）2013 年第 4 期。

Long，Haiping，"On the Formation of Mandarin VdeO Focus Clefts"，*Acta Linguistica Hungarica* 60：4，409–456，2013.

Long，Haiping and Pengfei Kuang，"Modern Chinese Confirmative Shi"，*Functions of Language* 24：3，294–318，2017.

Traugott，Elizabeth Closs and Graeme Trousdale，*Constructionalization and Constructional Changes*，Oxford University Press，2013.

（原载中国社会科学院语言研究所《历史语言学研究》
编辑部编《历史语言学研究》（第十三辑），商务印书
馆 2019 年版，与张艳玲合著）

无定"把"字句的生成机制

本文所讨论的无定"把"字句，指的是"把"字的宾语由无定名词性短语充当的"把"字句。这里的无定指的是形式上无定，而不是实际指称上的无定。形式上无定指的就是在形式上含有数量修饰语（或者含有省略数词"一"的量词修饰语）而前面没有指示代词一类标记有定性的名词短语。①

从实际指称角度看，无定"把"字句有三种情况：

（一）指称听话人所不知晓的特定事物，属于真性无定。例如：

（1）我把一个小孩举起来投篮。（北大 CCL 语料库）

（2）花的中央，有一个"下位"的子房，柱头三裂，形成三枚小花瓣，各把一个雄蕊遮盖着，所以增添了花的美丽和神秘。（北大 CCL 语料库）

---

① 实际上"把"的宾语由光杆名词充当时也不一定是有定的，可以是通指性的。例如：（1）你回家把饭菜准备好，我一会儿就回去。（2）你就是想干什么大事也得先把书念完吧？例（1）中的"饭菜"指的是饭和菜两种食物，不特指交际双方所共知的某一碗饭和某一盘菜。例（2）中的"书"不特指交际双方所共知的某一本书，而是转喻学业，属于通指。本文不涉及这类"把"字句。

例（1）中的"一个小孩"指称存在于交际场景中的一个特定的小孩，但这个小孩是谁听话人是不知道的。例（2）中"一个雄蕊"指称交际场景中的一朵花的雄蕊中的某一个，但是哪一个雄蕊听话人也不知道。

（二）指称某一类事物当中的任意一个具体事物，属于任指。例如：

（3）炎热的夏季中午，树上的叶子无精打采地打蔫。这时，如果把一个玻璃杯倒扣在几张叶片上，不久杯壁上会出现一层细小的水珠。（北大 CCL 语料库）

（4）把一个苹果切成三块，原来的整个苹果当然大于切开后的任何一块。（北大 CCL 语料库）

例（3）中的"一个玻璃杯"指任意一个玻璃杯，例（4）中的"一个苹果"指任意一个苹果。

（三）指称交际场景中实际存在的事物，且这个事物为交际双方都知道的人或者事物，也就是有定的事物。例如：

（5）就这样上行下效，把个禅宗搞得徒具虚名，一团污糟，宁不痛惜！（北大 CCL 语料库）

（6）百里平川，一峰独秀——就凭这一块不起眼的小山，把个平平淡淡的昆山市烘托得满目生辉。（北大 CCL 语料库）

例（5）中的"禅宗"和例（6）中的"昆山市"都属于专有名词，且实际存在于交际场景之中，因而都是有定的。

从可及性（accessibility）角度看，有定专有名词表达的是交际双方的共享信息，任指性名词短语表达的是交际双方根据百科语境可以推知的信息，无定特指名词短语表达的是交际双方所不知道的信息，是新信息，因此上述三种指称情况的可及性形成一个连续统，其可及性程度由高到低为：有定专有名词 → 任指性名词短语 → 无定特指名词短语。

陶红印、张伯江（2000）指出无定"把"字句在现代汉语里是一个受限格式，这意味着无定"把"字句在现代汉语"把"字句中属于边缘现象。即便如此，我们仍然需要追究现代汉语无定"把"字句是如何产生的，因此本文暂不管上述三种情况的实际指称差别，只关注这三类形式上无定的"把"字句的生成机制问题。

一、"把"字句的句式语义及句式特点

要讨论无定"把"字句的生成机制，得从"把"字句的句式语义和句式特点谈起。

王力（1943）提出"把"字句的句式语义是"处置"①，这种看法一直存在争议（参见沈家煊 2002）。另一种广泛认可的观点认为"把"字句的句式意义是"致使"（薛凤生 1989；戴浩一 1989；郭锐 2003；叶向阳 2004；施春宏 2010）。实际上"处置"和"致使"并不矛盾，从宏观角度看，"把"字句的句式语义是"致使"，这种"致使"意义张伯江（2000：37）将其描述为："由 A 作为起因的、针对选定事物 B 的、以 V 的方式进行的、使 B 实现了完全变化 C 的一种行为。"致使性事件都是由两个子事件构成，一个使因事件和一个使果事件，使因事件导致使果事件发生，"把"字句的句式语义根据张伯江的描述，完全符合致使事件的要求（参见施春宏 2010）。但是如果站在施事者或言者主语的角度看，通过使因事件来促成使果事件的发生，就是一种"处置"。如果

---

① 实际上在王力之前，黎锦熙（1933）已有类似看法，参见李计伟（2006 未刊稿）。

"把"字句的主语是实际施事，那么句子所表达的就是一种"客观处置"（沈家煊 2002）。所以"处置"观和"致使"观只是视角不同而已，"处置"观实际上是"移情"（empathy）作用使然，沈家煊（2002）说："虽然有人一直想取消'处置式'这个名称，但始终没有能取消得了，这说明'把'字句有'处置'意味的判断还是基本符合我们的直觉。"所谓"直觉"，乃是"移情"的结果。从发生学角度看，汉语史的研究成果表明，中古以后的各类使成结构乃是上古汉语使动形式消亡的代偿手段（参见洪波 2003），"把"字句的产生虽然与使成结构的产生和发展没有直接的因果联系，但是"把"字句的发展却与各类使成结构密切相关，在现代汉语里，"把"字句与各类使成结构具有最广泛的亲和力，这也从一个角度证明"把"字句与使动结构之间的密切关系。① 基于这样的认识，我们赞成"致使"观，"把"字句的句式语义是"致使"，这是本文立论的出发点。

"把"字句作为一种致使结构，有两个基本句式特点：（一）VP 的有界性（bounded）；（二）VP 具有不及物特征。

VP 的有界性指的是 VP 的内部完整性和外部独立性。内部完整性指的是 VP 表达"一个完整的动程"（张伯江 2000），相当于一个完整体（perfective）；外部独立性指的是 VP 所表达的行为及其结果在时间上具有起始点和终结点，尤其凸显行为及其结果的终结点。"把"字句 VP 的内部完整性崔希亮（1995）已有深入的探讨，他将"把"字句分为典

---

① 在汉语历史语法学界，有一种较为流行的看法是区分义"处置"义"把 / 将"字句和"致使"义"把 / 将"句。吴福祥（2003）详细论证了"处置"义"把 / 将"字句向"致使"义"把 / 将"字句的演化过程。事实上"处置"义"把 / 将"字句向"致使"义"把 / 将"字句的演化并不是"把 / 将"字句句式语义的演化，而只是句法拓展，吴福祥正确指出："这些由一价谓词充当述语的致使义处置式实际上是由狭义处置式或广义处置式扩展而来的，即由三价或二价谓词扩展为一价谓词。"（P7）吴福祥没有进一步说明为什么能有这种扩展，事实上这种扩展的前提是他所说的狭义处置式或广义处置式也同样具有致使意义。

型和非典型两类，指出典型"把"字句表达下述 4 种意义：

a. 某一行为带给或将要带给 B（引者按：B 指"把"的宾语。下同）的结果。

b. 某一行为对 B 的性质发生或将要发生的影响。

c. 某一行为使 B 或将使 B 的位置发生位移。

d. 某一行为使 B 或将使 B 的状态发生改变。

这 4 种意义概括起来就是一个行为以及由这个行为产生的某种后果，单纯的行为未必可以形成一个完整的动程，但一个行为及其所产生的后果整合起来必然是一个完整的动程。

具有完整动程的事件过程必然在时间轴上有起始点和终结点，从而也必然形成外部独立性。

崔希亮（1995）将非典型"把"字句分为两类：

a. VP 描述动作的情态和 / 或矢量；

b. VP 是熟语等。

他所说的"情态"指的是下面的情形：

（7）把筷子朝桌上一拍。（转引自崔希亮 1995：16。下同）

（8）你把头发理理。

例（7）中的"一拍"表示"突然性"，同时也表达矢量（一次）；例（8）中的"理理"表示尝试态，同时也表达矢量（小量）。

他所说的"矢量"，指的是：

（9）它把这些过程又演了一遍。

例（9）中的"一遍"表达动作的动量（一遍）。

实际上一个动作行为有了量的规定，无论该动作行为是已然还是未然，都是一个完整的动程，因而也就具备了内部完整性。同时，动作行为有了量的规定，就一定存在时间的起始点和终结点，因而也就具备了外部独立性。

崔希亮没有讨论 VP 是熟语一类，他所说的熟语一类可能指下面的情形：

（10）他们最后不得不把那个计划束之高阁。（转引自郑定欧2009）

（11）这样一来，张三好像把以前的承诺全部一笔勾销了。（转引自郑定欧2009）

这种熟语在形式上虽然没有表达结果或者矢量之类的成分，但实际上都是表达一个完整的事件过程，包含着动作行为的潜在结果，因而也具备内部完整性和外部独立性。

除了崔希亮所讨论的之外，还应该注意到下面一类"把"字句：

（12）偏又把凤丫头病了。（《红楼梦》第七十六回）

（13）他把钱包丢了。

这类"把"字句的 VP 由表示变化的不及物动词充当，在形式上只表达某种变化的结果，而缺乏一个使因事件，因而似乎不能表达一个完整的动程。但实际上这类"把"字句是利用了"把"字构式的"致使"意义，以达到凸显某种变化的外因性或者追究某种变化的外在责任性，因此这类"把"字句等于包含了一个潜在的使因事件，句子也就表达了一个完整的动程。此外，这类"把"字句成立的一个外在条件是句末必须有"了"，"了"的作用是凸显时间上的终结点，从而实现了外部独立性。

关于"把"字句 VP 的有界性，还有很多值得指出的现象，在以往的研究中学者们所指出的很多"把"字句的特点有相当一部分都与"把"字句 VP 的有界性特征相关。比如"把"字句 VP 排斥能性补语，这是因为能性补语虽然也表达某种结果，但它不是表达现实结果，也不是表达将要成为现实的结果，而是表达结果实现的可能性或不可能性，因而与"完整的动程"不兼容（参见张伯江 2000）。再比如"把"字句比较排斥否定词"不"而不排斥否定词"没"，这是因为"不"为静态否定，不能否定一个完整的动程，更确切地说，"不"只能否定无界事件而不能否定有界事件。而否定词"没"是用来否定一个完整动程的实现，也就是用来否定有界事件的，因而与"把"字句不相冲突。

"把"字句的 VP 具有不及物性特征，这是"把"字句的 VP 在句法上的突出表现。吕叔湘（1955/1984）曾主要针对近代汉语的实际情况详细讨论过"把"字句动词带宾语的情况，他所列举到的各种情形在现代汉语里仍然存在的有以下几类：

（一）动量宾语。例如：

（14）我把这篇文章看了三遍。

（15）他把我上下打量了一番。

（二）结果宾语。例如：

（16）把墙角炸了个大窟窿。

（17）把衣服和书一起打成一个包袱。

（三）处所宾语。例如：

（18）把书放你桌上了。

（19）你把行李搁我屋里吧。

（四）与事宾语。例如：

（20）把那么好的一件东西白白送了人。

（21）你舍得把这件大氅赔我吗？

（五）偏称宾语。例如：

（22）把房子留下一套（别卖）。

（23）把你刚买的那本词典弄坏了好几页。

（六）保留宾语。例如：

（24）把他急红了眼。

（25）把壁炉生上火。

以上六类宾语中前三类都是非论元性宾语，第（四）类是与事宾语，现代汉语典型的双及物动词只有一个"给"，"送""赔""教""献"等都是不典型的双及物动词，这些不典型的双及物动词带与事宾语常常要加一个"给"字，不出现"给"时也仿佛隐含着一个"给"，要是将例（20）（21）的动词换成典型双及物动词"给"，句子反而觉得不那么顺畅：

（20）′把那么好的一件东西白白给了人。

（21）′你舍得把这件大氅给我吗？

这说明这些不典型双及物动词所带的与事宾语在形式上更接近旁格宾语（oblique）。

第（五）类偏称宾语与"把"的宾语是部分与整体的关系，第（六）类保留宾语与"把"的宾语是领属关系，这两类"把"字句实际上都属于分裂结构，类似于下面的情形：

（26）（王冕）七岁上死了父亲。（《儒林外史》第一回）

（27）她伤透了心。

第（五）（六）两类宾语将在下文具体讨论。总之，在现代汉语里，无论"把"字句的主要动词是否及物，除了上述第（五）（六）两类情况之外，动词不能带真正的受事宾语，甚至不能带真正的论元性宾语，这是"把"字句 VP 具有不及物性的最主要证据。

二、"把"字带无定宾语的生成机制

上面我们分析了"把"字句的两个主要句式特征，这两个句式特征都与"把"字句的句式语义直接相关。前文已经说过，致使性事件由两个子事件构成，一个是使因事件，一个是使果事件。使因事件有一个施事者和一个受事者，受事者同时也是使果事件的当事者。当使因事件与使果事件整合为一个致使事件的时候，使因事件的施事实现为致使事件的"致事"（causer），而受事者（当事者）则实现为致使事件的"役事"（causee）。这个整合而成的致使结构因为包含了使因事件和使果事件，必然表达一个完整的动程，具有了内部完整性和外部独立性，所以一定是有界的。在"把"字句中，使因事件的施事实现为句子主语，而使因事件的受事和使果事件的当事实现为"把"字的宾语，这就决定了"把"字句主要动词后面不能再出现受事宾语，从而使"把"字句的VP具有不及物性特征。

前文例（22）至（25）表面上看都是动词的论元性宾语（受事宾语），但是偏称宾语与"把"的宾语是部分与整体的关系，保留宾语与"把"的宾语是被领有者和领有者的关系，从认知角度讲，它们都是一个认知整体，也就是说，它们实际上是作为一个认知整体充当致使事件的役事，将它们分割成两个句法成分分别充当"把"的宾语和动词的宾语，是一种句法操作。偏称宾语的句法操作目的是避免"把"字宾语的无定化，同时也使得役事成分（也就是主要动词的受事成分）仍处于前景位置。保留宾语的句法操作目的是让领有者前景化。所以我们说这两类"把"字句都是分裂结构，正如"她伤透了心"之类的领主属宾结构将一个具有领属关系的认知整体分裂成句子主语和宾语一样。

"把"字句 VP 具有不及物性特征，西方学者注意到不及物动词内部不是均质的，有两类不同性质的不及物动词，一类是非作格动词（unergative verbs），另一类是非宾格动词（unaccusative verbs）（Perlmutter 1978），非宾格动词在国内过去一般叫作作格动词（ergative verbs）。Beth Levin & Malka Rappaport Hovav（1995）对非宾格动词的句法实现进行了全面系统的研究，根据他们的研究，非宾格动词的一个主要的句法实现形式就是构成使动结构（causative construction）。我们说"把"字句的句式意义是"致使"，"把"字句是一种致使结构，实际上也就是一种使动结构。郭锐（2003）已经注意到"把"字句具有作格性特征。"把"字句与其他作格动词构成的使动句的不同之处在于：

（一）典型作格动词是单动形式，"把"字句式多为复动形式，当然也有单动形式。如：

（28）把个犯人给跑了。

（29）把钱包丢了。

（二）典型作格动词构成的不及物句式其役事成分实现为句子的主语，而在使动句式中实现为句法宾语；"把"字句的役事成分实现为"把"的宾语，这实际上是降格为旁格宾语（oblique）。

"把"字句将役事成分降格为旁格宾语，这也是一种句法操作，目的在于使役事成分处于谓语之前的位置，同时又让它处于动词操控范围之内。

我们知道，现代汉语是话题型语言，句子的话题逸出了谓语操控范围，成为外在成分，而介词引介的成分则处于谓语操控范围之内，属于谓语的内在成分。比较：

（30）饭我都吃了。

（31）我把饭都吃了。

例（30）中的受事成分充当话题性主语，我们感受不到它受谓语动词的操控，而（31）中的动词受事成分充当"把"的宾语，我们明显感觉得到谓语动词对它的操控性。王力先生正是着眼于"把"字句的谓语动词对"把"的宾语的操控性，所以将"把"字句叫作"处置"式。

"把"字句役事成分作为旁格宾语出现在谓语动词之前，还有一个目的，就是使这个旁格宾语具有话题性。汉语句子谓语动词之前的名词都具有话题性，只是裸名词的话题性强，而非裸名词（用介词引介的名词）的话题性弱。"把"的宾语即具有弱话题性。张伯江（2000）根据 Dowty（1991）的原型施事与原型受事理论考察"把"字宾语，发现"把"字宾语虽然更多地具备原型受事的特征，但它却具有两种原型施事的特征：自立性和位移性，同时也排斥两种原型受事的特征：静态性和附庸性。这从一个角度证明了"把"字宾语具有弱话题性。

话题的一个具有强制性的限制是有定性，但这个限制随话题性的强弱等级不同而不同，话题性越强，有定强制性程度就越高，反之亦然。

我们知道，汉语句子的裸主话题的有定强制度最高，一般不允许无定名词充当；在次话题位置上裸名词的有定强制度又高于非裸名词。这也就是说，非裸名词的话题性最弱，对它的有定强制度也最弱。比较：

（32）对于任何一个人来说，尊严都是很重要的。

（33）? 任何一个人，尊严都是很重要的。

（34）把一条直线分成三段。

（35）? 一条直线分成三段。

这样就很清楚了，"把"字宾语可以由无定名词充当，其准入的先决条件是"把"字宾语的话题性最弱，其有定强制度也最弱。

不过，"把"字宾语的话题性弱，对它的有定强制度弱，这还只是无定名词的准入条件，还不是无定"把"字句最根本的生成机制。

根据前文所述，"把"字宾语是 VP 的役事成分，这种成分是作格动词的深层受事成分，根据张伯江（2000）的分析，它更多地体现了原型受事的特征。

在表层句法结构中，充当受事成分的名词的典型句法位置是宾语位置，是句子表达新信息的组成部分，甚至是句子的常规焦点所在，这决定了受事成分在表层句法结构中的另一个重要特征，那就是不确定性。这种情况在现代汉语里表现得非常充分，在现代汉语里，光杆名词，不论其语义角色如何，当它出现在话题位置（主语位置）上的时候一般都是有定的，出现在宾语位置上的时候，要么是无定的，要么是通指的或无指的。这就是受事成分不确定性的一种外在体现。"把"字宾语作为原型受事的一种，它必然也具备原型受事的不确定性特征，我们认为，这才是"把"字宾语可以由无定名词充当的根本生成机制。至此我们可以得出这样一个结论：无定"把"字句是"把"字宾语的弱话题性及其原型受事的不确定性特征双重作用的产物，而其原型受事的不确定特征是无定"把"字句式的根本生成机制。

对于无定"把"字句，有一种较通行的解释是：无定"把"字句表达的是"意外"，"出乎意料"（参见马希文 1987）。杉村博文（2002）认为无定"把"字句表达的是句子谓语与"把"字宾语之间的"扭曲关系"，所谓扭曲关系，即说话人期望的结果与话语实际呈现的结果不同甚至相反。在实际话语中，无定"把"字句有时确实有"出乎意料"这样的语用意义，特别是本文开头所提到的假无定真有定"把"字句，常常会有"出乎意料"的语用意义，但是我们认为这种语用意义不是无定"把"字句的生成条件，更不是无定"把"字句的生成机制，它最多只能是无定"把"字句的一种生成动因。

参考文献

崔希亮：《"把"字句的若干句法语义问题》，《世界汉语教学》1995 年第 3 期。

戴浩一：《以认知为基础的汉语功能语法研究》，载戴浩一、薛凤生主编《功能主义与汉语语法》，北京语言学院出版社 1989/1994 年版。

郭锐：《"把"字句的语义构造和论元结构》，《语言学论丛》第二十八辑，商务印书馆 2003 年版。

洪波：《使动形态的消亡与动结式的语法化》，载《语法化与语法研究》（一），商务印书馆 2003 年版。

李计伟：《"把"字句和语法化研究的一篇重要文献——黎锦熙先生〈说"把"读后〉》，未刊稿。

吕叔湘：《"把"字用法的研究》，载《汉语语法论文集》（增订本），商务印书馆 1955/1984 年版。

马希文：《与动结式动词有关的某些句式》，《中国语文》1987 年第 6 期。

杉村博文：《论现代汉语"把"字句"把"的宾语带量词"个"》，《世界汉语教学》2002 年第 1 期。

沈家煊：《"有界"与"无界"》，《中国语文》1995 年第 5 期。

沈家煊：《如何处置"处置式"》，《中国语文》2002 年第 5 期。

施春宏：《从句式群看"把"字句及相关句式的语法意义》，《世界汉语教学》2010 年第 3 期。

陶红印、张伯江：《无定式把字句在近、现代汉语中的地位问题及其理论意义》，《中国语文》2000 年第 5 期。

王还：《"把"字句中"把"的宾语》，《中国语文》1985 年第 1 期。

王力：《中国现代语法》（上），商务印书馆 1943/1985 年版。

吴福祥：《再论处置式的来源》，《语言研究》2003 年第 3 期。

薛凤生：《试论"把"字句的语义特性》，《语言教学与研究》1987 年第 1 期。

叶向阳：《"把"字句的致使性解释》，《世界汉语教学》2004 年第 2 期。

张伯江：《论"把"字句的句式语义》，《语言研究》2000 年第 1 期。

张旺熹：《"把"字结构的语义及其语用分析》，《语言教学与研究》1991 年第 3 期。

郑定欧：《基于语料库的汉语句法研究》，《汉语学习》2009 年第 4 期。

Beth Levin & Malka Rappaport Hovav，*Unaccusativity：At the Syntax-Lexical Semantics Interface*，The MIT Press Cambridge，1995.

Beth Levin & Malka Rappaport Hovav，*The Argument Realization*，Cambridge University Press，2005.

Dowty David，"Thematic proto-roles and argument selection"，*Language*，67（3）：547-619，1991.

Hopper P.& Thompson，"Transitivity in grammar and discourse"，*Language*，56：251-299，1980.

Perlmutter D.M.，"Impersonal Passives and the Unaccusative Hypothesis"，In Proceedings of the fourth Annual Meeting of the Berkeley Linguistics Society，Berkeley Linguistics Society，University of California，Berkeley，1978.

（原载中国社会科学院语言研究所《历史语言学研究》编辑部
编《历史语言学研究》（第六辑），商务印书馆 2013 年版）

现代汉语否定疑问词语的意义与功能

一、缘　起

传统研究认为，反问句或修辞性问句（rhetorical question）即是"无疑而问"的假性问句。但从专家学者们对反问句的句法结构、语义特征、语用功能以及否定与疑问间的关系等方面的研究成果来看，反问句不仅不能反映假性问句的本质属性，反倒是彻头彻尾的疑问句。

首先，从句法结构上来看，吕叔湘（1982：98）与邵敬敏（2013：3—10）等专家的观点是反问句没有特定的表达方式；虽然刘斐（2009：95—98）、刘松汉（1989：86—91）以及殷树林（2007：100—102）等认为反问句有独特的表达方式，但就反问句与疑问句在句法结构上并无异同这一点上则达成了共识。我们认为，既然反问句与疑问句在句法结构上完全相同，那么在具体的言语交际过程中，听话人往往会将反问句视为疑问句。例如：

　　（1）甲：不是告诉过你不能爬出窗外擦吗？

　　　　乙：a. 好，知道了。

　　b. 但不到外面怎么能擦干净呢？

（2）甲：难道你想不到更好的办法去做吗？

乙：a. 想不到。

b. 难道你知道？

其次，在论证反问句的语义特征时，殷树林（2007：101—105）、刘钦荣（1995：85—88）、杨春秋（2014：33—35）、刘钦荣（2004：107—110）、李宇明（1990：91—99）、萧国政（1993：15—21）、焦艳（2009：83—85）、王笑湘（1985：22—29）以及张庆梅（2004：32—34）等认为，反问句必须包含反诘副词，最常见的反诘副词有"岂""其""宁"和"安"等。我们认为，仅仅通过寻找反诘副词的方式来确定反问句语义特征的做法也是不可取的，因为对听话人来说，问句总是带有疑问语气的。例如：

（3）甲：为此而不择手段，岂不是"如猿捉影"么？

乙：我已被他逼得走投无路，不这么做怎么能行？①

（4）甲：如果不能安抚百姓，体恤民生，天下岂不乱哉？

乙：管那么多闲事，你以为你是皇帝呀？

（5）甲：老于52岁得一子，岂有不爱之理！

乙：对孩子不严格能行吗？难道你不知道"棍棒之下出孝子"这个道理？

再者，在评价反问句的语用功能时，吕叔湘（1982：98）、郭继懋（1997：111—121）、胡德明（2010：71—75）、毛文星（2010：79—81）、冯赫（2010：36—38）以及齐沪扬等（2010：105—113）认为，反问句就是为了表示否定，其主要功能是质疑或反驳对方的观点或行

---

① 文中未标明出处的例句均为作者自拟。

为。我们认为，从具体的语言事实来看，只有疑问句才能承担"质疑"或"反驳"等以言行事任务。例如：

（6）经理：谁让你进来的？

员工：不是你让我进来的吗？没事谁会跑到你办公室里来？

（7）士兵：你怎么能这样抽打马呀？

将军：这是我的马，我想怎么打就怎么打，关你什么事？

值得注意的是，在执行诸如"指责""驳斥"以及"批评"等以言行事任务时，人们往往会选择陈述句或祈使句等直接言语行为，而不会使用问句等间接言语行为。比如，在痛骂一个卖国贼时，直接言语行为"你就是个汉奸、卖国贼"一定是最佳表达方式，因为疑问句"你是中国人吗"是无法承担此类以言行事任务的。

最后，在确认反问句中否定与疑问间的关系时，沈家煊（1999）的观点最为典型，即"疑问与否定是相通的"。我们认为，这一看法与客观语言事实并不相符。众所周知，疑问句属于语气范畴，而肯定与否定是不同的表达方式，肯定句（他是个好人）与否定句（他人不坏）则是相通的，因此，照此逻辑来推断的话，人类自然语言中就根本不存在疑问语气，因为疑问与肯定和否定都是相通的。这样的观点之所以盛行，乃是因为人们在研究反问句时将假性问句与疑问句混为一谈。真正的假性问句，诸如"人非圣贤孰能无过"，"塘有万穴，塞其一，鱼何遽无由出"，以及"'来'与'现'一字之差，含义大相径庭，岂可混为一谈！"等，其疑问语气解读为否定在语义上勉强能行得通，但这样的解读并不真正适合所有的问句。

由上述分析可以看出，反问句的研究成果与人们在日常交际中使用假性问句间出现了一个非常有趣的现象，即专家学者们在探究反问句之所以然的过程中相互龃龉，得出的结论也常常龃龉，但这并不妨碍人们在各种交际场合恰到好处地运用假性问句。本文写作的缘起就是力求揭开这一谜团，洞察假性问句的本质，从而确保今后对问句的研究能沿着更加科学、合理与高效的平坦大道前行。

二、假性问句的本质特征

相对于疑问句而言，假性问句的属性就是"无疑而问"，因此，要想看清假性问句的本质，就必须回答两个问题，即"为何问句没有疑问语气"以及"既然没有疑问语气，那么为何还要选择使用问句来完成以言行事的任务"。关于假性问句"无疑"的问题，我们认为，说话人通过选择一定的命题方式从而使问句不带疑问语气。要想做到这一点，一方面，说话人必须确保使用问句的意图不是"提问"，因为陈述句、感叹句或是祈使句带上疑问语气后都可用于提问；另一方面，说话人选择使用问句的语境条件必须是：当且仅当问句的命题内容对交际双方来说为互明的（mutually manifest）知识信息时，假性问句才能成为恰当的命题方式。例如：

（8）因为共产党的最低纲领和三民主义的政治原则基本上相同，就狂叫"收起"共产主义，岂非荒谬绝伦之至？（《毛泽东选集》第二卷，1991：490）

（9）广东卖淫罪犯那么猖獗，为什么不严惩几个最恶劣的？老鸨，抓了几次不改，一律依法从重判处。（《邓小平文选》第三卷，1993：153）

（10）怕字当头，不干工作，小病大养，无病呻吟，这样的领导干部，索性请他好好休息，不然占着茅坑不拉屎怎么行？领导班子问题一定要抓紧解决，要找一些能够办事、敢于办事的同志

来负责。(《邓小平文选》第二卷，1994：25)

（11）最容易的工作是开大会，发个一般号召，敲锣打鼓，搞得热热闹闹，那个工作究竟见多少效？(《邓小平文选》第一卷，1994：289)

（12）科研工作能不能搞起来，归根到底是领导班子问题，不把领导班子弄好，谁来执行政策？领导班子，特别要注意提拔有发展前途的人。对于那些一不懂行、二不热心、三有派性人，为什么还让他们留在领导班子里？科研人员中有水平有知识的为什么不可以当所长？现在的工作，主要是依靠四十多岁的人来搞。(《邓小平文选》第二卷，1994：33)

以上五个例句都选自于讲话，问句的使用意图当然不是为了提问。在例（8）中，问句的命题内容"因为共产党的最低纲领和三民主义的政治原则基本上相同，就狂叫'收起'共产主义，当然荒谬绝伦之至"对双方来说是共享信息，因此，假性问句"……岂非荒谬绝伦之至？"才能成为恰当的表达方式。在例（9）中，问句的命题内容"广东卖淫罪犯那么猖獗，当然应该严惩几个最恶劣的。……"对双方来说是共享信息，因此，假性问句"广东卖淫罪犯那么猖獗，为什么不严惩几个最恶劣的？……"才能成为恰当的表达方式。在例（10）中，问句的命题内容"……不然占着茅坑不拉屎当然不行……"对双方来说是共享信息，因此，假性问句"……不然占着茅坑不拉屎怎么行？……"才能成为恰当的表达方式。在例（11）中，问句的命题内容"……那个工作当然不会见效"对双方来说是已知信息，因此，假性问句"……那个工作究竟见多少效？"才能成为恰当的表达方式。在例（12）中，问句的命题内容"……当然没有人来执行政策"对双方来说是共享信息，因此，假性问句"……谁来执行政策？"才能成为恰当的表达方式。

既然陈述句、感叹句以及祈使句都不带疑问语气，那么说话人为何要选择假性问句这一命题方式呢？从信息主观性（subjectivity）与交互主观性（inter-subjectivity）的角度来看，陈述句、感叹句以及祈使句都带有较强的主观性，而说话人使用问句不仅旨在获取信息，同时也能体现对听话人的尊重，因为听话人被视为信息的拥有者或知情者。因此，对于交际双方已知的知识信息经由假性问句包装后，其命题内容对听话人来说就会变得更具合理性与说服力。例如：

（13）投资不赚一点钱，那不可能，那谁愿意来？我们正在采取一些有效措施改变这种状况，相信问题可以逐步得到解决。（《邓小平文选》第三卷，1993：171）

（14）美国目前有一股势力，继承"杜勒斯主义"，把台湾当作美国的"航空母舰"和势力范围。一旦通过和平共处办法解决了台湾问题，这个热点也就消失了，这些人不也就死心了吗？这对太平洋地区和全世界的和平稳定，也是一件很好的事情。（《邓小平文选》第三卷，1993：97）

在例（13）中，与陈述句"……当然没有人愿意来。……"相比，假性问句"……那谁愿意来？……"则具有较强的交互主观性。在例（14）中，与陈述句"……这些人也就死心了。……"相比，假性问句"……这些人不也就死心了吗？……"则具有较强的交互主观性。

综上所述，假性问句的本质属性是否定问句（negative question），否定疑问词语（negative & interrogative expression）是其特有的命题方式。在交际过程中，人们使用否定问句不是为了传递新信息，而是使本来对交际双方来说就是已知的信息变得更加客观合理与不容反驳。

三、否定疑问词语是否定问句特有的命题方式

由第二节的论述可以看出，否定问句的运作机制也不同于疑问句。否定问句的运作机制是说话人首先要确认问句的命题内容对双方来说是共享信息，然后才能选择使用否定疑问词语来加以包装。否定问句看似与否定和疑问都发生关系，但实际上它既不表示否定，也不表示疑问，其功能只是使问句的命题内容变得更加显明。在交际过程中，当否定问句的命题内容为肯定断言时，说话人一般会选择"否定疑问词 + 否定词"或"否定疑问短语 + 肯定断言"这两种命题方式。例如：

（15）如果说帝亦有东帝西帝之分，他联的是东帝，我和他相反，联一批西帝，东向而击，又岂不革命矣哉？（《毛泽东选集》第二卷，1991：493）

（16）如果那样，新班子换上来，什么都不熟悉，不就会造成动乱吗？即使不造成动乱，也会造成混乱。（《邓小平文选》第三卷，1993：74）

（17）科学不是划分为基础科学和应用科学吗？生产部门也会有搞基础科学的，但要着重搞应用科学；科学院和大学可以多搞一些基础科学，但也要搞应用科学，特别是工科院校。（《邓小平文选》第二卷，1994：53）

（18）有些企业和单位，群众自己选举出的干部，一些毛遂自荐、自告奋勇担任负责工作的干部，很快就作出了成绩，比单是从上面指定的干部合适得多。这样的事实，难道还不能使我们猛醒吗？好的中青年干部到处都有。（《邓小平文选》第二卷，1994：325）

（19）对于这些对主要负责同志的超越组织的批评，并没有引起我们的反对和制止，我们的嗅觉不敏锐，对于这些言论抵制不够。这难道与我们自己的思想情况和骄气一点关系都没有吗？这难道不应该引起我们的警惕吗？我以为我们是应该警惕的，应该引以为教训的。（《邓小平文选》第一卷，1994：206）

在上述例句中，从例（15）到例（19）的命题方式分别是"又岂不……哉？""不……吗？""不是……吗？""难道还不……吗？"以及"难道……一点……都没有吗？"在交际过程中，当否定问句的命题内容为否定断言时，说话人会选择用"否定疑问词来代替否定词"或"否定疑问短语 + 否定断言"这两种命题方式。例如：

（20）同志们，这个"嘱"不是普通的"嘱"，而是"至嘱"。"至嘱"者，非常之嘱也，岂容随随便便，置之不顾！（《毛泽东选集》第二卷，1991：524）

（21）我们就是这样做的，即以帝国主义及其走狗蒋介石反动派之道，还治帝国主义及其走狗蒋介石反动派之身。如此而已，岂有他哉！（《毛泽东选集》第四卷，1991：1022）

（22）因此，不要惊慌失措，不要认为马克思主义就消失了，没用了，失败了。哪有这回事！（《邓小平文选》第三卷，1993：383）

（23）世道变了，北京人的日子过得顺心顺气了。可又不能说人人顺心，个个顺气不是？（转引自《中国文法要略》）

（24）瞧这妹妹！你难道不知道我坐不得车吗？（转引自《中国文法要略》）

在上述例句中，从例（20）到例（24）的命题方式分别是"岂……"

"岂……哉?""哪……""可又……不是?"以及"难道不……吗?"

从这些否定问句的命题方式可以看出,无论问句的命题内容是肯定断言还是否定断言,否定问句都必须包含否定疑问词或短语。

四、否定疑问词语的性质

乍一看来,否定疑问词语既表疑问又表否定,因而常常误导人们得出"疑问与否定是相通的"这一悖论。从否定问句的运作机制不难看出,否定疑问词语既不表示疑问,也不表示否定,其用途只是对交际双方已知的知识信息进行重新包装,使之变得更加显明。否定问句的否定语义不是来自于否定疑问词语,而是本来就存在于双方互明的命题内容之中。例如:

(25)为什么不敢讲话?为什么不敢负责任?(《邓小平文选》第二卷,1994:19)

(26)没有前人或今人、中国人或外国人的实践经验,怎么能概括、提出新的理论?搞封锁是害人又害己。(《邓小平文选》第二卷,1994:58)

(27)写在纸上的话和事实岂不矛盾?(《毛泽东选集》第四卷,1991:1156)

(28)岂有共产党员而可以闭着眼睛瞎说一顿的吗?(《毛泽东选集》第一卷,1991:109)

(29)前几年,我们不是对那几个搞自由化并且触犯了刑律的人依法处理了吗?(《邓小平文选》第三卷,1993:195)

从例(25)到例(29),问句的命题方式分别是"为什么不……"

"怎么……""岂不……""岂……吗"以及"不是……吗"。

1. 否定疑问词（negative & interrogative words）

特指问句必须包含疑问词，但在否定问句中，这些疑问词都转变为否定疑问词。否定疑问词不可能成为独立的否定副词，因为它们总是能与其他否定副词搭配使用。例如：

（30）计划搞得那样死，怎能不强迫命令呢？（《邓小平文选》第一卷，1994：271）

（31）毛主席、党中央的命令、号召，谁不听啊！谁不是自觉地听啊！（《邓小平文选》第二卷，1994：45）

（32）为什么非把文件传过来传过去，尽画圈，这不是官僚主义？（《邓小平文选》第二卷，1994：219）

2. 否定疑问词"岂"

副词"岂"只能附着于否定疑问结构，因为它缺少构成特指问句的必要资质，因而不能成为独立的疑问副词，故"岂"类问句不可能转化为特指问句。在"岂"类问句中，"岂"可以同"不""非""其""唯""独"以及"专"等副词连用，表明副词"岂"也不可能是一个纯粹的否定词。例如：

（33）父母儿女都不能跟一辈子，功名利禄又岂是万年不坏的根本？

（34）岂止我知道，在公园里遛鸟的老北京们都知道。

（35）抗日的财源十分困难，动员了民众，则财政也不成问题，岂有如此广土众民的国家而患财穷之理？（《毛泽东选集》第二卷，1991：512）

3. 否定疑问短语（negative & interrogative phrases）

从否定问句的命题方式与命题内容间的关系可以看出，短语"不是……吗"是否定疑问短语。此类否定问句有两种结构形式，即"否定疑问短语 + 肯定断言"与"否定疑问短语 + 否定断言"。结构"否定疑问短语 + 肯定断言"所要明示的命题内容是"肯定断言"；结构"否定疑问短语 + 否定断言"所要明示的命题内容是"否定断言"。因此，否定疑问短语只能是否定问句的语用标记，因为它不会改变问句命题内容肯定或否定的性质。例如：

（36）现在全国绝大部分农村面貌一新，农民心情相当舒畅。这不是我们党的政策、国家的政策在发生作用吗？（《邓小平文选》第二卷，1994：246）

（37）周总理四届人大的报告，毛主席指定我负责起草，要求不得超过五千字，我完成了任务。五千字，不是也很管用吗？（《邓小平文选》第三卷，1993：382）

（38）你说，这可不是叫人没法儿的事吗？（转引自《中国文法要略》）

（39）人们不是常说吃水不忘挖井人吗？

4. 否定疑问句

既然陈述句、感叹句以及祈使句用于提问时都可转化为疑问句，那么否定问句也可转化为疑问句。由于"岂"类问句以及由"否定疑问短语"构成的问句不可能转化为特指问句，我们认为，当这两类问句被用来提问时，就转变为否定疑问句。在对反问句进行考查时，学者们对否定疑问句的存在视而不见，都将其纳入是非问句来加以研究。实际上，无论是从句法结构、语义特征，还是从问句的使用条件等方面来看，两者间的区别是十分明显的。是非疑问句在句法结构上与一般陈述句相同，只是多了疑问语调，或兼用句末语气词"吗""啊"等。是非疑问句是说话人预先有了某种判断，将之提出来征询听话人的意见，要求对方给予肯定或否定的答复。例如：

（40）你参加过方言调查吗？

（41）你就是洪老师今年刚招的博士后啊？

否定疑问句是由"否定疑问短语或否定疑问词'岂'＋ 肯定或否定的断言"等两部分组成。说话人认为听话人对某一信息的真伪比自己更有发言权，提问的意图是希望听话人能对这一信息给予确认或认可：

（42）地球不是圆的吗？

（43）浪费时间不是浪费生命的表现吗？

（44）这岂能是编出来的？

五、否定疑问词语的句法及语义特征

1."否定疑问短语 ＋ 肯定或否定断言"的否定疑问句就相当于附加问句。例如：

（45）你不是说过，不让我动吗？（否定疑问短语"不是……吗"＋ 否定断言"你说过不让我动"= You told me not to touch it, did you?）

（46）你下周不是要去广州开会吗？（否定疑问短语"不是……吗"＋ 肯定断言"你下周要去广州开会"= You are going to attend a meeting in Guangzhou next week，aren't you?）

（47）难道你没听说她被公司炒鱿鱼了？（否定疑问短语"难道你没听说"＋肯定断言"她被公司炒鱿鱼了"＝It is said that she has been laid off by the company，isn't it？）

（48）你不觉得这里有点拥挤吗？（否定疑问短语"你不觉得……吗"＋肯定断言"这里有点拥挤"＝It is a little crowded here，isn't it？）

（49）不过来同我杀一盘吗？（否定疑问短语"不……吗"＋肯定断言"过来同我杀一盘"＝Come and play chess with me，will you？）

从上述例句可以看出，在否定疑问句中，否定疑问短语只是说话人用来调控问句施事力度大小的工具。短语中的否定副词，如"不"以及"没"等，在语义上已经完全虚化，因为否定疑问短语不会对命题内容肯定或否定的性质产生任何影响。

在命题方式为"否定疑问短语 ＋ 肯定或否定断言"的否定问句中，否定疑问短语既不表示疑问，也不表示否定，也没有给问句的命题内容增加任何新信息，因此，否定疑问短语的有无并不会改变问句命题内容的真值意义。从结构形式上来看，否定疑问短语的有无并不影响问句的完整性，因为它已不再承担组织话语信息与构筑话语结构的重任，只负责问句能在篇章中更好地发挥其语用连贯的功能。例如：

（50）俄国的十月革命与我们中国的革命，不就是这样成功的吗？（《邓小平文选》第三卷，1993：146）

（51）不是说慎重初战、务求必胜吗？十二届三中全会后已经过了一段时间，现在需要回顾一下。（《邓小平文选》第三卷，1993：131）

2. 在"岂"类否定疑问句中，否定疑问词"岂"的性质同否定疑问短语完全一样，都是说话人用来调控问句施事力度的语用标记。否定疑问词"岂"虽然可以解读为否定词，但在语义上已经完全虚化，因为它不会对命题内容肯定或否定的性质产生任何影响。

在否定问句中，否定疑问词"岂"既不表示疑问，也不表示"反诘"或"反驳"。虽然"岂"含有否定语义，且缺少"岂"也会影响句子结构的完整性，但是问句中的"岂"只是改变了话语的命题方式，它没有给问句的命题内容增加任何新信息，当然也不会改变命题内容的真值意义。

3. 否定问句中的否定疑问词既不表示疑问，也不表示否定，其功能只是使问句的命题内容变得更加显明。例如：

（52）从世界历史来看，有哪个政府制定过我们这么开明的政策？从资本主义历史看，从西方国家看，有哪一个国家这么做过？（《邓小平文选》第三卷，1993：60）

（53）如果天天发愁，日子怎么过？（《邓小平文选》第三卷，1993：55）

（54）如果不对，就可能变。如果是对的，就变不了。进一步说，中国现在实行对外开放、对内搞活经济的政策，有谁改得了？（《邓小平文选》第三卷，1993：59）

六、否定疑问词语的语用功能

从上一节的讨论可以看出，否定疑问词语只是说话人用以明示命题内容的一种手段，否定疑问词语本身并不会改变命题内容肯定或否定的性质。若只从句法结构与语义特征的角度来分析的话，否定疑问词语的存在的确看似冗余。但人们在利用篇章进行交际时，正因为否定问句具有独特的语用价值，所以说话人才会舍简求繁地借助这样的命题方式来完成交际任务。在语篇中，否定问句主要是发挥其篇章语用连贯的功能，否定疑问词语不仅能满足说话人明示命题内容的需求，而且能向听话人显明话语的"命题内容"与话语的"施事意图"之间存在最佳关联。既然问句的命题内容一般情况下都是交际双方共享的知识信息，那么，经由否定疑问构式包装后的命题内容显然具有较强的交互主观性。例如：

（55）周永康、薄熙来、郭伯雄、徐才厚、孙政才……过去认为不能碰，不敢碰的人，不是统统被拿下？我们看到猛药治疴、重典治乱的决心，体会到刮骨疗毒、壮士断腕的勇气。（中央纪委监察部网站，2017 年 10 月 16 日）

在例（55）中，只有当问句的命题内容"……过去认为不能碰，不敢碰的人，统统被拿下"对交际双方都显明时，否定问句"……过去认为不能碰，不敢碰的人，不是统统被拿下？"才能成为恰当的命题方式。在篇章交际中，说话人使用否定疑问词语来安排命题内容显然不是为了对问句的命题内容进行否定或反诘，也不是为了凸显命题内容的主观性，而是使问句的命题内容更具合理性和说服力，以便能较好地完成篇章交际的总任务，即希望读者也能赞同"我们党有能力、有决心、有勇气打赢这场反腐败的硬仗"这一观点。

（56）【语境说明】看见隔壁邻居在大年三十都倒贴红"福"字，丈夫却别出心裁在自家的墙上倒贴了个红"钱"字。
丈夫：老婆，你看！咱家今年是不是要发大财？
妻子（怒吼）：你个丧门星！你见过谁家过年倒贴"钱"？

在例（56）中，否定问句的命题内容"没有人过年倒贴'钱'"是交际双方共享的已知信息，说话人之所以选择否定疑问构式对信息进行重新组织，是因为重组后的命题内容对听话人来说不仅更加显明，而且更具合理性与说服力。因此，丈夫虽然遭到妻子的呵斥与责骂，但也不得不接受妻子对自己的指责与批评。

七、结　语

简言之，否定疑问词语就是遮挡了假性问句真面目的那层神秘面纱，因此，否定疑问词语之谜一经破解，那么假性问句的命题方式、命题内容以及语用功能等特征就会自然露出其庐山真面目。否定疑问词语是假性问句独特的命题方式，它既不表示否定，也不表示疑问，但经由其包装后的命题内容对听话人来说会变得更加合理和不可置疑。

参考文献

《邓小平文选》第1—3卷，人民出版社1994、1994、1993年版。

冯赫：《"不是X"反问句的主观性》，《现代语文》2010年第1期。

郭继懋：《反问句的语义语用特点》，《中国语文》1997年第2期。

胡德明：《从反问句生成机制看反问句否定语义的来源》，《语言研究》2010年第3期。

焦艳：《论中古"宁""岂"类是非问句与是非型反问句的区别》，《语文学刊》2009年第5期。

刘斐：《再议反问句的语义分析》，《伊犁师范学院学报》（社会科学版）2009年第1期。

刘钦荣：《反问句和询问句句法结构间的关系》，《沈阳师范学院学报》（社科版）1995年第4期。

刘松汉：《反问句新探》，《南京师范大学学报》（社会科学版）1989年第1期。

吕叔湘：《中国文法要略》，商务印书馆 1982 年版。

毛文星：《"不是……吗"反问句的语义背景与语用功能》，《山西师范大学学报》（社会科学版）研究生论文专刊，2010 年。

《毛泽东选集》，人民出版社 1991 年版。

齐沪扬、胡建峰：《试论"不是……吗"反问句的疑问用法》，《上海师范大学学报》（哲学社会科学版）2010 年第 3 期。

邵敬敏：《疑问句的结构类型与反问句的转化关系研究》，《汉语学习》2013 年第 2 期。

沈家煊：《不对称和标记论》，江西教育出版社 1999 年版。

王笑湘：《〈论语〉反问句研究》，《语文研究》1985 年第 2 期。

萧国政：《毛泽东著作中是非性反问句的反义类型》，《华中师范大学学报》（哲社版）1993 年第 5 期。

殷树林：《"不就 VP"反问句的句意类型》，《安庆师范学院学报》（社会科学版）2007 年第 2 期。

殷树林：《现代汉语反问句特有的句法结构》，《湖南科技大学学报》（社会科学版）2007 年第 3 期。

张庆梅：《对〈金瓶梅词话〉反问句的考察》，《连云港职业技术学院学报》2004 年第 1 期。

（原载《首都师范大学学报》（社会科学版）2019 年第 6 期，
与诸允孟合著）

壮语与汉语的接触史及接触类型

一、壮语与汉语的接触史

壮族是古代百越人后裔的一部分。秦汉时期，两广地区的土著居民主要是西瓯和骆越人，"西瓯在广西中部、北部和贵州南部一带，骆越在广东西部、广西南部、云南东部和越南北部的一些地区"①。今天的壮族，主要是这两支越人的后裔。壮语与汉语的接触历史也就是壮族与汉族的接触与融合历史。

古代越人与华夏人的接触与交往是很早的，《尚书·尧典》："申命羲叔，宅南交。"注："《大传》曰尧南抚交趾。"孔颖达《疏》引《大戴礼·少闲篇》："昔虞舜以天德嗣尧，朔方幽都来服，南抚交趾，出入日月，莫不率俾。"《尚书·禹贡》："导黑水，至于三危，入于南海。"《诗经·大雅·江汉》："于疆于理，至于南海。"在春秋末叶，越人的一支在长江下游以南地区逐渐强大起来，至战国初年，越王勾践成立了越国，并以其卧薪尝胆之精神，积蓄力量，终于打败了强大的吴国。到越王无强时期，越国已经非常强大，"北伐齐，西伐楚，与中国争

---

① 梁敏、张均如：《侗台语族概论》，第16页。

强"①。然而西瓯、骆越人与汉民族的接触与交往载籍可考的乃始于秦代。秦始皇统一中原之后，于二十八年（前219）开始了征服岭南的军事行动，他派尉屠睢为军事统帅，派监禄开凿灵渠，负责粮草、辎重的转运。整个军事行动历时5年，于三十三年（前214）取得了最后胜利，建立了南海、桂林和象郡，正式将岭南的广大地区纳入了秦王朝的版图。秦始皇为了巩固岭南三郡的统治，一方面以强大的军队作后盾，另一方面则"以谪徙民与越杂处"②。秦始皇派出征服岭南的军队及后勤人员号称50万，但最后实际居留岭南三郡的人数则要少得多。根据葛剑雄的研究，随着这次军事征服而移民岭南三郡的中原人口共约10—15万人，主要来源于黄河中下游的关东地区，分两部分，一部分是尉屠睢率领的士兵和尉佗（赵佗）率领的增援人员，一部分是征发的"尝逋亡人、赘婿、贾人"。这些中原汉人主要集中于珠江三角洲、东江和桂江沿岸的河谷平原和连接中原的交通线上。③ 这是史籍可考的西瓯、骆越人第一次与中原汉人的大规模接触。

秦朝征服岭南建立岭南三郡之后不久即告灭亡，徙居岭南的中原汉人因秦末汉初的连年战乱而不得重返故里，遂成岭南的永久居民。秦将赵佗乘机以故秦将士为依托，建立了南越国，将故秦岭南三郡占为己有。赵佗为了巩固自己对越人的统治，采取主动夷化的政策，自称"蛮夷大长老"，"和绥百越"，境内"甚有文理，中县人以故不耗减，粤人相攻击之俗益止"。④ 不仅取得了西瓯和骆越人的信任，而且还与闽越人建立了良好关系。《史记·南越列传》曰："佗因此以兵威边，财物赂遗闽越、西瓯、骆，役属焉。"南越国称王五世，凡93年，一度疆土辽阔，"东西万余里"。在南越国统治时期，虽然南越国采取向当地越人学

---

① 《史记·越王勾践世家》。

② 《史记·南越列传》。

③ 葛剑雄：《中国移民史》第一卷，第70—75页。

④ 《汉书·高帝纪》。

习、靠拢的政策，但其本身的中原汉文化和语言也必定会影响当地的百越人，包括西瓯和骆越人。

汉武帝元鼎五年（前 112）汉王朝发动了对南越国的全面进攻，于次年灭了南越国，同时招降了西瓯和骆越①，在南越国故地建立了九个郡，军事上归交阯刺史统摄。从此，壮族的先民西瓯和骆越人进入了长期接受汉人统治的历史，与汉人的接触与交流日渐频繁起来。

自汉武帝灭南越之后，壮族先民与汉民族的接触与融合主要有以下几种形式：

1. 汉民族的军戍移民

自秦始皇征服岭南，将岭南百越地区纳入中国版图以后，历代对岭南地区的屯戍未曾断绝过。秦始皇建立岭南三郡，留下 15 万人左右屯驻岭南。而且由于不久之后秦王朝即告灭亡，秦将尉佗自立为王，这批中原汉人基本上没有返回故里，成了岭南地区的永久居民。汉武帝灭南越后，在岭南地区建立了九郡，设交阯刺史进行军事统摄，当时驻守岭南九郡的军队数量史书未详载，但总数一定不会太少。《后汉书·南蛮西南夷列传》云："永和二年，日南、象林徼外蛮夷区怜等数千人攻象林县，烧城寺，杀长吏。交阯刺史樊演发交趾、九真二郡兵万余人救之。"由此我们可以大致推测当时驻守岭南兵力的数量。正因为如此，在东汉时期，岭南地区发生多次少数民族叛乱，大多数都是依靠当地原有驻军来镇压。例如和帝时，"日南、象林蛮夷二千余人寇掠百姓，燔烧官寺，郡县发兵讨击，斩其渠帅，余众乃降。于是置象林将兵长史，以防其患"②。

历史上中央王朝在岭南地区尤其是广西地区屯驻军队规模比较大的主要是唐宋时期，主要原因一方面是岭南少数民族不断反叛，另

---

① 《史记·南越列传》："越桂林监居翁谕瓯骆：属汉，皆得为侯。"

② 《后汉书·南蛮西南夷列传》。

一方面是在唐朝云南的南诏国逐渐强大起来，不断骚扰边境，在宋朝越南逐渐脱离中国，广西成为国防前哨。隋末唐初，岭南地区为地方势力割据，唐高祖武德四年（621），李靖率兵击溃地方势力萧铣，岭南复归于统一。为了加强对岭南的统治，对岭南道东部地区实行划州县、置官吏、征贡赋政策。仅在广西境内，唐王朝就先后设立了 50 个州，224 个县，其中新设州 39 个，新设县 119 个。① 在对西部"蛮峒"地区，实行羁縻州县制，"以夷治夷"。先后设立羁縻州 50 个，羁縻县 51 个。② 在军事上，唐王朝设五府经略使于广州，下分五管，其中桂、邕、容三管皆在今广西境内，又设立安南都护府于交州，控制交州府州和南海诸国。尽管如此，唐朝中叶以后，岭南道西部地区的少数民族还是不断起义，南诏等国亦常寇边境。唐肃宗至德元年（756），西原州黄峒（今左江一带）黄乾曜、真崇郁合一百余峒 20 余万人反，"绵地数千里"。代宗大历十二年（777），西原州潘长安又反，占地"南距雕题交趾，西控昆明夜郎，北洎黔巫衡湘"。德宗贞元十年（794），西原州黄少卿反，攻陷横、钦、浔、贵四州，围攻经略史驻地容州。其子率部攻陷十三州。前后历时近 30 年。③ 懿宗咸通年间，南诏"攻交州，进略安南"④。在此情形下，唐王朝多次调集各道兵力前往镇压和戍守。懿宗咸通三年（862），唐王朝发兵 2 万戍守安南，四年（863），新任岭南西道（治邕州，今广西南宁市）节度使康承训率荆、襄、洪、鄂四道兵 1 万人赴镇，紧接着又"大兴诸道兵五万往"。同年六月，"置行交州于海门（今越南海防附近），进为都护府，调山东兵万人益戍"。次年，因北方军队不服南方水土，"死瘴毒者十七"，宰相杨收议罢北军，"以江西为镇南军，募强弩二万，建节度，懿宗诏

---

① 参见雷坚《广西建置沿革考录》，第 9—12 页。

② 参见雷坚《广西建置沿革考录》，第 12—13 页。

③ 参见《新唐书·西原蛮传》。

④ 《新唐书·南诏传》。

可"。① 昭宗乾宁二年（895），3000 名安州将士迁入桂州。唐代末年，太尉、青州人陶英授征南将军，率兵出镇昭州（治今广西平乐县），唐亡后全家隐居州内的诞山。② 所以，仅唐朝末年的数十年间，从各地尤其是中原地区调往广西及今越南北部一带的军队总数就接近 10 万。

北宋时期，安南（今越南）逐渐脱离中国版图，而云南仍为大理（南诏）所占据，因而广西成为国家的边防前哨。另一方面，广西少数民族的起义仍连绵不绝。真宗咸平二年（999），抚水（今广西环江县一带）蒙会国反；景德四年（1007），陈进、卢成均反；大中祥符九年（1016），抚水壮人反；仁宗景祐二年（1035），雷、化两州壮、瑶民反；宝元元年（1038），安化州（今广西环江县北部）壮人攻宜、融州；庆历四年（1044）抚水区希范、蒙赶反；皇祐四年（1052），依智高反。因此北宋王朝将广西作为屯兵戍边的重点地区。据南宋周去非《岭外代答·沿边兵》，北宋时期广西地区常年驻兵数静江府（今桂林市）5000人，邕州（治今南宁市）5000 人，宜州（今宜州市）2500 人，钦州 500人。驻军一般带家属，以平均 1 名军人带家属 2 人计，即有 4 万人左右。平定依智高起义之后，戍守广西的兵力进一步扩充，"皇祐五年，增置雄略指挥，广州、桂州各二，全州、容州各一，更加募澄海、忠敢、雄略等军，以四千人守邕州，二千人守宜州，一千人守宾州，五百人守贵州"③。戍守广西的总兵力曾超过24000人，还不包括当地土兵。④《大明一统志》卷八五引元代方志说邕州："宋狄青平侬贼后，留兵千五百人镇守，皆襄汉子弟。至今邑人皆其种类，故言语类襄汉。"此外，宋朝时期，为防止及镇压羁縻州县蛮峒人造反，乃沿羁縻州县设立军镇军寨。《岭外代答·寨丁》："环羁縻溪峒置寨以临之，皆吾民也，谓之

---

① 《新唐书·南诏传》。
② 参见吴松弟《中国移民史》第三卷，第 328 页。
③ 《宋史·兵制》卷一九○。
④ 《宋史·兵制》卷一九六。

寨丁。……寨丁更戍，不下百人。"静江、邕、容、宜等地共设25寨，这些寨丁直接深入蛮峒地区，在当时应是与蛮峒人接触与交往最为频繁的。

2. 汉民族的谪徙移民

历史上，岭南地区长期属于蛮荒瘴疠之地，因而成为流放罪犯安置贬谪官员的一个去处。秦始皇征服岭南之时，即曾征发"尝逋亡人、赘婿、贾人"徙居岭南；汉代亦曾"以谪徙民与越杂处"。《新五代史·南汉世家》："唐世名臣谪死南方者往往有子孙，或当时仕宦遭乱不得还者，皆客岭表。"不过，流放罪犯和安置贬谪官员虽然代代而有，总的规模却是很小的，更多的乃是实施屯田移民。历史上，岭南地区尤其是广西地区由于战乱频仍，导致当地人口或外迁，或死乱。《新唐书·西原蛮传》载韩愈言："自行立、阳旻建征讨，生事诡赏，邕、容两管日以凋敝，杀伤疾患，十室九空。"《岭外代答》卷一："广西地带蛮夷，山川旷远，人物稀少，事力微薄，一郡不当浙郡一县。"因而自唐代以降，往往招募外地人口前往两广地区实施屯田。《新唐书·韦丹传》："始城州，周十三里，屯田二十四所，教种茶麦，仁化大行。"《岭外代答》卷三："钦民有五种……四曰射耕人，本福建人射地而耕也，子孙尽闽音。"明清时期这种实施屯田措施更为频繁。清代道光《钦州志》卷一《舆地·物产》："按糖油二种，旧志略而不详，缘州属在雍正初地尚荒而不治，自乾隆以后，外府州县人迁居钦者，五倍土著。人力既集，百利具兴，山原陵谷皆垦辟，种植甘蔗、花生，为榨油漏糖之资。"民国《平乐县志》卷二《户口》载清代康熙七年县令陈光龙语："自顺治八年始入版图，复遭孙逆之变，土著之民十亡八九，连年招抚，惟楚之道（州）、永（州），东粤之阳（山）、连（山），江右之安福、吉水受廛居多焉。然去留靡常，无安土重迁之累，不可以恃为户口。"民国《平乐县志》卷二《社会》记载该县若干大姓之来源："附城乡以陈、李、黄、张、潘、刘、王等姓为大姓，皆于清代来自湖南、广东。上

盆乡以黄、张、陆、吴、莫、马等姓为大姓，民治村吴姓于明代迁来，
其余各姓皆于清代由湖南、江西而来。世平乡以刘、罗、林、许、何、
曾、邓、梁等姓为大姓，皆于清代由湖南、广东、福建等省而来。榕津
乡以廖姓为大姓，于清初由湖南迁来。张家乡以李、陶、莫等姓为大
姓，于唐代由湖南随征到此。安同乡以李、陶等为大姓，于明末自湖南
来。兴宁乡莫、宾等姓为大姓，莫姓来自山东，于宋咸淳二年有莫国麟
者封昭庆侯，奉令征蛮，来居斯土，现有人口三千余；宾姓于宋代来自
湖南，现有人口千余。大布岭乡以莫、翟、陶、李等姓为大姓。李姓自
唐代来，莫、翟、陶姓皆于宋代来，各姓人口现均有千余。安阳乡以
陶、欧等姓为大姓，陶姓于唐代由山东来，欧姓于元代由江西来，现有
人口各二千余。金华乡以陈、黄、张、韦、欧阳、钟等姓为大姓，如九
洞村之张姓、鱼口村之韦姓，始迁来时距今约三百年，泥塘村之欧阳、
钟等姓，南蛇村之韦姓，始迁来时距今约二百年。"[1] 民国《桂平县志》：
"至于明代，江西、福建、广东各省氏族来者弥繁。"昭平县明代万历年
间曾镇压瑶僮之民暴动，招佃输耕，从粤北翁源县引入移民。[2]

3. 汉民族的战乱移民

在东汉以前，中原地区战乱，百姓流离失所基本上不过长江天堑；
三国时期，魏、蜀、吴之间的拉锯战争亦主要在长江以北展开，江南左
右地区波及较少，北方移民一般也不过长江。到西晋末年永嘉之乱之
时，这种情况发生了根本的改变。永嘉之乱，晋室南移江左建康（今江
苏省南京市），黄河流域百姓亦大批相随南迁，这批移民主要集中在长
江中下游两岸的江苏、安徽、浙江、江西北部到湖北一带，最远到达江
西中部地区。当时北方移民虽然基本上没有到达广西的，但是，由于北
方移民的挤压，就使得相当一部分当地原住民向南向西迁移，江苏、浙

---

① 转引自曹树基《中国移民史》第六卷，第 400—401 页。
② 参见曹树基《中国移民史》第六卷，第 403 页。

江一带的原住民主要向福建迁移，而江西原住民则向两广和湖南地区迁移。广西的东部和北部在这个时期及后来的南北朝时期接受了不少外来人口，这一点从东晋到南北朝时期广西的建置变化即可看出来。三国时期，广西的大部分地区属于吴国，设置为6个郡，39个县。到东晋时期，郡增加到10个，县增加到57个；南北朝时期，广西的州郡进一步大规模膨胀，先后设置9个州，48个郡，新设郡37个，127个县，新设县78个，"这48个郡绝大部分位于今防城、南宁、宾阳、柳州、融水、桂林一线以东地区"[①]。这个时期，广西境内设置的郡县虽然有过于泛滥之嫌，但是，若非外来人口激增，也不大可能设置如此众多的郡县，而且这些郡县主要分布在广西东部地区也不是偶然的。

北方向广西的第二次战乱移民是唐末五代时期。唐末黄巢起义，席卷大半个中国。紧接着唐王朝灭亡，国家四分五裂，五代十国递相更替，战乱连绵，民不聊生，因而导致大批中原百姓逃难江南和岭南。《新五代史·南汉世家》："是时天下已乱，中朝士人以岭外最远，可以避地，多游焉。"《岭外代答》卷三："钦民有五种……二曰北人，语言平易而杂以南音，本西北流民，自五代之乱，占籍于钦者也。"

北方向广西的第三次战乱移民浪潮是南宋末年。靖康之乱以后，蒙古铁蹄长驱直入，中原沦陷，皇室南迁，大批北方人也避难长江以南地区，其中有相当一部分通过湖南、江西辗转流入广西，成为历史上广西地区流入避难人口最多的时期。据吴松弟研究，今广西、海南和广东西部所在的广西路是南宋人口增长最快的路，宋绍兴三十二年（1162）、嘉定十六年（1223）和元至元二十七年（1290）的户数分别相当于北宋末崇宁元年的202%、218%和257%。[②]《舆地纪胜》卷一〇四载："容（容州）介桂、广间，盖粤徼也。渡江以来，北客避地留家者众，俗化

---

① 雷坚：《广西建置沿革考录》，第6页。
② 吴松弟：《中国移民史》第四卷，第461页。

一变，今衣冠礼度并同中州。"

4. 汉民族的经商移民

广西的商业发展是从宋代开始的。宋朝时期，广西南接安南、西连大理，成为边境贸易的集散地，而广西境内物产丰富，河流纵横，水路交通便捷，又以江浙湖湘等地为依托，从而促使商业迅速发展。据《岭外代答》卷五记载，当时广西南部地区有三大博易场：邕州横山寨（今广西田东县境内）博易场，邕州永平寨（今广西宁明县境内）博易场，钦州（今广西钦州）博易场，与安南、大理进行贸易。横山寨博易场是当时著名的马市，主要吸引大理马的生意，同时也带动农产品和手工业品的买卖交易；永平寨博易场和钦州博易场则主要与安南进行海产品、农产品及手工业品的交换。不过，当时广东地区的经济尚未发展起来，经商以广西当地人和官商为主，所以由经商带来的移民即使有也是很少的。

广西地区汉族经商移民的高峰期是明清时期，来源主要有两个，其一是湘、赣、江、浙等省，其二是广东省。明崇祯《梧州府志》载："客民闽楚江浙俱有，惟东省接壤尤众。专事生息，什一而出，什九而归。"湘、赣、江、浙等省的商人和手工业者主要通过灵渠和中原地区连接岭南的古官道进入广西，移民的主要居留地在桂北和桂东地区，亦有深入广西腹地者。清道光《西延轶志》卷二：手工业者"往往右江楚南客民执其技来此游食"，经商者"往往皆楚南客商。自湖南贩苏木铁条等杂货至桂省，自桂林贩棉花、白糖等杂货至湖南"。广东商人则依靠连接两广的西江和广西境内的郁江、都泥江等水系漕运进入广西，移民以桂东南为最多，并覆盖广西的大部分地区，北及柳州、桂林，西达凭祥、百色。从商业移民的数量来看，广东人占绝大多数，形成"无东不市"的局面。明末诗人徐棻诗云："往来横渡口，强半广州音。"[1] 清

---

[1] 参见谭绍鹏编著《古代诗人咏广西》，第17页。

雍正《广西通志》云："(梧州) 商贾辏集，类多东粤。"清光绪《百色厅志》卷二："厢外市肆喧闹，舟载马驮，百货云集，类皆来自东粤以及滇黔，非土产也。"民国《龙津县志》载，明清时期移居龙州县城镇的客民主要有 99 姓，来自广东的有 64 姓，湖南 35 姓，江西 25 姓。据钟文典《广西近代圩镇研究》，明清时期，桂东南地区的工商业人口几乎全为粤人，桂南地区的工商业总人口中粤商人口比例占 70%—80%，桂北、桂东北和桂西北，粤商人口亦不亚于湘、赣等省移民人口。①

5. 汉族人与壮族人的融合

自秦代统一岭南百越地区以来，由于北方汉民族人口的不断流入，岭南百越人与汉民族不仅发生了频繁的接触和交往，而且也不断地相互渗透和融合。可以说，两千多年的百越民族与汉民族的接触和交流的历史也是百越民族与汉民族彼此渗透与融合的历史。

秦朝发 50 万大军征服岭南，最后留居岭南的将士有 15 万人左右，这些人绝大多数都不可能带家属，而秦王朝虽从中原地区征发过女子前赴岭南以慰前方将士，但数量非常有限，因此秦朝灭亡以后，故秦将士绝大多数在当地与百越女子通婚成家立业便是必然的归宿。西汉初年，故秦将领赵佗割据岭南，建南越国，自立为王，传承 5 世，历 93 年。南越国的国家保卫力量主要是故秦将士及其子孙，这些故秦将士的子孙后代大多数应是与越人女子通婚而生育的，所以，赵佗自称"蛮夷大长老"，不仅仅因为他统治岭南百越民众，也因为他们的子孙已多为越出。汉武帝灭南越，南越统治集团不可能全部被杀或被俘，大部分人融入了百越之中。"凡交止所统，虽置郡县，而言语各异，重译乃通。人如禽兽，长幼无别。项髻徒跣，以布贯头而著之。后颇徙中国罪人，使杂居其间，乃稍知言语，渐见礼化。"②东晋以后，汉族向岭

---

① 钟文典：《广西近代圩镇研究》，第 369—372 页。
② 《后汉书·南蛮西南夷列传》。

南地区移民更为频繁，汉人与越人的融合也进一步加深。民国《贵县志》卷二《风尚》："三代以前，政教不通。秦徙中县民，杂处西瓯，汉唐兴学，公纪迪教于郁林。历唐及宋至元，士族代有占籍，父老相传多山左与江左之族云。"唐代末年，太尉、青州人陶英授征南将军，率兵出镇昭州（治今广西平乐县），唐亡后全家隐居州内的诞山，同时还有李太尉住在附近，与陶英联姻，时人名其山为"陶李峒"①。清代闵叙《粤述》："今惟都结州姓侬，传云智高叛后更易，而黄姓尚多，如思明府思江、向武、归德、思同、思明六州，上林、陀陵、罗阳三县皆是也。赵姓则果化、思城、上下冻镇、远龙州，岑姓则归顺田州、恩城、泗城、武靖、利州，莫姓则南丹，韦姓则东兰、忻城，罗姓则那地，冯姓则都康、佶伦，许姓则下雷、万承，李姓则太平、安平、全茗、茗盈、龙英、凭祥，张姓则结安，闭姓则下石西，梁姓则罗白。其故绝更代不可知，然多山东青州人也。龙州赵国樑、赵廷楠兄弟争袭，余见其宗谱，乃山东益都人，其始祖从狄武襄破侬智高，因授世职云。"

6. 汉民族中央王朝及地方小朝廷对少数民族的治化教育

历史上壮族与汉族的交往与接触，除了汉族移民、经商外，另一个重要方面乃是汉民族中央王朝对壮族的治化教育。汉民族对壮族先民的治化教育最早起于南越国，西汉初年秦将尉佗建立南越王朝，为了巩固自己的统治，他一方面主动向百越人学习，与百越人搞好关系，"和绥百越"，另一方面积极开展对百越人的治化教育，从而使得南越国"甚有文理，中县人以故不耗减，粤人相攻击之俗益止"。②东汉时期，锡光任交阯太守，任延任九真太守，开展了一系列治化教育措施。《后汉书·任延传》："九真俗以射猎为业，不知牛耕，民常告籴交阯，每

---

① 参见吴松弟《中国移民史》第三卷，第328页。
② 《汉书·高帝纪》。

致困乏。延乃令铸作田器，教之垦辟。田畴岁岁开广，百姓充给。又骆越之民无嫁娶礼法，各因淫好，无适对匹，不识夫子之性，夫妇之道。延乃移书属县，各使男年二十五至五十，女年十五至四十，皆以年齿相配。其贫无礼娉，令长吏以下各省俸禄以赈助之。同时相娶者二千余人。是岁风雨顺节，谷稼丰衍。其产子者始知种姓，咸曰：'使我有是子者，任君也。'多名子为'任'。""初，平帝时，汉中锡光为交阯太守，教导民夷，渐以礼义，化声侔于延。"又《马援传》："援所过辄为郡县治城郭，穿渠灌溉，以利其民。条奏越律与汉律驳者十余事，与越人申明旧制以约束之。自后骆越奉行马将军故事。"汉民族中央王朝对岭南百越人实施治化教育的一个很重要的举措是兴办学校。最早实施学校教育的是东汉时期，《后汉书·南蛮西南夷列传》云："光武中兴，锡光为交阯，任延守九真，于是教其耕稼，制为冠履，初设媒娉，始知姻娶。建立学校，导之礼义。"隋唐以降，随着科举考试制度的实施，岭南百越地区的学校教育得到了进一步的发展。《隋书·令狐熙传》："上以岭南夷越数为反乱，征拜桂州总管十七州军事，许以便宜从事。……熙至部，大弘恩信，其溪洞渠帅更相谓曰：'前时总管皆以兵威相胁，今者乃以手教相谕，我辈其可违乎？'于是相率归附。先是，州县生梗，长吏多不得之官，寄政于总管府，熙悉遣之，为建城邑，开设学校，华夷感敬，称为大化。"令狐熙在岭南四年，自言"虽未能顿革夷风，颇亦渐识皇化"。《新唐书·韦丹传》载，韦丹为容州刺史时，"教民耕织，止惰游，兴学校"。五代十国时期，岭南大部分地方属南汉国，南汉国于公元917年开国，重用唐故臣，"置选部，贡举，放进士、明经十余人，如唐故事，岁以为常"①。南宋时期，由于汉民族政治中心南移，广西成为后方纵深地带，静江（今广西桂林市）置为潜都，因而对广西地区蛮汉各族的治化教育更加重视，各州府

---

① 《新五代史·南汉世家》。

所在地开始设立府学宫，如宋理宗宝庆三年（1227）邕州设府学宫于南宁。

隋唐以来的学校教育大大增强了汉族文明和文化对广西各族的影响，其直接的成果就是自五代以来广西各族不断有人在科举考试中金榜题名。仅以宣化县为例，五代南汉时期，宣化县（今广西南宁市邕宁区）钟允章、钟有章兄弟进士及第，元朝文宗至顺元年（1330）庚午科会试，宣化县有 10 人及第，为当时湖广各县之冠。有明一代，宣化县濑沙村先后有 11 人乡试及第。这些科举及第之人不一定都是少数民族，但是从中我们可以看到隋唐兴学以来广西地区的教育成果，这个成果显然不仅仅是广西汉人取得的。明邝露《赤雅》卷下"诸夷有学"条就曾对广西地区夷獠的汉学修养深表诧异："予游诸夷中，有摛文而宗淮南者，有称诗而薄少陵者，有黜元白而诮长吉者，有谈古今而凿凿者。"

以上综述了秦代以降历代汉族人口向广西的移民情况以及中央王朝对广西的治化情况。汉族向广西移民的历史就是汉族与壮族接触和融合的历史，而汉族与壮族接触融合的历史以及历代中央王朝对壮族的治化历史也就是汉语与壮语接触和融合的历史。"后颇徙中国罪人，使杂居其间，乃稍知言语，渐见礼化。"[1]"予游诸夷中，有摛文而宗淮南者，有称诗而薄少陵者，有黜元白而诮长吉者，有谈古今而凿凿者。"[2] 这些记载就是汉族与壮族的接触融合、汉语与壮语的接触与融合结果的真实写照。

---

① 《后汉书·南蛮西南夷列传》。

② 明邝露：《赤雅》卷下。

二、壮语与汉语的接触及其类型

1.广西境内的汉语方言

广西境内的汉语方言主要有白话、平话、西南官话和客家话四种，此外闽语、赣语也有零星分布，在广西与湖南交界的一些地方如全州等地还有湘方言的湘南土语。

白话（汉语粤方言，在广西亦称广府话）主要分布于与广东毗邻的桂东南梧州、钦州、玉林等地，并向桂西南、桂西和桂北渗透。广西首府南宁在历史上曾经操平话，明清以来，由于粤商的大量流入，白话的势力越来越强，在明朝末年就已经是"往来横渡口，强半广州音"。时至今日，南宁已经基本上完成了方言的转换，除了个别街道和一些郊区尚操平话外，白话已经成为广大市民的母语方言。同样的情形也发生在桂西南和桂西的一些县城，只不过母语转换的情形不尽相同而已，桂西南的龙州、凭祥、宁明，桂西的百色市等县城（市）历史上都是说壮语的，现在白话已经成为优势通行语言，田东县在两宋时期是横山寨所在地，是著名的马市，当时的优势语言应是古平话，现在白话取代了平话的优势地位，成为通行语言。白话在广西的分布与发展有以下特点：在分布上，桂东南的梧州、钦州、玉林地区等地呈片状分布，自南宁往南、往西则呈线性分布，主要有两条线，一条是沿右江向西延伸，自南宁经隆安、苹果、田东、田阳直至百色，另一条沿左江向南和西南延伸，自南宁经扶绥、崇左至宁明、龙州。在往西和往南、西南的两条分布线上，呈蛙跳式分布，沿着左右江流域，县城和一些主要沿江城镇以白话为优势语言，而乡村则操壮语或汉语其他方言（平话、客家话）。①

---

① 参见覃晓航《广西粤语的线性分布及其历史成因》,《中南民族学院学报》1998年第1期，第122—124页。

自武宣、来宾往北如柳州地区和桂林地区也有白话的零星点状分布。在发展方面，除桂东南的块状分布区外，在线性分布区内，白话呈墨渍式发展扩散，即从一个一个的中心点逐渐向周边扩散。以南宁市为例，历史上南宁市及其周边的一些县（区）如邕宁、宾阳等皆以平话为优势语言，白话进来以后，先在南宁市内扩散，然后向周边辐射，而今南宁市区和邕宁蒲庙镇已经以白话为通行语言，而南宁的郊区如亭子、江西等地仍以平话为日常交际语言。从来源上看，左右江流域的白话主要不是从桂东南地区的白话延伸过来的，而是从广东过来的，所以南宁及以西以南地区的白话与广东白话接近而与桂东南所谓粤语勾漏片白话有较多差异。线性分布各点的白话都是明清以来广东商人带来的，历史不长。欧阳觉亚认为南宁白话只有一二百年历史，基本上是可信的。白话进入南宁当不止一二百年，但成为通行语言的历史是比较短的。1937 年《邕宁县志·言语》云："定为固有之音者则有四，所谓官、平、土、白是也。自中原南迁者为官话，衍为平话，来自广东者为白话，余为土话。土话最古，盖秦汉间土著之民所遗留也。然总以平话为流通。"说明在 20 世纪 30 年代邕宁仍以平话为优势语言。现在邕宁蒲庙镇及沿邕江的一些集镇通行的已经是白话了。南宁白话的发展历史当与邕宁蒲庙镇白话的发展历史相类似。至于桂东南地区的白话（当地称土白话）的形成当与广东白话的形成历史基本一致，是东晋南北朝到唐代这段时间内最终形成的。南宋周去非《岭外代答》卷三云钦州五民中之北人"语言平易而杂以南音，本西北流民，自五代之乱，占籍于钦者也"。此处所谓的"南音"，无疑就是古白话音。

宋元明清时期广西境内最具优势地位的汉语方言是平话。平话在广西境内的分布很广，总的分布态势是呈点状，桂南和桂西的邕宁、钦州、宾阳、浦北、扶绥、崇左、宁明、龙州、大新、天等、田阳、田东、马山、百色、上林、横县、贵港，桂北的桂林郊区、临桂、灵川、龙胜、富川、永福、钟山、贺县、融安、融水、乐业、东兰、鹿寨、柳城、罗城、柳江、三江等县市都有分布，此外，湖南、贵州和云南三省与广西毗邻的一些地区也有平话分布。广西境内各地平话使用人口比较多，在县（市）内为优势语言的有临桂（使用人口90%以上）、宾阳（使用人口70%左右）、横县等地，以平话为第一母语方言的人口在广西境内总数约有300万左右。广西平话分南北两大片，南片以南宁为中心，北片以桂林为中心（这两个城市现在均不通行平话，但历史上都曾是使用平话的，现今这两个城市的郊区及周围地区多是平话分布区）。平话南北两片是按地理区域分的，实际上，有些北部平话与南部平话比较接近，如三江的六甲话，融安、融水、柳城等地的平话；而有些如临桂、灵川、龙胜等地的平话则与南部平话相差较大，彼此不能通话。

平话在各地有不同的名称，有客话（宾阳、上林、横县等地）、蔗园话（百色、宁明、凭祥等地）、百姓话（柳城）、六甲话（三江）、官话（田林）、黏米话（钦州市）、土拐话（融安、罗城）等别称，但各地对平话这个名称都认同。

据李连进（1995）的研究，平话这个名称的正式文献记载最早见于1935年《第二回广西年鉴》。民国时期的《广西年鉴》及各县县志用"平话"这个名称指称桂南的扶绥、崇左、宁明、邕宁、大新、田阳、田东、龙州、马山等地的平话社团，而从未用来称谓北片平话。由此他推断，"平话"这个名称出自桂南。关于"平话"这个名称的由来，曾有不同的推测，李连进认为，南宁郊区的亭子平话是桂南平话的权威方言，亦是桂南很多地方平话人口的最初输出地，而亭子古称"平南村"，因此"平话"很可能就是"平南村（人）话"的凝缩。在诸多说法当中，我们认为，李连进的这个推测是比较可信的一种。

平话与白话的关系学术界有不同观点。一种观点认为平话属于白话，是白话的次方言；另一种观点认为平话是一种与白话并列的独立方言。本文接受后一种观点，理由主要有以下几个方面：（1）平话的音系与白话的音系有一些明显的差异，主要是全浊声母的读音与白话不同。这方面韦树关（1996），梁敏、张均如（1999）已经说得很清楚。（2）平话与白话在词汇、语法等方面也有一些很明显的不同。主要有以下几点：

第一，在词汇方面，平话与白话相同的虽然很多，但也有一些明显不同的常用词或基本词。如"吃"，白话是"食"，平话是"喫"。"喫"这个词表示"人的进食行为"，文献中最早见于南北朝时期，《世说新语·任诞》："友闻白羊肉美，一生未曾得喫。"但真正通行是唐宋时期的口语，广见于这个时期的白话作品中。再如"烂泥"，平话是"埿"，音 $pa：m^6$，字亦作"澁"。这个词最早见于《广韵》，《广韵·五十八陷》："埿，深泥也。蒲鑑切。澁同。"为唐宋时期的口语词。宋周紫芝《摊破浣溪沙·茶》："苍璧新敲小凤团，赤埿开印煮清泉。"这个词白话是"泥"。平话的系词（判断动词）用"是"，与普通话相同，白话用 hei^6（系）；平话的问人代词用 na^3ko^5（哪个），白话用 pin^1ko^5（边个）。我们对平话和包括白话在内的汉语方言20个点的词汇作了两个不同样本的比较，一个是以北京大学中国语言文学系语言学教研室编的《汉语方言词汇》（第二版）所收的名词、动词和形容词近1000个大样本，另一个是斯瓦迪士用来测定语言亲缘关系远近的200个核心词小样本。大样本比较的结果是（表中数字是百分比）：

	广州	阳江	南昌	武汉	长沙	合肥	扬州	太原	成都	梅县	济南
平话	71	64	57	55	54	53	52	51	50	50	50
	苏州	温州	北京	西安	双峰	建瓯	福州	潮州	厦门		
平话	50	49	49	49	46	46	45	44	42		

小样本比较的结果是：

	南昌	广州	阳江	长沙	武汉	合肥	成都	太原	扬州	济南
平话	76.52	76.22	72.72	72.72	70.62	70.62	69.23	69.23	68.53	68.53
	双峰	西安	北京	苏州	梅县	温州	建瓯	福州	潮州	厦门
平话	68.53	67.83	66.43	65.73	65.03	64.33	51.04	51.04	47.55	47.55

从大样本比较的结果看，平话与白话的词汇对应比例最高，与白话广州点的对应比例是 71%，与白话阳江点的对应比例是 64%，都高出与其他方言的对应比例；但是小样本的比较结果显示平话与白话的对应比例并不是最高的，说明平话既不是从白话中分化出来的，也不是跟白话来源于同一时期的同一祖语方言。

第二，在语法方面，平话有不少能与唐宋时期对应而与白话不同的虚词。如：

了（liu⁴）：平话用作完整体助词。例如：

$$ŋo^4 \ \textipa{ł}e^3 \ liu^4 \ fɔ:ŋ^1 \ \textipa{ł}an^5 \ hai^5 \ ky^2$$
我　写　了　封　　信　给　渠。
我写了封信给他。
$$ŋo^4 \ \textipa{tɕ}e:k^{10} \ ŋan^2 \ pa:u^1 \ tit^9 \ liu^4 \ lə$$
我　着　　银　包　　跌　了　叻
我把钱包丢了。

在历史上，表示完整体的助词"了"产生于近代汉语早期，唐代变文和五代时期的《祖堂集》开始大量使用。白话相应的助词用 tsɔ⁴（咗）。

着：平话常用的介词。有两种功能，一是在被动句中引进施事成分，相当于普通话的"被"。例如：

tɕy¹　tɕa：i³　tɕe：k¹⁰　la：u⁴ hu³　hek⁹　liu⁴　lə
猪　　崽　　着　　　老虎　　　喫　　了　　叻。
猪崽被老虎吃了。

ky²　tɕek⁹　ɕau³　tɕe：k¹⁰　lɔ：k⁸　ɕiɛŋ¹　liu⁴　lə
渠　只　　手　　着　　　烙　　伤　　了　　叻。
他的手被烫伤了。

　　"着"字在被动句中引进施事成分的功能产生于近代汉语中期，文献中最早见于宋代。如陈师道《宿齐河》诗："还家只有梦，更着晓寒侵。"杨万里《放船》："顺流行自快，又着北风催。"《五灯会元·龙祥士圭禅师》："师曰：'一度着蛇咬，怕见断井绳。'"

　　二是在主动句中引进受事成分，相当于普通话的"把"。例如：

ŋo⁴　tɕe：k¹⁰　ŋan²　pa：u¹　tit⁹　liu⁴　lə。
我　着　　　银　　包　　跌　　了　　叻。
我把钱包丢了。

ni⁴ vai⁶ na³ mun² tɕe：k¹⁰ tɕe³ fɔ：k⁹ tɕiɛŋ² phɔ：ŋ⁵ ta：u³ liu⁴
你　为　哪　门　着　　　这　幅　墙　　碰　　倒　　了。
你为什么把这堵墙碰倒了。

　　我们未发现"着"在历史上有引进受事成分的功能，但是有引进工具成分的功能。例如白居易《还李十一马》："传语李君劳寄马，病来唯着杖扶身。"《敦煌变文集·维摩诘经讲经文》："帝释感师兄说法力，着何酬答唱将来。"苏轼《次韵杨公济梅花》："君知早落坐先开，莫着新诗句句催。"历史上引进受事成分的介词"把"和"将"都是从引进工具成分的用法发展来的，平话的介词"着"有引进受事成分的功能显然与历史上"着"引进工具成分的功能有源流关系。白话被动句中引进施事成分的介词用"畀",主动句中引进施事成分的介词用"将"和"械",均与平话不同。

在词法方面,平话的构词法有两点不同于白话,一是表示动物性别的词缀,平话一律前置,与北京话相同,而白话后置。比较:

北京话	平话	广州话	阳江话
公鸡	公鸡	鸡公	鸡公
母鸡	母鸡	鸡嫲	鸡嫲
公牛	牯牛	牛公,牛牯	牛公,牛牯
母牛	母牛	牛嫲	牛嫲,牛牸
公马	公马	马公	马公
母马	母马	马嫲	马嫲
公狗	公狗	狗公	狗公
母狗	母狗	狗嫲	狗嫲
公猪	公猪	猪公	猪牯
母猪	母猪	猪嫲	猪嫲

二是平话的词尾"子",虽不如普通话用得广,但比白话明显要多。例如"冰雹",广州说"雹",平话说"雹子";"豹子",广州话说"豹",平话说"豹子";"虾",广州话说"虾公""虾",平话说"虾子";"蚊子",广州说"乌蝇",平话说"蚊子";"桃子",广州说"桃",平话说"桃子";"橘子",广州话说"橘",平话说"橘子";"柚子",广州话说"碌柚",平话说"朴子";"梅子",广州话说"梅",平话说"梅子"。

第三,平话与白话形成的历史时间不同。白话的最终形成时间还有待于进一步考证,但可以肯定不会晚于唐代中叶,也不会早于东晋南北朝时期。其一,白话的音系与《切韵》音系的对应规律很强,虽然可能有一些两汉以前的语音因素,但整体上显然是从《切韵》音系派生出来的,这说明白话的形成不会早于东晋。其二,白话的虚词中难以找到晚唐两宋时期新产生的虚词,如上文举到的"了""着"等都是唐代以后产生的，白话里没有这些虚词。这说明白话的形成不可能在唐代中叶以后。平话的形成要晚于白话，当在晚唐到两宋时期。这可以从移民史和平话的语音语法特点等方面得到充分的证明。

前文已经说过，汉民族向广西地区的移民高潮是在晚唐到南宋时期。其中规模大的有晚唐时期平广西民乱及戍守移民、北宋时期的军戍移民及平侬智高造反留守移民、北宋末年靖康之难以后到南宋初年的避难移民，尤以靖康之难后的避难移民为最多，从北宋末崇宁元年（1102）到南宋绍兴三十二年（1162）60年间广南西路的户数增加了两倍多（据吴松弟《中国移民史》第四卷的研究，绍兴三十二年广南西路的户数是北宋崇宁元年户数的202%）。南宋周去非（孝宗淳熙年间曾任职于广南西路）《岭外代答》卷四说到当时广西的方言："至城郭居民，语乃平易，自福建湖湘皆不及也。其间所言，意义颇善，有非中州所可及也。'早'曰'朝'，'晚'曰'晡时'，以竹器盛如箧曰'篣'，以瓦瓶盛水曰'罂'，相交曰'契交'，自称曰'寒贱'。长于我称之曰'老兄'，少于我称之曰'老弟'，丈人行呼其少曰'老侄'，呼至少者曰'孙'，泛呼孩提曰'细子'。谓'慵惰'为'不事产业'，谓人雠记曰'彼期待我'，力作而手倦曰'指穷'，贫困无力曰'力匮'，令人先行曰'行前'，水落曰'水尾杀'，泊舟曰'埋船头'，离岸曰'反船头'，舟行曰'船在水皮上'，大脚胫犬曰'大脚虫'。若此之类，亦云雅矣。"从这段记载我们可以了解到两点：一是当时广西"城郭居民"所操汉语与中原地区汉语还非常接近，而与福建、湖湘地区的方言有明显的不同，中原人与当地汉族人的语言交流基本上没有太大障碍；二是当时广西"城郭居民"所操汉语已经与中原汉语有一定的差异，这种差异主要表现在词汇上。另外，《大明一统志》卷八十四引元代广西《宜阳志》说宜州"莫氏据其控扼，宋赐爵命，遂成市邑，居民颇驯，言语无异中州。"同书卷八十五亦引元代方志说邕州"宋狄青平侬贼后，留兵千五百人镇守，皆襄汉子弟。至今邑入皆其种类，故言语类襄汉"。

　　从平话内部看，平话的语音系统表现出晚唐至两宋时期的一系列特点：轻唇音已经从重唇音分化出来，"知""庄""章"三组声母合流，全浊声母全部清化；声调平上去入各分阴阳，一般在十个左右（入声因长短音的不同又有分化）；入声韵尾保留完整，阳声韵尾 -m 亦保留完好。在语法方面，词法的动物性别词缀一律前置，与北方方言一致，而与白话和与平话有着长久的接触关系的壮语都不相同；虚词保留着很多产生于唐五代至两宋时期的虚词，如上文举到的"了""着"等。

　　综合这两方面的事实，平话产生于晚唐至两宋时期应该是确凿无疑的。

　　根据以上三点，我们觉得还是将平话与白话分开作为两种独立的方言更合适。当然，方言的分区不是绝对的，根据不同的目的或不同的分类标准都会得到不同的结果。比如，根据当今平话与白话的词汇对应比例和音系的整体格局，把它们合成一个大的方言也是完全可以的。

　　最后附带讨论一下平话的来源问题。李连进（1995）根据桂南平话民系族谱多言来自山东白马（苑、街）一带，随狄青平侬智高而留居于广西，平话全浊声母今音皆为不送气清音，与山东胶东一带方言（文、荣方言）古全浊声母的白读尚有部分字保留不送气的特点，提出平话主要来自今山东省登州、青州一带。考《中国历史地图集》，两宋时期的行政区域名称无山东，今山东省在北宋时期分属京东东路和河北东路。唐宋时期山东是一个泛指名称，泛指太行山以东地区，唐懿宗咸通四年复置安南都护府于行交州（今越南北部一带），发山东兵 1 万人戍之，此"山东"即指太行山以东地区。又考《宋史》狄青本传，狄青乃汾州（今山西汾阳）西河人，非山东人。狄青征讨侬智高时自请"愿得蕃落骑数百，益以禁兵，羁贼首致阙下"，至于他统帅的军队数量和来源都未曾交代。直到元代方志对狄青部队的来源才有记载，《大明一统志》卷八十五引元代方志说邕州"宋狄青平侬贼后，留兵千五百人镇守，皆襄汉子弟。至今邑人皆其种类，故言语类襄汉"。这条记载很值得我们重视。其一，它是目前所能找到的狄青所率部队来源的最早文献依据。其二，这条记载与狄青自请"益以禁兵"暗合。宋代军制分禁兵、厢兵、乡兵和蕃兵，"天子之卫兵，以守京师、备征戍，曰禁军"。禁军日常驻守京畿及其周边地区以环卫之，遇有远方战警，则征调前往。从狄青自请"益以禁兵"及禁兵的职责来看，他统帅前往广西的部队无疑以禁兵为主。北宋襄汉地区是京畿南路和京西北路一带，正是禁兵日常屯驻之地。其三，今桂南平话民系家族谱牒多言来自山东白马（苑、街），考《中国历史地图集》，北宋京西北路治滑州白马镇（今河南滑县境内），其地正在太行山以东。据此三条，狄青部队来自襄汉而非今山东青州、登州一带甚明。

不过，如果我们据此而确定平话来源于宋代的襄汉地区，也未见得完全符合事实。因为，从晚唐到两宋时期的广西移民情况来看，移民的来源是很复杂的，绝非来自某一地区，来自中原、江左、江右的都有（其中也肯定有来自青州、登州一带的），狄青部队留守者在整个晚唐两宋时期的移民中所占比例也绝不在多数。大致来说，平话与晚唐两宋时期的官话关系最密切。今广西田林县平话在当地即称"官话"，民国《邕宁县志》说："自中原南迁者为官话，衍为平话。"这个说法是比较切近的。北宋首都开封，官话以开封一带为标准，襄汉地区在官话区内，狄青部队及其后裔所说的话亦是官话，因此在元代人看来，平话"类襄汉"也就不足为怪了。

就现今广西境内的汉语方言来说，西南官话的分布最广，由桂北和桂西北往南延伸到上林，往西延伸到靖西，覆盖面积几占广西总面积的一半。广西北部、中部和西北部的主要城市如桂林、柳州、河池、宜州以及很多县城都操西南官话。

西南官话是从明代开始陆续进入广西并逐渐扩散开来的。

2. 壮语与广西境内的汉语方言的接触及其类型

广西汉语方言的存在和传播方式的不同决定了壮语与其接触的类型差异。

　　白话在广西有三种存在和传播方式，在桂东南地区白话为区域分布，而且存在的历史相对比较悠久。在这一区域内，壮语居民与白话居民交错杂处，彼此在日常生活的各个方面都有着密切的交往，所以，当地壮语与白话的接触属于地缘接触型。由于在这一区域内白话在使用人口数量和语言地位两方面都占绝对优势，所以，按地缘接触的常规是双向影响，而在这一区域内的实际情形则是壮语受白话的影响深刻，而白话受壮语的影响较小。比如梧州地区的苍梧县，据县志记载，白话是该县的通用语言，壮语只存在于广平镇思化村，使用人口 800 多人，该村壮语"借用白话词语和读音的较多"①。我们把桂东南地区壮语与白话的接触类型称为劣势地缘接触型。

　　在桂中和桂北的一些白话点状分布区内，壮语与白话也属于地缘接触，但接触的情形与桂东南正相反，壮语占人口优势和语言地位优势，白话受壮语的影响较多而壮语基本上没有受到当地白话的影响。比如桂中的来宾县，1994 年出版的《来宾县志》说，白话分布在该县南泗乡的王窈村等地，"受到壮语的影响，发音'夹壮'，有'来宾土白话'之称"。我们把桂中和桂北地区壮语与白话的接触类型称为优势地缘接触型。

　　在桂西南和桂西的白话线性分布区内，白话使用人口基本上都分布在城镇，壮族人除了城镇人口外，基本上没有与白话人口形成杂居局面，大多数壮语人口与白话人口接触与交流的主要途径是赶圩，所以这些地方壮语与白话的接触并不是真正意义上的地缘接触，最多只能算准地缘接触，我们姑且把这一地区壮语与白话的接触类型称为准地缘接触商贸型。

　　平话虽然是历史上的汉族移民带来的，但它却是广西土生土长的汉语方言。壮语与平话的接触应该分历史与现实两块来考察，先说历史

---

① 《苍梧县志》，广西人民出版社 1997 年版。

上的接触情形。

按我们的考察，平话是晚唐至南宋初年 400 多年时间内形成的。当时的移民主流包括两种类型：其一是军戍移民，这部分移民主要集中在城镇，或者由于他们的集中居住而在当地形成城镇。如北宋时期在桂西和桂西南地区设立很多军寨，这些军寨所在地逐渐形成圩市，像今桂西田东县的横山寨，到南宋时期就成为一个很大的边境贸易中心。正因为如此，才出现"城郭居民，语言平易"，邕州"言语类襄汉"，宜州"言语无异中州"。军戍移民也有一部分定居于乡村，民国《邕宁县志》载："汉族籍贯，自赵宋后，来自中州，各省皆有，尤以山东青州府白马苑为多。相传宋皇祐间，随狄武襄征侬智高，事平后，因留邕勿去，言人人同。"其二是避难移民，这部分移民不仅居住在城市，而且也有相当一部分深入到乡村。从北宋末年到南宋初年的 60 年间广西的户数增加了两倍多，新增加的户数绝大多数是移民户，而这些移民户中必定有相当一部分散居在各地乡村，尤其是环绕中心城市（如桂林、柳州、邕宁等）的周边地区。比如邕宁县，据 1995 年《邕宁县志》，该县的自然村中目前尚能追索其来源的，由外省人迁来始建的 32 个，外县人迁来始建的 182 个，由南宁市区及郊区人迁来始建的 62 个。究其迁来的原因，避难是其中之一。历史上壮语与城郭平话的接触主要是商贸接触和行政接触，而与乡村平话的接触则属于典型地缘接触，而且散居在乡村的平话移民与壮族百姓交错杂居，经过数百年的交流往来，其中有相当一部分已经融入了壮族之中。比如在平话民系中，大多称祖先来自山东白马，在一些地方的壮族民间也有是说。我们在龙州调查壮语时，该县八角乡一带壮族百姓告诉笔者，他们的祖先来自山东白马街，并有族谱记载云云。所以历史上乡村平话对壮语的影响最大，壮语与平话的接触应属于地缘接触型。

壮语与平话接触的现实情形：现在桂南和桂西南地区，平话主要分布在乡村，在桂中和桂北的一些地区，平话是当地的通用汉语方言，乡村城镇皆有分布。桂南的邕宁、宾阳、横县等地的平话是历史上原有的，或从南宁市区及其近郊迁来的外来人口带来。桂西南地区的龙州、宁明、天等、大兴、崇左等地的平话基本上都是从邕宁一带迁过去的。1946年《龙津（今龙州）县志》："平话者，即邕宁土语，操此者，惟自彼县移来之家族。"1948年《思乐（今宁明）县志》："平话之在县境，仅数村，先世在宣化县迁来。"外迁的平话居民大多自成村屯，如龙州平话分布于22个村屯，与当地壮语形成大杂居小聚居的局面。桂中和桂北的情形与桂南桂西南相类，桂林近郊和临桂一带的平话是历史上原有的，桂西北的三江、融安一带平话则多是从他处迁入的。在平话的原住地，壮语与平话的接触相当深刻，当地的壮族居民和平话居民有很多操壮、平双语，我们调查的邕宁县那陈乡即是如此。而在平话由外地迁入的地方，以平话为母语的人口同时会说当地壮语的较多，而以壮语为母语的人口兼通平话的极少，这些地方的壮语受平话的现实影响甚微。所以壮语与平话接触的现实情形有两种情况，一种是与本地平话杂居的地缘接触，另一种是与外殖平话杂居的地缘接触。前一种接触相互影响深刻，后一种接触由于时间有限，加之平话处于劣势地位，基本上是壮语影响平话的单向型接触影响。

西南官话自从明代开始进入广西以后，由北向南逐渐推进。在西南官话的分布区和扩散区内，与壮语产生了密切的接触，其接触类型基本上属于地缘接触。壮语与西南官话的密切地缘接触使得一部分地方的壮语受到西南官话的深刻影响。今天，在桂北的广大地区，壮族人操本族语和汉语西南官话双语非常普遍，在一些地方，部分壮族人则已经放弃或正在放弃自己的母语而改操西南官话。如平乐县，据1995年《平乐县志·语言志》，西南官话是该县的通用语言，壮语使用人口占5%，但他们大多已使用汉语西南官话，仍用壮语的只占0.6%。又如三江县，该县县志称："县城公共场合多用桂柳话，本族话局限于家庭和族内人。在同一家庭会出现祖辈只会本族话，父辈兼通本族话和桂柳话，孙辈只会桂柳话的现象。"①西南官话的影响主要在北部壮语区，南部壮语所受影响相对较小，但不同地方受影响的情形也不完全一致。南部壮语受西南官话影响比较深的是靖西县。根据郑贻青《靖西壮语研究》，在她所调查的 3300 个左右的词条中，汉语借词有 1045 个，其中有 504 个是借自西南官话的新借词（其中表示新的政治、经济和文化的词汇 284 个，属于基本词汇的 220 个）。在靖西壮语里，不仅一些表示新的政治、经济和文化方面的词汇借自西南官话，一些基本词汇也从西南官话里借用，甚至连一些老借词也用新借词去替换。郑贻青说："从发展趋势看，新借词所占比例将会快速增加。现以'东、南、西、北'几个词为例，靖西话叫 to：ŋ¹、na：n²、θai¹（或 θei⁵）、pə²，其中'东'是早期借词，'南'和'北'都是新借词。按理，'东西'有老的一套读法，'南北'也应该有老的读法，但现今的人已把'南北'读新借词音，甚至'东西'也有人读新借词 toŋ⁵θei⁵ 了。又如 24 个节气之中，只有'夏至'，读 ja⁶tsei⁵，其余'立夏'li²ja³、'立冬'li²toŋ⁵ 都是读新借词音。从这些例子可以看出，靖西壮语里的汉语借词，新旧交替还在进行，老读音逐渐被新读音所取代。"②靖西地处广西的西南边陲，与越南接壤，该县境内及其附近并没有西南官话分布，而靖西壮语却受到汉语西南官话如此大的影响，这在南部壮语中是很独特的，我们在南部壮语的其他地方还未发现类似的情形。不过，通过靖西壮语我们也可以了解到西南官话对壮语的影响正在逐步扩大和加深。

3.官话（普通话）与壮语的接触及其类型

长期以来，汉民族对于少数民族的文治，一个最为重要的措施就是兴办教育。尤其是唐宋以来，随着科举制度的推行，通过考试选拔人才，人人获得进身仕途的机会，这不仅调动了汉族人的读书学习的积极

---

① 《三江侗族自治县县志·语言志》，中央民族学院出版社 1992 年版。

② 郑贻青：《靖西壮语研究》，第 56—57 页。

性，也调动了"四夷"学习汉语读汉族典籍的积极性。《新唐书·高丽传》："（高丽）人喜学，至穷里厮家，亦相矜勉，衢侧悉构严屋，号扃堂，子弟未婚者曹处诵经习射。"又《新罗传》："玄宗开元中……（新罗）又遣子弟入太学学经术。"《宋史·高丽传》："（高丽）遣国人金行成入就学于国子监。……太平兴国二年，遣其子元辅以良马方物兵器来贡。其年，行成擢进士第。""（淳化元年），上亲试诸道贡举人，诏赐高丽宾贡进士王彬、崔罕等及第，既授以官，遣还本国。""（高丽）有国子监四门学，学者六千人。贡士三等，王城曰土贡，郡邑曰乡贡，他国人曰宾贡。间岁试于所属，再试于学，所取不过三四十人，然后王亲试以诗赋论三题，谓之帘前重试。亦有制科宏词之目，然特文具而已。""四夷"的这种接受汉民族的文化教育学习汉语读汉族典籍的风气，成为汉语影响其本族语的一个重要途径，在很多地方甚至成为最主要的途径，如朝鲜、日本、越南等地。就壮语而言，不仅与汉语的地缘接触而受到汉语的强大影响，汉民族对壮族的治化教育也是壮语受汉语影响的重要方面。由治化教育而对壮语产生影响的主要是历史上的官话和现代普通话。历史的官话包括唐宋时期的官话——古官话和明清时期的官话（演化为今天的西南官话），普通话则是新中国成立以来中央政府确定的汉语标准语。

唐宋时期的官话是现代平话的主要源头。在当时，官话不仅通过移民与壮语发生地缘接触和商贸接触，而且是中央政府对壮族实行治化教育的工具语言。前文说过，自从秦始皇建立岭南三郡开始，广西就纳入了大一统的中国版图，长期接受汉民族中央王朝的文化和统治。对于广西的壮族以及其他一些少数民族，虽然长期采取羁縻制度，但是在这些民族地区办学校兴教育也是很早的。在早期，对这些少数民族的教育还主要偏重于"教民稼穑""导之礼义"，如后汉锡光、任延做交阯、九真太守时对骆越之民的教化；到了唐宋时期随着科举制度的实行，教育就从"导之礼义"转移到读书明经上来，主要侧重于学习汉文儒家经典了。唐宋时期广西壮族地区的学校教育内容是汉族儒家经典，教育的工具语言是当时的官话。这种官话工具语言通过识字读书而被壮族读书人所掌握，并逐渐固定下来，形成了一套在壮语区通行的读书音系统。这套读书音系统至今仍然存在，张均如（1982、1988）、谢建猷（1991、1994）班弨（1999）等人都曾做过报道和描写。这套读书音告诉我们，唐宋时期汉语官话通过教育途径对壮语所产生的影响是巨大的，形成了壮语与汉语接触、汉语影响壮语的一种特殊类型——文化接触类型中的教育传播型。

西南官话自明代进入广西之后，除了与壮语产生密切的地缘接触关系外，有无作为教育工具语言而在壮语区内传播，我们没有做过调查，也没有见到这方面的专门报道。不过，自明清以来，西南官话在桂北地区作为教育工具语言应该是一个不容置疑的事实。根据中国社会科学院民族研究所和国家民族事务委员会文化宣传司主编的《中国少数民族语言使用情况》，我们可以了解到广西桂北地区的以下情况：

隆林各族自治县（壮族人口占全县总人口比例 1982 年是 54.4%）："学校教学除上语文课念课文时使用普通话外，其余课程以及讲解课文均用西南官话，偶尔使用壮语或苗语。"①

环江毛南族自治县（壮族人口占全县总人口比例 1982 年是 77.62%）："县、乡镇中学和小学高年级用当地汉语（西南官话）授课（上语文课时用普通话念课文）。小学低年级和村寨小学、教学点除用当地汉语或普通话读课文外，一般用毛南语或壮语辅助教学。"②

大化瑶族自治县（壮族人口占全县总人口比例 1987 年是 69.78%）："在大化县，通用壮语。汉语主要用于广播、电影、重要会议、中学教育、法院审判和文艺宣传。""中学和小学高年级讲课，都使用汉语（西

---

① 《中国少数民族语言使用情况》，第 124 页。

② 《中国少数民族语言使用情况》，第 150 页。

南官话)。"①

此外还有两个现象可以间接地证明桂北地区近代以来西南官话的教学工具语地位：其一，根据班弨（1999）的报道，来源于唐宋时期的读书音（他称之为"壮汉语"）存在于以南宁为中心的桂南桂中地区，而以桂林为中心的桂北地区则没有这种读书音。我们知道，在唐宋时期，南宁和桂林是广西境内的两个政治中心，尤其是桂林，在南宋时期曾作为皇帝的潜邸，在经济和文化各方面的发达程度都要比南宁高，至少绝不亚于南宁。当时以官话为工具语言的学校教育在桂林及其周边地区不可能不存在，那么，现在桂北地区找不到这种读书音，唯一的可能就是这种读书音被西南官话取代了。其二，广西西南边陲的靖西县不在西南官话的分布区内，附近也没有西南官话分布，而根据郑贻青（1996）和广西民族语言文字工作委员会研究室编的《壮语通用词与方言代表点词汇对照汇编》提供的8000多个靖西壮语词汇，靖壮语里西南官话借词的比重相当大，这些西南官话借词主要是通过学校教育获得的。

汉语普通话是新中国成立以后确立的。在20世纪70年代以前，广西壮族地区的学校教育并没有严格要求使用普通话教学，这从上面所举的桂北几个县学校教育所用媒介语的情况也可以清楚地看出来。但是，80年代以来，尤其是进入90年代，随着普通话的大力推广、新形势下以汉语普通话为媒介的信息传播幅度和密度的大幅度提高以及改革开放带来的人口流动的大幅度增长，普通话在广西壮族地区也越来越受到重视。在此基础上，广西壮族自治区的教育行政部门已经要求各地中小学使用或逐步使用汉语普通话进行教学。此外，随着经济的发展，广播电视等大众传播媒介已经全面深入到广西各地的千家万户，普通话通过这些大众传播媒介也在不断地影响着广西各地的壮族同胞，因此，汉语普通话正在影响着壮族中小学生以及成人的语言知识，在不少地方，壮族

---

① 《中国少数民族语言使用情况》，第155页。

的本族语在新的一代人身上正逐步退化，而汉语普通话的知识和水平却迅速提高。相应地，新的汉语借词正逐渐从西南官话向普通话过渡。

至此我们可以将壮语与汉语的接触类型做一总结。从大的方面看，壮语与汉语的接触主要有两种类型，一种是地缘接触型，另一种是文化接触型。在地缘接触型内部，不同汉语方言或不同的地区的具体接触方式又有所不同，既有杂居型地缘接触，也有商贸型地缘接触，而且在杂居型地缘接触中根据接触语言双方的优劣形势以及接触时间的久暂等因素也有不同接触结果。文化接触型主要是一种比较特别的亚型，即教育传播型，这种接触类型与一般意义上的文化接触（如汉语与英语的接触）是有很大差异的，它带有相当大的强势和强制性，因此这种文化接触型的接触结果与一般意义上的文化接触型的结果是很不相同的。

参考文献

《史记》，中华书局 1982 年版。

《汉书》，中华书局 1982 年版。

《后汉书》，中华书局 1982 年版。

《旧唐书》，中华书局 1982 年版。

《新唐书》，中华书局 1982 年版。

《新五代史》，中华书局 1982 年版。

《宋史》，中华书局 1982 年版。

（南宋）周去非：《岭外代答》，中华书局《丛书集成初编》1958 年版。

（明）邝露：《赤雅》，中华书局《丛书集成初编》1958 年版。

（明）王尚贤：《梧州府志》，崇祯四年（1631）刻本。

（清）蒋松、唐元等：《西延轶志》，清道光二十年（1840）刻本。

民国《龙津县志》第四编，广西档案馆 1960 年铅印本。

苍梧县志编辑委员会编：《苍梧县志》，广西人民出版社 1997 年版。

班弨：《论壮汉语》，香港天马图书有限公司 1999 年版。

曹树基：《中国移民史》第六卷，福建人民出版社 1997 年版。

葛剑雄：《中国移民史》第一卷，福建人民出版社 1997 年版。

雷坚：《广西建置沿革考录》，广西人民出版社 1996 年版。

李连进：《桂南平话的历史来源、代表方言及其历史层次》，《广西师院学报》1995 年第 3 期。

梁敏、张均如：《侗台语族概论》，中国社会科学出版社 1996 年版。

欧阳觉亚：《两广粤方言与壮语的种种关系》，《民族语文》1995 年第 6 期。

覃晓航：《广西粤语的线性分布及其历史成因》，《中南民族学院学报》1998 年第 1 期。

谭绍鹏编著：《古代诗人咏广西》，广西人民出版社 1989 年版。

韦树关：《试论平话在汉语方言中的地位》，《语言研究》1996 年第 2 期。

吴松弟：《中国移民史》第三卷，福建人民出版社 1997 年版。

谢建猷：《壮语陆西话与平话、白话若干相似现象》，《民族语文》1994 年第 5 期。

张均如：《广西中南部地区壮语中的老借词源于汉语古"平话"考》，《语言研究》1982 年第 1 期。

张均如：《广西平话对当地壮侗语族语言的影响》，《民族语文》1988 年第 3 期。

郑贻青：《靖西壮语研究》，中国社会科学院民族研究所 1996 年版。

中国社科院民族研究所、国家民族事务委员会文化宣传司主编：《中国少数民族语言使用情况》，中国藏学出版社 1994 年版。

钟文典：《广西近代圩镇研究》，广西师范大学出版社 1998 年版。

（原载石锋、沈钟伟编《乐在其中：王士元教授七十
华诞庆祝文集》，南开大学出版社 2004 年版）

汉语与周边语言的接触类型研究

语言接触有多种类型，不同的接触深度其结果会不同，不同的接触类型其接触结果也会不同。本文拟初步探讨汉语与周边语言的接触类型以及不同接触类型所导致的不同接触结果。

根据汉语与周边语言接触的实际情形，我们将它分为三种类型，即（1）跨地缘文化交流性接触；（2）地缘接触；（3）教育传播性接触。

一、跨地缘文化交流性接触

语言不仅是一种交际工具，而且是一种文化载体。因此，在跨地缘的不同民族之间发生文化交流，会引发两种语言的接触，这种接触我们称之为文化交流性接触。汉语与周边语言的跨地缘文化交流性接触发生得很早。在西汉时期，张骞出使西域，打通了丝绸之路，开辟了汉王朝与西域各国的贸易往来和文化交流，中国的物产和文化开始向西域各国传播扩散，西域各国的物产也源源不断地流向中国，从而引发汉语与西域各国语言的接触，一些西域民族语言的词语开始进入汉语，如葡萄、苜蓿、琵琶、狮子等等。随着丝绸之路的开辟，印度的佛教开始向中国传播，引发了梵语与汉语长时间的接触。此外，汉代征服朝鲜，开辟南方丝绸之路，引发了朝鲜和西南各民族与汉民族的长期文化交流，也引发了汉语与朝鲜语以及西南各民族语言的接触与交流。《说文解字·口部》："咺，朝鲜谓儿泣不止曰咺。"又《后汉书·南蛮西南夷传》载有西南民族"白狼人"的《白狼歌》，这些都是这种接触交流的见证。

在跨地缘文化交流性接触中，文化传播的方向决定着语言接触的方向。如果文化传播是单向性输出（入），则与之相关的语言接触也是单向性输出（入）；反之，如果文化交流是双向性输出（入），则与之相关的语言接触也是双向性输出（入）。

在汉代，汉语与西域各国的文化交流是双向的，汉语与那些国家的语言的接触与交流也是双向的，汉语吸收了西域各国语言的一些词语，西域各国也从汉语中吸收了不少词语，这些词语有些通过西域的桥梁作用进一步传播到西方，如英语中的 china（瓷器）、silk（丝绸）等都是经过西域传播过去的。

汉语与梵语的接触和汉语与日语的接触都属于单向性输出（入）型。汉语与梵语的接触是随着佛教的传入佛经的翻译而发生的。由于这种文化传播是单向性的，它决定了汉语与梵语的接触也是单向性的，汉语从梵语中吸收了大量词汇，在一些佛经翻译中，其文本语法也在一定程度上受到梵语的影响；但是反过来，梵语则没有受到汉语的影响。

汉语与日语的接触分古代和近现代两个阶段。在古代，主要是中国文化输出到日本，因此是汉语影响日语而日语基本上没有影响汉语的阶段；到近现代，随着日本现代化科学技术文化的发展和强盛，中日之间的文化输出发生了变化，变成主要是日本向中国的文化输出，因此这个时期汉语从日语中借用了大量词语，而日语在这一时期则基本上没有借用汉语词汇。

近代以来汉语与英语的接触也属于单向性跨地缘接触类型。汉语向英语借用大量词语，并且随着接触的进一步扩展和深入，其借用层面正由学术术语和表示新生事物的词语逐渐过渡到普通词语，比如最近一个时期借用的"酷"（cool）就是一个典型的普通词语的例证。

跨地缘文化交流性接触不仅文化传播的方向决定了语言接触的方向，而且文化传播的广度和深度也决定着语言接触的广度和深度。佛教在中国的传播自汉代开始已经历了近两千年的历史，中间几盛几衰。但是由于这种文化传播没有征服中国本土的儒家文化，没有取得像基督教在一些西方国家那样的地位，因此，它的传播始终被局限在一定的范围之内，没有对汉民族社会产生广泛而深刻的影响，因此梵语对汉语的影响也就基本上局限在词汇借用和局部文本（翻译佛经）语言方面，没有对汉语系统产生更深刻的影响。

汉文化对日本、朝鲜、越南的传播则与此不同。拿汉族文化对日本的传播来说，其持续的时间大致与佛教向中国传播的时间相仿，但是汉族文化对日本文化的影响程度却要比佛教文化对汉文化的影响程度要深刻得多。在历史上很长一段时间里，中国儒家文化是日本学校教育的主要内容，因此以儒家文化为代表的汉文化在日本取得了类似于基督教文化在一些西方国家那样的地位。与此相应，汉语对日语的影响也就要比梵语对汉语的影响要深刻得多，在日语中形成了几套汉语音读系统，而汉语中却从来没有形成梵语音读系统。

跨地缘文化交流性接触由于是借助于文化的传播而产生的语言接触，其影响的方式以及由此造成的接触结果都与其他类型的接触不同。

在浅度文化交流接触过程中，语言的接触一般只表现为需要性的词语借用，亦即因特定表达的需要，输入语一方主动地向输出语一方借用一些本语言中所没有的词语，比如英语向汉语借用 Taoism（道教）、yin and yang（阴阳）、Hsia（夏朝）、Tang（唐朝）、silk（丝绸）、chopsticks（筷子）、china（瓷器）、tea（茶）、chow mein（炒面）、pakchoi（白菜）、lichee/ litchi（荔枝）、kongfu（功夫）、suanpan（算盘）、

mahjong（麻将）等等。20 世纪 80 年代以前汉语受英语的影响也基本上属于这种情况，主要是借用英语的学术概念术语和表示新生事物的词语。例如沙发（sofa）、咖啡（coffee）、汉堡包（hamburger）、巧克力（chocolate）、雪茄（cigar）、三明治（sandwich）、色拉（salad）、苏打（soda）、歇斯底里（hysteria）、休克（shock）、钙（calcium）、的确良（dacron）、马拉松（marathon）、奥林匹克（Olympic）、扑克（poker）、坦克（tank）、吉他（guitar）、厄尔尼诺（Elnino）、克隆（clone）、拷贝（copy）、逻辑（logic）、浪漫（romance）、幽默（humor）等。

随着文化交流的深入，语言接触也逐渐深入，其标志就是超越因需而借的界限，出现其他借用动机，比如时尚动机、教育动机等。在古代，日语受汉语的影响主要就属于教育动机促动下的借用，当然在当时也许也存在时髦动机，只是这方面的情况我们现在已很难搞清楚罢了。20 世纪 90 年代以来汉语受英语的影响也正朝着时髦动机和教育动机方向发展，前面提到的"酷"的借用显然就是时髦动机下的借用例证，类似"酷"的情况则是在一些杂志文章中英汉词汇夹杂，这种情况在目前还只是特定文本情形，但是如果这种情况持续发展下去，说不定汉语也会像日语、朝鲜语、越南语那样形成一套英语音读系统。

跨地缘文化交流性接触的主要接触结果是词汇的借贷，当这种接触达到一定深度的时候，可以导致输入方语言的词汇绝大多数被输出方语言的词汇所侵占，如朝鲜语中的汉语词汇比例在 70% 左右，日语中的汉语词汇比例也很高；但是这种接触类型对输入方语言的语音系统和语法系统的影响却远不如对其词汇系统的影响那么突出，因此这种接触类型很难导致输入方语言系统的全面改变，更不可能出现输入方的语言转换。

二、地缘性接触

地缘性接触，是指说两种语言的族群在生活地域上相互紧邻、来往密切，或者长期交错杂居、共同生活引起的语言接触。汉语与周边语言的地缘接触历史悠久。夏、商两代以及之前的语言接触情形现在已不得而知。周人原是华夏族的一支①，在不窋时期"窜于戎狄"②，从此与姜氏族世代通婚。姜氏族为四岳之一支，《左传·襄公十四年》载姜戎氏言曰："我诸戎是四岳之裔胄也。"后来称为"戎"的"羌人"实与姜氏族同一根源③，其苗裔即今天的藏族、羌族等民族。所以周人窜于戎狄，与姜氏族世代通婚，不可能不发生语言的接触。根据我们的研究，周代以后汉语文献中出现的兼指代词、第一人称代词"吾""卬"以及判断词"也"等都与周人母语有密切关系，而周人母语中的这些成分很可能来自姜氏族的语言。④ 周人统一中原之后，不仅继续与西方的戎人保持着密切关系，北边与狄人，南边与蛮族和越族也开始发生关系，到了春秋时期南方的蛮越逐渐强大起来，乃至有问鼎中原之势，此时中原华夏人与蛮、越的接触就更加频繁起来，华夏文明在蛮、越地区不仅开花，而且结出了硕果，如老子本为楚人，而他的《道德经》却是用汉字和汉语写成的，显然汉语对楚人的语言早已产生深刻影响。其后秦始皇统一岭南，汉武帝开通西域，政治教化、外交通使以及与此相伴的商贸往来和人口迁徙等等都会造成汉语与周边语言的频繁接触。再往后五胡乱华、大唐盛世，宋代的半壁江山，及至今天汉民族与周边各民族的和平

---

① 参见王玉哲《中华远古史》，第 424—435 页。
② 《国语·周语上》："我先王不窋用失其官，而自窜于戎狄之间。"
③ 《后汉书·西羌传》云："西羌之本，出自三苗，姜姓之别也。"
④ 参见洪波（1991、1994、1996、1999、2000）。

共处，如此等等，可以说一部华夏历史有半部是汉民族与周边民族的征战、交流、融合的历史，与此相应，必然也伴随着汉语与周边语言的接触和融合。现代汉语亲属称谓词"哥"来源于鲜卑语，另一个极为重要的亲属称谓词"爹"也非汉语所固有，《广韵·麻韵》："爹，羌人呼父也。"这些就是汉语与周边语言接触融合的明证。

汉民族与周边民族的悠久接触、交流、融合史造成了汉语与周边语言复杂的地缘接触关系，我们暂且将汉语与周边语言的地缘性接触分为3个亚型：（1）底层型；（2）交错杂居型；（3）孤岛型。

底层型指的是历史上曾经是其他语言通行的区域后来被汉语覆盖成为汉语通行区域，而原语言成为当地汉语中的底层成分；或者历史上曾经是汉语通行的区域，后来被其他语言覆盖，汉语成为当地通行语言中的底层成分。今天的福建、广东主要是汉语闽方言和粤方言通行的地区，而历史上这些地区曾经是古代百越民族的家园，他们的语言被汉语覆盖掉了，部分成分则保留在今天的闽语和粤语当中，比如汉语的动物性别成分从很古的时候就是分布在动物名词词根的前头的（如《尚书·牧誓》："牝鸡无晨，牝鸡之晨，惟家之索。"），然而在今天的粤语和闽语当中，动物性别成分则出现在动物名词词根的后头，与今天的壮侗语族语言一致。又如在南宁白话（粤语）中，形容词、动词都可以加上叠音后缀；形容词或动词的后面加一个"多"，相当于"很"；动词后用"去"表示动作的结果或趋向；动词后加一个"要"，表示手段或方式，等等，都与当地壮语一致（欧阳觉亚，1995）。在词汇方面，古代百越民族语言在如今汉语南方的湘、客、吴、粤、闽诸方言中的底层，就更加显著了，这方面已有很多研究成果，这里不赘述（参见吴安其，1986；欧阳觉亚，1989；邓晓华，1999；龚群虎，2001）。在黄河以北蒙古高原以南的广大地区中古早期曾经被鲜卑人统治了两百多年，当时这片地区是汉语与鲜卑语共生之地，后来随着鲜卑人的主动汉化及鲜卑政权的覆灭，这片地区又被汉语所完全覆盖，鲜卑语的一些成分融入了汉语成为北方汉语的底层成分，大家都知道，汉语"哥"这个词就是来源于鲜卑语，是鲜卑语在汉语中的底层成分。再后来，蒙古语在北方也一度成为优势语言，随着蒙古政权的覆灭，蒙古语的优势地位丧失了，它的一些成分却融入了汉语，典型的例子就是"胡同"，根据张清常（1990）的研究，"胡同"这个词来源于蒙古语，其原义是"水井"。历史上华北乃至中原地区曾长期被操阿尔泰语系语言的民族（如鲜卑族、契丹族、蒙古族、女真（满）族）所统治或控制，这些民族的语言后来虽然基本上都退出了该地区，但是它们对北方汉语的影响是深刻的，不仅留下了底层成分，对北方汉语的语音系统、词汇系统、语法系统也都产生了不同程度的影响。桥本万太郎（1985）曾提出北方汉语的阿尔泰化，是很有见地的，只是具体问题的研究还不够深入，究竟在哪些方面阿尔泰化了，现在还不是很清楚，这方面还有大量的研究工作可做。

历史上秦始皇征服岭南，设岭南三郡，造成汉民族第一次向岭南地区大规模移民。秦王朝灭亡之后，滞留岭南的汉人自立政权，成立南越国。汉武帝灭了南越国，当地汉人便融入了越人之中。自汉代到宋代，北方汉人因为种种原因也一批批地向岭南地区移民，后来其中的一部分人也融入了当地越人之中。今天壮侗语族语言中的汉语成分一般都一律将它们看成是从汉语借入的，这种看法是偏颇的。我们认为今天壮侗语族语言中的汉语成分有一部分是融入古代越人的汉族人带过去的，是汉语在壮侗语中的底层成分。

交错杂居型接触最为普遍，北起黑龙江，南到海南岛，多数民族语与汉语的现实接触情形都属于这种类型，但具体情形又不尽相同。有些地方的杂居型接触是汉语（方言）占绝对优势。比如在广西南部地区汉语粤方言与壮语为杂居型地缘接触，其中桂东南地区，粤方言处于绝对优势地位，而壮语处于绝对劣势地位，如梧州地区的苍梧县，据县志记载，白话（粤方言）是该县的通用语言，壮语只存在于广平镇思化村，使用人口 800 多。又如以南宁为中心的大片地区，历史上长期是平话与壮语杂居型接触地区，平话占绝对优势，而壮语处于劣势地位（洪波，2004）。

有些地方则是民族语处于优势地位而汉语（方言）处于劣势，如在广西的桂中和桂北地区也有白话分布，而这些地区的白话在与当地壮语的接触过程中就处于劣势地位。

不同情形的杂居接触会造成不同的接触结果。在桂东南地区壮语受当地白话影响深刻，苍梧县思化村壮语"借用白话词语和读音的较多"①，而当地白话受当地壮语的现实影响却几乎看不到；与此相反，桂中和桂北的白话受当地壮语的影响深刻而当地壮语受白话的影响则甚微，据 1994 年出版的《来宾县志》载，白话分布在该县南泗乡的王窈村等地，"受到壮语的影响，发音'夹壮'，有'来宾土白话'之称"。

孤岛型接触指操汉语的一个社群孤立地处于另一种语言的包围之中而与该语言发生的地缘接触，或者某种民族语孤立地处于汉语的包围之中而与汉语发生的地缘接触。四川倒话和青海五屯话属于前者，畲语则是后者的一个例证。

地缘接触无论是哪种亚型，其所导致的接触变异都与跨地缘文化交流性接触类型不尽相同。跨地缘文化交流性接触一般只会导致成分借贷，而地缘接触，则不仅会导致成分借贷，还会导致结构干扰、功能替代乃至系统融合等各种接触变异。这种接触引发的语言变异，可以遍及语音、词汇、语法诸多方面，形成不同程度的语言变化，或者出现双语双方言乃至语言替换等结果。例如汉语与周边少数民族之间远古以来不同历史层次的借词，又如西南、西北的藏缅语、阿尔泰语一些语言中，借自汉语中的 /f/ 音位等等，都是成分借贷的典型例证。结构干扰方面的例证也很多，如西北官话河州话中大量采用 SOV 为主的句式，是受阿尔泰语或者藏语语法结构干扰的结果。南方的汉语方言如粤语的语言

---

① 《苍梧县志》，广西人民出版社 1997 年版。

系统中，也可以看到受壮侗语族语言语法影响的痕迹。

在三种不同的地缘接触亚型中，孤岛型接触又有着独特的接触机制。这种接触往往表现为两种语言系统全面的、有机有序的整合。其显著的特征是，两种源语言的语言系统，按照系统的结构／要素的分野，相互交错地整合起来，形成新的语言系统。以倒话为例，倒话的词汇系统主要来源于汉语，而语法系统主要来源于藏语。就词汇和语法两者之间的相对关系来说，语法（尤其是句法）属于一种结构性的范畴，而词汇处于一种"建筑材料"的要素性质。从这个意义上说，倒话的语言系统中有一种根据结构／要素的不同分别不同源语言成分的表现。不仅词汇和语法是这样，这种表现实际上体现在整个语言系统及其各个子系统的方方面面。与此同时，在倒话的语言系统中，结构／要素的分野与源语言的异同，并不是一种固定的关系。也就是说，并非所有子系统的结构都对应于一种源语言，而所有子系统的要素项目都对应于另一种源语言。相反，当一种子系统的结构对应于一种源语言时，另一种子系统的结构可能对应于另一种源语言；从要素的角度看也是如此。例如，倒话在词汇这一要素性层面上是指向汉语，而在语音要素（要素格局）的层面上却是指向藏语的。我们曾经将倒话的这种根据结构／要素的不同表现为不同语源分布的情形归纳为表1（意西微萨·阿错，2003）。

表1

不同的结构或要素 不同的源语言	结构		要素	
	语法	语音结构	词汇	语音要素
来自汉语	−	＋	＋	−
来自藏语	＋	−	−	＋

综合两种角度看，词汇、语法、语音结构、语音要素之间来源异同的情况可全面比较如下（表2，纵行横列为两轴相互交叉比较）：

表2

横轴 纵轴		语音结构 / 语音要素		语法 / 词汇	
		语音结构	语音要素	语法	词汇
语音结构 / 语音要素	语音结构		异	异	同
	语音要素	异		同	异
语法 / 词汇	语法	异	同		异
	词汇	同	异	异	

这样，通过两种源语言形成的深度异源结构，可以总结出两组具体的异源特征：

语法结构 / 词汇系统异源，语音结构 / 语音要素异源；

语音结构 / 语法结构异源，词汇系统 / 语音要素异源。

"语法结构 / 词汇系统异源，语音结构 / 语音要素异源"是基本特征，而"语音结构 / 语法结构异源，词汇 / 语音要素异源"是伴随特征。拥有了基本特征，也就决定了伴随特征。尽管如此，也不能舍去伴随特征，两个特征的统一，才完整反映了异源结构现象的基本属性。在实际语言研究过程中，我们可以通过伴随特征预测或者论证其基本特征。

此外，地缘接触导致的借词还有一种特殊的表现，即汉语和地缘相接的周边语言之间，不仅相互有大量的借词，而且由于漫长历史时期中语言间的不断接触，还形成了特殊的"返回式借词"。亦即一个语言中的词语借入了另一种语言，后来又把这个借词返回来借进了最初借出该词语的语言。例如：

清代时借入汉语的"福晋"或"夫金"，是亲王、郡王、世子之正室的封号，而这个词其实最初是汉语的"夫人"借入满语，指王或贝勒之妻。借入"夫人"还归"福晋"，正是返回式的借词，一借一还之间，语音发生了有趣的变化。又如，汉语的"太子"借入蒙古语，作为蒙古王公的爵位名号或者军衔和行政区域长官的称号，清代这个词又返回汉语，写成"台吉"；汉语的"将军"借入满语，清代又把这个词借回汉语，写作"章京"；汉语的"宰相"借入蒙古语，清代又把这个词借回汉语，写作"寨桑""斋桑"或"宰桑"；汉语的"博士"先借入蒙古语，表示先生、师傅，后来又借入汉语，写作"把式"；汉语的"螺贝"借入蒙古语，后来又借入汉语，写作"喇叭"；现在一般都把汉语的"（车）站"看作是蒙古语借词，其实这个词也是一个返回式借词，早期汉语的"店"借入蒙古语和朝鲜语，音变为 tsam 或 tsom，后来又返借回来，写作"站"。今朝鲜语汉字"店"即音 tsom。

三、治化教育性接触

汉语与周边语言的接触类型的第三种方式便是治化教育性接触。历史上由于汉民族在政治、经济、文化上的优势地位，许多周边民族，乃至一些周边国家和地区从属中原政权的统治，自觉地或者被迫接受汉语教育，由此形成的语言接触也有其自身的特点。汉语与朝鲜（韩）语、越南语之间的接触是其典型的例子。汉语和南方的侗台民族语言的接触也兼有治化教育性接触。

朝鲜（韩）和越南历史上都曾经直接接受中国政权的统治。即使在不受中国政权控制的时候，历史上也曾十分崇尚汉语文的学习，知识阶层直接使用汉语阅读和写作，乃至参加中国政权的科举考试，书面汉语通行在相当大的使用范围内。不过也可以想见，主要为了学习汉族文化的这种语言接触，在口语中的影响相对有限，更主要的是书面汉语的影响。这种治化教育性语言接触的直接结果是大规模的词汇移植。和文化传播性接触、地缘接壤性接触相区别的是，治化教育性接触带来的词汇借贷，不仅数量巨大，而且表现出相当的系统性，最终借词在借入语言的词汇总体中占据多数地位。这样，这些借词不仅和借源语言的相应语词拥有音韵对应关系，而且在借词之中，形成类似"深层对应"的系统性对应关系。日语和汉语的接触尽管也兼有文化传播性接触的性质，但历史上，日本知识阶层热情学习汉语文，并且在相当长的时间内，直接采用汉语文阅读、创作诗文，也带有治化教育性接触的特征。直到现在，在收词 5 万左右的中型日语辞书中，50% 以上的词汇可以是"汉语"——即来自汉语的词（包括用来自汉语的语素组成的新词）。例如收词 4 万余的《例解国语辞典》有 53.6% 的词是"汉语词"，而收词 6 万余的《角川国语辞典》"汉语词"则占 52.9%；在 1954—1981 年 23 种学术用词汇集中的统计，总计 19 万余词汇中"汉语词"则达 59.6%（野村雅昭，2002）。而在朝鲜（韩）语中，这种比例会更高。

如果说当年朝鲜（韩）、越南以及日本人使用汉语文的情形已经不可能再现，那么，在中国南方的少数民族语言如壮语中，仍然能看到当年接受汉语文教育留下的汉字"壮读"音，或者叫作"壮汉语"[1]，比如在广西上林县就存在着这种汉字"壮读"音，下面是刘爱菊（1999）描写的上林县明亮乡汉字"壮读"音音系：

（一）声调

调名	调型	调值	调类	例字			
1 调	高升	35	阴平	$\textit{ɬei}^1$（诗）	ei^1（衣）	$fuŋ^1$（方）	$tien^1$（天）
2 调	低升	13	阳平	$\textit{ɬei}^2$（时）	hei^2（移）	$fuŋ^2$（房）	$tien^2$（田）
3 调	中平	33	阴上	$\textit{ɬei}^3$（使）	ei^3（椅）	$ŋwon^3$（碗）	$tɕiu^3$（九）
（7 调）	〃	〃	长阴入	$tiet^3$（铁）	$fa:t^3$（发）	$ka:t^3$（割）	$ɬiet^3$（舌）
4 调	低降	21	阳上	$\textit{ɬei}^4$（是）	i^4（以）	man^4（晚）	jou^4（有）
（10 调）	〃	〃	短阴入	$\textit{ɬik}^4$（石）	tik^4（笛）	$ɬat^4$（实）	sap^4（十）
5 调	高平	55	阴去	$\textit{ɬei}^5$（试、世）	ei^5（意）	han^5（汉）	sau^5（注）
（9 调）	〃	〃	短阴入	$\textit{ɬik}^3$（识）	tik^5（滴）	$ɬat^5$（失）	$ɬap^5$（湿）

---

[1]　班弨（1999）首次使用了"壮汉语"这个说法，这里接受他的命名。

调名	调型	调值	调类	例字			
6调	高降	42	阳去	łei⁶（士）	hei⁶（异）	min⁶（面）	han⁶（汗）
（8调）	"	"	长阳入	miet⁸（灭）	pa:t⁶（拔）	jiek⁶（药）	ha:p⁶（合）

（二）声母

	塞音	鼻音	边音	擦音			
唇音	p	m		f w	ʔw		
舌尖音	t	n	l	s			
舌面音		ȵ	ɬ	ɕ		tɕ	
舌根音	k	ŋ		j	ʔj		kw	ŋw
喉音	ʔ			h			

（三）韵母

韵尾＼元音		i	e	a	o	u	ɯ
阴声韵		i		a	o	u	
	-i		ei	ai a:i	oi	ui	
	-u	iu	eu	au	ou		
	-ɯ			aɯ			
阳声韵	-m	iem		am a:m			ɯm
	-n	in ien	en	an a:n	on	un	ɯn
	-ŋ	iŋ ieŋ	eŋ	aŋ a:ŋ	oŋ	ueŋ uŋ	
入声韵	-p	ip iep		ap a:p			
	-t	it iet		at a:t	ot	uet ut	
	-k	ik iek		ak a:k	ok o:k	uek uk	

比较刘爱菊描写的上林县壮语语音系统：

（一）声调

调名	调型	调值	调类	例字		
1调	高升	35	阴平	fan¹（分）	na¹（厚）	ta:i¹（死）
2调	低升	13	阳平	hoŋ²（红）	na²（水田）	ta:i²（桌子）
3调	中平	33	阴上	oi³（甘蔗）	na³（脸）	tai³（哭）
（7调）	〃	〃	长阴入	ta:t³（热）	ŋwet³（挖）	fa:t³（发）
4调	低降	21	阳上	hau⁴（米）	ku³（做）	ɬi⁴（社）
（10调）	〃	〃	短阴入	kap⁴（捉）	luɯk⁴（子）	ɬuk⁴（俗）
5调	高平	55	阴去	sau⁵（和）	na⁵（箭）	tam⁵（低）
（9调）	〃	〃	短阴入	ɬat⁵（塞）	nat⁵（冷）	tik⁵（滴）
6调	高降	42	阳去	no⁶（肉）	ta⁶（河）	ta:i⁶（代）
（8调）	〃	〃	长阳入	ha:k⁶（学）	ma:t⁶（袜）	sa:p⁶（杂）

（二）声母

唇音	p	ʔb	m	ʔm			f	v	ʔv	pj	mj	
舌尖音	t	ʔd	n	ʔn		l	s					
舌面音			ȵ	ʔȵ	ɬ		ɕ	j	ʔj			
舌根音							h	ɣ	Kj (tɕ)		kw	ŋw	ʔŋw

（三）韵母

元音 / 韵尾		i	e	a	o	u	ɯ
阴声韵尾		i	e	a	o	u	ɯ
	-i		ei	a:i	ai	oi	ui
	-u	iu	eu	a:u	au	ou	
	-ɯ			auɯ			
阳声韵尾	-m	ien im	em	a:m	am	om	uem um
	-n	ien in	en	a:n	an	on	uen un	ɯn
	-ŋ	ieŋ iŋ	eŋ	a:ŋ	aŋ	o:ŋ oŋ	uəŋ uŋ	ɯŋ

元音 韵尾		i	e	a	o	u	ɯ
入声 韵尾	-p	iep ip	ep	a:p	ap	op	uəp up
	-t	iet it	et	a:t	at	ot	uət ut	ɯt
	-k	iek ik	ek	a:k	ak	o:k ok	uək uk	ɯk

壮汉语被壮族人看成是他们自己的语言，他们用这套音读系统来读汉语文献，认为是用他们自己的语言来读汉语文献，究其原因，通过以上比较可以看出，壮汉语的语音系统与当地壮语的语音系统实际上是一种蕴含关系，其中声调系统是完全一致的，声母系统和韵母系统则是蕴含在壮语语音系统之中。我们回过头来看日语音读系统、朝鲜语汉字音系统以及汉越语语音系统，实际上也是这种情形，日语、朝鲜语是无声调语言，所以汉字音读系统也就失去了声调。形成这种蕴含系统，可以说是治化教育性接触所特有的一种接触结果。

四、结 语

以上我们对汉语与周边语言的三种接触类型及其不同接触方式和接触结果进行了初步考察。这三种接触类型是从整体上分析归纳出来的，具体到汉语与周边的某种特定语言的接触，其接触情形往往不限于某种特定的类型，可能兼有两种甚至三种接触类型的特征。例如汉语与南方少数民族语言如壮侗苗瑶语言的接触，兼有地缘接壤性接触和治化教育性接触的特征；又如汉语与日语的接触，则是居于文化传播性接触和治化教育性接触之间的类型。

这种兼有几种接触类型的接触结果更为复杂。汉语和南方的壮侗民族，在漫长的历史中，反复交融接触，语言接触关系错综复杂。既有汉语对壮侗民族语言的深刻影响，也有壮侗民族语言对于汉语的影响。汉语对壮侗民族语言的影响，在词汇系统中表现尤其明显。长期反复的接触史使得汉语借词在壮侗民族语言中沉积下来，形成不同时期汉语借词的历史层次。通过不同时代汉语和壮侗民族语言的音韵特点，可以将其历史层次分析开来。例如曾晓渝（2003）把水语中的汉语借词分析为现代、近代、中古和上古四个层次，又在现代、近代、中古借词三个层面各分出 a、b 两个层次。这样，实际上将水语中的汉语借词分了 7 个历史层次：（1）现代 a 层；（2）现代 b 层；（3）近代 a 层；（4）近代 b 层；（5）中古 a 层；（6）中古 b 层；（7）上古层。

不过，不管是治化教育性的接触方式还是地缘接触性接触，或者跨地缘文化传播的接触方式，以及这些类型的交错，词汇的借贷是一个十分普遍的现象。有意思的是三种接触方式中，当出现大规模词汇移植时，有两种不同的表现方式，这就是地缘接触性的深度接触中，异源词汇面向核心的分布和其他两种类型的与此相反的分布。

以倒话和日语为例，倒话是地缘性深度接触的典型，而日语则是跨地缘文化传播性、治化教育性兼有的接触方式。倒话和日语中都大量地拥有来自汉语的词。用 2240 个基本词汇的统计结果是汉语词在倒话中占 88.57%（意西微萨·阿错，2001）；而在日语中，来自汉语的词其比例也很高（野村雅昭，2002）。

关于汉语词在日语中的分布情况，日本早稻田大学的野村雅昭先生（2002）有一个系统的统计资料，他说："现代日语中的汉语词究竟有多少呢？回答这个问题很难。大型汉和辞典收录的汉语词大概有几十万。现在一般使用的小型国语辞典收录了大概 70000 到 80000 词。其中占二分之一的 3500 到 40000 是汉语词。但这个数字还不包括像'健康的''都市化'等三音节及'大学受验''补正预算案'四音节以上的词。"需要说明的是，日语中的所谓的"汉语词"中，除了直接由中国传入日本的汉语词之外，还有一部分是日本人使用汉语的语素创造出来的汉语词，例如"科学""演说""工业"等等。野村雅昭先生也说："无论哪一种语言，从词汇的成分来看都可以分为'固有词'和'借用词'……从此意义上来讲，'汉语词'也属于借用词。"（野村雅昭，2002）

汉语词在倒话中的分布是，越是核心的部分汉语词越多，藏语则分布在文化词等非核心的、边缘的词汇中。与此相应的是，汉语词在日语中的分布则是汉语词分布在边缘，越是核心词汉语词的比例越少。因此，在这两种语言中，汉语词形成了一个方向相反的"阶"状分布。倒话中的汉语词的"阶"状分布参见表3：

表3

词汇分级	所用词表	汉语词数目	所占比例
100 词、200 词	斯瓦迪士词表	100、200	100%
1000 词	《藏语简志》920 词	910	98.91%
2000 词以上	实地调查的 2240 词	1984	88.57%

与此对应，我们从根据野村雅昭（2002）等先生大量统计材料中选出了三份材料做了一个比较，来考察日语词汇系统中汉语词的分布，其结果见表4：

表4 ①

原表代号	调查对象	年代	总词数	各种来源词汇百分比			
				日语固有词（和语）	汉语词（汉语）	其他	
						外来语	混种语
J	高等学校教科书	1974	12448	18.3	73.2	7.6	0.9

---

① 三种材料的原始依据：[日] 国立国语研究所报告 76 (1983)，[日] K 野村雅昭、[日] 柳濑智子 (1979)，[日] L 野元菊雄他 (1980)，国立国语研究所报告 87 (1986)。

续表

原表代号	调查对象	年代	总词数	各种来源词汇百分比			
				日语固有词（和语）	汉语词（汉语）	其他	
						外来语	混种语
M	中学教科书	1980	6927	28.6	65.5	5.7	0.7
K	儿童读物	1978	3736	64.0	29.7	4.0	2.3

从上表可以看到，同在 20 世纪 80 年代，三种教科书性质的读物中，汉语词的比例，表现为极其有趣的序列差异：少儿读物 29.7%＜中学读物 65.5%＜高校读物 73.2%（注意日本的"中学"相当于我国的初中，"高校"相当于我国的高中）。可以想见的是，越是面对年龄段小的读者的读物，所用的词汇越是基本词汇，越是面向年龄段高的读者的读物，非基本词和文化词愈来愈多。也就是说，这一个"阶"状序列其实就是日语中汉语词从基本词到非基本词比例越来越大的一种分布表现。注意这三个读物中的收词也大致以两倍的关系翻番：少儿读物：中学读物：高校读物＝3736：6923：12448 ≈ 1：2：4。这样各级读物中汉语词的绝对数的差距序列可以想见必定是更加显著。这种随着年龄段的不同汉语词的比例等级序列不妨也可以用一个坐标图形象地表示出来（图 1）：

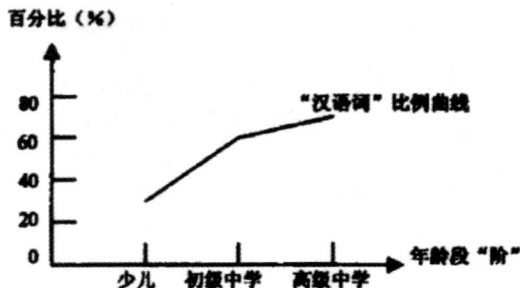

图 1　日语教科书中的汉语词分布图

同时可以把前述倒话中的分布比例用同样类似的坐标表示出来：

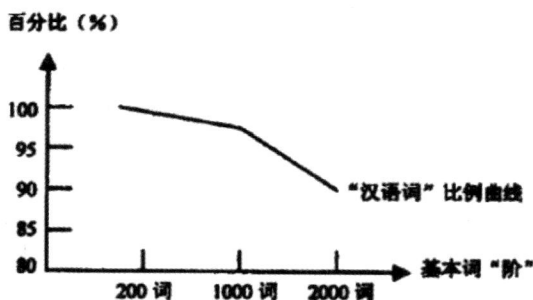

图 2　倒话基本词汇中的汉语词分布图

上述方法借助于陈保亚（1996）的词阶理论，但这里不是用来做语言历史系属关系论证，而是讨论两种特殊的异源词汇分布。

参考文献

班弨：《论壮汉语》，香港天马图书有限公司 1999 年版。

苍梧县志编纂委员会：《苍梧县志》，广西人民出版社 1997 年版。

陈保亚：《语言接触与语言联盟》，语文出版社 1996 年版。

邓晓华：《客家话与畲语及苗瑶语、壮侗语的关系》，《民族语文》1999 年第 3 期。

龚群虎：《南方汉语古越语底层问题探析》，《民族语文》2001 年第 3 期。

洪波：《上古汉语指示代词书面系统的再研究》，《语言研究论丛》第七辑，天津人民出版社 1991 年版。

洪波：《兼指代词语源考》，《古汉语研究》1994 年第 2 期。

洪波：《上古汉语第一人称代词"余（予）""我""联"的分别》，《语言研究》1996 年第 1 期。

洪波：《上古汉语第一人称代词"吾""卬"的来源及其与"余（予）""我""朕"的功能差异》，《语言研究论丛》第八辑，南开大学出版社 1999 年版。

洪波：《先秦判断句的几个问题》，《南开学报》2000 年第 5 期。

洪波：《先秦汉语对称代词"尔""女（汝）""而""乃"的分别》，《语言研究》2002 年第 2 期。

洪波：《壮语与汉语的接触史及接触类型》，载《乐在其中——王士元教授七十华诞庆祝文集》，南开大学出版社 2004 年版。

来宾县志编纂委员会：《来宾县志》，知识出版社 1994 年版。

梁启超：《翻译文学与佛典》，《佛学论文十八篇》（一），辽宁教育出版社 1998 [1920] 年版。

刘爱菊：《上林壮汉语研究》，南开大学硕士学位论文，2000 年。

刘正琰等：《汉语外来词词典》，上海辞书出版社 1984 年版。

罗卫东：《汉字在韩国、日本的传播历史及教育概况》，《中央民族大学学报》（哲学社会科学版）2001 年第 3 期。

欧阳觉亚：《汉语粤方言里的古越语成分》，载《语言文字学术论文集——庆祝王力先生学术活动五十周年》，知识出版社 1989 年版。

欧阳觉亚：《两广粤方言与壮语的种种关系》，《民族语文》1995 年第 6 期。

［越］潘继炳：《越南历史上的汉越两种文体》（罗长山译），《广西教育学院学报》（综合版）1994 年第 1 期。

［日］桥本万太郎：《语言地理类型学》，余志鸿译，北京大学出版社 1985 年版。

孙玉溱：《汉语的借词和双向借词》，《内蒙古大学学报》（哲社版）1995 年第 2 期。

王玉哲：《中华远古史》，上海人民出版社 2003 年版。

吴安其：《温州方言的壮侗语底层初探》，《民族语文》1986 年第 4 期。

熊文华：《汉语和英语中的借词》，《语言教学与研究》1996 年第 2 期。

［日］野村雅昭：《现代日语词汇中汉语词的位置》，南开大学讲演稿，2002 年。

意西微萨·阿错：《藏汉混合语倒话述略》，《语言研究》2001 年第 3 期。

意西微萨·阿错：《藏、汉语言在倒话中的混合与语言接触研究》，南开大学博士论文，2003 年。

曾晓渝：《水语里汉语借词层次分析方法例释》，《南开语言学刊》2003 年第 2 期。

张清常：《胡同及其他——社会语言学的探索》，北京语言学院出版社 1990 年版。

（原载《南开语言学刊》2007 年第 1 期，
与意西微萨·阿错合著）

汉藏系语言类别词的比较研究

一、引　言

　　本文使用的术语"汉藏系语言"指涉的是一个区域概念，而不是发生学概念。本文讨论的"类别词"即一般所谓的个体量词或者天然量词。

　　汉藏系语言的类别词是后起现象，不是同源现象，无论是各语族之间的类别词词根对应还是类别词系统对应，都不存在发生学上的可比关系。因此，汉藏系语言之类别词比较研究也不可能是发生学上的比较研究，而只能是类型学上的比较研究。

　　汉藏系语言的类别词是一种区域共性现象。这种类型的类别词是怎样发生的？汉藏系语言为什么会需要这种类别词？这是我们需要探究的问题，但在探究这个问题之前我们必须先搞清楚汉藏系语言类别词的一些基本特征，它们的共相和异相都有哪些，本文就是围绕汉藏系语言类别词的功能共相和异相展开研究的。

　　本文分两部分，第一部分概要描写汉藏系四个语族类别词的基本状况，第二部分在描写的基础上对汉藏系四语族之间类别词的功能进行比较，找出它们的共相和异相，为进一步研究汉藏系语言类别词的产生根源、语法化走向等问题奠定一个基础。

二、汉藏系四语族类别词概况

（一）汉语的类别词

1. 数量众多：《现代汉语八百词》附录《名词、量词配合表》列举类别词 143 个（重复者不计）。

2. 有泛用类别词：普通话泛用类别词"个"，可以用于人、动物和无生命物体。

3. 对数词的依赖性强：类别词一般必须与数词或指示代词"这""那"组合才能修饰名词，与指示代词组合修饰名词时，指示代词"这""那"读 zhèi、nèi，其中包含了数词"一"。只在宾语位置上数词为"一"时可以省略：买了本书 / 唱首歌 / 提个意见。

4. 普通可数名词的数量表达对类别词有强制性：口语中数词一般不能单独修饰名词，系数词绝对不可以单独修饰名词，位数词修饰名词有时类别词可以省略。例如：

（1）× 三书 / × 五树 / × 十一人 / 百十人 / 上千人

5. 在语境支持下，名词省略，类别词可以与数词构成独立的 NP 短语充当句子成分。例如：

（2）这本（书）我要了 / 那棵（树）比这棵高 / 我吃了三个（橘子）

但类别词不能单独接受形容词修饰构成 NP 短语充当句子成分。不能说：

（3）×红红的朵（花）/×漂亮的座（房子）/×雪白的张（纸）

6.类别词可以重叠表示逐指：如"个个、颗颗、块块、家家"。

7.不同方言的类别词在功能上有差异：在普通话里除了宾语位置以外，类别词不可以单独修饰名词，但广东话里类别词不仅在宾语位置上可以单独修饰名词，在主语位置上也可以单独修饰名词。

（二）壮侗语族的类别词

1.数量众多：壮侗语族各语言的类别词都非常丰富，目前均无确切的统计数字。梁敏、张均如《侗台语族概论》说广西邕宁下楞乡壮语除了使用 pou^4 这个泛用指人类别词外，还有 koŋ^1、me^6、vaŋ^2、klo^5、muk^7、no^2、mo:i^6、ʔe:t^9、lə:t^{10}、phə^3、tu^2、klou^5、kon^5 等十几个指人类别词，壮语的类别词的丰富程度可窥一斑。

2.没有类似汉语"个"这样的泛用类别词。壮语的 ki^5 过去被认为是泛用类别词，这个类别词是"些"的意思，是一个不定量的量词，不是严格意义上的类别词。壮语的 an^1（龙州壮语对应词 ŋe^5）也被认为是泛用类别词，但这个类别词限于表示无生命物体，决不用在表示人、动物和植物名称的名词之前（拟物化修辞用法除外），因此也不能算作泛用类别词。

3.有些语言有反响型类别词。

4.与数词的关系疏：壮侗语族语言的可数名词表示确定数量的时候数词与类别词共现，但类别词并不依赖数词而存在。可数名词在句子中只要获得指称功能，一般就必须带类别词。例如：

（4）tu^1 kei^5 mei^2 tsei^6 tu^1 kwaŋ^1 na:u^5.
只　这　不　是　只　鹿　助

这只不是鹿。(《侗台语族概论》876 页)

(5) tə⁰ ma¹ hap⁸ tə⁰ miau³ ta:i¹ lə⁰.

只 狗 咬 只 猫 死 了

狗把猫咬死了。(《侗台语族概论》888 页)

5. 数量表达对类别词有强制性：由于普通可数名词获得指称功能时必须带类别词，因此对普通名词所表示的事物的定量表达也必须带类别词，这造成了数词修饰名词时对类别词有强制性。不过，在不同的语言里，数词类别词名词短语的语序铺排和类别词的使用情况不完全相同。概括起来有以下五种类型：

A. 类别词＋名词＋数词（数词限于"一"，如龙州壮语）；

B. 数词＋类别词＋名词（如侗语、水语、毛南语、仫佬语、黎语、布依语、壮语等）；

C. 名词＋数词＋类别词（如傣语、泰语、老挝语等）；

D. 类别词＋名词＋数词＋类别词（如金平傣语）；

E. 名词＋类别词＋数词（数词限于"一"，如西双版纳傣语）。

6. 类别词不仅可以与数词构成 NP 作句子成分，还可以接受形容词或其他限定语的修饰构成 NP 充当句子成分。类别词接受形容词或其他限定语的修饰时在功能上类似被饰代词。例如壮语：

(6) tu¹ bin³ 飞的（鸟） an¹ diŋ¹ 红的 ko¹ muɯŋ² ɣam³ 你砍的

只 飞 个 红 棵 你 砍

7. 类别词能重叠表示逐指。

8. 各语言类别词的功能基本一致，只是有些语言或方言的类别词前缀化程度要高些（覃晓航 2005）。

（三）苗瑶语族的类别词

1. 数量众多：苗瑶语类别词究竟有多少，目前尚无准确数字，中央民族大学苗瑶语研究室编的《苗瑶语方言词汇集》中收录的类别词有 60 个左右（重复者不计），实际数量应该还要多一些。据乐赛月（1979）、罗安源（1980）、李云兵（1992、2002），苗瑶语族有些语言或方言有比较丰富的名词前缀，这些前加成分实际上都是类别前缀。

2. 没有类似汉语"个"的泛用类别词。养篙苗语 to^{11} 是表示不定量的复数量词，不是泛用类别词，养篙苗语 qei^{13} 可以用于指人的名词，也可以用于指动物的名词，但这个类别词含有褒贬色彩意义，也不是真正意义上的泛用类别词。

3. 苗瑶语族类别词有爱恶色彩的区别（马学良主编《汉藏语概论》706 页）。

4. 除勉语、畲语和湘西苗语外，苗瑶语族类别词可以单独修饰名词（《汉藏语概论》699 页）。据李云兵（2002），除湘西苗语外，其他苗语方言名词获得指称功能时一般必须要带类别词或类别前缀，只有无指（一般也称通指）或者因对举等语境条件而使所指明确的情况下类别词或类别前缀才可以不出现。

5. 除勉语、畲语、湘西苗语外，苗瑶语族语言类别词可以接受形容词、动词和动词短语的修饰。（《汉藏语概论》707 页）。例如：

（7）$t\varepsilon^{11} h\vartheta^{33}$ 大的那个 / $t\varepsilon^{11} naŋ^{55}$ 吃的那个 / $t\varepsilon^{11} ti^{33} h\vartheta^{44}$ 打铁的

    只 大   只 吃   只 打 铁

6. 类别词能重叠表示逐指。例如：

（8）$l\varepsilon^{33} l\varepsilon^{33}$ 个个 / $t\varepsilon^{11} t\varepsilon^{11}$ 只只 （《苗语简志》57 页）

7.有部分类别词已经前缀化（参见乐赛月1979，罗安源1980，李云兵1992、2002）。

8.勉语、畲语和湘西苗语的类别词与其他苗瑶语族语言或方言类别词在功能上有一些差异，如上面第四、第五种。

（四）藏缅语族的类别词

1.藏缅语族内部不同语言的类别词发育程度差别巨大，有的语言有很丰富的类别词，如白语；[①] 而有的语言类别词还处于"萌芽期"，如景颇语（参见戴庆厦、蒋颖2005），只有几个或十几个。从藏缅语类别词的发育程度与相关因素的关系来看，有两点最值得注意：其一是地域因素，与壮侗语族、南亚语系语言或汉语毗邻的语言或方言类别词一般比较丰富，反之则不丰富。其二是数量范畴因素，名词有数范畴的语言或方言往往类别词极不发达，反之则比较发达。藏语、嘉戎语、门巴语、珞巴语、景颇语都有数范畴，相应地，其类别词都极不发达，其他语言或者已没有了数范畴，或者数范畴已经衰微，相应地，其类别词则比较发达甚至很发达。藏缅语类别词与数范畴的关系已经受到人们的注意，最近张军（2005）已对此进行过探讨。

2.由于藏缅语族语言类别词发展不平衡，一些语言的类别词还处于萌芽期，因此绝大多数语言没有出现像汉语"个"那样的泛用类别词。即使像白语这种类别词发达的语言，也没有像汉语"个"那样的泛用类别词。王锋（2002）认为白语中的 le^{21} 是个泛用类别词，但这个类别词实际上只限于表示无生命物体，因此并不能算泛用类别词。此外，白语中连表示不确定量的量词也分指人与指物的不同，更不能算泛用类别词（参见徐琳、赵衍荪1984）。但在缅彝语支中存在泛用类别词，缅

---

① 根据赵燕珍（2005），"《白语词典》《白语简志》及笔者母语中约有量词300多个，其中80%以上是名量词"。

语使用 khu^{55}，彝语使用 ma^{33} 和 tɕi^{33}，哈尼语使用 mo^{55}。据胡素华、沙志军（2005），缅语中的 khu^{55} 可以用于表示各种有生命、无生命或形状各异的事物，彝语的 ma^{33} 可以"用于没有特别的形状特征的人、动物、无生命体、颗粒状、圆形、块状物，以及无法归为某种形状特征的物"，tɕi^{33}"用于长条形的动物和非生命物、有角的高大的动物、不喜欢的人、餐具（除了筷子）等"；据李永遂（1980），哈尼语中的 mo^{55}"几乎适应各种个体名词"。因此缅彝语中的这种泛用类别词最接近汉语的"个"，甚至比汉语"个"的使用范围更广。

3. 有不少语言有反响型类别词。（孙宏开 1988，戴庆厦 1998）

4. 在类别词不发达的语言里，数词修饰名词时对类别词的依赖性弱，而类别词对数词的依赖性则很强；在类别词特别发达的白语中数词修饰名词时对类别词有强制性，而类别词修饰名词时对数词的依赖性却较弱。有些语言或方言类别词仅限于与数词"一"和"二"搭配，"三"以上数词修饰名词就不用类别词。

5. 藏缅语数词、类别词、名词短语的语序有两种类型：1）名词＋类别词＋数词；2）名词＋数词＋类别词。

6. 根据现有的藏缅语研究调查成果，多数藏缅语族语言的类别词不能重叠。白语类别词也可以重叠，重叠后既可以表示逐指，还可以表示分指。表示逐指的如：

(9) nɯ^{21} xɔ^{33} nɔ^{44} tɛ^{42} ŋia^{33} tɯ^{21} tɯ^{21} tsɿ^{44} ko^{21} lɯ^{33}.

　　这 家 的 猪 这 头 头 （助） 肥 呢

　　这家的这些猪头头都肥。（赵燕珍 2005）

表示分指的如：

（10）kua^{42} a^{31} ɣɯ^{42} piɛ^{55} tɯ^{44} kua^{44} kua^{44}.

棍子　一　处　丢　着　根　　根

棍子一处一根（到处都丢着棍子）（徐琳、赵衍荪 1984）

7. 由于藏缅语族语言类别词发育程度极不均衡，因此不同语言里的类别词在性质和功能上有时有显著差异，比如白语的类别词已经具有相当程度的词缀化，而那些类别词处于萌芽期的语言的类别词则独立性较强。

三、汉藏系四语族类别词的功能比较

类别词的功能可以从不同角度加以观察。本节所讨论的类别词功能指类别词的语义功能和语用功能。汉藏系语言类别词的语义功能和语用功能概括起来有五种：摹状（featuralization）功能、分类（classification）功能、指涉（reference）功能、情感评价（affective representation）功能和回指功能（anaphoric function）。在以往的汉藏系语言类别词研究中，人们已经较多地注意到类别词的摹状功能和分类功能，也有一些论著涉及类别词的情感评价功能，在最近的一些研究成果中人们也开始注意到类别词的指涉功能（如顾阳、巫达 2005）。Bisang, W.（1999）正确地指出汉藏系语言（他所涉及的还不仅仅包括汉藏系语言，还包括南亚语系的越南语、孟—高棉语等）类别词具有语用回指功能，即在特定语境中，相关名词如果前文已经出现或者作为交际双方的默认对象时可以省略，此时类别词就具有了回指该名词的功能，比如现代汉语"那种书我买了三本""我就要这一本"等例证中"本"都是回指前文或者语境中存在的"书"。以上五种功能中，摹状、分类和情感评价功能属于类别词的语义功能，指涉功能和回指功能属于类别词的语用功能。汉藏系语言类别词在这五种功能上除了最后一种各语族基本相同外，其余四种功能都既有相同的一面，也有不同的一面；在同一个语族内部，不同的语言也有相同的一面和不同的一面，在同一种语言内部不同的类别词也同样有相同的一面和不同的一面。本小节我们主要讨论汉藏系语言类别词上述五种功能中前四种功能的共相与殊相。

（一）摹状功能的共相与殊相

摹状性指的是类别词所蕴含的能够标明事物形状、特征属性等方面的语义特征。摹状功能是汉藏系语言类别词的原发性功能。从来源上看，汉藏系语言类别词主要来自名词和动词，来自名词的类别词的源初意义大多都是表示某种事物的某个具有具体形状的部分或个体，如汉语的"粒"的源初意义是粮食类事物的个体形状；"条""根""枝"的源初意义是植物类事物的枝梗、根系的形状；"块"是土、石头等事物的部分或个体的形状；"把"是可以用手把握的事物的某个部分或整体的一种属性特征；"张"的原初意义表示某些事物的延展性特征属性；"座"的源初意义表示某些事物的装置性（建造性）并具有稳定性的特征属性；"副"的源初意义表示某些事物的内部组合性和聚合性特征属性。壮侗语族各语言普遍存在的动物类别词 tu^1（语音形式各语言微有差异）的原初意义是人和动物的身体（参见《侗台语族概论》879 页）。此外，也用其他事物的形状或特征来比喻某些事物的形状或特征。如壮语中一扇芭蕉、香蕉的类别词是 vi^1，其源初意义是"梳子"，用以比喻一扇芭蕉或香蕉的形状，邕宁壮语中犁杆的类别词是 nok^8，其源初意义是"鸟"，也是用以比喻犁杆的形状。

摹状性是类别词的原发性语义功能，因此每个类别词在最初阶段都具有这种语义功能，然而随着类别词使用的泛化，在很多语言中都有一些类别词已经失去其摹状功能或正在失去其摹状功能。大体上来说，泛化程度越高的类别词，其摹状性语义功能也就越弱。

就汉藏语系各语族之间的差异来说，藏缅语族中那些类别词还处于萌芽期或者典型类别词还很少的语言其类别词除了借自汉语的以外，自源的类别词都具有较强的摹状性语义功能，如景颇语类别词 lap^{31}（片、张）的原初意义是"叶子"，作类别词用于"树叶""纸张"等片状物；哈尼语类别词 nɯ^{33}（颗、粒）原初意义是"豆子"，作类别词用于"圆而小"的事物（参见戴庆厦 1998）；羌语蒲溪方言中的类别词 dʐ̩（条）的原初意义是"长"（参见黄成龙 2005）。藏缅语类别词发达的语言如白语、缅语、彝语中都有一定范围内的泛用类别词，这些泛用类别词的摹状功能就比较弱，甚至很不清晰了，如前文提到的缅语类别词 khu^{55} 和彝语类别词 ma^{33} 和 tei^{33} 等都几乎不清楚它们的摹状性语义功能。白语中的 le^{21}，具有一定范围内的泛化，其摹状性功能也不是很清楚了。不过这种摹状性语义功能弱化的类别词在藏缅语族语言中整体上不多见。

与藏缅语比较，壮侗语和苗瑶语是另一个极端。壮侗语族的上位分类类别词一般都已经失去其摹状性语义功能，如壮语中用于人的上位类别词 pou^4，用于动物的上位类别词 tu^2，用于植物的上位类别词 ko^1，用于无生命物的上位类别词 an^1 都不再具有摹状性功能。苗语中的 tɛ^{11}（用于人、动物、树木、洪水等）、lɛ^{33}（用于无生命物）、lɛ^{55}（用于人）、qei^{13}、thoŋ^{31}、na^{11}（以上三个可以用于任何名词所表示的事物）等都不再具有明确的摹状语义功能。

汉语则处于藏缅语和壮侗、苗瑶语之间。汉语普通话中的泛用类别词"个"早已失去其摹状性语义功能，相似的还有"只"。在一些南方方言里，"条"是一个类似于或仅次于普通话"个"的类别词，在这些方言里"条"的摹状功能也基本上消失殆尽。

值得注意的是类别词摹状功能的弱化与其泛化程度密切相关，但与其语法化程度则无直接关联。白语类别词的词缀化程度已经相当高（参见王锋 2002、2005），但白语类别词除了极少数泛用类别词外，其余类别词仍具有显著的摹状功能。

（二）分类功能的共相与殊相

汉藏系语言类别词具有分类功能，这是此前学者们普遍认同的一种看法（参见 Adams，K.L. & Conklin，N. F. 1973；Becker，A. L. 1975；Lehman，F. K. 1979；Bisang，W. 1999；Aikhenvald，A.Y. 2000）。从发生学角度看，如果我们承认汉藏系语言类别词具有原发性摹状功能，似乎就得承认类别词的分类功能，因为摹状性功能反映的是事物的形式或属性特征，不同的事物有不同的形式或属性特征，若使用不同的类别词来摹状，自然就形成类别词的"天然"分类功能。这也大概就是以往的研究中人们差不多都认为汉藏系语言类别词具有分类功能的根源。然而，从汉藏系语言类别词的现实情形来看，简单地把类别词的分类功能与它们的摹状功能联系起来却是一种肤浅的认识。汉藏系语言类别词从分类功能角度看可以分为三种情况：强分类性，弱分类性，无分类性。这三种情况与类别词的摹状功能之间既不呈现正向匹配关系也不呈现反向匹配关系。

汉藏系语言类别词分类功能的上述三种情况既表现为（语）族际之间的差异，也表现为具体语言内部不同类别词间的差异。从语族之间来看，突出地表现为壮侗语与汉、苗瑶、藏缅之间的对立。壮侗语族语言类别词自成一个层级系统，在这个系统中，最上位的类别词具有语族共性，共有四个，分别用于人、动物、植物和无生命物，具体见下表（以北部壮语、泰语、侗语、黎语为代表。据《侗台语族概论》882 页）：

	北部壮语	泰语	侗语	黎语
人	pou^4	phu^3、khon^2	muŋ^4	tsu:n^1
动物	tu^2	tuə^2	tu^2	pan^4、laŋ^3
植物	ko^1	ton^3	oŋ^1	khɯ:ŋ^2
无生命物	an^1	bai^2	nan^1、ɬak^8	hom^1

在每一类之下又作不同的下位区分，如泰语指人名词根据其社会地位的不同分别使用不同的类别词（据《侗台语族概论》890—891页）：

（11）a.oŋ²，用于皇帝、皇后、王子、公主、公爵和公爵夫人。

b.ru:p¹⁰，用于僧侣。

c.tha:n³，用于公爵以下的贵族和海陆军的高级官员。

d.na:i²，用于比普通人社会地位稍高的人。

下楞壮语指人名词再区分性别、年龄和好恶三个层级（据《侗台语族概论》890页）：

（12）a.koŋ¹，用于中年以上的男性和男性神灵。

b.me⁶，用于中年以上的女性和女性神灵。

c.vaŋ²，用于青少年男性。

d.klo⁵，用于青少年男性，有亲昵的意味。

e.muk⁷，用于青少年女性。

f.no²，用于男少年或男孩，有好感或亲昵的意味。

g.mo:i⁶，用于女青少年或女孩，有好感或亲昵的意味。

h.ʔe:t⁹'，用于小孩或幼小的禽兽，不分性别，有亲昵的意味。

i.lə:t¹⁰/le:t¹⁰，用于小孩或幼小的禽兽，不分性别，有憎恶的意味，也用于天死鬼。

j.phə³，用于青少年女性，有鄙视或憎恶的意味。

k.tu²，原为动物类别词，也用于小孩、子、女、弟、妹或较小的鬼怪，不分性别。

l.klou⁵，原为大石头、土块等物的类别词，也可用于大块头男人，有不尊敬意味。

m.kon⁵，原为大木头等物的类别词。用法与 klou⁵ 相似。

壮侗语族的四个上位类别词内部实际上也是有层次的，它们实际上是先根据有无生命（（in）animate）区分出有生事物和无生事物，然后再根据有生事物的生存状况或者说生命度（Animacy）状况区分出人、动物和植物三类，因此壮侗语族语言类别词的上位分类是依据生命度准则的。图示如下：

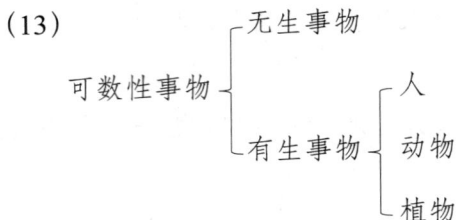

（13）
可数性事物 ┬ 无生事物
　　　　　 └ 有生事物 ┬ 人
　　　　　　　　　　　├ 动物
　　　　　　　　　　　└ 植物

从下楞壮语指人名词的下位分类来看，壮侗语族指人名词的下位分类也是根据不同准则逐层划分的，如下楞壮语指人名词分别根据性别（二级）、长幼（三级）、好恶（四级）、物化（五级）等不同的准则来进行分类的。可图示如下：

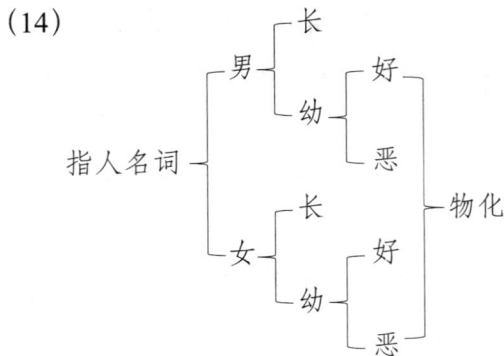

（14）
指人名词 ┬ 男 ┬ 长
　　　　　│　　└ 幼 ┬ 好
　　　　　│　　　　　└ 恶 ┐
　　　　　│　　　　　　　　├ 物化
　　　　　└ 女 ┬ 长 　　 │
　　　　　　　　└ 幼 ┬ 好 ┘
　　　　　　　　　　　└ 恶

壮侗语族语言类别词的这种有层次有组织的分类功能在汉、苗瑶和藏缅语中都不存在。

汉语普通话的类别词能区分人、动物和植物，但不能区分人与无生命物，因此在上位分类上只有三类：人和无生命物、动物、植物，这种区分失去了生命度准则，我们只能理解为一种"或然性"分类。在指人名词上，汉语普通话区分尊重和非尊重，用"位"表示尊重，"个"表示非尊重，但这种区分实际上主要体现的是一种语用的需要而不是严格的语义区分，像"老人""干部"这样的名词就既可以用"位"，也可以用"个"与之搭配，所以"个"与"位"对立的主要作用不在于分类，而在于情感评价。

藏缅语族各语言类别词的发育程度不等，类别词产生的根源不同，其类别词的分类功能在语族内部就有显著差异。有些语言如嘉戎语类别词不发达，有限的类别词多数用于具有某种特定形状的事物，有一个泛用类别词 rgi，可以用于人、动物、植物和无生命物，因此可以认为嘉戎语类别词的分类功能非常弱，甚至可以认为没有分类功能。与嘉戎语形成对照的是载瓦语。载瓦语的类别词也不发达，还有不少反响型类别词，但是根据徐悉艰、徐桂珍（1984）的介绍，载瓦语人、动物、植物和无生命物各用不同的类别词，指人名词用 ju?^{31}，动物名词用 tu^{31}，植物名词用 kam^{31}，表示无生命物的名词用 lum^{31}、tuŋ^{31} 等。载瓦语这些类别词显然与壮侗语族语言一样是按生命度准则区分的。不过，载瓦语中有一个泛用类别词 lum^{31}，它"使用范围广，适应性强，几乎可同所有可计数的名词结合"（徐悉艰、徐桂珍 1984，58 页），这个类别词的存在又在一定程度上抵消了前述几个类别词的分类功能，因此载瓦语类别词的分类功能明显显示出双重性，这种双重性可能与载瓦语类别词的发生根源有关。白语是藏缅语族中类别词最丰富的语言，据王锋（2002），白语（大理方言）类别词区分人（ŋi^{21}）、动物（tu^{21}）、植物（te^{44}）和无生命物（le^{21}），但据王锋（2002、2005），类别词 le^{21} 也可以用于动物，如 ke^{21}le^{21}（鸡只）、khua^{33}le^{21}（狗只）。另据徐琳、赵衍荪（1984），白语（剑川方言）表复数的类别词有两个，一个用于人（xo^{44}），另一个用于动物、植物和无生命物（ja^{42}），如此看来，白语类别词的上位分类可能是区分人与非人。无论白语类别词的上位分类是四分还是二分，白语类别词至少在上位上具有分类性。但白语在下位分类上就完全不像壮语那样是一个层级分明的系统且各有准则，据徐琳、赵衍荪（1984），白语（剑川方言）指人类别词有很细致的区分（详见 2.4 节），但都带有明显的嘲讽意味，显然是基于情感准则，但又未形成好恶的对立，所以这种类别词与汉语的"位"类似，其主要功能在于情感评价而不在于分类。

苗瑶语族类别词的分类功能。据王辅世（1985），苗语类别词在上位分类上类似白语，区分人与非人。$t\varepsilon^{11}$ 用于人、动物、植物，$l\varepsilon^{33}$ 一般用于无生命物。瑶语与苗语稍有不同。据蒙朝吉（2001），瑶语布努方言类别词 $tu\eta^4$ 用于人和动物名词，$ku\eta^3$ 用于植物名词，而 $lu\eta^1$ 一般用于无生命物。这显然是一个二级分类系统，一级分类区分有生与无生，二级系统区分植物与人、动物。在类别词的下位分类功能上苗瑶语非常接近汉语，基本上都是根据摹状准则，但下位类别词的数量远不及汉语丰富。苗语中也存在无分类功能的类别词。据王辅世（1985），苗语中 qei^{13}，$tho\eta^{31}$，na^{11}，可以用于任何名词之前，表示难看或讨厌的意思。

苗瑶语与其他三个语族比较有一个特别值得注意的现象，苗瑶语不仅存在类别词，而且在一些方言中还存在名词分类词缀（affix of noun class），这种名词分类词缀具有名词分类的功能，具体情况可参见李云兵（2002）。

（三）指涉功能的共相与殊相

汉藏系语言类别词与名词的指称功能密切相关。Bisang, W（1993，1999）认为东南亚语言的数量类别词具有四种功能：个体化作用（individualization）、分类作用（classification），关系化作用（relationalization）和指称化作用（referentialization）。他所说的指称化作用即指类别词对名词（NP）指称功能的规定或影响作用，而他所说的个体化作用，实际上也跟类别词对名词指称功能的影响性直接相关，所以 Pacioni，P.（1996）直接用"特指性"（specificity）这个术语来涵盖 Bisang 的 individualization 和 referentialization 两个概念。本文将类别词与名词指称功能的相关性称为类别词的指涉功能（function of nominal referentialization）。

从名词角度看，汉藏系语言名词获得指称功能对类别词的依赖性有两种类型，一种是必须依赖类别词，另一种是不必依赖类别词。壮侗语族是第一种类型的代表。壮侗语族语言的名词光杆形式在实际话语中只能表达通指（generic）或者无指，而不能是有指的，有指必须借助类别词。比如南部壮语（龙州）kha^3 kai^5（杀鸡）中的 kai^5（鸡）是无指名词，kai^5 mi^5 tsɯ^6 nok^8（鸡不是鸟）中的 kai^5 和 nok^8 都是通指名词。下面两例中的 kai^5 和 nok^8 则都是有指的，因为它们的前面出现了类别词：

（15）ŋo^6 kha^3 tu^1 kai^5 nəŋ^1 ve^6.

    我　杀　只　鸡　一　吧

    我杀一只鸡吧

    tu^1 nok^8 nai^3 ŋai^2 ha:i^1 a^5.

    只　鸟　这　捱　死　了

    这只鸟被（打）死了

北部壮语跟南部壮语在这一点上完全一致。例如：

（16）ma:k^8 mit^8 ɣai^6 nei^4.

    把　　刀　快　这

    这把快刀①

---

① 引自韦庆稳、覃国生《壮语简志》，民族出版社 1980 年版，第 86、89 页。

so:n¹ tak⁸   nu:ŋ⁴ tok⁸ saɯ¹.

教　个（男性）　弟　读　书

教弟弟读书

　　壮侗语族名词获得指称功能必须依赖类别词的情形表明类别词实际上扮演着有指标记的角色。与壮侗语族类型相同的还有汉语粤方言、苗瑶语族的苗语和藏缅语族中的白语、怒族柔若语。汉语粤方言的名词获得指称功能时跟北方汉语很不一样，而跟壮侗族语一样，必须借助类别词（Matthews，S. & Virginia，Y. 1994）。苗瑶语族语言的情况根据李云兵（2005），名词也不能以光杆形式获得指称功能，下面是李云兵所举的苗语黔东方言的例子：

（17）taŋ³³ qei⁵³ tu¹¹ ȵaŋ³³ noŋ³⁵.

　　　把　夹　火　在　这

　　　火钳在这儿①

　　　pi³³ ɣaŋ¹¹ to¹¹ m̥hu³³ to¹¹ tə¹¹ sei³⁵ ȵaŋ³³.

　　　我们寨　些　苗族　些　汉　都　有

　　　我们寨子苗族汉族都有

　　藏缅语族的白语、彝语和柔若语也是如此（王锋 2002、2005；孙宏开 1988）。白语的例子如：

（18）a. tsɯ³¹ tsɯ³¹ nɯ³³ xɔ⁵⁵ lɔ³².

　　　　树　棵　倒　掉　了

---

① 引自李云兵《苗瑶语量词的类型学特征》，载李锦芳、胡素华主编《汉藏语系量词研究》，中央民族大学出版社 2005 年版，第 326 页。

树倒了①

b. o²¹ ua³⁵ tɯ²¹ yɯ³³ pa⁴² ŋi⁵⁵　mo³³？

娃娃　个　喝　奶　还是　没有

娃娃吃奶吗？

孙宏开指出："彝语中的类别词既有计量作用，又包含数词'一'的意思，而且兼有一定的指示作用。"此外，该语言中普通名词表示定指时除了类别词外，还要加一个专门表示定指的助词 su³³（参见陈士林 1989，戴庆夏、胡素华 1999，刘鸿勇、巫达 2005）。怒族柔若语类别词"加在名词后面，其词汇意义已不明显，除了像彝语那样表示'一'的数量外，特别突出了它的类别作用。"例如（孙宏开 1988）：

（19）　彝语：ve⁵⁵ ga⁵⁵ gu³³ 一件衣服 tsho⁴⁴ ma³³ 一个人

　　　　　　衣　服　件　　　　　　　人　个

ve³³ ve³³ pu³³ 一朵花

花　朵

（20）　柔若语：khyi³¹ ʔõ³³ 一条狗 sẽ⁵³ tse³¹ 一棵树

　　　　　　　狗　只　　　　　树　棵

nã⁵⁵ se⁵⁵ phau⁵³ 一个耳朵

耳朵　个

与壮侗语族形成鲜明对照的是汉语普通话（北方汉语）和藏缅语族的藏语支语言。汉语普通话（北方汉语）光杆名词即可获得指称功能，并根据句法位置的不同分别可以表达定指或者不定指。藏缅语族藏语支语言与汉语普通话（北方汉语）类似。藏语的普通名词无论表示定

---

① 引自王锋《白语名量词及其体词结构》，《民族语文》2002 年第 4 期，第 41 页。

指还是不定指都不依赖类别词，门巴语、珞巴语、嘉戎语也是如此。

（四）情感评价功能的共相与异相

类别词的情感评价功能指的是类别词所负载的表示人对事物的主观态度的功能，人对事物的主观态度包括喜爱与厌恶、尊敬与鄙视、亲切与冷漠等。

从现有的报道来看，汉藏系语言类别词的情感评价功能并不普遍，很多语言都不存在专门表示某种情感评价的类别词，即使是兼有某种情感评价功能的类别词在很多语言中也不存在。因此，类别词的情感评价功能较前三种功能而言只是一种或然性的功能。

汉语普通话专门表示情感评价的类别词只有一个"位"，表示尊重。此外有些类别词可能兼有情感评价功能，比如"尊"，"一尊佛像"显然要比"一个佛像"更显得尊重和庄重。不过，汉语类别词的情感评价功能整体上看是极其贫乏的，可以认为是类别词情感评价功能贫乏的语言。粤方言类别词有一种特别的跟情感评价有关的现象，通过类别词的变调表示主观认定的且为说话人所不满意的小量（陈晓明，2004），这也应该属于类别词的情感评价功能。

相比汉语，其他三个语族表示情感评价功能或兼有情感评价功能的类别词都更丰富，只是情况和程度各有不同。

苗瑶语族苗语至少有三个专门表示情感评价功能的类别词：qei^{13}，$thon^{31}$，na^{11}，它们可以加在任何名词前，表示难看或讨厌的意思。

壮侗语族泰语中指人名词根据其社会地位的不同有不同的类别词与之搭配，这种区分显然是基于情感评价准则的尊重准则实现的。下楞壮语与指人名词搭配的类别词异常丰富且系统严密，其中第四个层次就是根据情感评价准则的好恶准则实现的。泰语指人名词的下位分类按社会等级不同使用不同的类别词，这些类别词也应该含有尊重与非尊重的情感评价功能。

藏缅语族白语剑川方言与指人名词搭配的类别词也有异常细致的区分，据徐琳、赵衍荪（1984），其具体情况如下：

（21）

ka⁴⁴	用于个子高大奇特的人	khe⁴⁴	用于举止特别可笑的人
ve⁴⁴	用于傲慢无礼的人	f̃ɛ⁴²	用于脑满肠肥的人
ɕi⁵⁵	用于瘦弱的人	teu⁵⁵	用于细高的人
po⁴²	用于刁滑的人	te³³	用于矮小的人
mo⁵⁵	用于瘦削的人	tu²¹	用于矮胖的人
tsua⁴⁴	用于瘦小的人，顽童	tsuã⁵⁵	用于尖下巴而瘦削的人
pe⁵⁵	用于奈何不得的人	piõ²¹	用于尴尬的人

白语里与指人名词搭配的类别词的这种细致区分很显然不在于分类，而在于情感评价，表示的是讽刺挖苦意味，属于好恶类情感评价。

汉藏系语言类别词的以上四种功能在四个语族中的表现大致如下表（＋＋＋表示超强，＋＋表示强，＋表示弱，（＋）表示罕见，－表示无）：

	摹状功能	分类功能	指涉功能	情感评价功能
壮侗语族	上位类别词－，下位类别词＋＋	上、下位类别词＋＋＋	＋＋＋	指人下位类别词＋＋
苗瑶语族	上位类别词及泛用类别词－，下位类别词＋＋	上、下位类别词＋＋，泛用类别词－	苗语＋＋＋	指人泛用类别词＋＋
藏缅语族	泛用类别词－，非泛用类别词＋＋	泛用类别词－，非泛用类别词＋＋	藏语支－，白语、柔若语＋＋＋	白语指人下位类别词＋＋＋
汉语普通话（北方汉语）	泛用类别词－，非泛用类别词＋＋	泛用类别词－，非泛类别词＋＋	－	（＋）

上表显示：汉语普通话类别词的功能整体上跟藏缅语（白语除外）接近，壮侗语族、苗瑶语族的苗语类别词的功能整体上比较相似。

四、结　语

汉藏系语言的类别词是一种区域现象。作为一种区域现象，类别词在发育程度、系统格局、功能表现等各个方面都既表现出一些共性，也表现出族际或语际间的差异。本文初步揭示了汉藏系语言类别词整体面貌和功能的共相与殊相，有很多有意思的问题还需要进一步深入研究，我们将另文探讨。

参考文献

陈平：《释汉语中与名词性成分相关的四组概念》，《中国语文》1987 年第 2 期。

陈士林：《凉山彝语的泛指的特指》，《民族语文》1989 年第 2 期。

陈晓明：《粤方言量词的表量方式》，《广西师范学院学报》2004 年第 25 卷第 1 期。

戴庆厦：《藏缅语个体量词研究》，国际彝缅语研究学术会议论文编委会《彝缅语研究》，四川民族出版社 1997 年版。

戴庆厦、胡素华：《梁山彝语的结构助词 su^{33}》，载石锋、潘悟云编《中国语言学的新拓展——庆祝王士元教授六十五岁华诞》，香港城市大学出版社 1999 年版。

戴庆厦、蒋颖：《论藏缅语的反响型名量词》，《中央民族大学学报》2005 年第 2 期。

顾阳、巫达：《从景颇语和彝语的量词短语看名词短语的指涉特征》，载李锦芳、胡素华主编《汉藏语系量词研究》，中央民族大学出版社 2005 年版。

胡素华、沙志军：《彝语与缅语类别量词的比较》，载李锦芳、胡素华主编《汉藏语系量词研究》，中央民族大学出版社 2005 年版。

黄成龙：《羌语的名量词》，《民族语文》2005 年第 5 期。

李永遂：《哈尼语语法》，民族出版社 1980 年版。

李云兵：《苗语川黔滇次方言的名词前加成分》，《民族语文》1992 年第 3 期。

李云兵：《论苗语名词前缀的功能》，《民族语文》2002 年第 3 期。

李云兵：《苗瑶语量词的类型学特征》，载李锦芳、胡素华主编《汉藏语系量词研究》，中央民族大学出版社 2005 年版。

梁敏、张均如：《侗台语族概论》，中国社会科学出版社 1996 年版。

林伦伦、陈凡凡：《广东澄海闽方言量词的语法特点》，《汕头大学学报》2003 年增刊。

刘鸿勇、巫达：《论凉山彝语的"名＋（数）＋量＋su33"结构》，载李锦芳、胡素华编《汉藏语系量词研究》，中央民族大学出版社 2005 年版。

吕叔湘：《现代汉语八百词》，商务印书馆 1984 年版。

罗安源：《贵州松桃苗话的冠词》，《民族语文》1980 年第 4 期。

马学良：《汉藏语概论》，北京大学出版社 1991 年版。

蒙朝吉：《瑶族布努语方言研究》，民族出版社 2001 年版。

孙宏开：《藏缅语量词用法比较——兼论量词发展的阶段层次》，《中国语言学报》第 3 期；商务印书馆 1988 年版。

王锋：《白语名量词及其体词结构》，《民族语文》2002 年第 4 期。

王锋：《浅谈白语的名＋量结构》，载李锦芳、胡素华主编《汉藏语系量词研究》，中央民族大学出版社 2005 年版。

王辅世主编：《苗语简志》，民族出版社 1985 年版。

王均：《壮侗语族语言简志》，民族出版社 1984 年版。

徐琳、赵衍荪：《白语简志》，民族出版社 1984 年版。

徐悉艰、徐桂珍：《载瓦语简志》，民族出版社 1984 年版。

乐赛月：《贵阳花溪区甲定苗话的前加成分》，《民族语文》1979 年第 3 期。

张军：《量词与汉藏语名词的数量范畴》，载李锦芳、胡素华主编《汉藏语系量词研究》，中央民族大学出版社 2005 年版。

赵燕珍：《白语名量词的语义及结构特征》，载李锦芳、胡素华主编《汉藏语系量词研究》，中央民族大学出版社 2005 年版。

中央民族学院苗瑶语研究室编:《苗瑶语方言词汇集》,中央民族学院出版社1987 年版。

Adams, K. L. & Conklin, N. F., Toward a theory of natural classification, Papers for the 9th regional meeting, Chicago Linguistic society, 1-10, 1973.

Aikhenvald, A. Y., *Classifier--A Typology of Noun Categorization Devices*, Oxford University Press, 2000.

Allan, K., "Classifiers", *Language* 53.2: 285-311, 1977.

Becker, A. L., "A linguistic image of nature: The Burmese numerative classifier system", *Linguistics* 165: 109-121, 1975.

Bisang, W., "Classifiers, quantifiers and class nouns in Hmong", *Studies in Language* 17.1: 1-51, 1993.

Bisang, W., "Classifiers in East and Southeast Asian languages, counting and beyond", in *Numeral Types Changes Worldwide*, Jadranka Gvozdanovic (ed.), Berlin/New York: Mouton de Gruyter, 1999.

Croft, W., "Semantic universals in classifier system", *Word* 45.2: 145-171, 1994.

Mattews Stephen & Virginia Yip, *Cantonese: A Comprehensive Grammar*, Routledge: London-New York, 1994.

Pacioni, P.," Classifiers, specifity, and typology in Asian languages", in The Fourth International Symposium on Language and Linguistics, Thailand, 1996, pp.1987-1996.

(原载《民族语文》2012 年第 3 期)

广西部分汉语、壮语方言不定量词兼表处所名词语义模式研究

一、广西区内外语言不定量词的多功能语义模式

广西扶绥城厢平话的"ti⁵⁵"（啲）和"lek³³"，既是表示不定量的量词，相当于普通话里的"一些，一点儿"；也可以用作处所名词，表示"某处，某地"。

用作不定量词：

（1）二婆就在旁边讲先去烧啲猪肉汤，放啲桃子叶。（二婆就在旁边说先去烧些猪肉汤，放些桃子叶。）

（2）适当地给你啲钱够做一套衫，就是礼金了。（适当地给你些钱够做一套衫，就是礼金了。）

（3）盐唉米唉都要留一啲担归赔。（盐和米都要留一些送还回去。）

（4）而且呢就讲新姑爷去到新妇娘屋就吃一餐，吃一餐了才过归，顺便拧□lek³³嫁妆归男人的屋去了。（而且新郎去新媳妇家吃一顿饭了才回去，顺便拿些嫁妆回男方家去了。）

（5）大概有□lek³³十厘米径这样的□lek³³铁管拧来凑水抗旱。（大概有些直径十厘米的一些铁管拿来集水抗旱。）

（6）队里头养牛，要□lek³³牛屎去落田。（队里养牛，要一些牛屎撒到田里。）

（7）你凑人讲包只屎坑那落来取□lek³³大粪来淋田。（你和人讲包那个屎坑下来取些大粪来淋田。）

（8）我也是买□lek³³茄色归来染糯饭。（我也买些紫色回来染糯米饭。）

（9）城厢就有啲讲究这。（城厢就有这些讲究。）

用作处所名词：

（10）我们□lek³³这看时辰就是看他去世那天的时候是几点钟。（我们这里看时辰就是看他去世的时候是几点钟。）

（11）我们□lek³³这呢一般呢收棺□mi⁵³用看时辰的呢。（我们这里一般收棺不用看时辰。）

（12）他从来都□mi⁵³去啲那铲扫过。（他从来都没去那里祭扫过。）

（13）而且呢我们□lek³³这就讲凑村上不同。（而且我们这里的风俗和村上不同。）

（14）我表哥呢就问我父亲讲："姑丈，你依啲这做咩？"（我表哥就问我父亲："姑父，你在这里做什么？"）

（15）他看见这样多的人群，他都不问讲你们依啲这有什么事？（他看见这么多人，他都不问你们在这里有什么事？）

城厢平话"ti⁵⁵"（啲）不是平话本身词汇，而是白话借词。城厢平话的声调系统里，调值为高平调 55 的字词，基本来自白话。这种不定量词同时表示处所名词的用法同样见于广西桂中南地区的其他白话、平话方言。

Ⅰ南宁白话

用作不定量词：

（16）收尾水龙王识得系阿啲乌龟趯上岸来作怪。（后来水龙王知道是这些乌龟跑上岸来作怪。）（林亦、覃凤余2008：385）

（17）阿啲标志由上石牌坊绕过东壕塘。（这些标志由上石牌坊绕过东壕塘。）（林亦、覃凤余2008：384）

（18）落来攞啲酸梅同埋药酒，放喺底下，顺便拧牛奶，冇使再行啊。（下来拿些酸梅和药酒，放在底下，顺便取牛奶，不用再跑了。）（林亦、覃凤余2008：396）

用作处所名词：

（19）如果你做得到，阿啲咁多担盐就归你，如果做冇到，你就白帮我打三年工，敢嘛？（如果你做得到，这里这么多担盐就归你，如果做不到，你就白帮我做三年工，敢吗?）（林亦、覃凤余2008：392）

（20）喺啲饮茶，冇单止免茶费，重得打折先。（在这里喝茶，不仅免茶费，还能打折呢。）（林亦、覃凤余2008：291）

（21）我好似喺边啲见过只人咁。（我好像在哪儿见过这人似的。）（林亦、覃凤余2008：272）

（22）佢喺上高啲喊，好似想落来咁。（他在上面喊，好像要下来似的。）（林亦、覃凤余2008：315）

（23）架车你停喺边啲？停喺街啲。（那辆车你停在哪里？停在街上。）（林亦、覃凤余2008：315）

Ⅱ南宁平话
用作不定量词：

（24）亚哋是你嘅，二哋是渠嘅。（这些是你的，那些是他的。）（覃远雄、韦树关、卞成林 1997：10）

（25）二哋书陈老师买嘅。（那些书陈老师买的。）（覃远雄、韦树关、卞成林 1997：10）

（26）亚哋人是学生。（这些人是学生。）（覃远雄、韦树关、卞成林 1997：61）

（27）我冇要亚哋嘢。（我不要这些东西。）（覃远雄、韦树关、卞成林 1997：61）

用作处所名词：

（28）二哋有一只狗。（那里有一只狗。）（覃远雄、韦树关、卞成林 1997：10）

（29）我住亚哋，渠住二哋。（我住这里，他住那里。）（覃远雄、韦树关、卞成林 1997：10）

（30）二哋嘅人好讲冇？（那里的人好说话吗？）（覃远雄、韦树关、卞成林 1997：10）

（31）亚哋就是我嘅村，冇有姓赵嘅。（这里就是我的村子，没有姓赵的。）（覃远雄、韦树关、卞成林 1997：61）

（32）亚哋嘅人好客一世。（这里的人们热情好客。）（覃远雄、韦树关、卞成林 1997：61）

（33）你在亚哋等我。（你在这儿等我。）（覃远雄、韦树关、卞成林 1997：61）

广西壮语方言部分不定量词同样也有相似的特征：

Ⅰ 龙州壮语

用作不定量词：

(34) pin² nai³ ba:t⁷ kʰau³ pai¹ pʰe:k⁷ ba:t⁷ ʔo:k⁷ ma² ne⁵ tɕau⁶ puŋ¹

　　 于　是　次　进　去　裂　次　出　来　呢　就　烧

ha:i¹ ʔi⁵ kən² tʰu:n³.

死　些　人　完全

　　 于是一进去就马上崩裂出来把那些人全部烧死了。（李方桂 1940：48）

(35) mi² mau¹ nəŋ¹ mən² ʔi⁵ luk⁸ ła:u¹ ʔo:k⁷ pai¹ ŋo:i² nam⁴ na²

　　 有　早晨　一　她　些　子　女　出　去　看　水　田

jo:m⁶ han¹ ʔi⁵ ka:i⁵ na² pʰe:n⁵ pʰe:n⁵ to⁵ ka:n¹ tʰu:n³.

看　见　些　个　田　片　片　都　干　完全

　　 有一天早上她的女儿们出去看田里的水，看见那些田每一片全都干涸了。（李方桂 1940：49）

(36) ʔan¹ van² pai¹ ha:k⁸ van² van² to⁵ tʰən⁵ tuk⁷ lan¹ ʔi⁵ toŋ² ha:k⁸.

　　　 每　天　去　学　校　日　日　都　到　落　后　些　同　学

　　 每天去学校天天都落后于同学到学校。（李方桂 1940：93）

(37) van² van² ku³ kam¹ ʔi⁵ łu¹ le:n⁶ pai¹ ŋe⁵ mi:u⁶ nəŋ¹, taŋ³ tʰən⁵

　　　 日　日　总　握　些　书　跑　去　个　庙　一　等　到

ʔi⁵ toŋ² ha:k⁸ piuŋ⁵ ha:k⁸ ja⁵ mən² ne⁵ ji⁶ ma² łə:n² a⁵.

些　同　学　放　学　了　他　呢　也　回　家　了

　　 每天总拿些书跑到一座庙里等同学们放学回家了他也回家。
（李方桂 1940：94）

用作处所名词：

（38）ʔau¹ mən² ma² piːn⁵ hit⁷ pin² kaːu⁶ hin¹ nəŋ¹ tɕau⁶ peːŋ⁶ ju⁵

　　　拿　他　来　变　作　成　块　石　一　就　放　在

tiŋ² pʰia¹ ʔiⁱ⁵ nai³.

顶　山　些　这

　　把他变成一块石头放在山顶这里。（李方桂 1940：106）

（39）tuŋ³ nam¹ naŋ² ma² ʔiⁱ⁵ nai³ hit⁷ laŋ¹？

　　　这么　黑　仍　来　些　这　作　什么

这么晚了还来这里干什么？（李方桂 1940：114）

（40）tu¹ me⁶ kaʔ²⁴ mən² kiaːŋ³ ʔiⁱ⁵ niŋ³ tɕɯ¹ jam¹ keːn¹ maɯ² hit⁷ ɬɯ⁶

　　　妻子　告　他　讲　些　那　是　阴间　你　作　何

pai¹ dai³ ɕau⁶ tɕɯ⁶ jəːŋ² keːn¹ kau¹ tɕau⁶ taːi⁵ maɯ² pai¹ duːi³ kan¹.

去　得　若　是　阳　间　我　就　带　你　去　一　起

　　他妻子告诉他说："那里是阴间，你怎么能去呢？要是阳间，我就带你一起去。"（李方桂 1940：78）

Ⅱ 都安壮语

用作不定量词：

（41）tiːu² rɯːŋ⁵ ja⁶ he⁵ ju⁵ daɯ¹ ɕaːm³ daːu¹ pai¹ daːu¹ taːu⁵ ki²

　　　条　尾　娅耶　在里　鸡罩　搅　去　搅　回　些

kai⁵ ŋ̩eːu¹ te¹ heːu⁵ bou⁵ dai³ bou⁵ de⁵ pai¹.

小鸡　那　叫　不　得　不　得　去

　　娅耶的尾巴在鸡笼里搅来搅去，那些小鸡不停地乱叫。（张均如等 1999：856）

（42）ki² hau⁴ nei⁴ bou⁵ taːk⁹ loŋ⁶ ko⁵ nau⁶.

　　　些　粮食　这　不　晒　将　要　烂

这些粮食不晒将烂掉。（李旭练 2011：66）

（43）ke⁶ ba¹ te¹ dɯɯ² pai¹ he:u² hau³ mo:k⁹ mou¹ pai¹.

　　　　些　面　那　拿　去　拌　入　潲　猪　去

把那些面拌入猪潲里去。（李旭练 2011：38）

（44）kou¹ lɯt⁷ ke⁶ ŋa¹ nei⁴ li:u⁴ ɕou⁶ pai¹ ða:n².

　　　我　拔　些　草　这　完　就　去　家

我拔完这些草就回家。（李旭练 2011：41）

用作处所名词：

（45）dau¹ ɕa:u² lap⁷ ŋa:m⁵ ŋa:m⁵ ja⁶ he⁵ jɯɯ³ bou⁵ ran¹ θak⁷ ti⁵

　　　　里　槽　黑　漆　漆　娅　耶　看　不　见　任何　些

ɕou⁶ ɕa:m¹ ta⁶ ɕe³ la:n¹ kou¹ jɯ⁵ ki² rau² ta⁶ ɕe³ ha:n¹ jɯ⁵ ki² nei⁴ rou² ti⁵.

就　问　姐姐　孙　我　在　哪里　姐姐　答　在　这　里　快　些

厕所里黑漆漆，人熊什么都看不见，就问姐姐：“我的孙女，你在哪里呢？”姐姐回答：“在这里，快点来。”（张均如等 1999：858）

（46）ke⁶ nei⁴ ɕam¹ ðɯk⁷ ðɯk⁷ mei² ti⁵ tək⁷ la:u¹.

　　　　这里　静　悄　悄　有　点　可　怕

这里静悄悄的，有点可怕。（李旭练 2011：29）

（47）te¹ ka:k¹⁰ jɯ⁵ ke⁶ te¹ lək⁸ ta¹ jap⁷ mep⁸ mep⁸.

　　　　他　各　在　那里　眼　睛　眨　闪　闪

他独自在那里眼睛眨呀眨的。（李旭练 2011：32）

（48）ke⁶ pak⁷ nei⁴ θa⁶ ba:t⁹ te:m¹ ɕi⁶ ɕɯ³ dai³ lo.

　　　　处　菜　这　洗　次　添　就　煮　得　了

这处菜（这些菜）再冲洗一次就可以煮了。（李旭练 2011：65）

但广西区外的汉语方言，如广东粤语没有这类特征。不定量词不能用作处所名词。

I 广州粤语：（彭小川 2006）

（49）呢啲都系佢买嘅。（这些都是他买的。）

（50）有啲人就唔系咁谂嘞。（有些人就不是这么想了。）

（51）先落油镬，爆下啲鸡肉。（先下油锅，把这些／那些鸡肉爆一爆。）

（52）佢放低啲嘢就走咗嘞。（他放下这些／那些东西就走了。）

（53）而家啲女仔欢喜着乜嘢就着乜嘢。（现在的女孩子喜欢穿什么就穿什么。）

（54）我觉得香港啲人都好勤力。（我觉得香港人都很勤快。）

II 湘语娄邵片：（罗昕如 2007）

（55）巳滴／咯滴东西下拿踢你去算哩。（这些东西都给你算了。）

（56）那滴布太花哩，只有偌滴布穿着合身滴。（那些（较近）布太花哨了，只有那些（较远）布穿了合身一些。）

（57）出去还有得一年，回来就净是滴洋腔。（出去还没有一年，回来就全是些外地口音。）

（58）滴东西走到哪里□io35 到哪里。（这些／那些东西走到哪里丢到哪里。）

（59）滴碗是干净箇，濯一下就吃得。（这些／那些碗是干净的，冲一下就能用来吃饭。）

（60）你滴钱冇放在我手里。（你的钱没放在我手中。）

罗昕如（2007）认为："在湘语中（主要在湘语娄邵片中），也有一个多功能的词'滴（啲）'，与粤语中的'啲'音、义和用法大致相同，有不定量词、指示词、结构助词等用法，湘语大多记作'滴'。粤语中的'啲'记的是俗字，湘语研究所记的'滴'有可能是本字。其理据大概出于'滴'的水滴义，又从名词引申为用作计量滴下的液体的一般量词，无论是名词还是一般量词都有量小的语义特征，'滴'作不定量词有时表示'一点儿'，也含有量小的语义特征。'滴'作名词、一般量词和不定量词在语义上就建立起了联系。"

我们认为不定量词和处所名词同形用法来自壮语而非汉语的证据除了广西区外的语言例证，广西壮语方言自身也能提供一些证据。

第一，该用法普遍存在于壮语南北两大方言之中。龙州壮语属南部壮语左江土语，都安壮语是北部壮语红水河土语。这两种壮语方言之间的通话度极低，但龙州壮语和都安壮语的不定量词和处所名词不约而同地采用各自相同的形式，如龙州壮语 i^5，都安壮语 ki^2、ke^6。此外东兰壮语（属北部方言桂北土语）的"ka:i^5"（参见黄慧 2015：11）、靖西壮语（属南部方言德靖土语）的"i^3"（参见罗昱 2015：19）也都具有不定量词兼表处所名词的用法。

第二，都安壮语还有一个表示少量义的 ti^{33}（ti^5），与粤语、湘语的 ti^{55}（ti^{33}）音义相同，然而该词只有不定量词义而没有处所名词义。如：

（61）tɕau^3 tɕi:u^2 lum^3 θei^6 mei^2 ti^5 liŋ^5 kwa^5 ba:i^6 kwa^2 pai^1.

　　头 桥 像 是 有 点 斜 过 边 右 去

桥头似乎有点向右边倾斜。（李旭练 2011：38）

（62）ʔau^1 fai^4 tau^3 ka:p^{10} ti^5 jɯ^1 to^3 de:u^1 hau^3 ka:i^5 ka^1 te^1 pai^1 ɕi^6 dei^1.

　　要 木 来 夹 些 药 土 一 进 块 腿 他 去 就 好

用木棍夹些草药在他的腿上就好。（李旭练 2011：57）

二、不定量词和处所名词之间的
演变方向及演变原因

广西的语言，无论是壮语方言还是汉语方言，它们的不定量词和处所名词之间存在着怎样的语义关联呢？我们首先作出两种假设：第一，从处所名词发展出不定量词的用法；第二，从不定量词发展出处所名词的用法。

从处所名词到不定量词的演变。量词的产生往往和范畴化等认知方式紧密相关。而范畴化的认知过程又依赖于隐喻和转喻。人们根据事物之间的相似性和相关性把客观世界中的不同事物划分为同一个范畴。根据事物的相似性把事物归为一类，是隐喻的促动；根据事物的相关性把事物归为一类，是转喻的促动。（宗守云 2008：28）我们以壮语量词（分类词）的形成为例加以说明从名词发展为量词需要隐喻或转喻的参与，语义特征的相关性或相似性尤为重要。

覃凤余（2015）详细论证了壮语个体量词（分类词）的形成机制。壮语中两个名词性语素构成的名词组合大致可以分为两类：

第一类：

no⁶ mou¹ 猪肉 rau³ kja:u² 桥头 ma:k⁷ ke¹ 松果 ʔbɯ¹ fai⁴ 树叶
　肉　猪　　　头　桥　　　果子　松树　　叶子　树

第二类：

I. mou¹ ra:i⁶ 野猪 fai⁴ rau¹ 枫树 ma:k⁷ lei² 梨 ʔbɯ¹ ro:ŋ¹ 大叶
　猪　野猪　　树　枫树　　果子　梨　叶子　大叶

Ⅱ. tu² ra:i⁶ 野猪 ko¹ rau¹ 枫树 ʔan¹ lei² 梨 ʔbɯ¹ piau³ 票

只 野猪　　棵 枫树　　　个 梨　　　张 票

其中第一类结构是"核心名词+属性名词",语义内涵是"N2 的 N1"。第二类Ⅰ结构是"大名+小名",N1 和 N2 之间的关系是种属关系,语义内涵是"一个叫作 N2 的一种 N1"。N1 这类词往往被称为类名词,表示 N2 名词所属的种类。第二类Ⅱ结构是"分类词+名词"结构。N1 是分类词,但 N1 在此结构中并不使用其本义,而是利用通过隐喻或转喻获得的引申义。tu² 本义为"身体",转喻为"具有身体的动物或物件";ko¹ 本义为"植物的根茎",转喻为"具有根茎的植物";ʔan¹ 本义为"植物的果实",隐喻为"像果实一样的物体";ʔbɯ¹ 本义为"植物的叶子",隐喻为"形如叶子的物体"。第二类结构中的 N1 是量词(分类词)还是类名词,要看是否产生转喻或者隐喻。如笔者调查的扶绥壮语中,nøk⁸ 既可以作本义"鸟"讲,也可以通过隐喻,成为修饰鸟状物的量词(分类词)。nøk⁸ka¹ "乌鸦"中 nøk⁸ 是本义,是类名词。et⁷nøk⁸tsai¹ "一把犁",由本义"鸟"隐喻出鸟状物"把,犁的量词",因为犁在外形上与鸟相似。

由此可知,名词之所以能够发展为量词,关键就在于名词的某些典型特征可以使之具有产生转喻或隐喻的空间,从而提供量词产生的相应理据。个体量词尚且如此,集合类量词则更为显著。宗守云(2008:57)将不定量词归为类集合量词。而真集合量词,如"把、帮、包、层、群"等;准集合量词,如"班、伙、窝、支"等都有十分显著的特征来源。我们以"包"为例来说明。集合量词"包"是从动词"包"而来。动词"包"的"包裹"义特征通过隐喻机制的作用使其引申出"围拢"义,"包"也就成为表示围拢意义的集合量词。

我们反观处所名词,从隐喻的角度看,它的语义特征可以描写为[+平面性][+有边界性],与不定量词相关的也只有 [+有边界性]。

而这一特征并不足以解释两者之间的语义关联。处所名词和不定量词之间并无隐喻关联。从转喻的角度看，利用物体所处的位置转指处在这个位置上的物体也并不罕见。根据李福印（2008）对认知语言学中概念转喻的相关综述，地点与所在物构成接触转喻关系。比如，"华盛顿"转喻"美国政府"，"四座皆惊"的"四座"转喻"位于四周座位上的人"。沈家煊（1999）指出："转喻认知模型的建立需要满足 5 个方面：

（1）在某个语境中，为了某种目的，需要指称一个'目标'概念 B；

（2）概念 A 指代概念 B，A 和 B 须在同一个'认知框架'内；

（3）在同一'认知框架'内，A 和 B 密切相关，由于 A 的激活，B（一般只有 B）会被附带激活；

（4）A 附带激活 B，A 在认知上要比 B 显著；

（5）转喻的认知模型是 A 和 B 在某一'认知框架'内相关联的模型，这种关联可以叫作从 A 到 B 的函数关系。"

如果我们认为不定量词的用法是从处所名词转喻而来，最为关键的就是要证明处所名词和不定量词所限定的名词在同一个认知框架内以及处所名词的显著性要强于不定量词所限定名词的显著性。第一点不难证明，客观事物的存在必然要占据空间，客观事物与其所在的处所就在同一个认知框架内。至于事物的显著性，通常认为事物的显著度差异有如下规律：一般情况下，整体比部分显著（因为大比小显著），容器比内容显著（因为可见的比不可见的显著），有生命的比无生命的显著（因为能动的比不能动的显著），近的比远的显著，具体的比抽象的显著。（沈家煊 1999）处所名词的显著度低于不定量词所限定名词的显著度。处所名词并非专有地名，是一类抽象名词，是不可见的。因此，抽象的、不可见的处所名词转喻具体的、可见的不定量词所限定名词并不符合一般的认知规律。

需要指出的是汉语史上有一个既表示处所，又表示不定数量的

"许"，如"何许人""些许、少许"。根据盛益民（2012）的研究，表示处所的"许"和表示不定数量的"许"来源并不相同，只是同形语素而已。表示处所的"许"主要出现于汉魏六朝时期的文献，具有浓郁的南方方言色彩，属中古汉语词汇。至今仍在吴方言中广泛分布，并进一步发展为指示词。表示数量的"许"，是来源于北方方言的近代汉语词汇。六朝时期的文献显示，"尔许"的语义功能是指示数量。由于感染生义或省缩，"许"继承了指示数量的功能，并进一步发展出指示程度的用法，如"许多"。除此之外，我们认为某些汉语方言中既能表示处所又能表示少量的"点"（或"点儿"）同样是同形语素。"点"本身就有表达几何平面概念的用法。与之相似的还有"边、面"。"点、边、面"从指称几何平面概念，通过隐喻范畴化，指称所指相对宽泛的处所，并伴随汉语词汇的双音节化，形成诸如"旁边、里面"这类处所名词。普通话只用"边、面"表示处所，部分汉语方言也利用"点"表示处所。"点、面"另一个演变方向是从名词发展为量词。但量词的用法并不是从这些名词的处所义发展而来，甚至与这些名词的处所用法毫无关联。"点"本义为动词"玷污"义，引申为名词"污点，小黑点"，南北朝时期由这一引申义虚化为量词，用于计量"形状如小黑点"的物类。至唐代量词"点"的用法有所发展，泛化出计量"实体／非实体的小点"，表"些少"的不定量词，以及"计量声音、时间"的用法。到了现当代，主要用作表人和事物的数量少并且不确定的不定量物量词。（吴秀菊 2015）"面"本义为名词"脸"，引申为名词，"物体的表面"。至南北朝虚化为"称量扁平状事物"的量词。在其后的发展过程中，"面"作为量词，称量范围呈现出先扩大后缩小的发展趋势。称量对象出现两种规律，一是朝"扁平状"特征发展，二是向"竖直"方向发展。（孟繁杰、李焱 2009）

以上从量词形成机制和汉语史以及汉语方言相关例子证明处所名词向不定量词的演变路径假设并不符合事实。下面讨论从不定量词到处所名词的演变可能性。

Talmy（2000：180）认为空间结构的概念化可以总结为两个子系统，一个子系统是所有的图解轮廓，这种图解轮廓能够被概念化为存在于空间内的所有体积之中，静态的概念图示包括范围（region）和处所（location），动态的概念图示包括路径（path）和位移目标（placement）。另一个子系统是占据了空间体积的物质的外部轮廓以及内部关系，这个子系统更多地被看作是空间实体，这些实体有些能构成具有边界的个体（object），有些能组成没有边界的集合体（mass）。当物质实体在空间里以静止状态占据了一定的范围，那么也就可以理解为这个实体处在某个位置，进而更进一步理解成这个实体所处的位置。例如先秦汉语、靖西壮语等语言可以用普通名词直接指称该名词所处的位置。（黄阳、程博 2010）

基于以上的论述，Talmy（2000：181）又进一步指出：客观存在的物质实体（material entities）表现空间属性（spatial properties）有三种形式：

1. 单个个体或集合自身体现空间属性。具体表现手段可分为：Ⅰ. 决定个体或集合体形状的外部边界所反映出的轮廓；Ⅱ. 个体或集合体的内部结构。

2. 一个单个物质实体与其他实体表现出的空间几何关系。

3. 如果一个集合体当中的每个子成员都被进行了背景化处理而不再凸显，那么这个集合体就可以被当作一个单个的实体，并进一步理解为这个实体所处的位置。

不定量词和名词的组合，首先形成一个表示集合概念的结构式"一些＋N"。根据 Talmy（2000）的论述，"一些＋N"通过空间认知的扩展变化被理解为"N 所在的地方"。但这种空间认知方式并不只是表现处所的唯一方式，壮侗语仍然使用其他处所名词和普通名词的组合，如武鸣壮语 laŋ¹muɯŋ²"（你那里、你家）"等。（李方桂 2005：249）这种结构与"一些＋N（＋指示词）"同时具有"某处、某地"的语义可能会引发说话者的回溯推理（abduction）。回溯推理（abduction）是从所观察到的结果中，根据规律推理出某事物可能是该规律的实例。（鲍尔·J.霍伯尔等 2008）说话人观察到"一些＋N（＋指示词）"结构已经具有了某处、某地的含义，而该语言中同时存在的其他表示处所的结构"处所名词＋N"是说话人所认识的经验和规律，他们可能会依据这个经验和规律回溯"一些＋N（＋指示词）"结构中究竟是哪一个词或语素表达了"处所名词"的语义，于是错误地将不定量词认定为处所名词，也就使得"一些＋名词（＋指示词）"在语义上被重新分析为"处所名词＋名词（＋指示词）"。这就能解释李旭练（2011）列举的例子里，"ke⁶"时而释义为"一些"，时而解释为"处所"。

壮语中的处所名词往往不与类别词共现，如：

武鸣壮语：

（63）laŋ¹ plau¹ kjau¹ ɕun¹ xun² ɕi⁴ ɕai¹ na² plok⁷ kik⁷.
　　　 处　我们　交　 春　 人　 就　 犁　田　 翻　 土
我们那里交春的时候人们就犁田翻土。（李方桂 2005：49）

都安壮语：

（64）tɕaŋ¹ kei³ tu² pit⁷ nei⁴ tək⁷ dauɯ¹ ðau² laŋ¹ muɯŋ² ɕe¹ ko:n⁵.
　　　 关　 几　只　鸭　这　放　里　 窝　家　你　 留　先
先把这几只鸭子关在你家的鸡窝里。（李旭练 2011：52）

（65）ða:n² laŋ¹ te¹ te:ŋ¹ vuɯn² tom⁵ pai¹ kwa⁵.
　　　 房　 处　他　被　 人　 弄塌　去　过
他家的房子被人弄塌了。（李旭练 2011：33）

故而在表示处所时，"一些＋指示词"结构中不必再出现类别词。

我们还有另一个证据证明演变过程是从不定量词到处所名词，而非相反。靖西壮语的"i³"同样是一个多功能语素。与都安壮语、龙州壮语不同的是，靖西壮语表示"这些"的"i³ kei⁵"并不表示处所，而是表示时间概念"现在"。（罗昱 2015）但与"i³ kei⁵"相对的"i³ təm⁴、i³ paŋ⁶"（那些）的多功能语义模式只表示远指处所概念"那里"，却并不表示时间概念（据吕嵩松教授惠告）。靖西壮语这种不对称的用法至少告诉我们，"i³"具有表示不定量词、空间、时间三类概念的功能。以空间概念隐喻时间概念是语义扩展的常见模式之一。靖西壮语 i³ kei⁵ 表时间的功能也很可能是从表空间处所发展而来。

语义地图连续性假说认为，某一语法形式在历时演变中只能按照节点之间的联系轨迹来依次获得其他功能或语义，而不能跨越节点来获得其他功能。（王瑞晶 2010）假如不定量词和空间处所词的演变方向是从空间处所演变为不定量词，那么不定量词的节点就处于空间和时间两者之间，从而割裂更为普遍的空间到时间的概念空间模式。

综上所述，我们认为不定量词向处所名词演变的路径为：一些＋名词＋指示词＞处所词＋指示词＞处所词＋名词＋指示词。

三、结　语

不定量词兼表处所名词的用法见于广西中南部地区的汉语方言，以及壮语（如龙州壮语、都安壮语、靖西壮语、东兰壮语）中，但是却罕见于广西区外的汉语方言。我们认为：这种多功能语义模式是广西汉语壮语接触的产物。理由如下：

第一，这种用法并不见于广西区外的汉语方言，尤其是与广西汉语方言有明确亲缘关系的方言，比如南宁粤语和广东粤语，（林亦、覃凤余 2008）但广东粤语并未发现有此用法。

第二，都安壮语除"ki²、ke⁶"外，"ti³³"也有表示少量义的用法，与粤语、湘语的"ti⁵⁵/ti³³"音义相同，但却并不具有处所义。这说明"ti³³"是汉语借词，同时也表明汉语表示少量义的词汇本身并不具备表示处所名词的多功能用法。

吴福祥（2013）指出，"接触引发的语义演变主要有语义借用和语义复制两种类型。语义借用含词汇借用和语法借用两个子集，指的是受语从源语中引入实际语素（音、义单位）；语义复制则包含词汇复制和语法复制两个子集，指的是复制语复制了模式语的语义概念、语义组织模式或语义演变过程。"广西汉语方言的不定量词与壮语的不定量词语音形式不相同，但两者的语义功能具有高度的平行性。可见广西汉语方言的不定量词兼表处所名词的用法是语义复制的产物，也就是说广西汉语方言复制了壮语不定量词兼表处所名词的用法。

参考文献

鲍尔·J. 霍伯尔、伊丽莎白·克劳丝·特拉格特：《语法化学说》（第二版），梁银峰译，复旦大学出版社 2008 年版。

黄慧：《广西北部壮语指示词研究》，广西大学硕士研究生学位论文，2015 年。

黄阳、程博：《靖西壮语的方所系统》，《百色学院学报》2010 年第 2 期。

李方桂：《龙州土语》，商务印书馆 1940 年版。

李方桂：《武鸣土语》，清华大学出版社 2005 年版。

李福印：《认知语言学概论》，北京大学出版社 2008 年版。

李旭练：《都安壮语形态变化研究》，民族出版社 2011 年版。

林亦、覃凤余：《广西南宁白话研究》，广西师范大学出版社 2008 年版。

罗昕如：《湘语"滴"的多功能用法》，《汉语学报》2007 年第 3 期。

罗昱：《广西南部壮语指示词研究》，广西大学硕士研究生学位论文，2015 年。

孟繁杰、李焱：《量词"面"的语法化》，《海外华文教育》2009 年第 3 期。

彭小川：《广州话含复数量意义的结构助词"啲"》，《方言》2006 年第 2 期。

覃东生、覃凤余：《广西汉语"去"和壮语方言 pai 的两种特殊用法——区域语言学视角下的考察》，《民族语文》2015 年第 2 期。

覃凤余：《壮语分类词的类型学性质》，《中国语文》2015 年第 6 期。

覃远雄、韦树关、卞成林：《南宁平话词典》，江苏教育出版社 1997 年版。

沈家煊：《转指与转喻》，《当代语言学》1999 年第 1 期。

盛益民：《论指示词"许"及其来源》，《语言科学》2012 年第 3 期。

王瑞晶：《语义地图：理论简介与发展史述评》，《语言学论丛》（第四十二辑），商务印书馆 2010 年版。

吴福祥：《语义复制的两种模式》，《民族语文》2013 年第 4 期。

吴秀菊：《量词"点"的产生及其发展演变》，《殷都学刊》2015 年第 3 期。

张均如等：《壮语方言研究》，四川民族出版社 1999 年版。

宗守云：《集合量词的认知研究》，上海师范大学博士研究生学位论文，2008 年。

Talmy，Leonard，*Toward a Cognitive Semantics*，*Volume I*：*Concept Structuring Systems*，The MIT Press，2000.

（原载《民族语文》2017 年第 5 期，与郭鑫、覃凤余合著）

台语第一人称称谓系统及其类型意义

一、引　言

壮侗语族语言普遍有着比较发达的人称称谓系统，李锦芳（1995）、胡静（2003）、林亦、唐龙（2007）、何彦诚（2014）、余茵（2014）等都有过比较详细的论述。不过他们的研究大多只涉及一种语言或者方言，而且都没有从类型学角度进行进一步的理论阐释。本文拟对壮侗语族台语支的泰语、老挝语、龙州壮语、西双版纳傣语第一人称代词单数形式的异同进行对比研究，在此基础上讨论台语第一人称代词复杂单数形式的相关问题及类型意义。

人称代词的主要功能是指明言语行为中的角色，即言说者（speaker）和听话者（addressee）而忽略这些言语角色的实际参与者的一种言语表达（Bhat 2004），同时也因此认为所谓的第三人称代词并不能算作真正的人称代词，应归入代形式（proforms）系统。Bhat（2004）以许多语言表示第三人称的语言形式与远指指示词相同为例来说明其不同于第一、二人称代词。本文考察的这四种台语支语言均具有区别于远指指示词的第三人称表现形式，但本文以第一人称称谓的单数形式为主要研究对象，不涉及第三人称。

本文分为两大部分，第二节详尽描写壮侗语族台语支的泰语、老挝语、西双版纳傣语和龙州壮语第一人称称谓系统（单数形式）的基本情况，并在描写的基础上比较其异同；第三节讨论第一人称称谓系统（单数形式）内部分类标准的相关问题及其类型意义。本文所涉及的泰语语料来自泰国留学生曾惠娟的母语自省以及 *A Reference Grammar of Thai*，老挝语语料参考 A Grammar of Lao，龙州壮语语料取自《龙州土语》，西双版纳傣语语料出自《傣语简志》《西双版纳傣语人称代词研究》，涉及的其他文献随文标注出处。

二、第一人称称谓系统概况

1. 泰语第一人称称谓系统

泰语具有比较复杂的第一人称称谓系统。Iwasaki & Ingkaphirom（2005）认为，泰语有九个最为常用的第一人称代词，它们按照所指称名词的性别及其相对正式程度有着用法上的差别：

言说者	男性	男性 / 女性	女性
最高正式度		kha:^{5}pha^{6}tsau^5[①]	
	kra^{3}phom^1		
			di^{3}tshan^1
	phom^1		
中级正式度		tshan^1	
		rau^2	
			khau^1

① 泰语的调类采用李方桂（2011）提出的分类法。我们用 1、2、3、4、5、6、7、8 标记李方桂 A1（33 或 24）、A2（33）、B1（22）、B2（41）、C1（41）、C2（453 或 55）、D1S（22）、D1L（22）、D2S（55）、D2L（41）调。其中 7 标记 D1S 和 D1L、8 标记 D2S、D2L。

言说者	男性	男性 / 女性	女性
			$tua^2e{:}\eta^1$
最低正式度		$ku{:}^1$	

我们根据本文作者之一泰国留学生曾惠娟的母语自省，对 Iwasaki & Ingkaphirom（2005）的表格进行了修订：

言说者	男性	男性 / 女性	女性
最高正式度		$kha{:}^5pha^6tsau^5$	
	kra^3phom^1		
	$phom^1$		di^3tshan^1
中级正式度		$tshan^1$	
		rau^2	
		$nu{:}^1$	$khau^4$
最低正式度		$ku{:}^1$	

$kha{:}^5pha^6tsau^5$ 男女皆可使用，多用于十分正式的交际场合以及书面语当中，但目前已经用得比较少。取而代之的是男性使用的 $phom^1$，女性使用的 di^3tshan^1。

（1）$kha{:}^5pha^6tsau^5 t\mathrm{ɔ}{:}\eta^5 ka{:}n^1 pai^1 tsa\eta^1 hwat^7 kru\eta^1 the{:}p^8 phr\mathrm{ɔ}m^6$

    1SG   需 要 去 府   曼谷   一 起

$kha^6 na^6$

团

    我需要跟团一起去曼谷。

kra^3phom^1 是男性用语，在长辈或非王室的上级面前使用的自称。在泰国国会等的演讲中，男性议员经常使用。该词是 $klau^5kra^3phom^1$ 的省略形式。

(2) kra³phom¹ tsa³ ri:p⁸ klap⁷ ma:² hai⁵ than² kam¹hnot⁷

　　1SG.M　会　很快　回　来　给　最后　期限

我会很快回来，以满足最后期限。

(3) klau⁵kra³phom¹ tham² a³rai² phit⁷

　　1SG.M　　　做　　什么　错误

我做错了什么？

当今泰国社会使用最广泛、最正式、礼貌的男性第一人称称谓词是 phom¹，多用于和长辈以及同辈的对话。不过，也有一些人在非正式谈话中使用这个词。

(4) phom¹　mai⁴ tsai⁴ khon² pa:k⁸ hnuua¹ khrap⁸

　　1SG.M 不　是　人　　方　北　语气词

我不是北方人。

di³tshan¹ 是女性专用第一人称称谓词，口语常念为 ʔi³tshan⁴ 或 dian⁵，其使用环境和男性用词 phom¹ 基本相同。

(5) di³tshan¹ tɔ:ŋ⁵ka:n¹ e:k⁷ka¹sa:n¹ thaŋ⁶hmot⁷ wan²phruŋ⁴ ni:⁶

　　1SG.F 需要　资料　　所有的　　明天　语气词

明天我需要所有的资料。

Iwasaki & Ingkaphirom（2005）使用了中级正式度来界定说话者与朋友之间的对话关系，男女通用的 tshan¹ 即用于此类环境下，该词有时也可以用于长辈对晚辈、对下级的场合。

(6) tshan¹ mai⁴ tshɔ:p⁸ a¹ ka:t⁷ thi:⁴ ni:⁴ lə:i²

    1SG 不 喜欢 天气 在 这里 语气词

我不喜欢这里的天气。

rau² 本是第一人称称谓复数形式，但部分年轻人将其用作单数功能。

(7) rau² tsa³ khrɔŋ² phɛ:n³din¹ do:i¹ tham²

    1SG 将 以 国 德 做

我将以德治国。

khau¹ 本是个男女通用的第三人称称谓词①。有时为了传递某些情感信息，该词用作女性第一人称称谓词，读为 khau⁴。

(8) du¹ si³ khau⁴ wa⁴ fɔ:n¹ rə:m⁴ tok⁷ ʔi:k⁷ lɛ:u⁶

    看 1SG.F 觉得 雨 开始 落 要 了

看看，我觉得马上要下雨了。

nu:¹ 是小孩子在长辈面前的自称，男女通用。成年女性在非正式场合也用 nu:¹ 自称，显亲切、礼貌（其本义是"老鼠"）。

(9) nu:¹ ʔa:k⁷ kin¹ khuai¹ tiau⁴

    1SG 要 吃 面条

我想吃面条。

---

① 不少壮语北部方言第三人称代词普遍与远指示代词共用一个词汇形式 te¹。但泰语有专门的第三人称代词，不同于远指示代词。泰语指示代词系统三分：近指 ni:⁴、中指 nan⁴、远指 no:n⁴（Iwasaki and Ingkaphirom 2005：83）。

ku:^{1} 主要为男性在非正式场合用，也有一些女性使用该词，该词是古泰语词，现在被泰国社会视为不文明用语。

(10) ku:^{1}　tɕhɔ:p^8　kin^1　kai^3　tɔ:t^7

　　 1SG　喜欢　　吃　　鸡　炸

我喜欢吃炸鸡块。

以上列举的例子是泰语使用范围比较广泛的第一人称称谓形式，除此之外还有其他用于王族成员、僧侣等特定社会集团的称谓形式。同时姓名、亲属关系称谓和职业头衔称谓在特定的语境里也能充当第一、第二或第三人称称谓形式（Iwasaki & Ingkaphirom2005：56）。

2. 老挝语的第一人称称谓系统[①]

根据 Enfield（2007），老挝语的第一人称称谓的单数形式依据说话人和听话人之间的相对关系（包括亲属关系和社会相对地位）分为尊称（Bare）、亲密称（Familiar）、谦称（Polite）、敬称（Formal）：

尊称：ku:^{3}[②]，用于长辈对晚辈；上级对下级；同龄儿童及从小相识的朋友的自称；另外，詈语、自我言语的语境里也使用尊称 ku:^{3}。

亲密称：hau^2，用于普通朋友之间；子女在父母面前的自称。

谦称：kho:i^5，该词是城市公共生活中的通用第一人称称谓，用于陌生成年人之间、夫妻之间的自称。

敬称：kha:^{5}phatsau^4，用于公共演说、书面语中的自称，以及在社会地位高于自己的人面前的自称。

老挝语也具有僧人之间、僧俗之间专用的人称称谓形式。例如：僧人自称"qatama:^{2}"，称男性俗家为"phò-qòòk^5"，称女性俗家为"mè-

---

① 本文对老挝语的补充调查得到首都师范大学国际文化学院老挝留学生范雨森的帮助，特此感谢。

② 老挝语调类按照 Enfield（2007）的分类。

qòòk⁵"（Enfield2007：78）。此外，姓名、亲属称谓、职业头衔均可在特定语境下充当第一、第二、第三人称称谓形式。

3. 西双版纳傣语的第一人称称谓系统

与泰语、老挝语基本相似，西双版纳傣语第一人称称谓系统也严格按照说话人与听话人之间关系的尊卑等级与亲密度进行区分。与老挝语相同，性别不再成为区分的标准。喻翠容、罗美珍（1980）和罗美珍（1989）将其分为尊称①、谦称、通称、鄙称、亲密称五类：

尊称：ku¹/kau¹ 我，用于上对下的自称，如贵族官员对百姓，上级对下级，长辈对晚辈。

谦称：to¹xa³ 我、pʰu³ha³ 我，我们、tu¹xa³ 我们、ku² 我，用于下对上的自称，如农奴对领主，下级对上级，同地位的人表示客气也用谦称。

通称：hau² 我，咱们（包括式）、tu¹ 我，我们（排除式），用于同等地位人的自称。

鄙称：xɔi³ 我，鄙人、tu¹xɔi³ 我们，用于晚辈对长辈，下级对上级的自称。

亲密称：ha² 我、ha²hau² 我们，用于夫妻之间和对同龄好友的自称。

以上我们列举的都是使用范围最广的人称称谓形式，与泰语基本相同，西双版纳傣语也有一套在僧侣之间、僧侣和俗家之间使用的专用人称称谓形式。因其使用范围有限，这里不再赘述。②

4. 龙州壮语的第一人称称谓系统

与泰语和西双版纳傣语相比，龙州壮语的第一人称称谓系统要简单许多，但仍然区分尊卑。根据洪波 1989 年的实地调查，其尊称形式

---

① 罗美珍称其为自负称，我们这里使用尊称的说法。

② 西双版纳傣语用于僧侣和僧俗之间的人称称谓形式可参看罗美珍（1989）《傣语的称谓法》以及余茵（2014）《西双版纳傣语人称代词研究》。

是 kau¹①，通称形式是 ŋo¹②，谦称形式是 kʰo:i³、laiʔ⁴。例如：

（11）pin³ van² nəŋ¹ to:i⁵ luk⁸ tɕau⁶ hai³ me⁶ na:ŋ² ɬi:n¹ ne⁵ tʰa:m¹
于是 天 一 对 子 就 哭 个 女 仙 呢 问

maɯ² hit⁷ laŋ¹ hai³ ne⁵ van² nai³ kau¹ ju⁵ ɬə:n² a¹ ʔa¹ van² ʔo¹ pa⁵ maɯ²
你 作 何 哭 呢 日 这 我 在 家 啊 每 日 个 爸 你

ju⁵ ɬə:n² maɯ² mi⁵ hai³ van² nai³ kau¹ ju⁵ maɯ² fa:n⁵ta:u⁶ hai³
在 家 你 不 哭， 日 这 我 在 你 反倒 哭

于是有一天这对儿子就哭，这个仙女就问："你们为何哭呢？今天我在家啊。平时你们爸爸在家你不哭，今天我在你们反倒哭。"

在此例中，仙女以孩子母亲的身份自居来训斥这对孩子。他们之间是长辈和晚辈的关系，仙女用尊称 kau¹ 来称自己。

（12）tu¹ kwa:n¹ nai³ kia:ŋ³，"jia²，kau¹ ja:u³ maɯ² ʔau¹，kau¹ mi²
个 官 这 讲："呀， 我 叫 你 拿， 我 有

miŋ⁶ liŋ⁶ hɯ³ maɯ²，maɯ² ta:ŋ¹ je:n² tɕɯ⁶ ʔau¹ ma² kau¹，maɯ² hit⁷ laŋ¹
命 令 给 你 你 当 然 是 拿 来 我， 你 做 何

kia:ŋ³ mi⁵ dai¹ ʔi⁵ ɕi⁵ ne⁵？maɯ² kʰua:i⁵ ta:ŋ⁵ ʔau¹ tu¹ ʔi⁵ ɕi⁵ ma² kau¹！"
讲 不 好 意 思 呢？ 你 快 当 拿 只 意 思 来 我

这个官老爷就说："哎呀，我叫你拿，是我有命令给你，你当然是要拿来给我，你干什么说不好意思？你快点给我把意思拿来！"

上例是地方官员和基层群众的对话，官员在斥责群众时用尊称 kau¹

---

① 原文用五度标记法标记调值，本文统一转换为相应的调类。
② 根据洪波 1989 年的田野调查，龙州壮语"我"的通称形式是 ŋo⁶，《龙州土语》的记录为 ŋo¹。由于本文龙州壮语的语料取自《龙州土语》，故采用 ŋo¹。

指代自己。他们之间可视为上下级关系，而与官员对话的另一方普通民众则在官员面前自称 $k^ho:i^3$：

（13）pin^3 $?o^1$ nai^3 $tɕau^6$ $kia:ŋ^3$：$"ta:i^6$ $la:u?^4$ $ja:u^3$ $k^ho:i^3$ $?au^1$ $tuŋ^3$ $la:i^1$

　　　　于是 个 这 就 讲： "大 佬 叫 奴 拿 许多

ku^5 $ka:i^5$ ne^5，$k^ho:i^3$ to^5 mi^2 $hu:^3$ tau^2 $ta:n^6$ $tɕɯ^6$ $ja:u^3$ $tuŋ^3$ $la:i^1$ to^5 mi^5 han^1

东 西 呢，奴 都 有 给， 但 是 叫 许 多 都 不 见

dai^1 $?i^5$ $ɕi^5$ va^2 ！"

好 意 思 罢！"

　　于是这个人就说："老爷叫我拿很多东西，我都给了，但是叫拿这么多东西，他自己都不好意思吧！"

除了 $k^ho:i^3$，表示谦称的还有 $lai?^4$，用于晚辈在长辈面前自称：

（14）$t^həŋ^1$ kam^6 ne^5 $mən^2$ $ka?^4$ $niŋ^1$ nai^3 $?o:k^7$ $pa:k^7$ tu^1 $pa:i^1$ $ja:u^3$ $fa:n^5$：

　　　　到 晚 呢 她 告 女 这 出 口 门 去 叫 返：

$"p^ho^2$ $ə:i^5$，ma^2 $pau?^4$ $lai?^4$ $no:n^2$ ！"

"婆 啊， 来 抱 我 睡！"

　　到了晚上她母亲让这个姑娘去门口外面喊："外婆啊，快来陪我睡觉啊！"

普通人在交际过程中使用通称形式 $ŋo^1$ 自称，如：

（15）$la:u?^4$ $pa:n^3$ $kia:ŋ^3$：$"mi^2$ a^5 ！ $kən^2$ ti^6 me^6 ni^1 ma^2 $ɬi^1$ $ɬo^5$ ja^5

　　　　老 板 说： "有 啊！ 人 个 妻 你 来 赊 数 了

hou^3 $la:i^1$ $həŋ^1$ a^5。"jau^6 $tɕa:i^5$ $kia:ŋ^3$：$"mi^5$ mi^2 a^5，$kən^2$ ti^6 me^6 $ha:i^1$

好 多 久 了。" 又 再 讲： "没 有 啊， 人 个 妻子 死

ja⁵ hou³ la:i¹ pi¹ a⁵, hit⁷ łɯ⁶ naŋ² kia:ŋ³ ti⁶ me⁶ ŋo¹ ma² łi¹ ło⁵ ?"
了 好 多 年 了, 作 何 仍 讲 妻 我 来 赊 数?"

　　老板说："有啊,你的妻子来赊账赊了很久了。"那个人说:
"没有啊,我妻子死了很多年了,怎么还说她来赊账?"

下面这段对话发生在一对夫妻之间。妻子在丈夫面前自称用通称
ŋo¹:

　　(16) pin³ niŋ¹ nai³ ne⁵ tɕau⁶ kaʔ⁴ mən² kia:ŋ³:"ni¹ mi⁵ ɕai³ hi⁵, ŋo¹
　　　　 于是 女 这 呢 就 告 他 讲:"你 不 使 气, 我
ti² ne⁵ tɕau⁶ naŋ² kau³ mi² tɕe:n² ma² pa:ŋ¹ ni¹ ti¹. naɯ¹ kam⁶ ŋo¹ ha:k⁷
呢 就 能 够 有 钱 来 帮 你 的。早 晚 我 自己
mi² fa:p⁷ tɕi³ ʔo:k⁷ ma² hɯ¹ ni¹ mi⁵ ɕai³ kʰo³ ti¹。"
有 法子 出 来 给 你 不 使 穷 的。"

　　于是这个女人就跟他丈夫说:"你不用叹气,我就能有钱帮你
的。早晚我自己有办法拿出钱来给你,不会穷的。"

夫妻之间的对话在自称时有时也用尊称形式 kau¹:

　　(17) tʰa:m¹ tu¹ me⁶ mən² kia:ŋ³:"ki³ pi¹ nai³ maɯ² ju⁵ tɕaɯ² la:i¹?
　　　　 问 个 妻 他 讲:"几 年 这 你 在 哪儿 多?
kau¹ tɕuŋ³ mi⁵ han¹ maɯ² łak⁷ pai²" pin³ ja⁵ tu¹ me⁶ mən² tɕau⁶ kia:ŋ³ a⁵,
我 总 不 见 你 任何 次。"于是 了 个 妻 他 就 讲 了,
"kau¹ pai¹ ɕau⁵ tu¹ pʰi¹ ła:m¹ ła:t⁷ ju⁵, jin¹ vi² pʰi¹ niŋ³ mən² ma² łap⁸ kau¹
"我 去 凑 只 鬼 三 煞 住,因为 鬼 那 他 来 接 我
pai¹ ɕau⁵ mən² ju⁵ du:i³ kan¹"
去 凑 他 住 一起。"

丈夫就问他妻子："这几年你都在哪儿了？我从来都没见过你。"他妻子就回答说："我去和三煞鬼住了，因为那鬼他来接我去和他住一起。"

第一人称称谓形式在这四种语言中的表现分别是：泰语因说话人的性别、自身社会地位、王室与非王室成员、与听话人的亲密度、僧俗的区别等社会因素的差异而必须采用不同的人称表达形式。这些人称称谓形式有些还能追溯出原始字面义，比如 kha:⁵ pha⁶ tsa:u⁵ 的原始字面义是陛下或贵族大人的仆人、奴隶。kra³ phom¹ 或 klau⁵ kra³ phom¹：头上的头发。phom¹：头发。这些人称形式多与指称头和头发有关，这些表达方式来自社会等级较低的人与等级较高的人见面时的情形。该情形是社会等级低的人需要用自己的头或头发放置在地位高的人的脚部以示尊重，因为头部是人体最高、最受尊重的身体部位（Cooke 1968）。

老挝语第一人称称谓形式根据说话人和听话人之间的相对社会地位、亲密程度，说话人说话的场合以及僧俗的差异等区别使用不同的人称形式。与泰语不同，老挝语的第一人称称谓形式不区分性别。Enfield（2007）指出，谦称形式 kʰo:i⁵ 的原始字面义为"奴隶"，敬称形式 kʰa:⁵ pʰatsau⁴ 原义为"大人的奴隶"，其他形式为壮侗语共有的固有人称称谓形式。

西双版纳傣语第一人称称谓系统的分类与老挝语基本相同，也不以性别区分人称称谓形式。有研究认为泰语第一人称代词区分性别是受西方语言人称代词分阴性、阳性的影响（胡静 2003），中国境内多数壮侗语的人称系统并不区分性别。[①] 根据罗美珍（1989），西双版纳傣语部

---

① 根据李锦芳（1995）的研究，西林壮语人称代词的使用存在性别区别。西林壮族地区的女性使用代词的观念比男性守旧、谨慎，谦称式 wɛi⁵、ɛ²、laŋ¹ku⁵ 等的使用频率高于男性。男子进入中年以后才使用谦称 wɛi⁵"我"，但女子从出嫁起就得对所有的长辈亲属甚至夫家的晚辈使用这一谦称。西林壮语人称代词依靠不同的使用频率区分性别，不同于泰语使用男性或女性专用的人称形式这一典型的区分性别的方式。所以从严格意义上讲，西林壮语的人称代词和中国境内其他壮侗语一样并不区分性别。

分第一人称称谓词也能追溯出原始字面义：xa^3 的本义是领种封建领主分派的土地并向其交纳各种派款以及服劳役的农奴。xoi^3，是 xa^3 的变音，指的是最低等的奴隶。将 xa^3 变音为 xoi^3，可能是有意区别本族奴隶和外族奴隶。本族奴隶多为家奴，外族奴隶多为战争俘虏，专门从事繁重的农业劳动，其社会地位更加低于家奴。新中国成立后，西双版纳地区社会关系发生极大变化，封建农奴等级制度被彻底废除。尊称形式 ku^1 以及鄙称形式 xa^3、xoi^3 的等级色彩消除，使用范围比较随意。ku^1、xa^3、xoi^3 也更多地用于通称，如：

（18）ku^1 tok^5 vet^7 lai^3 pa^1 son^1 to^1

     我　落　鱼竿　得　鱼　两　条

我钓到两条鱼。（余茵 2014：19）

（19）ʔəi^1 xoi^3 ju^5 $tsok^7$ doi^1

     哎　我　在　顶　山

哎！我在山顶上。（余茵 2014：20）

龙州壮语则只根据说话人与听话人之间的相对社会关系（如上下级关系）、辈分把第一人称代词分为谦称、尊称和通称。龙州壮语的人称代词谦称形式 $k^ho{:}i^3$ 字面义为"奴隶"（对比老挝语 $kho{:}i^5$ 奴隶），$lai\text{ʔ}^4$ 应源于汉语"隶"，字面意思也是"奴隶"。不过龙州壮语尊称和通称形式均无原始字面义。尊称形式 ku^1 是壮侗语共有的固有第一人称代词，通称形式 ŋo^1 是借用汉语第一人称代词"我"。

综上所述，社会文化因素是这四种语言第一人称称谓具有谦敬功能分别的原因。在西双版纳地区，全民信仰南传佛教，历史上长期实行等级森严的封建农奴制度。这就使得当地民众无论在正规的社会交际和亲昵的交谈中，随时都要运用不同的称谓词来表示彼此的地位、辈分的高低；僧俗的差别；年龄的大小和关系的亲疏（罗美珍 1989）。老挝虽然实行社会主义制度，但原先也是农奴制度，且佛教是其国教，近七成国民是南传佛教徒，这个社会宗教特征使老挝语第一人称称谓形式的分类既与龙州壮语相近，也有与泰语和西双版纳傣语相同之处。泰国是君主立宪制国家，南传佛教盛行全国，佛教徒占其人口九成以上，其第一人称称谓系统就比西双版纳傣语、老挝语更加复杂。佛教在龙州的影响力远远不如泰国、老挝和我国西双版纳地区，龙州壮语的人称称谓系统也就比泰语和西双版纳傣语的系统简单，没有区分僧俗的人称称谓。

三、人称代词区分谦敬功能的类型意义

实际上，第一人称代词有区分谦敬的功能并不是壮侗语族部分语言的特有现象。藏缅语族的缅语也有这类特征，其人称代词有一般称呼和谦称、尊称的区别，其中谦称还分性别。如：$teǎ^{55}$ $maʔ^{33}$ "我（女性谦称）"、$teǎʔ^{55}$ $nɔ^{33}$ "我（男性谦称）"、$ŋa^{33}$ "我（一般称呼）"，尊称形式只出现在第二人称代词，如 $khĩ^{33}$ mja^{53} "你（尊称）""$mĩ^{53}$ 你（一般称呼）"。但同属缅语支的载瓦语和阿昌语的人称代词则并不区分谦敬，如：载瓦语主要通过声调变化将第一人称代词单数形式分为主格 $ŋo^{51}$ "我"、宾格 $ŋo^{21}$ "我"、领格 $ŋa^{55}$ "我的"三种形式。阿昌语也只是利用声调变化把第一人称代词单数形式分为主格 $ŋɔ^{55}$ "我"和属格 $ŋɔ^{51}$ "我的"两类（马学良 2003：391—392）。缅语主要使用人群是缅甸的缅族，南传佛教在缅甸的影响力和在泰国的影响力基本相同，佛教徒占缅甸全国人口的比例相当大。从这一点可以更加肯定社会文化和宗教因素对人称称谓形式区分谦敬所起到的作用。

上古汉语第一人称代词"余（予）""我""朕"的分别也是谦敬功能在上古汉语人称代词系统中的具体体现。洪波（1996）指出，在上古时期，说者使用"余（予）""我""朕"这三个第一人称代词时，根据说话时所处的语境（说话的场合、对象等）的不同，所选择的第一人称代词也不同。

"余（予）"和"朕"一般都用于称代说话者本人，但说者用"余（予）"称代自己有自谦的意味。在明显的自我谦抑之辞中，第一人称代词只用"余（予）"而不用"我"和"朕"。在金文、《尚书》和《诗经》的《雅》《颂》里有"余小子""予小子"的说法，都是说者对天神、先王、时王说话时或者是说者将自己与天神、先王、时王对举时的一种自谦之辞。说者使用"朕"称代自己时，有自尊或尊崇与自己有关的人或事物的意味。"朕"从甲骨文开始大多都是国王或地位高贵的人使用，平民百姓一般不用。在金文里，当时王提到自己祖先的时候，领格代词一律用"朕"。在《尚书》里，"朕"作领格多出现在"邦""命""教""德""师""志""言"等名词的前头。"我"既可以称代说者本人，也可以称代说者和听者双方或与说者有关的第三者。说者使用"我"这个第一人称代词时，没有显示尊卑的意味。

"余（予）"是谦称形式，表示谦卑；"朕"是尊称形式，表示尊崇，"我"是通称形式，既不表示谦卑，也不表示尊崇。这是它们最本质的区别，三者在称数等其他方面的差异均由此派生而出。

朝鲜（韩国）语第一人称代词同样具有谦敬功能的差别。金顺吉（2009：34）指出，韩国语第一人称代词单数形式"na"与"ʧə"[1]存在平/谦称上的对立，标示言者、听者在位势、亲疏关系上的不同："na"称代位势上高于听者或者和与听者处于同位的言者，而"ʧə"标示言者位势上低于听者或与听者关系生疏，这是两个人称代词形式的无标用法，如：

---

[1] 本文所引用的朝鲜（韩国）语例子原文均以朝鲜谚文记录，我们依据宣德五等人编纂的《朝鲜语简志》相关记载将其转写为国际音标。

（20）na　　nɯɯn　haksɛŋ　i-ta（诸同镐 2004）

　　　1SG　TOP　　学生　　是 -DEC

我是学生

（21）ʧə　　　nɯɯn　　haksɛŋ　　i-pnita（诸同镐 2004）

　　　1SG　　TOP　　学生　　　是 -DEC

我是学生

　　例（20）中的"na"称代的说者的位势高于或等于听话者，这种用法主要出现于工作、家庭、朋友、教育等四个场合。例（21）中的"ʧə"主要用于工作、家庭、教育交际场合，其称代的说者位势上低于听者。与此同时，选择不同的第一人称代词，需要配合使用相应的陈述格助词（declarative）。"na"与"ita"共现，"ʧə"则选择"ipnita"与之搭配。

　　Siewierska ［2008（2004）］[1] 已经注意到南亚、东南亚以及东亚许多语言代词和名词之间并没有一条严格的界限。有些人称代词并不表现出典型的代词特征而是名词特征。她所指的典型代词特征来源于 Sugamoto（1989），该文提出了检验典型代词的七条测定标准：（1）成员具有封闭性；（2）缺少形态音系的稳定性；（3）缺少特定的语义内容；（4）缺少风格或社会含义的属性；（5）表达语法上的人称；（6）不能带修饰语；（7）对指称解读有限制。泰语、日语、英语、波兰语人称代词按照上述标准构成一个从强名词性到强代词性的连续统：

　　＋名词性　　　　　　　　　　　　　　　　　＋代词性

　　←……………………………………………………→

泰语　日语　　　　　　　　　　英语　波兰语

位于连续统最左端的泰语，其称谓系统十分复杂，这种复杂性与

---

① 下文简称 Siewierska（2008）。

社会宗教因素紧密相关，本文第一部分对此已有详细描写和解释，这里不再赘述。位于连续统右端的英语和波兰语的称谓系统则被认为是典型的人称代词。理由是英语人称代词系统是一个封闭系统，现代英语只有 I、you、he/she、it、we、they。在涉及人称的数范畴和格范畴时，其形态音系缺乏稳定性。普通名词的复数以及属格形式多以添加后缀表示，如 dog 和 dogs，mother 和 mother's。人称代词的复数和属格形式却以异干交替的方式表现，如 I 和 we，I 和 my。更为重要的是英语人称代词并不传递语义内容而只表现与代词相关的语法特征，这种语法特征不会随意改变。人称代词通常情况下指称有定成分，不能与冠词共现。而名词既可指称有定成分，也可指称无定成分。波兰语的情况与英语非常类似，但两者仍有差别。波兰语人称代词必须用来特指，而不能通指，其所谓的代词性特征比英语人称代词更加显著。日语的人称代词系统与泰语相似，也具有许多表达不同社会风格和文化的形式，可以被形容词、领属定语、指示词、定语从句等名词的修饰成分所修饰，人称代词的复数形式也与普通名词复数基本相同。正是基于以上几点，Sugamoto（1989）和 Siewierska（2008：13）认为类似泰语的人称称谓系统不属于人称代词范畴，而是表示人称的名词，称其为人称形式（person forms）。

Siewierska（2008）称："人称的本质是不用普通名词而以专用语法形式表示话语交际中不同的言谈角色。"这实际上是以西方形态音系发达的语言视角来考察这个问题，用此标准来考察缺乏形态音系变化的语言未必能反映事实。泰语诸多复杂的人称形式能不能算作代词，还必须回到人称概念的定义。无论人称用语法形式还是非语法形式来表现，"表示出话语交际中不同的言谈角色"才是它最本质的目的。Bhat（2004）和 Siewierska（2008）认为普通名词和人称代词的区别在于普通名词不能在言语交际过程中明确指称说话者和听话者的角色，比如英语 I will help you 和 John will help Mary，如果 I 和 John 指称的是同一个人，I 并不仅仅起到替代 John 的作用，它还能够指明说话者是动作 help 的施事，而普通名词 John 本身却无法和说话者这个言语角色建立联系。Siewierska（2008）也从这个角度认为泰语人称系统不能被视为人称代词。

　　Bhat（2004：111-112）对于南亚、东南亚乃至东亚地区语言使用复杂词汇形式表现人称的语言现象提出了另一种解释。他认为这种人称形式的区别与言语角色仍然直接相关，只不过这类语言对言语角色的区分方式不同于英语、波兰语等语言。操这种语言的人群把言说者分为"礼貌的言说者"和"非礼貌的言说者"，把听话者分为"受尊敬的听话者"和"地位相等或不及言说者的听话者"。这类人称形式倾向于指称言语角色的次类型（subtype），而英语、波兰语等语言所谓的人称代词则倾向指称充当言谈角色的个体类型（并非指称言语角色的实际参与者）。从这个角度看，泰语、日语等东亚、东南亚语言的人称形式也可看作人称代词，它们按照谦敬功能的差异将话语交际中的言谈角色进行整体分类而忽略言谈角色的个体。当然这类语言也往往能够使用修饰性成分（如指示词、领属定语、数量结构及关系小句）来强调个体言说者，比如泰语（Cooke 1968：10）[1]：

（22）phom^1　　ni:^{4} 我自己[2]

　　　1SG.M　　这

（23）rau^2 sɯɯŋ^4　　　pen^1　　　khon^2　　ruai^2 是富人的我们（我们是富人）

　　　1PL COMP　　是-COP　个-CL　　富裕

（24）khau^1　　sa:m^1　　khon^2 她们三个人

　　　3PL.F　3　　　个-CL

---

①　原文中的泰语语料未注明声调，我们在引用时给例句添加相应的调类。

②　根据曾惠娟的母语自省，泰语强调"我自己"的用法是 phom^1 khon^2 ni:^{4}（我—个—这），与 Cooke（1968）的记录有所出入。

日语（Noguchi 1997：777）：

（25）tiisai/sinsetuna/ookii kare

　　　小的 / 善良的 / 大的 他

（26）watsi-no kare

　　　我　　的 他

（27）kono kare

　　　这个 他

　　不过需要特别注意的是与泰语亲缘关系极近，能够互相通话，甚至被认为同泰语是一种语言的老挝语，它的人称系统的谦敬分类与泰语基本相同但其句法表现却与之大相径庭。Enfield（2007：78）指出，"老挝语人称代词与普通名词不同，不能充当含有指示词的名词短语核心，不能出现在领属结构中，不能是系词 pen³ 的直接成分（即宾语），不能进入数—分类词结构，不能被由标句词 tʰi:¹ 引导的修饰成分（即关系小句）所修饰。"这也很可能说明泰语人称系统能被指示词及其他成分修饰的一系列名词性特征有着强调个体的语用含义，是有标记的用法，其本身无标记的用法则是指称人称形式依据谦敬差异而划分出的整体类别。本文前半部分列举的泰语第一人称代词如 tshan¹、phom¹、khau⁴ 等均不带任何修饰成分，它们称代的对象是第一人称代词根据性别、谦敬程度而划分出的几种次类型。老挝语的情形也是如此，其第一人称代词单数形式按照谦敬分别大致可分为尊称（Bare）ku:³、亲密称（Familiar）hau²、谦称（Polite）kho:i⁵、敬称（Formal）kha:⁵phatsau⁴，也是话语言说者的四种次类型，这是其人称代词的无标记用法。据我们对老挝语的调查发现，老挝语人称代词同样可以被指示词等修饰成分修饰，这种不常见的特殊用法有着强调某个次类型的人称代词所称代的那一类言说者中某一个体的语用含义。泰语 phom¹ ni:⁴ 和老挝语 kho:i⁵ ni:⁴

的字面含义都是"这个我"，它们表达的真正含义是强调"我这个人"，称代的是 phom[1]、khoːi[5] 所指称的言语角色次类型中的某一个个体。这是泰语、老挝语人称代词的有标记用法。

因此，我们认为 Bhat（2004）的观点更加符合语言事实，因为根据上述分析具有特殊社会属性和含义的人称形式并不等同于普通名词，这类表示人称的词汇形式仍然具有指代言语角色的功能，符合人称代词的本质功能。Siewierska（2008）所认为的人称只能由专用语法形式来表现的观点就值得商榷。姓名、亲属和职业称谓形式只能在特殊语境下充当人称形式，它们和人称代词的区别在于称谓形式所指代的对象是固定不变的，称谓形式不能在话语交际过程中随意转换所指代的对象，不能指明谁是言说者，谁是听话者，也就是说称谓形式并未忽略言语角色的实际参与者，所以它们并不能看作人称代词。

东亚、东南亚多数语言以不同的人称代词表示谦敬功能的分别是人类语言表现尊称形式的一个类型。Siewierska（2008）所说的"尊称"是人称的礼貌形式，就本文讨论的第一人称称谓来说指的是谦称形式。据 Siewierska（2008）跨 700 余种语言的统计，尊称的实现方式大致可分为三大类：语义范畴的变化、专用人称尊称标记、省略人称标记。这三大类又可分为许多具体类型。

语义范畴的变化又有称数的变化，人称的变化，使用反身形式三种类型。据统计，这三种类型中使用最广泛的方式是称数的变化。通常说来，与单数形式相比人称的复数形式更能体现尊称，如 Tamil 语等。这种靠称数的变化体现尊敬的方法更多出现在第二人称代词中，比如北京话的"你"和"您"。

专用人称尊称标记，顾名思义即利用专门的形式或标记而不是语义范畴的错配来区分人称代词的谦敬功能。本文重点讨论的东南亚、东亚语言用没有形态音系关联的不同人称代词形式来表现谦敬功能是其中一大类。另一类用形态曲折手段来表现，人称代词不同的谦敬形式之间存在形态音系关联，比如嫩戈内语（Nengone）第一人称单数的基本形式是 inu，尊称形式是 inuŋo（Siewierska 2008：233）。

省略人称标记又具有使用零形式，非人称化结构，使用姓名、亲属称谓、职业头衔这三种形式。我们认为这种表示人称尊卑的方式实际已不属于人称代词的所指范围，而属于范围更广的称谓形式。日语除使用专门的人称代词外，采用零形式也是其表示谦敬的重要手段。最后一种在东亚及东南亚语言中更为常见。Siewierska（2008）指出，"使用姓名、亲属称谓、职业头衔代替人称标记的称谓用法主要用于非自称场合。"但从泰语实际情况看，用此类代替人称的方式表示自称的例子也并不少见：

(28) wan² ni:⁶ um⁵　　　lə:k⁸ sa:m¹ mo:ŋ² khrɯɯŋ⁴ mɯan² kan¹

　　天　这　姓名.1SG　下课　三　　点　半　　也　　一样

　　今天我（Um）也在三点半下课。Iwasaki & Ingkaphirom（2005：57）

(29) o:k⁷ khe:² diau¹diau¹ phi:⁴ tsa³ ʔɔ:k⁷pai¹ kha:ŋ⁵nɔ:k⁸ sak⁷ phak⁸

　　OK　等等　姐姐. 1SG 要　出去　外面　　噻　休息

　　好的，等下我（姐姐）将要出去一会儿。Iwasaki & Ingkaphirom（2005：59）

(30) ʔə:¹ tɛ:³ wan²thi:⁴ sip⁷sɔ:ŋ¹ nia⁴　　hmɔ:¹　　mai⁴ ju:³　na⁶

　　呃 但 日　　十二　语气词 医生.1SG 不 在 语气词

　　呃，但是十二号那天我（医生）不在这里。Iwasaki & Ingkaphirom（2005：59）

四、结　语

以专用词汇形式表示人称的谦敬功能分类的语言现象不仅广泛存

在于壮侗语族台语支语言，同时其他东亚、东南亚以及南亚地区历史或现实的语言，如缅语、朝鲜语、日语、越南语、上古汉语等均有同类现象。这些语言并不都与壮侗语具有发生学联系，因此我们认为这个语言现象是一条重要的区域语言特征。它存在的类型意义有两点：（1）证明了人称代词的表现形式并不一定必须是专用的语法形式。该语言区域内的部分语言采用的某些能追溯出词源的人称称谓形式同样能够反映人称的本质功能，也应当视为人称代词。（2）以非语法方式构成人称的谦敬功能的分别，是人类语言表示人称尊卑的一个类型。这类人称代词产生的原因是社会文化习俗和宗教因素的促动。

参考文献

陈玉洁：《人称代词复数形式单数化的类型意义》，《语言教学与研究》2008 年第 1 期。

崔希亮：《人称代词及其称谓功能》，《语言教学与研究》2000 年第 1 期。

龚群虎：《汉泰关系词的时间层次》，复旦大学出版社 2002 年版。

何彦诚：《红丰仡佬语的人称代词系统》，《民族语文》2014 年第 1 期。

洪波：《上古汉语第一人称代词"余（予）""我""朕"的分别》，《语言研究》1996 年第 1 期。

胡静：《论侗台语与古汉语人称代词的来源和发展》，《解放军外国语学院学报》2003 年第 26 卷第 1 期。

金顺吉：《韩汉语人称代词对比研究》，上海外国语大学博士学位论文，2009 年。

李方桂：《龙州土语》，商务印书馆 1940 年版。

李方桂：《李方桂全集 8——比较台语手册》，清华大学出版社 2011 年版。

李锦芳：《西林壮语人称代词探析》，《民族语文》1995 年第 2 期。

林亦、唐龙：《壮语汉达话第三人称代词》，《民族语文》2007 年第 3 期。

罗美珍：《傣语的称谓法》，《民族语文》1989 年第 5 期。

马学良主编：《汉藏语概论》（第二版），民族出版社 2003 年版。

覃凤余、田春来：《广西汉壮语方言的"嚓"》，《民族语文》2011 年第 5 期。

Siewierska，Anna：《人称范畴》，北京大学出版社 2008［2004］年版。

宣德五等：《朝鲜语简志》，民族出版社 1985 年版。

余茵：《西双版纳傣语人称代词研究》，云南大学硕士研究生学位论文 2014 年。

喻翠容、罗美珍：《傣语简志》，民族出版社 1980 年版。

诸同镐：《汉语韩语中敬语和表尊敬代词的比较》，《陕西师范大学学报》2004 年第 33 卷。

Bhat，D.N.S. *Pronouns*. Oxford University Press，2004.

Cooke，Joseph R. *Pronominal Reference in Thai*，*Burmese*，*and Vietnamese* (University of California Publications in Linguistics 52)，University of California Press，1968.

Enfield，N.J. *A Grammar of Lao*，Mouton de Gruyter，2007.

Noguchi，"Tohru. Two types of pronouns and variable bindin"，*Language* 73.770-97，1997.

Iwasaki，Shoichi and Preeya Ingkaphirom，*A Reference Grammar of Thai*，Cambridge University Press，2005.

Sugamoto，Nobuko，"Pronominality：A noun-pronoun continuum"，in Roberta Corrigan，Fred Eckman and Michael Noonan (eds.) *Linguistic Categorization*，267-291，John Benjamins，1989.

（原载《民族语文》2016 年第 4 期，与曾惠娟、郭鑫合著）

泰语句末小品词研究

一

本文所说的句末小品词指的是加在句子末尾表达体（aspect）、语气（mood）、交互情态（inter-personal modality）以及言者身份（speaker's status）等的功能词。其中表达体意义的功能词属于命题内小品词，其他各类都属于命题外小品词。

国际上研究泰语句末小品词的论著并不多见。Haas（1964）将泰语句末小品词分为两类：一类是情态小品词（modal particles），包括表示说话人的情绪、态度等功能的小品词，也包括表达各种语气的小品词；另一类是身份小品词（status particles），用以显示说话人相对于听话人的身份和社会地位高低等。Amara Bhamor Aput（1972）是最早一篇专门研究泰语句末小品词的学位论文。在这篇文章中，她将泰语句末小品词分成七类：加强小品词（intensifying particles）、强调小品词（emphasizing particles）、劝告小品词（hortative particles）、确认小品词（definite particles）、疑问小品词（question particles）、后附疑问小品词（post-question particles）、身份小品词。Patcharin Preeyasantiwong（1981）则将泰语句末小品词分成三类：身份小品词，疑问小品词，语气小品词

(mood particles)、Cooke（1989）将泰语句末小品词分成四类：表达交际双方关系的小品词，表达言者需要听者作出反应的小品词，表达言者对命题的认识或态度的小品词，跟语篇相关的句末小品词。

本文根据泰语句末小品词连用时的出现顺序将其分成四类：体貌小品词（aspect particles）、语气小品词、情态小品词、身份小品词。

二

（一）体貌小品词

泰语跟体貌有关的小品词有 leu^{41}/la$^{21/45}$、na$^{45/21}$。leu^{41} 是汉语借词"了"，la$^{21/45}$ 是其口语变体，在曼谷话中 la$^{21/45}$ 已成为最优选择形式。leu^{41}/la$^{21/45}$ 是完成体标记。例如：

（1）khau^{214} ʔɔ：k^{21} pai^{33} la^{45}.

　　他　　出　　去　　PER①

他出去了。

（2）tɕhan^{214} ʔa：n^{21} naŋ^{214} sɯ^{214} lem^{41} ni^{41} tɕhob^{21} la^{45}.

　　我　　看　　　书　本　这　完　　PER

这本书我看完了。

na$^{45/21}$ 是未完成体标记，表示行为或状态正在进行或持续。例如：

---

① PER：Perfect aspect Particles，IMPER：Imperfect aspect Particles，NEG：Negative Particles，QUES：Question Particles，IMP：Imperative Particles，COM：Command Particles，EXC：Exclamatory Particles，EPIS：Estimating Interrogation Particle，IRON：Ironic Particles，STAND：Stand Point Particles，ATTI：Attitude Particles，STA：Status Particles。

（3）phɔ⁴¹ khab²¹ rod⁴⁵ ju²¹ na⁴⁵.

    爸爸 开 车 在 IMPER

爸爸开着车呢。

（4）mɛ⁴¹ kam³³ laŋ³³ sak⁴⁵ pha⁴⁵ ju²¹ na²¹/⁴⁵.

    妈妈 正在 洗 衣服 在 IMPER

妈妈在洗衣服呢。

（二）语气小品词

根据曾惠娟（2018 未刊稿），泰语跟句子功能语气有关的句末小品词有如下几种。

陈述语气：肯定陈述语气为零形式；否定陈述语气用 rɔk²¹（dɔk²¹）①；疑问语气用 rɯ²¹⁴、mai²¹⁴；祈使语气用 thə²¹（thə：d²¹）；命令语气用 lɤ：i³³；感叹语气用 ni⁴⁵/⁴¹。

泰语肯定陈述语气一般没有专门的句末小品词，否定陈述则有。例如：

（5）tɕan²¹⁴ mai⁴¹ ja: k²¹ kin³³ rɔk²¹.

    我 不 要 吃 NEG

我不想吃饭。

（6）mai⁴¹ tɕhɯa⁴¹ rɔk²¹.

    不 信 NEG

才不信呢。

泰语疑问句句末小品词有两个：rɯ²¹⁴ 和 mai²¹⁴②。例如：

---

① rɔk²¹ 是口语形式，dɔk²¹ 是书面语形式。rɔk²¹ 应是弱化形式。

② mai²¹⁴ 由否定词 mai⁴¹ 演变而来，它是否是一个真正的句末小品词还有待讨论。

(7) tɕiŋ³³ rɯ²¹⁴?

  真 QUES

真的吗?

(8) tɕiŋ³³ mai²¹⁴?

  真 QUES

真的吗?

(9) khun³³ tɕa²¹ pai³³ tiau⁴¹ rɯ²¹⁴?

  你 要 去 玩儿 QUES

你要去玩儿吗?

(10) khun³³ tɕa²¹ pai³³ tiau⁴¹ mai²¹⁴?

  你 要 去 玩儿 QUES

你要去玩儿吗?

  泰语祈使句句末小品词的书面形式是 thə：d²¹，在口语里弱化成thə²¹。例如：

(11) rau³³ pai³³ kin³³ khau⁴¹ kan³³ thə²¹.

  咱们 去 吃 饭 一起 IMP

咱们去吃饭吧。

(12) tɕha²¹ tham³³ ʔa²¹ rai³³ kɔ⁴¹ tham³³ pai³³ thə²¹.

   想 做 什么 就 做 去 IMP

想干什么就干吧。

  泰语命令语气与祈使语气一般不同。祈使语气一般仅表示建议或者请求，而命令语气则体现言者的权威性和压迫性，使用小品词 lɤ：i³³ 和 si⁴⁵/²¹。lɤ：i³³ 的词汇来源是"超出"义动词。例如：

（13）kra²¹ dod²¹ lɤːi³³ !

　　　跳　　　COM

跳啊！

（14）ja²¹ ti³³ man³³ lɤːi³³ !

　　别 打 它　COM

别打它！

si⁴⁵/²¹ 也是一个命令标记，跟 lɤːi³³ 不同的是使用这个命令标记时还含有言者对听者的不满情绪，因而它不是一个纯粹的命令语气小品词，还是一个交互情态小品词。例如：

（15）ʔau³³ kra²¹ pau²¹⁴ pai³³ keb²¹ si⁴⁵ !

　　拿 包　　去 放　COM

把包放下！

（16）tɕha²¹ pai³³ nai²¹⁴ kɔ⁴¹ pai³³ si⁴⁵ !

　　要 去 哪儿 就 去 COM

想去哪儿就去！

si²¹ 是 si⁴⁵ 的一个变体，两者基本功能相同，但 si²¹ 可以用于非正式场合的一般命令句 含有不满的交互情态意义。例如：

（17）pai³³ ped²¹ phra²¹tu³³ si²¹ !

　　去 开 门　　COM

开门去！

（18）naŋ⁴¹ si²¹ !

　　坐 COM

坐吧！

泰语感叹句句末小品词是 ni[45/41]。这个小品词来源于近指指示词，在感叹句句末表示感叹，同时也能表示惊讶。例如：

(19) suai[214] di[33] ni[45].

　　漂亮　好　EXC

好漂亮啊。

(20) wan[33] ni[45] som[214] tɕhai[33] kɔ[41] ma[33] tham[33] ŋaːn[33]　ni[41].

　　今天　　Somchai　就来　工作　　　EXC

Somchai 今天就来上班啊！

(三) 情态小品词

根据曾惠娟（2018 未刊稿），泰语的情态小品词有：maŋ[33/45]，ŋai[33]，leu[41]（la[21]），hlæ[21]，na[45/21]，ni[45]，si[21/45]，lɤːi[33]。情态小品词用来表达言语互动过程中言者对命题的认识、立场、态度、情感等情态或交互情态意义。

1. maŋ[33/45]（kra[21] maŋ[33]/la[45] maŋ[33]/la[45]maŋ[45]）表示认识情态意义，表示言者对命题的不确定或者推测。例如：

(21) mai[41] tɕhai[41] khau[214] maŋ[45].

　　不　是　他　　EPIS

不是他吧。

(22) khau[214] jaŋ[33] tham[33] mai[41] sed[21] maŋ[45].

　　他　还　做　不　完　EPIS

他还没做完吧。

2. ŋai[33] 功能跟 maŋ[33/45] 相反，表示言者对所述命题真实性的绝对确认。例如：

（23）mε⁴¹ ju²¹ nai³³ krua³³ ŋai³³.

　　　妈妈 在 里 厨房　EPIS

妈妈是在厨房里啊。

（24）mε⁴¹ tɕa²¹ pai³³ pak²¹ kiŋ²¹ wan³³ tɕan³³ ŋai³³.

　　　妈妈 要 去 北京　　星期一　 EPIS

妈妈星期一是要去北京啊。

3. leu⁴¹（la²¹）除了表达体貌意义外，也可以表达交互情态意义，表达反讽意味。例如：

（25）phɔ³³ tɕai³³ mai⁴⁵　la²¹？

　　　满意　　 QUES IRON

还不满意？

（26）khrai³³ tɕhai⁴⁵ hai⁴¹ thə³³ tham³³ la²¹？

　　　谁　 用　 给　 你　 做　 IRON

谁让你做了？

（27）khun³³ tɕa²¹ wa：ŋ⁴¹ mɯa⁴¹ rai⁴¹ la²¹？

　　　您　 要 空儿　 什么时候　 IRON

你什么时候才有空儿啊？

4. hlæ²¹用于陈述句句末，表示言者对所述命题的坚定立场。例如：

（28）tɕhan²¹⁴ tɕhob⁴¹ khɔŋ²¹⁴ tɕhan²¹⁴ jaŋ²¹ ni⁴⁵ hlæ²¹.

　　　我　 喜欢　 的　　 我　　 这样　 STAND

我就喜欢我这样的呢。

（29）tɕhan²¹⁴ tɕa²¹ kab²¹ ba：n⁴¹ diau²¹⁴ ni⁴⁵ hlæ²¹.

　　　我　 要 回家　　 现在　　 STAND

我要马上回家呢。

5. na²¹ 表示体貌意义的 na²¹ 也可以表达交互情态意义，表示言者对待命题的态度，有对事态的确认和将事态往小处说的意味。例如：

（30）khau⁴¹ tɕai³³ pid²¹ khan³³ nid⁴⁵ nɔi²¹ na²¹.

　　　理解　错　一起　　一些　　ATTI

一点误解罢了。

（31）lə:k⁴¹ phu:d⁴¹ thə²¹　na²¹.

　　　停　说　　　IMP　ATTI

别说了吧。

6. na⁴⁵ 也来源于未完成体标记，但作为交互情态小品词，它与 na²¹ 的功能有所不同。它除了表示对事态的确认外，还含有将事态往大处说或夸张的意味。例如：

（32）phruŋ⁴¹ ni⁴⁵ toŋ⁴¹ pai³³ kɯ:n³³ naŋ²¹⁴ sɯ²¹⁴ thi⁴¹ hoŋ⁴¹sa²¹mud²¹

　　　明天　　要　去　还　书　　　在　图书管

na⁴⁵。

ATTI

明天要把书还给图书馆呢。

（33）hai²¹⁴ pai³³ nai²¹⁴　kan³³ hmot²¹ na⁴⁵.

　　　都　去　哪儿　一起　完　　ATTI

都去哪儿了呢。

（34）khau²¹⁴ thai³³ la⁴⁵　na⁴⁵.

　　　他　　死　PER　ATTI

他死了呢。

（四）身份小品词

根据曾惠娟（2018 未刊稿），泰语身份小品词有：kha$^{21/45/214}$，krab^{45}，ha$^{45/33}$，tɕa$^{21/45}$，ja$^{21/45}$，wa$^{21/45}$。身份小品词是泰语很特别的一类句末小品词，用以表达言者的性别身份，并表达言者对听者的尊重与否。其中，表达言者对听者的尊重与否，在一些台语语言或者方言里通过人称代词的不同来体现，而泰语除了人称代词以外，还通过身份小品词来体现。

女性身份标记用 kha$^{21/45/214}$，同时也表达对听者的尊重。例如：

（35）khun^{33} tɕhɯ^{41} ʔa^{21} rai^{33} kha^{45}？

　　　您　名字　　什么　　STA

您叫什么名字？

（36）tɕhan^{214} tɕhɯ^{41} som^{214} yiŋ^{214} kha^{21}.

　　　我　　名字　　Somying　　STA

我叫 Somying。

男性身份用 khrab^{45}，同时也表达对听者的尊重。例如：

（37）sa^{21}wad^{21}di^{33} khrab^{45}，khun^{33} som^{214} tɕhai^{33} pai^{33} nai^{214} ma^{33}

　　　您好　　　　STA　　您　　Somchai　去　哪儿　来

khrab^{45}？

STA

您好！Somchai 先生，刚去哪儿来？

（38）sa^{21} wad^{21}di^{33} khrab^{45}，pai^{33} tha:n^{33} khau^{41} ma^{33} khrab^{45}.

　　　您好　　　　STA　去　吃　饭　来　STA

您好！去吃饭来。

男性和女性在一些场合不显示自身性别身份，而只表达对听者尊重时使用 ha$^{45/21}$。例如：

(39) phom^{214} tɕam^{33}dai^{41} ha^{45}.

    我   记得   STA

我记得。

(40) ʔa^{21}rɔː i^{21} di^{33} ha^{21}.

    好吃   好   STA

好吃。

男性和女性在一些场合不显示性别身份，只表达对听者的亲密情感时使用 tɕa$^{45/21}$。例如：

(41) mɛ^{41} tham^{33} ʔa^{21} rai^{33} ju^{21} tɕa^{45}？

    妈妈 做   什么   在   STA

妈妈在做什么？

(42) mɛ^{41} tham^{33} kab^{21} khau^{41} ju^{21} tɕa^{21}.

    妈妈 做   饭   在   STA

妈妈在做饭。

泰语礼貌身份小品词的使用情况可总结如表1：

表1

句末语气词	性别		受话者年龄			受话者社会地位			场合		关系		礼貌与否	
	男	女	长辈	同龄	晚辈	高	平	底	正式	不正式	亲密	不亲密	是	否
kha^{21}	−	+	+	+	+	+	+	+	+	+	+	+	+	−

句末语气词	性别		受话者年龄			受话者社会地位			场合		关系		礼貌与否	
	男	女	长辈	同龄	晚辈	高	平	底	正式	不正式	亲密	不亲密	是	否
kha⁴⁵	−	+	+	+	+	+	+	+	+	+	+	+	+	−
kha²¹⁴	−	+	+	+	+	+	+	+	+	+	+	+	+	−
khrab⁴⁵	+	−	+	+	+	+	+	+	+	+	+	+	+	−
ha⁴⁵	+	+	+	+	+	+	+	+	+	+	+	+	+	−
ha²¹	+	+	+	+	+	+	+	+	+	+	+	+	+	−
tɕa²¹	+	+	+	+	+	+	+	+	+	+	+	+	+	−
tɕa⁴⁵	+	+	+	+	+	+	+	+	+	+	+	+	+	−

泰语还有一套非礼貌身份小品词。女性表达对听者不礼貌的场合使用 ja$^{45/21}$。例如：

（43）pai^{33} mai^{45}　ja^{45}？

　　　去　QUES　STA

去吗？

（44）mai^{41} pai^{33} rɔk^{21}　ja^{21}.

　　　不　去　NEG　STA

不去。

男性在一些场合表达对听者不尊重时使用 wa$^{45/21}$。例如：

（45）pai^{33} nai^{214}　ma^{33} wa^{45}？

　　　去　哪儿　来　STA

去哪儿来？

（46）pai^{33} kin^{33} khau^{41} ma^{33} wa^{21}.

　　　去　吃　饭　来　STA

去吃饭来。

泰语非礼貌身份小品词的使用情况可归纳为表 2：

表 2

身份小品词	身份性别		受话者年龄			受话者社会地位			场合		关系		礼貌与否	
	男	女	长辈	同龄	晚辈	高	平	低	正式	不正式	亲密	不亲密	是	非
ja^{21}	−	+	+	+	+	+	+	+	−	+	+	−	−	+
ja^{45}	−	+	+	+	+	+	+	+	−	+	+	−	−	+
wa^{21}	+	+	+	+	+	+	+	+	−	+	+	−	−	+
wa^{45}	+	+	+	+	+	+	+	+	−	+	+	−	−	+

三

泰语的上述四类小品词可以连用，连用的顺序是：1＞＞2＞＞3＞
＞4。

(47) khau^{214} pai^{33} la^{45} maŋ^{45} kha^{45}.

　　他　去　PER　EPIS　STA

他去了吧。

(48) kin^{33} dai^{41} lɤːi^{33} na^{45} khap^{45}.

　　吃　可以　COM　ATTI　STA

吃饭吧。

也就是说，与体貌有关的小品词位置最靠前，功能语气小品词次之，情态小品词再次之，身份小品词最靠后。这样的顺序是有其认知理据的。与体貌有关的小品词本来就是命题的组成部分，属于命题内成分，当然它们的位置会最靠近命题的核心。功能语气小品词直接表达命题的功能类别，也就是命题是用来陈述、否定还是用来疑问、祈使、命令或者感叹的，因此这类小品词会紧接体貌小品词。交互情态小品词是用来表达言者对命题的认识、立场或者态度的，这类小品词能直接或者间接地使听者了解命题的真实性与否以及言者对待命题的态度、情感，因此它们会位于语气小品词之后。身份小品词表达言者身份的同时，更主要的是要直接表达言者对待听者的礼貌等级，交互性最强，因而它们的位置最靠后。四类小品词的相对线性顺序显示：句末小品词与命题内容相关度越高，则位置越靠前，反之则越靠后。尽管在有句末小品词的语言里——比如汉语，不一定都具备像泰语这样的四类小品词，但有两点可以确定：

1. 不管一种语言具有几类句末小品词，其相对线性顺序会与泰语一样，与命题内容相关度越高则位置越靠前，反之则越靠后。

2. 不管一种语言有几类句末小品词，其人际功能越强，在线性序列里的位置则越靠后，反之则越靠前。

参考文献

曾惠娟：《泰语句末语气词研究》，首都师范大学博士学位论文，2018 年。

Amara Bhamor Aput，Final particle in Thai，Ph.D. Thesis，Brown University，1972.

Boony Apatipark，Tasanalai，A Study of Aspect in Thai，Ph.D. Thesis，University of London，1983.

Cooke，Joseph R. "Thai Sentence Particles and Other Topics"，*Pacific Linguistics*，1989，pp. 1-90.

Haas，Mary R. *Thai-English Student's Dictionary*，Standford University Press，1964.

Higbie，Jame，and Snea Thinsan，*Thai Reference Grammar*：*The Structure of Spoken Thai*，ORCHID Press，2008.

Koening，Jean-Pierre，and Nuttanart Muansuwan，"The Syntax of Aspect in Thai"，*Natural Language & Linguistic Theory*（23）：335-380，2005.

Lyons，J. *Semantics*. 2 Vols，Cambridge：Cambridge University Press，1977.

Noss，Richard B. *Thai Reference Grammar*. Washington，D.C.：U.S.Goverment Printing Office，1964.

Patcharin Preeyasantiwong，*A Study of Particles in Conversational Thai*，The University of Michigan，1981.

Palmer，F. R. *Mood and Modality*，Cambridge：Cambridge University，2001.

（原载《民族语文》2019 年第 2 期，与曾惠娟合著）

新世纪以来语法化研究综观

一、语法化的全球视野

语法化可以定义为从词汇形式向语法形式和从语法形式向更虚语法形式发展的过程。语法形式的发展离不开所在的结构式，因此语法化也关注结构乃至更大的单位（Heine & Kuteva 2002：2）。

上述定义与 Kurylowicz（1976［1965］）的经典定义相一致，它与其他诸多定义的共同之处是规定单向性是定义性特征。其他有些定义范围较窄，只限于从词汇项到语法项（或功能）的发展过程（如参见 Traugott 2003；Torres Cacoullos & Walker 2011：225 等）。值得注意的是根据这些窄定义，从将来时标记到认识情态标记的演变过程，或者从完成时到过去时标记的演变过程（Bybee et al.1994；Heine & Kuteva 2002），都不算语法化过程。

语法化研究具有悠久传统（参见 Heine et al.1991 和 Hopper & Traugott 2003 的综述）。语法化之所以有目前的研究规模主要得益于 Givón（1971），它是对现代语言学研究传统的一大突破。随后出现了一系列普通类型学著作，例如专门研究印欧语系语言的 Lehmann（1982）和专门研究非洲语言的 Heine & Reh（1982，1984）。

语法化研究能以语言学新领域的面目出现，主要归功于 20 世纪八九十年代不同学者的研究。这些研究一方面催生了 Traugott & Heine（1991a，1991b）论文集中的诸多理论性论文，另一方面也催生了一批专著（Heine et al.1991；Bybee et al.1994；Hopper & Traugott 1993，2003 等）。

20 世纪末之前的语法化研究（有时也称为语法化研究的"古典阶段"）的主线首先是基于跨语言视角，即探索语法化的跨语言规律；其次是研究者们强烈认可语法化是单向过程（参见 Haspelmath 1999），它可以为重构语言和理解语篇提供强大工具。

20 世纪末出现了一系列新研究主题（参见 Narrog & Heine 2011 的综述）。语法化研究者一方面探讨语法化的单向性（特别关注 Newmeyer 1998；Campbell & Janda 2001 以及 *Language Sciences* 23，2-3 中的其他论文），并对语法化现象进行更多样化的分析；另一方面也引入了一些新研究视角和新理论。

（一）构式语法

构式语法基本上将语言分析为构式这一形式和意义的符号结合集，它包含各种长度的符号单元，长的可能是小句，短的可能与传统语法的语素等长。从 20 世纪 90 年代诞生至今（Goldberg 1995；另外参见 Croft 2001；Croft & Cruse 2004；Goldberg 2006），构式语法一直和语法化研究相联系，二者相互渗透，相互促进：语法化的某些研究为构式语法作出了贡献；另一方面构式语法也用来重构语法演变。例如关于构式搭配的研究就为描述语法化过程提供了丰富的工具（Hilpert 2008；Torres Cacoullos & Walker 2011）。

两个途径可以把语法化和构式语法研究联系起来。一方面可以从语法化角度分析构式变化，这样的例子目前还很少，包括 Traugott（2008）对英语［NP of NP］结构式的研究、Trousdale（2008）对英语

give- 动名词 CP 式语法化过程的研究、Patten（2010）对英语 it- 分裂句变化过程的研究等。这些研究的共同点是展示了采用具体（或特定）构式的语境如何扩展导致更广、更构式化图式的形成。这些变化反过来又能反映特定构式的特征——个体成分可能失去语义特质。

第二个途径聚焦单个词汇（或语法）项，展示单个词汇（或语法）项在构式中的变化，或者随着构式产生的变化。这方面的例子包括 de Smet（2010）对英语 for 发展为主语标记过程的研究、Hilpert（2008）对日尔曼语将来时构式形成过程的研究、Trousdale & Traugott（2014）对英语衍生后缀 -hood 形成过程的研究等。这些研究都展示了构式语法如何为历时过程的分析提供新视角。特别引人注意的一个例子大概是 Bisang（2004）所描述的汉语在既有构式中引入动词承担语法功能的例子。鉴于汉语很大程度上缺乏形态，语法性和语法功能几乎完全依靠（语言）项和其他项之间的位置关系来表示。既有构式中的槽（slots）似乎既有吸引新（语言）项的能力，又有使其具有语法功能的强制力。

不过虽然构式语法和语法化理论之间具有紧密关联，特别由于下面的原因，二者在目前的研究阶段还是应该区分开来。第一，构式实质上不具有语法化通常具有的单向性：构式的发展可能，但不一定产生新的语法化的范畴，构式的发展也可能是从更虚形式到语法形式的发展过程（参见 Norde 2009；Trousdale & Norde 2013）；与此形成对照的是，在语法化理论中，单向性是最核心的理论概念。

第二，构式研究总的来说主要研究语内历史，而语法化则主要关注跨语言的类型学概括（参见 Heine & Kuteva 2002，2007a）。例如英语、罗马尼亚语、保加利亚语、汉语、斯瓦希里语和其他很多语言都经历了从表示"想要，希望"的实义动词到将来时范畴的跨语言语法化过程，然而据我们所知这些语言的构式历史却不尽相同：有些语言，例如英语中包含的是［"想"＋非限定（主要）动词］的构式图式；而其他语言，例如保加利亚语中包含的却是［"想"＋补语小句］的构式图式。

Hilpert（2008）和 Gisborne（2011）等描述了英语 will 形成将来时标记的发展过程，这一发展过程与其他经历这一语法化过程的语言中的发展过程是否具有显著的平行性，这目前仍然是一个谜。

第三，语法化认为词汇范畴和语法范畴、语法范畴和更虚语法范畴之间的区别具有定义性（参见上文）；一般认为的构式语法则以否定这些区别为核心。Noël（2007：185）就指出："从词汇到语法变化的语法化不是构式语法的议题：根据定义构式语法单位可以不变得更虚。"另外，虽然成分结构（constituent structure）和层级小句结构（hierarchical clause structure）总体上与构式语法兼容，不过在构式语法的实际操作中层级性（hierarchies）只用于描述构式集内的关系，而不用于描述小句结构。

不过，最近越来越多的研究开始调解构式语法和语法化。如果语法化的定义调整到包含构式（如参见 Bybee 2003；Himmelmann 2004），或者如果构式语法开始考虑那些被语法化理论视为核心的对应概念，例如词汇范畴和语法范畴、语法范畴和更虚语法范畴之间的区别，那么调解还是可能的。另一可能调解方法是将从词汇范畴到语法范畴再到更虚语法范畴的变化重塑为从更具体构式到更图式化（schematic）构式的变化过程（参见 Gisborne & Patten 2011：100）。但是到目前为止，很难调解语法化架构和构式语法架构下所使用的"图式性"（schematicity）概念，构式语法架构下的高度图式化的构式——例如及物小句，和语法化架构下的图式化功能——例如将来时范畴，二者几乎完全不同。

总而言之，目前还有一些基本的理论问题尚未得到妥善解决。不过构式语法和语法化理论之间的交汇，却开辟了一片正在迅速扩张的研究领域。

（二）基于使用的研究方法和语料库语言学

很多构式语法论著依赖基于使用（usage-based）的研究架构，

Hilpert（2008：9-10）就认为语法知识是构式的知识，语法知识基于使用。基于使用的语言学展示了大量证据，证明语言结构很大程度上是人类集体经验和积累经验的产物。

基于使用的研究从语音扩展到形态、句法和语义分析，但它最常出现的地方却是语法化领域。Bybee（2011：69）指出："对语法化现象的研究，而不是对其他任何现象的研究，导致了基于使用的语法研究方法的产生。"在这一研究架构中话语语境和语用推理，最主要的是重复（repetition）得到凸显；重复（通常是使用频率）被视为语言变化的主要甚至唯一原因（Bybee 2006；Bybee & Beckner 2010；同时参考Bybee & Hopper 2001 中的其他论著）。语法必须包含频率和其他基于使用的模式，因为重复已被视为语言变化的基本机制。在"浮现语法"（Emergent Grammar）的理念中语法化被理解为"语法通过使用产生"（Bybee2011：58），它有助于在语法和使用之间建立关联，因而在该语法架构中处于中心地位。

可以说多数基于功能语言学传统撰写的语法化论著都采用，或者声称采用某些基于使用的研究视角（例如参见 Harder & Boye 2011）。基于众所周知的原因，这一研究领域催生了学界对于语篇量化分析的兴趣，文本语料库语法研究也就成了重要的研究工具。在过去的数十年时间内，可录音和可转写话语的获得，以及其他大型语篇语料库的建成，使得我们的理论越来越可能接受实证的检验（Krug 2000；Mair 2004；Hilpert 2008，2013）。

构式语法首先关注用来理解和描述语法化的形态句法架构，基于使用的语法理论则重点关注使用频率这一语用因素。这两个研究框架似乎都不太关注言者在设计语篇过程中的语外动因（extralinguistic motivations），也不太关注这些动因怎样影响语法化过程。我们希望这两个研究架构将来更关注下列问题：言者的目的怎样决定其使用既有语言资源的方式？为什么言者倾向于用某些搭配而不是其他？言者行为怎样最终影响语法化的方式?

（三）形式语法研究方法

目前语言学界还有一些吸收形式语言学分析方法的功能架构，例如功能话语语法（Functional Discourse Grammar：Hengeveld & Mackenzie 2008；参见 Hengeveld 2011 关于时和体语法化过程的研究），不过这一部分仅讨论一些生成语言学传统学者在语法化方面的论著（参见 Narrog & Heine 2016）。

实际上在很多生成语法和其他形式分析方法中，单向性假说也是其语法观的基石。这些形式分析方法主要从句法角度研究语言知识，读者可以参见 van Gelderen（2011）的综述，该书表 4.1 列举了生成历史语言学者研究的一系列语法化过程。

语法化的经验观察和生成语法的结构描述之间实际上存在很多惊人的重合，这些重合导致生成语法越来越关注语法化现象。较早关注语法化的生成语法论著出现在 20 世纪 90 年代（Abraham 1991，1993；Roberts 1993；van Gelderen 1993）。大概是受了乔姆斯基最简方案理论的影响（Chomsky 1995），新世纪以来，特别是最近，从生成语法角度观察语法化的研究激增。这一研究思路将语法化描述为三个相关的概念：简化（simplification）、经济性（economy）和优化（optimization）。

Roberts & Roussou（2003）认为语法化可以理解为"结构简化"（structural simplification）。生成语法学界在语法化基本机制方面具有广泛的共识，学者们的不同意见主要集中在怎样表述这一机制及其假定动因。句子结构被分析为由词汇短语和功能短语构成的树形结构，围绕功能中心词的功能短语占据树的较高节点，围绕词汇中心词的词汇短语则处于树的较低节点。语法化过程的实质就是在树结构较低节点上合并的某个范畴"向上爬"到树结构较高节点的过程。也就是说，某个词汇范畴可能成为某个功能（或语法）范畴的实现，或者某个位于树结构较低节点的功能范畴可能成为树结构较高节点功能范畴的实现。这样 Roberts & Roussou（2003）就可以解释"新功能项的生成"了。

为了最终爬上去，在树结构较低节点合并的项必须具备能被树结构较高位置核查的特征。也就是说，这一（词汇或功能）项在树结构的两个或多个位置实现某个特征，为了在更高位置核查某个特征而进行移位。当重新分析（或语法化）发生时，这一个特征直接合并到更高位置。

Van Gelderen（2004）强调经济性（economy）并提出两个原则：（1）限定语到中心词原则（Spec to Head Principle），也叫"中心词优先原则"（Head Preference Principle）；（2）后期合并原则（Late Merge Principle）。两个原则的动因是理论内部假定：（a）两个中心词之间的核查比限定语和中心词之间的核查更经济；（b）合并比移位更经济，因为合并是必需的；移位和合并不同，它需要付出额外的代价。根据结构简化理论，如果语法化之前的结构蕴含特征多义性（feature syncretism，即一个项实现两个或多个特征），那么语法化以后的结构一定比前者在结构上简单。van Gelderen（2004）在 Wu（2004）关于汉语普通话口语的论著中找到了重要证据。

汉语据说还提供证据支持形式语言学者提出的第三个概念，即优化（参见 Shi & Li 2002）。运用类推分析语法化与普遍语法提供的例证之间关系密切，Kiparsky（2012）断言语法化可以解释为语法优化，根据作者提出的模型可以通过规则方式推导出单向性原则，这原则没有例外，是语法化的核心特征。

我们提及的上述论著在很多观点上趋同，不同点主要是怎样从理论上概括和解释所描述的语言事实。例如 van Gelderen（2004）认为内在经济性原则促使语言学习者重新分析词库中的项；在这方面语法化和语言习得存在关联。Roberts & Rousseau（2003）和 Roberts（2007）则不同，他们强调语法化是参项变化，即词库中特定词汇项或功能项所联系的特征发生了变化。

（四）语用化

语法化早期论著关注的一个重要问题是怎样限制语法化的研究领域——这一问题在关于去语法化（degrammaticalization）的诸多讨论中多次出现，并且是《语法化的局限》（Giacalone Ramat & Hopper 1998）一书的主题。最近某些语法化研究的特点是将这一概念扩展，以至语法史上发生的任何变化都归入了语法化，语法化几乎成了"语法变化"的同义词。

可以设想，语法化也被用来研究通常所说的话语标记，包括英语的 anyway、indeed、in fact、I mean、now、so、then、well、what else、you know 等。话语标记又称为话语小品词（discourse particles）、语用标记（pragmatic markers）、话语连接词（discourse connectives）等，话语标记显然从历时角度看源于副词、短语、小句等。我们知道（2）中的话语标记 well 历史上源于（1）中的副词 well。

（1）I can't hear you well.

（2）Well，I can't hear you.

有些学者认为从（1）的副词 well 到（2）的话语标记 well 的发展过程也可以解释为语法化过程（如参见 Traugott 1995；Auer 1996；Nakayama & Ichihashi-Nakayama 1997；Barth-Weingarten & Couper-Kuhlen 2002；Traugott & Dasher 2002；Günthner & Mutz 2004；Auer & Günthner 2005；Brinton & Traugott 2005；Brinton 2008；van Bogaert 2011；Diewald 2011 等）。

但是如果面对描述语法化的一般参项，例如 Lehmann（1982，1995）和 Heine & Kuteva（2002：2）提出的参项，这一假说就会面临问题。第一，语法化通常会导致意义的磨蚀或泛化（去语义化，desemanticization）；但是与副词性修饰成分 well 不同，话语标记 well

具有多种不同含义，因此和副词 well 相比，话语标记 well 的语义似乎更丰富、更多样化了（Schiffrin 1987；Jucker 1993，1997；Aijmer & Simon-Vandenbergen 2003；Cuenca 2008）。第二，语法化导致句法独立性的丧失（去范畴化，decategorialization）；话语标记 well 相反，它取得了句法独立性；在例（2）句中它不再是句子成分，也不是任何其他句子的成分。第三，语法化通常导致语音减损（磨蚀，erosion）并在韵律上和宿主成分在同一语调轮廓（Intonation contour）内整合；副词 well 和小句处于同一语调轮廓，话语标记 well 却韵律上独立，具有自己的韵律轮廓，并且通过停顿与句子的其他部分相分离。总的看来 well 在变成话语标记的过程中并未失去语音特征，反而取得了某些特征。

这些发现和其他发现一起，促使许多研究者认为话语标记不产生于语法化，而是产生于他们提出的语用化（参见 Erman & Kotsinas 1993；Aijmer 1997；Günther 1999；Dostie 2004；Frank-Job 2006；Ocampo 2006；Norde 2009：21-23；Arroyo 2011；Beijering 2012：56-59 和其他一些学者的论述）。

基于话语语法（Discourse Grammar）架构，Heine（2013）提出分析英语话语标记形成过程的另一种方法（Kaltenböck et al. 2011；Heine et al. 2013）。根据这一分析方法，不是语法化过程，而是另一征派过程（cooptation）导致了话语标记的产生。征派过程使得小句、短语或单词之类的信息单元从句子域中被取出，并且用作语篇组织目的。从句子语法中取出来意味着该信息单元在语义、句法和韵律上独立，也不再是句子语义、句法和韵律结构的一部分。该信息单元承担语篇组织和其他话语功能，不过被循环使用以后，语法化将接着发挥作用，话语标记可能像其他语言成分一样进一步语法化（Heine 2013）。

总之，话语标记的历史比迄今为止所认为的要复杂，它依次涉及征派过程和语法化过程。这说明：第一，语法化不能描述语言变化过程中的一切；第二，语法化可以用于话语标记和其他话语成分研究，不过是在有限的范围内；最后，语用化过程需要进一步细分为我们分析的征派过程和语法化过程的结合。

（五）语言接触

上一部分讨论了语法化理论所面临的局限，这一部分则向读者展示语法化理论具有比前人所认为的更广阔的适用性。学界大多认为语法化是语内过程，言者利用自己语言中的词汇项或其他可以使用的语言资源去建立新的语法使用模式或范畴。不过最近的研究证明，语言接触在这一过程中也可能发挥推动作用或加速作用，甚至可能是两个作用兼有（如参见 Aikhenvald 1996，2002，2003；Kuteva 1998，2000；Heine & Kuteva 2005，2006；Nomachi & Heine 2011；另外参见 Aikhenvald & Dixon 2001，2006；Wiemer et al.2012 和 Robbeets & Cuyckens 2013 的论述）。

现有的所有证据显示接触引发的语法化过程（contact-induced grammaticalization）和其他语法化过程并没有明显的区别。接触引发的语法化过程不是借用语言形式，这一过程最常见的是语法复制（grammatical replication）：言者使用复制语 R 中的某个结构和意义，并根据所接触的另一语言 M 所提供的模型语法化这一结构和意义，目的是在复制语 R 中建立一个与模型语 M 中的结构翻译对等的对应结构。值得注意的是这里的 R 可以是语言使用者的第一语言或第二语言，M 同样如此（Heine & Kuteva 2005）。

上述论著以及其他一些论著中记录了接触引发语法化过程的大量例证。有一例证可以充分展示这一过程的性质（更多例证参见上文所引著作）。西欧多数语言发展出成熟的冠词和定冠词（例如英语的 a（n）和 the），相反除极少数例外情况外，斯拉夫语族语言并没有语法化的冠词。在西欧语言和斯拉夫少数民族语言发生紧密接触的地方，西欧语言一般为后者提供模型，使后者发展出冠词。

例如在德国东部上罗斯蒂亚地区（Upper Lausitia）斯拉夫少数民族使用的上索布语（Upper Sorbian）近一千年以来一直与处于强势地位的德语接触并受其影响。语言接触之前，上索布语口语中并不使用冠词；语言使用者按照德语模型，将他们的近指指示词（即"这"）语法化为定冠词，并将他们的数词"一"语法化为不定冠词（Breu 2003：28；Breu 2004；更多语例参见 Heine & Kuteva 2006）。值得注意的是在不涉及语言接触的语法化过程中，从指示词到定冠词的语法化过程和从数词"一"到不定冠词的语法化过程是形成冠词的跨语言最常见过程（Heine & Kuteva 2002）。

这一部分提及的论著主要取得两个进展：一方面证明语法化过程不受语内和语外变化区别的限制；另一方面也证明语言接触过程中会发生什么样的变化，同时不会发生什么样的变化是有规律可循的（Heine 2008）。过去几十年的研究显示，语法化研究有助于进一步了解人们在语言接触情境下的行为方式。

二、新世纪国内语法化研究的进展

中国语言学界很早就开展实词虚化研究：元代周伯琦说"今之虚字，皆古之实字也。"（《六书正讹》；Heine et al.1991：5；孙朝奋 1994：19；沈家煊 1994：17）清代袁仁林开始有了明确的语法化观念，在《虚字说》中，他虽没有使用任何现代语法化术语，但事实上已经在用"隐喻"和"语境吸收"等理论分析古汉语虚词。王念孙和王引之父子也具有一定的语法化观念，在《读书杂志》和《经传释词》中，他们利用相同的句法环境来阐释某些虚词的功能，有句法环境赋予虚词语法意义的意识。清末马建忠在《马氏文通》里尽管仍然使用"虚字假借"这个术语，但在分析虚字功能的时候实际上广泛吸收了袁仁林的语法化观念，他在袁仁林的基础上进一步分析了句首连词"夫"与指示词"夫"之间的关联。

在当代西方语法化理论引入之前，王力先生在汉语语法化方面做了大量研究工作，他早年对汉语系词"是"来源的研究堪称开国内学者语法化研究的先河。20世纪50年代以后王力在《汉语史稿》中分析了汉语处置标记"将""把"、被动标记"被"等多个虚词的来源和语法化过程。在他的带动下，语法史学界形成了一股研究实词虚化的热潮，出现解惠全（1987）、刘坚、江蓝生、白维国、曹广顺（1992）、洪波（1998）等一批研究实词虚化的重要成果，其中解惠全（1987）是国内学者自主研究实词虚化机制和动因的第一篇理论文章。

20世纪末将语法化理论引进国内的是沈家煊（1994）、孙朝奋（1994）和文旭（1998）。沈家煊（1994）对语法化的认知语言学分支和历史语言学分支皆有介绍；孙朝奋（1994）和文旭（1998）分别介绍了语法化认知语言学分支的经典论著——Heine et al.（1991）和语法化历史语言学分支的经典论著——Hopper & Traugott（1993）。两个分支的理论在20世纪末同时登陆中国，不过在中国的后续发展却不尽相同。

刘坚、曹广顺、吴福祥（1995）运用语法化历史语言学分支的理论讨论汉语语法现象，作者从句法位置的改变、词义变化、语境影响和重新分析四个角度分析了"将""个""看""敢""时""着""把"等词语的历时演变过程；其后马贝加（1999，2000）、江蓝生（2000）、张谊生（2000）等皆运用这一分支的理论分析汉语语法现象。语法化的历史语言学分支与中国大陆悠久的历史语言学研究传统一拍即合，使得新世纪国内语法化研究一直围绕着历史语言学这个中心进行。

进入新世纪，在吴福祥、洪波、李宗江等人的积极倡导和大力推动下，汉语语法化问题国际学术讨论会分别在天津（南开大学，2001年10月）、温州（温州大学，2003年12月）、洛阳（解放军外国语学院，2005年10月）、北京（北京语言大学，2007年8月）、上海（上海师范大学，2009 年 8 月）、西安（陕西师范大学，2011 年 8 月）、武汉（华中师范大学，2013 年 10 月）、北京（中国人民大学，2015 年 10 月）召开。每次讨论会都由商务印书馆出版以《语法化和语法研究》命名的论文集，至今已出版 7 册。不同研究者以学术讨论会为主要阵地，在运用语法化理论分析汉语语法现象的同时，自觉丰富和发展语法化理论。同时新世纪国际语法化研究的某些新变化和新趋势，也在汉语研究者中得到及时的跟进和回应。新世纪国内语法化研究主要有两个特点：

（一）引介基础上的理论探讨

新世纪国内语法化研究仍然重视国际语法化典籍的引介。龙海平、刘云（2005）介绍了 Heine & Kuteva（2002），作者专门列出该书收集的 62 例汉语语法化过程，并且指出该书在汉语词条收录方面存在不足。赵娜、杨成虎（2006）介绍了 Rammat & Hopper（1998），这是 1995 年 8 月荷兰莱顿（Leiden）社会语言学会议的论文集，书中不同研究者从语法化的单向性、语法化与类推、重新分析、语言接触、构式化、语用化和词汇化的关系等方面讨论了语法化理论的局限。该书虽为批评性论著，却指明了语法化在新世纪的研究方向。王银霞、杨成虎（2007）介绍了 Wischer & Diewald（2002），该书讨论了语法化和词汇化的关系、去语法化、语法化的单向性、语境、源概念和目标概念、构式语法化、连词和话语标记的语法化等相关问题，是继 Traugott & Heine（1991a，1991b）之后国际语法化研究者的又一次集体亮相。杨坤、文旭（2011）介绍了 Norde（2009），该书认为去语法化是一种基本的语言演变类型，包括去语法性（degrammation）、去屈折化（deinflectionalization）、去黏合性（debonding）等三类，作者还初步构建了去语法化的理论框架。

在介绍语法化相关典籍之外梁银峰（2008）翻译了 Hopper & Traugott（2003），该书的出版在中国语法化研究者中引起很大震动（陈前瑞 2010）。龙海平、谷峰、肖小平（2012）翻译了 Heine & Kuteva

（2002），值得指出的是该书并非单纯文字的翻译，洪波、谷峰在译著词条的末尾以附注形式增加了汉藏语系的 277 条语例，涉及 90 种汉藏语系语言／方言。某些注释，例如关于"给予＞关涉"（GIVE＞CONCERN）和"一（数词）＞一起"（ONE［NUMERAL］＞TOGETHER）语法化过程的注释比原著的内容还要多。这些语例大大丰富了原著的内容，弥补了原著汉藏语系语例不足的缺憾。

新世纪国内语法化研究非常重视本土化。储泽祥、谢晓明（2002）以"得"的语法化过程为例，探讨了汉语语法化研究微观层面应重视的若干问题，包括语法化的定义、语法化的句法环境和语用条件、语义俯瞰与虚词的涵盖义、语法化与配价的关系、语法化与方言的关系等。胡壮麟（2003）更关注汉语语法化宏观层面，特别是理论层面应该重视的问题，包括语法化定义和研究目的的关系、语法化常见模式在不同语言中的共同性和特异性、语法化与去语法化、去范畴化的关系、语法化与自动化（automatization）的关系、语法化的历时和共时视角等。吴福祥（2005）结合作者多年的语法化研究实践，认为新世纪的语法化研究应关注四方面的课题，即结构式语法化研究、语法化模式研究、话语标记语法化研究和与语法化相关的汉语语义演变研究。事实证明这一前瞻性的论著在很大程度上决定了其后十年国内语法化研究的走向。

引介是为了更好地创新，新世纪国内汉语语法化研究不满足于描写语法化的路径和实例，而是以此为基础探讨语法化各个层面的理论问题。

1. 关于单向性的探讨

早期的语法化研究者，包括 Givón（1971）、Lehmann（1982）等人皆认为单向性是语法化的定义性特征。随着讨论的深入，[1] 多数语法

---

[1]　参见 Newmeyer（1998）、Campbell & Janda（2001）以及 Language Sciences（23：2-3）中的其他论文。

化研究者，包括 Heine & Kuteva（2002），Hopper & Traugott（2003），
Brinton & Traugott（2005）等皆认为单向性是语法化的倾向性特征。值
得指出的是即使语法化单向性的反对者 Newmeyer（2001：13）也认为
语法化的单向性多数时候成立。

吴福祥（2003）全面介绍了语法化单向性争论的起因、背景、焦
点和实质，作者认为单向性之争本质上是功能学派和生成学派两种语言
演变观的冲突与较量。作为形态——句法演变的一种普遍制约和共性概
括，语法化的单向性只是一种强烈的倾向而非绝对的原则，不过其反例
都具有可解释性。刘丹青（2003，2009）研究单向性的复杂性和成因，
认为语法化程度是一个体现在语音形式、词汇搭配能力、句法适应面、
语义实在度、语用色彩等许多方面的综合指标而不是单一指标；各方面
语法化程度有所参差，存在个体差异，只要在每一链条内各环节单位的
语法化程度在依次加深，就仍然符合语法化的单向性。单向性成因是人
类语言对无标记状态的追求，有标记现象的不断出现是人类表达需求的
无限拓展和表达方式的新奇追求使然，标记主要通过现有手段的扩展而
发生，但同时语言会通过重新分析产生回归无标记状态的推力。[1]

多数国内语法化研究者关注的不是语法化单同性的理论探讨，而
是单向性反例，即去语法化语例的分析。李宗江（2004a）发现汉语有
些量词，包括"件""只""匹"等，在演变中又重新获得了实在的意义，
具有作句成分的功能。作者认为这种量词的实义化不宜解释为词义感染
或组合同化，而应解释为去语法化过程。江蓝生（2013）发现湖南西南
官话常醴片的慈利、汉寿、安乡，湖北仙桃、湖北汉川市杨水湖、湖北
天门、湖北江夏等方言点里，数量词"两个"提供了一种由连词到介词
的逆语法化路径的实例。张秀松（2014）从语言表达的省力原则和明晰
原则的互动以及"究竟"的"打算"义名词用法的出现角度，证明现代

---

[1] 引自孙锡信、杨永龙（2014：504）。

汉语"原委，真相"义名词"究竟"是从古汉语中处于疑问宾语从句句首的疑问语气副词"究竟"去语法化而来。

汉语语法化的"反例"虽然还动摇不了语法化的单向性原则，但它们起码提醒我们，语言学家对世界语言多样性和语言现象复杂性的认识和观察还远远不够，因此任何理论都处在被检验、被完善的过程中（江蓝生 2013：233）。历史语言学家不仅要积极地去调查和报道支持单向性假设的例证，而且更应该努力去寻找单向性的反例，因为反例的存在能使我们了解和发现更多的形态句法演变的动因和条件，从而丰富和加深我们对语言演变的理解（吴福祥 2003：319）。

2. 关于动因和机制的探讨

讨论语法化动因（motivation）和机制（mechanism）之前首先要弄清什么是动因，什么是机制。我们这里采用 Traugott（2011：20）的说法，把动因定义为"变化的原因"，把机制定义为"变化的方式"。

语法化是不是语法变化的动因，这在语言学界曾有过讨论。Heine & Kuteva（2007a）把语法化视为驱动语法发展的"人类官能"，不过这一观点并未得到多数研究者的支持。Haspelmath（1998）则认为语法化只是句法变化的一个机制，这一观点赞同者同样不多。多数研究者倾向于认为语法化既非语言变化的动因，也非语言变化的机制，语法化是语言变化的一种类型（参见 Traugott 2011 的讨论）。既然是语言变化的一种类型，那么语法化应该有自己的动因和机制。

语法化的认知分支把语法化的动因归结为隐喻（Heine 1991；Heine et al.1991）。语法化历史分支的有些学者，例如 Anttila（2003：438）认为"人类就是类推动物"，因此语法化的动因是类推。Traugott（2011：25）不反对把类推视为语法化的动因，不过在她看来既然类推思维并不总导致语法变化，[1] 那么有必要区分类推思维和类推化。前者不妨视为

---

① Talmy（1983）就指出 corner in time 这样的类推用法在英语中并未语法化。

语法化的动因，后者则应视为语法化的机制。

语法化的认知语言学分支认为语法化有去语义化、语境扩展、去范畴化、磨蚀等机制（Heine & Kuteva 2002：2）；语法化的历史语言学分支一般认为语法化的机制是类推和重新分析（Harris & Campbell 1995；Hopper & Traugott 2003）。语法化的历史语言学分支还提出语法化机制在句法、语义等方面的表现形式，即语法化的原则。Hopper（1991：33）认为语法化包含并存、歧变、择一、保持、去范畴化这五个原则。① 值得指出的是去范畴化在语法化的认知语言学分支看来应该是语法化的机制，Hopper & Traugott（2003）也认为去范畴化不宜视为语法化的原则。②

国内语言学界同样关注语法化动因和机制的讨论。王寅、严辰松（2005：1）认为语法化的动因包括语言接触、创新用法、误解和误用、语用因素等。洪波、王丹霞（2007）、洪波（2009）从认知角度出发，认为完形（gestalt）认知是语法化的根本动因。李宗江（2009 a：192—198）分析了词义的虚化、语法位置的变化、使用频率、语法类型、语言接触、"结构相似性"和"语义相宜性"等国内语言学界经常讨谕的导致语法变化的因素，结论是把这些因素视为语法化动因不具有很强的说服力。

相比语法化动因，国内语言学界更关注语法化的机制。沈家煊（1994：19）列举了语法化的 9 个机制，即并存、歧变、择一、保持、去范畴化、滞后、频率、渐变和单向循环。沈家煊（1998）对沈家煊（1994）作出修正和归纳，并且增加了隐喻机制，认为语法化包含 5 个机制，即隐喻、推理、泛化、和谐和语境吸收。沈家煊（2009a）又进一步将语法化的机制归结为类推和回推、隐喻和转喻、糅合和截搭这三

---

① 　引自沈家煊（1994：19—20），另外参见谷峰（2008：144—145）。
② 　类似观点参见沈家煊（1994：20）。

对概念。不难看出沈家煊在综合语法化历史语言学分支和语法化认知语言学分支两家观点的同时，模糊处理了语法化动因和语法化机制之间的差别。将类推视为语法化机制的最大障碍是类推可能不具有单向性，Fisher（2011：36）把类推视为语法化和去语法化共有的机制，这多少说明语言学界在这一问题上的无奈。国内语言学界运用类推研究语法化过程的成果并不少见，不过大都没有提及类推是否具有单向性，沈家煊近年来运用糅合类推机制很好地解释了汉语某些句式的形成过程（参见沈家煊2006a，2006b，2008，2009b 等），[①] 不过沈先生并未讨论糅合机制的单向性。

更多研究者结合自己的研究实践，特别是结合汉语演变自身的规律，从不同角度提出语法化的不同机制。洪波（1998）认为汉语实词虚化的机制有两种：一是认知因素，二是句法语义因素。句法语义因素是主要机制，又包括单纯地由句法机制引起虚化和以句法结构为条件以句法意义为机制引起的虚化。在此基础上他提出"同分布者必同发展"的主张（洪波2000）。张谊生（2000）讨论副词虚化的机制，认为主要有结构形式（包括结构、句位、相关成分）、语义变化（包括泛化、分化、融合）、表达方式（包括和谐、转借、语境吸收）和认知心理（包括隐喻、推理、重新分析）四个方面。孙锡信（2002：89）从历时语法角度总结了汉语语法化的七种机制，即认同、弱化、移位、泛化、类推、诱化和暗喻。[②]

（二）语法化的新视角

1. 语法化和构式研究

早期的语法化研究基本是词汇层面的研究，很少涉及结构式研

---

① 沈家煊（2009a：345）认为类推通过糅合实现，糅合是更基本的心理操作手段。
② 引自孙锡信、杨永龙（2014：505）。

究（Heine et al.1991；Lehmann1995［1982］等）。不过词汇的语法化不可能完全脱离所在的结构式，正因为如此 Heine & Kuteva（2002：2）、Traugott（2003：645）、Himmelmann（2004：32）等对于语法化的定义中都引入了结构式因素。

国内语法化研究者几乎在同时也注意到这个问题。吴福祥（2002）通过讨论"V 得／不 C"个案表明汉语某些语法结构和句式实际上是语法化的结果，因此应该提倡语法结构或句式的语法化研究。吴福祥（2005）特别指出汉语语法化研究应该在借鉴当代语法化理论的思路和成果的基础上对汉语句法结构式的语法化过程、机制和动因作比较全面和深入的研究。其价值不仅在于能加深我们对汉语句法演变规律的认识和了解，而且还可以在一定程度上丰富和完善一般语言学的语法化理论。董秀芳（2002）指出双音节短语演变为双音节实词过程中发生了结构式的语法化，而不是功能的语法化；董秀芳（2003）认为在前带阳平"一"的北京话名词短语中，阳平"一"代表的是整个数量组合的语法化，而不仅仅是"一"的语法化。洪波、董正存（2004）研究了"非X 不可"格式的语法化，认为格式的语法化包括结构语法化和功能语法化，演化主体是"语言单位＋结构模式"，虚词只是参与格式形成的因素之一。江蓝生（2005）以"VP 的好"为例强调句法化研究，作者认为形态化和句法化是语法化的两种主要现象，应该从语法化角度解释一些紧缩句法格式的产生和发展。刘丹青（2005）以非典型"连"字句的语法化为例，指出构式语法研究句式的整体不可分解的意义，与"成分语法模型"相关句法成分及其组合可以解释句子结构语义功能的主张不同。①

国内研究者一般都是直接用解释词汇成分语法化过程的机制（或原则）去解释结构式形成过程。沈家煊（2006b，2008）将"糅合类推"

---

① 本段论述参考了孙锡信、杨永龙（2014：507—508）

这一主要用于构词的类推方式用于解释结构式的生成，并且令人信服地解释了"他是去年生的孩子"句式和"王冕死了父亲"句式的生成方式。毕永峨（2007）从频率入手考察当代台湾口语，探讨现代汉语中不定量词的词义与构式的互动以及不定量词所参与的构式在口语中呈现的分布与演变，认为由于频繁使用，不定量词构式形义结合固定化（习语化或词汇化），成为心理词汇的独立单位。杨永龙（2011）探讨汉语空间量构式的历时变化，认为上古、中古汉语只有"形＋数量"结构式（A 式），宋元明清时期"数量＋形"结构式（B 式）是通过重新分析从唐诗中糅合的连谓结构语法化而来的，B 式能够语法化并最终趋于取代 A 式，与相关构式（数量名结构、平比句）历史演变的类推有关。

值得指出的是国内语言学界进行得如火如荼的结构式的语法化研究并不是目前国际语言学界方兴未艾的构式语法（construction grammar）研究，实际上这正是目前国内汉语界结构式语法化研究所要解决的一个问题。如果从张伯江（1999）运用构式语法分析现代汉语双及物结构式算起，构式语法进入中国已经有近 20 个年头，其间经过张伯江、陆俭明、王寅等人的大力介绍，构式语法在中国得到迅猛发展。除张伯江（2000、2001、2009）之外，沈家煊（2000）、沈家煊、王冬梅（2000）、刘丹青（2005）、吴为善、夏芳芳（2011）等人也尝试运用构式语法研究汉语问题，但构式语法和语法化研究在国内汉语界却并未出现过大规模交集。张娟（2013：70）认为中国语法学界的构式语法研究"因为没能很好地贯彻这一理论，没有行之有效的方法，而给人以'戴帽子''贴标签'的感觉"，这一批评略显严厉，却大体反映了目前国内汉语界构式语法研究的现状。

Giborne & Patten（2011：103）认为构式语法研究将语法化研究引入更大的构式，有助于确定特定语法化过程的形成原因和形成语境，这一点得到国内语法学界大多数结构式语法化研究者的认可和支持。不过构式语法对于语法化的启示显然不限于引入更大的构式，在

Giborne & Patten（2011：102-103）看来语法化的实词虚化和虚词更虚过程完全可以解释为构式语法能产性（productivity）的减弱和图式性（schematicity）的增强；而构式语法的构式压制（construction coercion）也比语法化的频率等机制具有更强的解释力。更重要的则是方法论的问题：我们能否用构式语法理论取代语法化理论？还是发展语法化理论，使其很好地解释构式的变化？或者明确二者的分工？这些都是国内结构式语法化研究需要面对的问题。

2. 语法化和词汇化研究

一个短语或由句法决定的其他语言单位在经历了一段时间之后，其自身变成一个稳固的词项，并且进入基本词汇或一般词汇，人们称这一过程或现象为词汇化（王灿龙 2005：225）。早在 20 世纪 90 年代语法化理论进入中国之时，国内语言学界同时也出现了词汇化的说法：周洪波（1994）把某些修辞成词现象（如"国格"）视为词汇化现象；贝罗贝、吴福祥（2000）认为词汇化是上古汉语疑问代词的产生途径之一。很多早期语法化研究者从语法化角度关注词汇化现象：徐时仪（1998）认为词组演变成词的过程是词汇语法化过程；王建伟、苗兴伟（2001：32—33）则认为语法化包括实词虚化、句法化和词汇化三个方面。

国内语言学界最早把词汇化上升为理论的是董秀芳（2002）。作者认为词汇化是原来非词的语言形式在历时发展中变为词的过程，汉语双音词主要有三个历史来源：一是从短语降格而来（如"窗户"）；二是从由语法性成分参与形成的句法结构中衍生出来（如［动词＋体标记"取"］形成的双音词"听取"）；三是从本来不在同一个句法层次上的跨层结构中脱胎出来如（"否则"）。作者还讨论词汇化的动因、词汇化程度和进一步词汇化等相关概念。董秀芳（2004a）结合《信息处理用现代汉语分词词表》，围绕词库与词法的相互关联，进一步探讨了汉语词法和词库中尚未深入研究的有关问题，其中对相关词汇化现象从历时的角度进行了专章研究，认为经常发生词汇化的结构模式有可能转化为词法模式。

董秀芳（2002、2004a）确定的词汇化的研究范围，并未包含被国际语言学界部分研究者视为词汇化的某些变化，包括"词缀＞名词"的变化（如：-ism＞ism 的变化；参见 Ramat 1992）和虚词用作实词的变化（例如：英语 to up the ante 中的 up；参见 Hopper & Traugott 1993：127；van der Auwera 2002）。这些变化被很多研究者视为语法化的反例和去语法化的例证（参见 Ramat 1992；van der Auwera 2002），这样做的好处是避免了词汇化研究和语法化研究在理论层面的对立。

词汇化理论最关注的语言现象无疑是跨层词汇化问题。江蓝生（2004）证明话题标记"的话"是"说 NP/VP 的话"短语话题化的产物，"的话"是个跨层非短语结构，它的词汇化是在话语层面的两种句法位置上完成的。"话"的泛化指代性以及由此形成的"话"与修饰语的同一性是词汇化的诱因，而省略和移位是"的话"词汇化的特殊机制。肖奚强、王灿龙（2006）分析了"之所以"这个跨层非短语结构如何一步步演变为连词，作者认为和其他许多连词一样，"之所以"也是由句法单位词汇化而成的。张谊生（2007）认为副词"极其"是由动词"极"和指示代词"其"经常共现连用虚化而成的。节奏的双音化、表述的程度化和指称的虚无化是副词"极其"词汇化的三个基本动因。被限定的对象从双音到多音、从谓语到定语、从程度到状况是"极其"作为典型副词成熟的三项功能标志。张谊生（2009）以"及其"为例，讨论了汉语代词归入连词过程的特殊性，这种特殊性在形式上体现为由跨层连用到附缀连词，经历了三个阶段；在语义上代词语法化为连词，常会作一个指代成分参与双音节连词的词汇化。

词汇化和语法化的关系一直是词汇化和语法化研究者关注的热点。董秀芳（2004b）分析了"是"的进一步语法化过程，作者认为"是"从指代词变为判断词，从判断词变为焦点标记是语法化，不过从判断词

（焦点标记）变为词内成分的"进一步语法化"过程中，"X 是"整体是从非词单位变为了词，这无疑是一个词汇化的过程。王灿龙（2005）以"恨不得"和"物色"的成词过程为例，认为词汇化和语法化的关系可以概括为四个方面：[①]（1）从认知语义角度来说，词汇化是一种转喻过程，语法化是一种隐喻过程；（2）词汇化不是去语法化过程，词汇化不是语法化的"由实到虚"的简单逆反，词汇化本身与语法化的单向性不构成矛盾；（3）词汇化过程中常常伴随着语法化；（4）词汇化跟语法化具有相同的宏观动因。词汇化和语法化研究应该纳入整个语言变化的框架内来进行，既要看到它们各自的特点，也要看到它们之间的联系，任何将它们割裂开来甚至对立起来的做法都将不利于全面、准确地认识和把握语言的演变规律。

王灿龙（2005：234）"词汇化伴随着语法化"的观点被李金满、王同顺（2008）、张谊生、许歆媛（2008）等人发展。李金满、王同顺（2008）讨论"X 们儿"的演变过程，认为语法化缩减一个单位的独立性（autonomy），将其转变到限制更严格的语法层面；而词汇化简化一个单位的内部结构，将其转变到词库（inventory）中。两种语言演变模式并非彼此的镜像（mirror image），不是对方的逆反过程，而是垂直相交的（orthogonal）。它们可以是语言演化过程中的一组对立选择，也可以呈现出一种前后相继的发展态势。张谊生、许歆媛（2008）分析了"X 客"词族的形成过程，认为词汇化和语法化二者的演变并不在同一个层面。相对于一个凝固的独立词"X 客"来说，"- 客"已被定性为一个词内语素。但二者仍处于共变状态，"客"的演化是一个语法化的过程，是由实变虚，是"词根＞类词缀＞词缀"的一个连续统。"X 客"是一个宽泛意义上的词汇化过程。

鉴于同一时期汉语语法化也研究结构式的形成过程，包括跨层组

---

① 作者此处的"语法化"特指词汇语素单位的语法化，不包括结构式的语法化。

合双音节副词的形成过程，这就出现了一个有趣的现象：汉语语法化研究和词汇化研究在双音节虚词研究方面合流。如彭睿（2011）以"否则""极其""进而"等副词为例，讨论了汉语非结构语法化的机制，作者认为非结构的源构素之间缺乏理据性，因而是跨层结合，这决定跨层结构的形成应包含三个层次，即源构素形成跨层组块、跨层组块获得语义特征以及基于这种语义特征的语用推理，其中跨层组块获得语义特征的过程十分关键。根据董秀芳（2002）、王灿龙（2005）和刘红（2010）等词汇化研究者的观点，跨层组合双音节副词的形成过程应该是典型的词汇化现象。彭睿（2011）却冠之以"非结构语法化"之名加以讨论，这恰恰是汉语语法化研究和词汇化研究在双音节虚词研究方面合流的证据。

3. 语法化和话语标记研究

国内汉语语法学界很早就开展话语标记研究（参见廖秋忠1986、方梅2000 等），不过较早用语法化理论研究话语标记形成过程的应该是高增霞（2004），作者认为自然口语中表示使用者适应语境和组织话语的话语标记"完了"经历了"动作的结束（动词）→事件的结束（连同）→言语行为的结束（话语标记）"的语法化过程。

吴福祥（2005）呼吁汉语语法化研究者关注话语标记，主要有三个原因：第一，话语标记表达的是言者（对话语关系以及言谈事件中受话人地位）的主观态度，本质上是语言中的"主观性"（subjectivity）和"交互主观性"（intersubjectivity）标记，而这正是语法化和"主观化"（subjectification）研究的极好课题。第二，话语标记的大量历史演变过程清晰地显示，话语标记的产生也经历了与词汇语法化相同的语义演变（泛化、主观化）、"去范畴化"（decategorilization）、重新分析、语音弱化等过程，并且也呈现单向性和渐变性特征。因此，话语标记的产生也是一种典型的语法化现象。第三，已有的研究显示人类语言的话语标记具有非常相似的演变路径。如果一个语言的话语标记具有副词性的多义模式，那么一种压倒性的倾向是，这种多义模式一定来自"小句内副词／谓语副词＞句子副词＞话语标记"这样的演变过程。这就为语法化的跨语言研究提供了极好的领域。

较早从词汇化角度研究话语标记形成过程的是李宗江（2004b），作者认为话语标记"完了"经历了非语法形式的词汇化过程，这一过程是句法、语义和语用条件共同促成的。董秀芳（2007）则将词汇化理论扩展到进行话语标记研究，在作者看来在某些话语标记的形成过程中，词汇化和语法化的演变结果是一致的。鉴于词汇化一开始就以小句缩略成词和跨层组合成词为主要研究对象，词汇化理论研究话语标记自然也关注相近现象：一类是由最初处于小句句首的成分演变而来的，比如"谁知道、别说"和"我看、你看"以及一些弱化连词所形成的话语标记，如"然后"等。由于处于小句首的成分，当前面有其他小句时，正好处于句与句之间，正适合标志句与句之间的关系，所以容易发展为话语标记。另一类是由最初处于小句句尾的成分演变而来的，如"好了，行了，算了，完了"等包含动词和语气助词"了"的结构。这类结构要发展为话语标记有一个重要条件，就是单独成句。

运用词汇化或语法化理论研究话语标记形成过程的一个重要假设，是认为很多话语标记形成于小句缩略或跨层组合（吴福祥 2005；Brinton & Traugott 2005；董秀芳 2007；李思旭 2012 等）。李宗江近两年的研究提出了新观点。李宗江（2010）认为话语标记的来源即使是词汇化问题，也和一般的其他词项的词汇化不同，其语形不确定的情况并不一定会随着时间而改变，存在着变体。李宗江（2014）否定了李思旭（2012）的观点，认为话语标记"别说"并未经历"动词短语→副词→连词→话语标记"的先词汇化后语法化的演变路径。作者通过事实的分析证明"别说"的话语标记用法并非是由连词演变而来，而是由动词短语"不要这样说"的意义直接演变而来。如果这个观点成立，类似"别说"的话语标记很可能不是形成于句语法框架内的小句缩略或跨层组合过程，而是形成于 Heine（2013）提出的句法上独立，韵律上与其他话语成分相分离，意义上具有非限制性，在句子中的位置通常灵活，内部结构一般基于句子语法，不过通常伴有成分省略现象的接入语成分（龙海平、王耿 2014）。这一观点是否是对现有话语标记研究的重大突破，我们拭目以待。

4. 语法化和接触语言学

语法化研究一直关注语言接触，马清华（2003）、王寅、严辰松（2005）皆视语言接触为语法化的动因。吴福祥（2005）专门介绍了国际语言学界在语法化与语言接触研究方面的进展，作者指出国际语言学界主要关注两方面的研究：一是探讨在一个特定标准语里由语言接触等外部因素导致的语法化过程；二是研究皮钦语和克里奥尔语中的语法化现象。吴福祥（2009a）基于 Heine & Kuteva（2003，2005，2006，2007b）的分析框架，讨论了与接触引发的语法化相关的几个问题，包括接触引发的语法化的定义、语言接触引发的语法化和语言独立发生的语法化的异同、识别和判定接触引发的语法化现象的标准等。作者同意 Heine 和 Kuteva 的观点，认为接触引发的语法化和语言内部独立发生的语法化并无不同，因此将语言演变分为"内部演变"与"外部演变"无意义。

如果说吴福祥（2005）和吴福祥（2009a）是对 Heine 和 Kuteva 接触引发的语法化和语言内部独立发生的语法化并无不同这一思想的继承的话，吴福祥（2013a，2013b，2014a）则修正和发展了这一思想。吴福祥（2013a）以中国境内南方民族语言为例探讨语法复制的类型和模式，主要结论是：（1）接触引发的语法演变主要有两种机制，即语法借用和语法复制。（2）语法复制有语法意义复制（主要表现为接触引发的语法化）和语法结构复制两种类型，后者又可分为结构重组和构式拷贝两个亚类。（3）语法复制并不一定以复制语存在相关结构或使用模式作为基础和前提，它也可以无中生有地复制模式语的特定结构。吴福祥

（2013b）以中国境内的语言为例探讨语义复制的两种模式，即"同音复制"和"多义复制"。吴福祥（2014a）进一步认为语义演变的过程更类似于"牛生犊"而非"蚕化蛾"。研究语义演变主要有语义衍生学和概念定名学两种视角，语言接触是引发语义演变的重要因素。语义复制有两种模式，即"同音复制"和"多义复制"；此外接触引发的语法化可被视为"多义复制"的一个特别的次类。

在探讨接触引发的语法化过程的同时，吴福祥（2009b，2009c，2010）还从民族语言的角度探讨语言接触中的语法化现象。吴福祥（2009b）从接触语言学和语言类型学角度论证南方民族语言（侗台、苗瑶、南亚及南岛）关系小句和核心名词的固有语序是 NRel，部分语言出现的 RelN 模式则是接触引发的"NRel＞RelN"演变和变异的产物。触发这种演变和变异的"模式语"是汉语，而演变的机制主要是"语序重组"。吴福祥（2009b）从接触语言学和语法化角度论证东南亚语言"得"义语素多功能模式的平行性是语法复制（接触引发的语法化）的产物，体现的是一种典型的语法化区域。在这个语法复制过程中汉语是模式语，其他东南亚语言是复制语；换言之，相关东南亚语言的"得"义语素多功能模式导源于对汉语"'得'义动词＞补语标记"这一"簇聚"式语法化模式的复制。吴福祥（2010）则发现东南亚语言的"居住"义语素具有高度平行的多功能模式。作者认为这种共时多功能模式的平行性源自历时演化过程的相似性，是语言接触导致的语法化模式区域扩散的产物，而其扩散源和模式语很有可能是汉语。

在吴福祥的直接介绍和推动下，国内方言语法学界和民族语言学界都开始从语言接触的角度讨论汉语方言和民族语言中的语法化问题。方言方面郑曼娟、邵敬敏（2008）认为汉语基本上丧失了原来的词汇意义而发展成为话语标记的附加问形式"好不好"，是江浙方言与港台文化语言接触产生的一种新的语法化现象。林华勇、李雅伦（2014）则发现廉江方言中的"头先"和"正"都存在多功能性，"头先"有方位名词、时间名词、先行助词的用法；"正"有形容词、副词（分表时间、语气和条件）、先行助词、语气助词的用法。廉江粤语中"头先"和"正"多功能性的来源与当地粤客方言的接触有关，属于接触引发的语法化现象。民族语言方面韦茂繁（2010）讨论语言接触导致的语法化，认为壮语［te：ŋ42］的语法化是复制汉语"被"字语法化过程的结果。余金枝（2012）通过苗语三个方言以及跨境苗语的对比发现，苗语基准标记［pi44］"比"是由汉借动词［pi44］"比"语法化而来。［pi44］"比"用作苗语差比标记的时间上限是清代。矮寨苗语之所以能够借用汉语的"［pi44］＋基准＋结果"语序，语言接触只是外因，内因是矮寨苗语语言系统具有与之相似的语序。

5. 语法化和主观化

主观化指的是意义变得越来越植根于说话人对命题内容的主观信念和态度的语义——语用演变过程（Traugott 1999；吴福祥 2005：22）。早期语法化研究者沈家煊（2001）、吴福祥（2005）、王寅、严辰松（2005）等人皆提倡从主观化角度研究语法化过程。

较早运用主观化研究词汇项语法化过程的是李明（2003），作者研究"谓""呼""言""云""道"等动词由叙实性的言说义向非叙实和反叙实义的虚化发现，这些词的意义越虚化越倚重说话人对命题的主观信念和态度。邢志群（2005）以"就"为例说明词义有"引申→句义确定→话语功能形成"的过程，主要演变机制是主观化。张谊生（2005）指出，"都"的语法化链与主观性和主观化密切相关：否定句中量化对象的脱落和主观性的加强，促使"都"转向和加强否定；在表全称量化过程中，"连"字结构的演变和"连"字的脱落，"都"的表义重心由全称量转向主观强调；在强调极性情态过程中，从衍推行为程度的不适宜扩展到衍推行为结果的不合时宜，从而可以兼表时体，因而"都"总体上可分为客观的范围副词和主观的语气副词两类。陈前瑞（2005a）考察句尾"了"将来时用法的发展过程及其类型学意义，认为句尾"了"将来时用法的发展主要是由现时相关性促动，是语言发展的主观化的结果。陈前瑞（2005b）通过对历史语料的定量考察，发现"来着"小句由表过去时到不表过去时，在指示过去时方面，越来越突出最近的过去。"来着"的各类现时相关性从共时上看大致反映了主观性的高低，从历时上看则是主观化的结果。

较早将主观化引入构式语法化研究的是杨永龙（2003）。作者研究了"VP 无"句式从反复问到是非问的主观化过程，并发现该句的演化构成了具有不同主观化等级的连续统。史金生（2005）对"要不"形义匹配的历时变化的考察，提出语义的演变总是伴随着结构——形式的演变，并揭示言谈中"礼貌原则"和"省力"原则在语法化及主观化过程中的作用。江蓝生（2005：391）研究"VP 的好"两个句式的来源，发现甲式祈使句的出现是语义主观化的结果。储泽祥、曹跃香（2005）研究"用来"的固化过程，发现由"用来"标记的功用句在句法上也有相应的表现，"是……的"结构套入"用来"功用句，会使结构的功用义变得主观化。

较早将主观化引入话语标记研究的是曾立英（2005），作者对"我看"与"你看"带小句宾语的结构——"我／你看＋NP＋VP"进行了分析，认为"（我／你看＋NP）＋VP→我／你看（NP＋VP）"的重新分析过程具体反映了"我看"与"你看"的主观化演变过程。李宗江（2009b）认为"你看你""看你""你瞧你""瞧你"具有话语标记功能，其语用意义可以概括为"提示对方注意自己言语或行为的不当之处"，这类话语标记的演变是一个主观化和交互主观化的过程。乐耀（2010）考察北京话中"你像"的话语功能来说明该结构词汇化成语用标记的机制和动因，认为"你像"经历了一个先语法化再词汇化的双层过程，其词汇化的动因主要来自对话语体的交互性需求及交互主观化。

6. 语法化和语义图

吴福祥在国内语言学界最早引进和介绍语义图理论。吴福祥

（2011a：37—38；2011b：346—347）讨论了多功能语素与语义图的关系，作者认为语素多功能模式的这种蕴含关系历时地解读则为：概念空间上两个功能的直接关联体现的是演变的"语源—目标"关系，功能之间的连线则可动态地解读为语义演变特别是语法化的路径和方向，由此可以预测可能和不可能的语义演变或语法化路径。作者认为概念空间和语义图不仅能对共时蕴涵共性作出描述和预测，而且还可以对多功能语素的演化路径作出判断和预测，这就将语义图模型和语法化研究联系了起来。事实上有些语言学家认为，通常所说的"语法化路径""语法化管道""语法化连续统""语法化链""语法化斜坡"，其实就是概念空间和语义图的动态化：只要将概念空间和语义图上不同功能之间的连线加上箭头，我们即可得到一系列语法化（或其他语义演变）路径。吴福祥（2014b）集中讨论了语义图与语法化的关系，作者认为：（1）语义图模型的精髓是概念空间的历时维度，概念空间的动态化不仅揭示出一系列语义演变的共性和制约，而且能提供对概念空间共时构型的解释。（2）概念空间的动态化主要基于三种手段：（a）基于功能蕴含关系的跨语言比较；（b）语法化（包括语义演变）路径；（c）语法化程度和语法化原则。（3）历时概念空间的构建离不开语法化研究的成果，因此，尽管语义图模型与语法化两种研究框架可以互补和互惠，但更多的是前者受惠于后者而非相反。

不同研究者尝试运用语义图理论研究汉语语法化现象。陈前瑞、王继红（2010）认为汉语部分南方方言动词、形容词前的"有"可以分别确认事件或状态的现实性，作者根据这些用法在不同方言的分布构拟"有"字句的概念空间和语义地图，认为"有"字句确认事件现实性的用法是一种完成体用法，而确认状态的现实性是一种广义的结果体用法，前者是从后者发展而来。这一过程虽然与现有的某些观点相左，却与类型学中完成体语法化的路径是一致的。盛益民（2010）首先描写了绍兴柯桥话多功能虚词"作"的各种虚词用法，然后根据周围临绍小片方言的情况指出"作"是在"给与"义基础上发生语法化的，只不过"给与"义这种功能在柯桥话中被"拨"替代了。基于语法化理论和语义图理论，文章构拟了"作"的语义演变路径，并重点讨论了受益者标记到伴随者标记以及给与动词经受损者标记到处置标记和致使标记这两个语义演变。林华勇、吴雪钰（2013）以普通话多功能词"到"的习得顺序为例，探讨跨语言比较背景下的语义图模型在二语习得研究中的运用，作者证明语义图模型适用于多功能词的二语习得研究。

参考文献

［美］鲍尔·J. 霍伯尔、伊丽莎白·克劳丝·特拉格特：《语法化学说》，梁银峰译，复旦大学出版社 2008 年版。

贝罗贝、吴福祥：《上古汉语疑同代词的发展与演变》，《中国语文》2000 年第 4 期。

毕永峨：《不定量词词义与构式的互动》，《中国语文》2007 年第 6 期。

陈前瑞：《句尾"了"将来时间用法的发展》，《语言教学与研究》2005 年第 1 期。

陈前瑞：《"来着"的发展与主观化》，《中国语文》2005 年第 4 期。

陈前瑞：《跟语法化相关的几个术语的翻译问题——评梁银峰译〈语法化学说〉》，《汉语史学报》2010 年第 10 辑。

陈前瑞、王继红：《南方方言"有"字句的多功能性分析》，《语言教学与研究》2010 年第 4 期。

储泽祥、曹跃香：《固化的"用来"及其相关的句法格式》，《世界汉语教学》2005 年第 2 期。

储泽祥、谢晓明：《汉语语法化研究中应重视的若干问题》，《世界汉语教学》2002 年第 2 期。

董秀芳：《词汇化：汉语双音词的衍生和发展》，四川民族出版社 2002 年版。

董秀芳：《北京话名词短语前阳平"一"的语法化倾向》，载吴福祥、洪波主编

《语法化与语法研究》（一），商务印书馆 2003 年版。

董秀芳：《汉语的词库与词法》，北京大学出版社 2004 年版。

董秀芳：《"是"的进一步语法化：由虚词到词内成分》，《当代语言学》2004 年第 1 期。

董秀芳：《词汇化与话语标记的形成》，《世界汉语教学》2007 年第 1 期。

方梅：《自然口语中弱化连词的话语标记功能》，《中国语文》2000 年第 5 期。

高增霞：《自然口语中的话语标记"完了"》，《语文研究》2004 年第 1 期。

谷峰：《西方语法化理论概览》（上），《南开语言学刊》2008 年第 1 期。

洪波：《论汉语实词虚化的机制》，载郭锡良编《古汉语语法论集》，语文出版社 1998 年版。

洪波：《论平行虚化》，载《汉语史研究集刊》第二辑，巴蜀书社 2000 年版。

洪波：《使动形态的消亡与动结式的语法化》，载吴福祥、洪波主编《语法化与语法研究》（一），商务印书馆 2003 年版。

洪波：《完形认知与"(NP) V 得 VP"句式 A 段的话题化与反话题化》，载吴福祥、崔希亮主编《语法化与语法研究》（四），商务印书馆 2009 年版。

洪波、董正存：《"非 X 不可"格式的历史演化和语法化》，《中国语文》2004 年第 3 期。

洪波、王丹霞：《命令标记"与我""给我"的语法化及词汇化问题探析》，载沈家煊、吴福祥、李宗江主编《语法化与语法研究》（三），商务印书馆 2007 年版。

胡壮麟：《语法化研究的若干问题》，《现代外语》2003 年第 1 期。

江蓝生：《语法化程度的话音表现》，载《近代汉语探源》，商务印书馆 2000 年版。

江蓝生：《跨层非短语结构"的话"的词汇化》，《中国语文》2004 年第 5 期。

江蓝生：《"VP 的好"句式的两个来源——兼谈结构的语法化》，《中国语文》2005 年第 5 期。

江蓝生：《句法结构隐含义的显现与句法创新》，《语言科学》2013 年第 3 期。

李金满、王同顺：《词汇化和语法化的界面——"X 们儿"的演变》，《当代语言学》2008 年第 1 期。

李明：《试谈言说动词向认知动词的引申》，载吴福祥、洪波主编《语法化与语法研究》（一），商务印书馆 2003 年版。

李思旭：《从词汇化、语法化看话语标记的形成——兼谈话语标记的来源问题》，《世界汉语教学》2012 年第 3 期。

李宗江：《语法化的逆过程：汉语量词的实义化》，《古汉语研究》2004 年第 4 期。

李宗江：《说"完了"》，《汉语学习》2004 年第 5 期。

李宗江：《关于语法化机制研究的几点看法》，载吴福祥、崔希亮主编《语法化与语法研究》（四），商务印书馆 2009 年版。

李宗江：《"看你"类话语标记分析》，《语言科学》2009 年第 3 期。

李宗江：《关于话语标记来源研究的两点看法——从"我说"类话语标记的来源说起》，《世界汉语教汉》2010 年第 2 期。

李宗江：《也说话语标记"别说"的来源——再谈话语标记来源的研究》，《世界汉语教学》2014 年第 2 期。

廖秋忠：《现代汉语篇章中的连接成分》，《中国语文》1986 年第 6 期。

林华勇、李雅伦：《廉江粤语"头先"和"正"多功能的来源》，《中国语文》2014 年第 4 期。

林华勇、吴雪钰：《语义地图模型与多功能词"到"的习得顺序》，《语言教学与研究》2013 年第 5 期。

刘丹青：《语法化中的共性与个性，单向性与双向性——以北部吴语的同义多功能虚词"搭"和"帮"为例》，载吴福祥、洪波主编《语法化与语法研究》（一），商务印书馆 2003 年版。

刘丹青：《作为典型构式句的非典型"连"字句》，《语言教学与研究》2005 年第 4 期。

刘丹青：《重新分析的无标化解释》，载吴福祥、崔希亮主编《语法化与语法研究》（四），商务印书馆 2009 年版。

刘红妮：《词汇化与语法化》，《当代语言学》2010 年第 1 期。

刘坚、曹广顺、吴福祥：《论诱发汉语词汇语法化的若干因素》，《中国语文》1995 年第 3 期。

刘坚、江蓝生、白维国、曹广顺：《近代汉语虚词研究》，语文出版社 1992 年版。

龙海平、刘云：《〈世界语法化词典〉述评》，《当代语言学》2005 年第 3 期。

龙海平、王耿：《从征派过程看接入语"是的"的形成》，《世界汉语教学》2014 年第 1 期。

马贝加：《介词"经"的产生与发展》，《温州师范学院学报》（哲学社会科学版）1999 年第 1 期。

马贝加：《对象介词"将"的产生》，《语言研究》2000 年第 4 期。

马清华：《词汇语法化的动因》，《汉语学习》2003 年第 2 期。

满在江：《与双宾结构形同质异的两类结构》，《语言科学》2004 年第 3 期。

彭睿：《框架、常项和层次——非结构语法化机制再探》，《当代语言学》2011 年第 4 期。

沈家煊：《"语法化"研究综观》，《外语教学与研究》1994 年第 4 期。

沈家煊：《实词虚化的机制——（演化而来的语法）评介》，《当代语言学》1998 年第 3 期。

沈家煊：《说"偷"和"抢"》，《语言教学与研究》2000 年第 1 期。

沈家煊：《语言的"主观性"和"主观化"》，《外语教学与研究》2001 年第 4 期。

沈家煊：《"糅合"和"截搭"》，《世界汉语教学》2006 年第 4 期。

沈家煊：《"王冕死了父亲"的生成方式——兼说汉语"糅合"造句》，《中国语文》2006 年第 4 期。

沈家煊：《"移位"还是"移情"？——析"他是去年生的孩子"》，《中国语文》2008 年第 5 期。

沈家煊：《跟语法化机制有关的三对概念》，载吴福祥、崔希亮主编《语法化与语法研究》（四），商务印书馆 2009 年版。

沈家煊：《"计量得失"和"计较得失"——再论"王冕死了父亲"的句式意义和生成方式》，《语言教学与研究》2009 年第 5 期。

沈家煊、王冬梅：《"N 的 V"和"参照体——目标"构式》，《世界汉语教学》2000 年第 4 期。

盛益民：《绍兴柯桥话多功能虚词"作"的语义演变——兼论太湖片吴语受益者标记来源的三种类型》，《语言科学》2010 年第 2 期。

史金生：《"要不"的功能及其语法化》，载沈家煊、吴福祥、马贝加主编《语法化与语法研究》（二），商务印书馆 2005 年版。

孙朝奋：《〈虚化论〉评介》，《国外语言学》1994 年第 4 期。

孙锡信：《语法化机制探赜》，载《纪念王力先生百年诞辰学术论文集》编辑委员会编《纪念王力先生百年诞辰学术论文集》，商务印书馆 2002 年版。

孙锡信、杨永龙编：《中古近代汉语语法研究述要》，复旦大学出版社 2014 年版。

王灿龙：《词汇化二例——兼谈词汇化和语法化的关系》，《当代语言学》2005 年第 3 期。

王建伟、苗兴伟：《语法化现象的认知语用解释》，《外语研究》2001 年第 2 期。

王力：《汉语史稿》（中册），中华书局 1980 年版。

王银霞、杨成虎：《〈语法化新探〉述评》，《当代语言学》2007 年第 1 期。

王寅、严辰松：《语法化的特征、动因和机制——认知语言学视野中的语法化研究》，《解放军外国语学院学报》2005 年第 4 期。

韦茂繁：《都安壮语 te：ŋ⁴² 的语法化分析》，《民族语文》2010 年第 6 期。

文旭：《〈语法化〉简介》，《当代语言学》1998 年第 3 期。

吴福祥：《汉语能性述补结构"V 得／不 C"的语法化》，《中国语文》2002 年第 1 期。

吴福祥：《关于语法化的单向性问题》，《当代语言学》2003 年第 4 期。

吴福祥：《汉语语法化研究的当前课题》，《语言科学》2005 年第 2 期。

吴福祥：《语法化的新视野——接触引发的语法化》，《当代语言学》2009 年第

3 期。

吴福祥:《南方民族语言关系小句结构式语序的演变和变异——基于接触语言学和语言类型学的分析》,《语言研究》2009 年第 3 期。

吴福祥:《从"得"义动词到补语标记——东南亚语言的一种语法化区域》,《中国语文》2009 年第 3 期。

吴福祥:《东南亚话言"居住"义语素的多功能模式及其语法化路径》,《民族语文》2010 年第 6 期。

吴福祥:《多功能语素与语义图模型》,《语言研究》2011 年第 1 期。

吴福祥:《话义图模型:语言类型学的新视角》,《当代语言学》2011 年第 4 期。

吴福祥:《语言接触与语法复制》,《百色学院学报》2013 年第 5 期。

吴福祥:《语义复制的两种模式》,《民族语文》2013 年第 4 期。

吴福祥:《语言接触与语义复制——关于接触引发的语义演变》,《苏州大学学报》(哲学社会科学版) 2014 年第 1 期。

吴福祥:《语义图与话法化》,《世界汉语教学》2014 年第 1 期。

吴为善、夏芳芳:《"A 不到哪里去"的构式解析、话语功能及其成因》,《中国语文》2011 年第 4 期。

肖奚强、王灿龙:《"之所以"的词汇化》,《中国语文》2006 年第 6 期。

解惠全:《谈实词的虚化》,《语言研究论丛》1987 年第 4 辑。

邢志群:《从"就"的语法化看汉语语义演变中的"主观化"》,载沈家煊、吴福祥、马贝加主编《语法化与语法研究》(二),商务印书馆 2005 年版。

徐时仪:《论词组结构功能的虚化》,《复旦学报》(社会科学版) 1998 年第 5 期。

杨坤、文旭:《〈去语法化〉评介》,《外语教学与研究》2011 年第 3 期。

杨永龙:《句尾语气词"吗"的语法化过程》,《语言科学》2003 年第 1 期。

杨永龙:《从"形 + 数量"到"数量 + 形"——汉语空间量构式的历时变化》,《中国语文》2011 年第 6 期。

余金枝:《矮寨苗语的差比句》,《中央民族大学学报》(哲学社会科学版) 2012 年第 2 期。

乐耀：《北京话中"你像"的话语功能及相关问题探析》，《中国语文》2010 年第 2 期。

曾立英：《"我看"与"你看"的主观化》，《汉语学习》2005 年第 2 期。

张伯江：《现代汉语的双及物结构式》，《中国语文》1999 年第 3 期。

张伯江：《论"把"字句的句式语义》，《语言研究》2000 年第 1 期。

张伯江：《被字句和把字句的对称与不对称》，《中国语文》2001 年第 6 期。

张娟：《国内汉语构式法研究十年》，《汉语学习》2013 年第 2 期。

张秀松：《疑问语气副词"究竟"向名词"究竟"的去语义化》，《语言科学》2014 年第 4 期。

张谊生：《论与汉语副词相关的虚化机制——兼论现代汉语副词的性质、分类与范园》，《中国语文》2000 年第 1 期。

张谊生：《副词"都"的语法化与主观化——兼论"都"的表达功用和内部分类》，载沈家煊、吴福祥、马贝加主编《语法化与语法研究》（二），商务印书馆 2005 年版。

张谊生：《从间接的跨层连用到典型的程度副词——"极其"词汇化和副词化的演化历程和成熟标志》，《古汉语研究》2007 年第 4 期。

张谊生：《试论连词"及其"的词汇化动因、连接方式及指代歧义》，载吴福祥、崔希亮主编《语法化与语法研究》（四），商务印书馆 2009 年版。

张谊生、许歆媛：《浅析"X 客"词族——词汇化和语法化的关系新探》，《语言文字应用》2008 年第 4 期。

赵娜、杨成虎：《〈语法化的界限〉述评》，《呼伦贝尔学院学报》2006 年第 1 期。

郑娟曼 邵敬敏：《试论新兴的后附否定标记"好不好"》，《暨南学报》（哲学社会科学版）2008 年第 6 期。

周洪波：《修辞现象的词汇化——新词语产生的重要途径》，《语言文字应用》1994 年第 1 期。

Abraham, Werner, "The grammaticalization of the German modal particles", in Elizabeth C. Traugott and Bernd and Heine (eds.) 1991b, pp.331-380.

Abraham, Werner, "Einleitung zum Thema dieses Bandes. Grammatikalisierung und Reanalyse: Einander ausschlie β ende oder ergänzende Begriffe?", *Folia Linguistica Historica* 13, 1-2: 7-26, 1993.

Aijmer, Karin, "think-An English modal particle", in Toril Swan and Olaf Jansen-Westvik (eds.) *Modality in Germanic Languages: Historical and Comparative Perspectives*, Berlin/New York: Mouton de Gruyter, 1997, pp.1-47.

Aijmer, Karin and Anne-Marie Simon-Vandenbergen, "The discourse particle 'well' and its equivalents in Swedish and Dutch", *Linguistics* 41.1: 1123-1161, 2003.

Aikhenvald, Alexandra Y., "Areal diffusion in northwest Amazonia: The case of Tariana", *Anthropological Lingustics* 38: 73-116, 1996.

Aikhenvald, Alexandra Y., *Language Contact in Amazonia*, New York: OUP, 2002.

Aikhenvald, Alexandra Y., "Mechanisms of change in areal diffusion: New morphology and language contact", *Journal of Linguistics* 39: 1-29, 2003.

Aikhenvald, Alexandra Y. and Robert M.W. Dixon (eds.), *Areal Diffusion and Genetic Inheritance: Problems in Comparative Linguistics*, Oxford: OUP, 2001.

Aikhenvald, Alexandra Y. and Robert M. W. Dixon (eds.), *Grammars in Contact: A Cross-Linguistic Typology*, Oxford: OUP, 2006.

Anttila, Raimo, "Analogy: The warp and woof of cognition", in Brian D. Joseph and Richard D.Janda (eds.), 2003, pp.423-440.

Arroyo, José Luis Blas, "From politeness to discourse marking: The process of pragmaticalization of muy bien in vernacular Spanish", *Journal of Pragmatics* 43: 855-874, 2011.

Auer, Peter, "The pre-front field position in spoken German and its relevance as a grammaticalization position", *Pramatics* 6: 295-322, 1996.

Auer, Peter and Susanne Günthner, "Die Entstehung von Diskursmarkern im Deutschen: Ein Fall von Grammatikalisierung?", in Torsten Leuschner. Tanja

Mortelmans and Sarah de Groodt (eds.) *Grammatikalisierung im Deutschen*, Berlin/ New York: Walter de Gruyter. 335-362, 2005.

Barth-Weingarten, Dagmar and Elizabeth Couper-Kuhlen, "On the development of final though: A case of grammaticalization?", in Ilse Wischer and Gabriele Die wald (eds.), 2002, pp.345-361.

Beijering, Karin, *Expressions of Epistemic Modality in Mainland Scandinavan: A Study into the Lexicalization-Grammaticalization-Pragmaticalization Interface*, Groningen: Rijksuniversiteit Groningen Dissertation, 2012.

Bisang, Walter Nikolaus P.Himmelmann and Bjorn Wiemer (eds.) *What Makes Grammaticalization? A Look from its Fringes and its Components*, Berlin: Mouton de Gruyter, 2004.

Bisang, Walter, "Grammaticalization without coevolution of form and meaning: The case of tense-as-pect-modality in East and mainland Southeast Asia", in Walter Bisang, Nikolaus P.Himmelmann and Bjorn Wiemer (eds.), 2004, pp.109-138.

Breu, Walter, "Der indefinite Artikel in slavischen Mikrosprachen: Grammatikalisierung im totalen Sprachkontakt", in Holger Ku β e (ed.) *Slavistische Linguistik 2001*, Munich: Sagner, 2003, pp.27-68.

Breu, Walter, "Der definite Artikel in der obersorbischen Umgangssprache", in Marion Krause and ChristianSappok (eds.) *Slavistische Linguistik 2002*, Munich: Sagner, 2004, pp.9-57.

Brinton, Laurel J., *The Comment Clause in English: Syntactic Origins and Pragmatic Development*, Cambridge: CUP, 2008.

Brinton, Laurel J. and Elizabeth C. Traugott, *Lexicalization and Language Change*, Cambridge: CUP, 2005.

Bybee, Joan, "Mechanisms of change in grammaticization: The role of frequency", in Brian D. Joseph and Richard D.Janda (eds.), 2003, pp.602-623.

Bybee, Joan L., "From usage to grammar: The mind's respond to repetition",

Language 82.4：711-733，2006.

Bybee，Joan，"Usage-based theory and grammaticalization"，in Heiko Narrog and Bernd Heine (eds.)，2011，pp.69-78.

Bybee，Joan L. and Clay Beckner，"Usage-based theory"，in Bernd Heine and Heiko Narrog (eds.)，2010，pp.827-856.

Bybee，Joan L and Paul J. Hopper (eds.) *Frequency and the Emergence of Linguistic Structure*，Amsterdam：Benjamins，2001.

Bybee，Joan L. Revere D.Perkins and William Pagliuca，*The Evolution of Grammar：Tense，Aspectand Modality in the Languages of the World*，Chicago：University of Chicago Press，1994.

Campbell，Lyle and Richard Janda，"Introduction：Conceptions of grammaticalization and their problem"，*Language Sciences* 23，2-3：93-112，2001.

Chomsky，Noam，*The Minimalist Program*，Cambridge，MA：MIT Press，1995.

Croft，William，*Radical Construction Grammar*，Oxford：OUP，2001.

Croft，William and Alan Cruse，*Cognitive Linguistics*，Cambridge：CUP，2004.

Cuenca，Maria-Josep，"Pragmatic markers in constrast：The case of well"，*Journal of Pragmatics* 40：1372-1391，2008.

de Smet，Hendrik，"Grammatical interference：Subject marker for and the phrasal verb particles out and forth"，in Elizabeth C. Traugott and Graeme Trousdale (eds.) Gradience，*Gradualness and Grammaticalization*，Amsterdam：John Benjamins，2010，pp.75-104.

Diewald，Gabriele，"Grammaticalization and pragmaticalization"，in Heike Narrog and Bernd Heine (eds.)，2011，pp..450-461.

Dostie，Gaetane，*Pragmaticalisation et Marqueurs Discursifs：Analyse Séantique et Traitement Lexicographique*，Brussels：De Boeck & Larcier，2004.

Erman，Britt and Ulla-Britt Kotsinas，"Pragmaticalization：The case of ba and you know", *Studier i Modern Sprakvetenskap* 10: 76-92, 1993.

Fisher. Olga, "Grammaticalization as analogically driven change?", in Heiko Narrog and Bernd Heine (eds.), 2011, pp.31-42.

Frank-Job, Barbara, "A dynamic-interactional approach to discourse markers", in Kerstin Fischer (ed.) *Approaches to Discourse Particles*, Amsterdam: Elsevier, 2006, pp.395-413.

Giacalone Ramat, Anna and Paul J. Hopper (eds.) *The Limits of Grammaticalization*, Amsterdam/Philadelphia: Benjamins, 1998.

Gisborne, Nikolas, "Constructions, word grammar, and grammaticalization", *Cognitive Linguistics* 22.1: 155-182, 2011.

Gisborne, Nikolas and Amanda Patten, "Construction grammar and grammaticalzation", in Heiko Narrog and Bernd Heine (eds.), 2011, pp.92-104.

Givôn, Talmy, "Historical syntax and synchronic morphology: An archaeologist's field trip", *Chicago Linguistic Society* 7: 394-415, 1971.

Goldberg, Adele E., *Construcions: A Construction Grammar Approach to Argument Structure*, Chicago: University of Chicago Press, 1995.

Goldberg, Adele E., *Constructions at Work.* Oxford: OUP, 2006.

Günthner, Susanne, "Entwickelt sich der Konzessivkonnektor obwohl zum Diskursmarker? Grammatikalisieruyngstendenzen im gesprochenen Deutsch", *Linguistische Berichte* 180: 409-446, 1999.

Günthner, Susanne and Katrin Mutz, "Grammaticalization vs.Pragmaticalization? The development of Pragmatic markers in German and Italian", in Walter Bisang, Nikolaus Himmelmann and Björn Wiemer (eds.), 2004, pp..77-107.

Harder. Peter and Kasper Boye, "Grammaticalization and functional linguistics", in Heiko Narrog and Bernd Heine (eds.), 2011, pp.56-68.

Harris. Alice C. and Lyle Campbell, *Historical Syntax in Cross-Linguistic Perspective*, Cambridge: CUP, 1995.

Haspelmath, Martin, "Does grammaticalization need reanalysis?", *Studies in Language* 22: 315-351, 1998.

Haspelmath, Martin, "Why is grammaticalization irreversible?", *Lingustics* 37.6: 1043-1068, 1999.

Heine, Bernd, "From cognition to grammar: Evidence form African languages", in Elizabeth C. Traugott and Bernd Heine (eds.), 1991a, 149-188.

Heine, Bernd, "Constraints on contact-induced linguistic change", *Journal of Language Contact* 2.1: 57-90, 2008.

Heine, Bernd, "On discourse markers: Grammaticalization, pragmaticalization, or something else?", *Linguistics* 51.6: 1205-1247, 2013.

Heine, Bernd, Günther Kaltenböck, Tania Kuteva and Haiping Long, "An outline of discourse grammar", in Shannon Bischoff and Carmen Jany (eds.) *Functional Approaches to Language*, Berlin: Mouton de Gruyter, 175-233, 2013.

Heine, Bernd and Heiko Narrog (eds.) *The Handbook of Linguistic Analysis*. Oxford: OUP, 2010.

Heine, Bernd and Mechthild Reh, *Patterns of grammaticalization in African Languages*, Cologne: Universität zu Köln, Institut für Sprachwissenschaft, 1982.

Heine, Bernd and Mechthild Reh, *Grammaticalization and Reanalysis in African Language*, Hamburg: Buske, 1984.

Heine, Bernd and Tania Kuteva, *World Lexicon of Grammaticalization*, Cambridge: CUP, 2002.

Heine, Bernd and Tania Kuteva, "On contact-induced Grammaticalization", *Studies in Language* 27.3: 529-572, 2003.

Heine, Bernd and Tania Kuteva, *Language Contact and Grammatical Change*, Cambridge: CUP, 2005.

Heine, Bernd and Tania Kuteva, *The Changing languages of Europe*, Oxford, OUP, 2006.

Heine，Bernd and Kuteva，*The Genesis of Grammar：A Reconstruction*，Oxford：OUP，2007a．

Heine，Bernd and Tania Kuteva，"Identifying in stances of contact-induced grammatical replication"，*The Symposium on Language Contact and the Dynamics of language：Theory and Implication.Max Planck Institute for Evolutionary Anthropology*，Leipzig，Germany，2007b．

Heine，Bernd and Tania Kuteva，《语法化的世界词库》，龙海平、谷峰、肖小平译，北京：世界图书出版公司北京公司 2012 年版。

Heine，Bernd，Ulrike Claudi and Friederike Hünnemeyer，*Grammaticalization：A Conceptual Framework*，Chicago：University of Chicago Press，1991．

Hengeveld，Kees and J. Lachlan Mackenzie，*Functional Discourse Grammar：A Typologically-Based Theory of Language Structure*，Oxford：OUP，2008．

Hengeveld，Kees，"The grammaticalization of tense and aspect"，in Heiko Narrog and Bernd Heine（eds.），2011，pp.581-594．

Hilpert，Martin，*Germanic Future Constructions：A Usage-based Approach to Language Change*，Amsterdam：Benjamins，2008．

Hilpert，Martin，Constructional Change in English：Developments in Allomorphy，Word-Formation，and Syntax，Cambridge CUP，2013．

Himmelmann，Nikolaus P. "Lexicalization and grammaticalization：Opposite or orthogonal?"，in Walter Bisang，Nikolaus P. Himmelmann and Bjorn Wiemer（eds.），21-42，2004．

Hopper，Paul J. "On some principles of grammaticalization"，in Elizabeth C.Traugoott and Bernd Heine（eds.），1991b，pp.17-36．

Hopper，Paul J. and Elizabeth C. Traugott，*Grammaticalization*，Cambridge：CUP，1993．

Hopper，Paul J. and Elizabeth C. Traugott，*Grammaticalization*（Second Edition），Cambridge：CUP，2003．

Joseph, Brian D. and Richard D. Janda (eds.) *The Handbook of Historical Lingustics*, Oxford: Blackwell, 2003.

Jucker.Andreas H. "The discourse marker well: A relevance-theoretical account", *Journal of Pragmatics* 19.5: 435-452, 1993.

Jucker, Andreas H. "The discourse marker well in the history of English", *English Language and Linguistics* 1.1: 91-110, 1997.

Kaltenböck, Günther, Bernd Heine and Tania Kuteva, "On thetical grammar", *Studies in Language* 35.4: 848-893, 2011.

Kiparsky, Paul, "Grammaticalization as optimization", in Dianne Jonas, John Whitman and Andrew Garrett (eds.) *Grammatical Change: Origins, Nature, Outcomes*, Oxford: OUP, 2012.

Krug, Manfred G. *Emerging English Modals: A Corpus-ba sed Study of Grammaticalization*, Berlin: Mouton de Gruyter, 2000.

Kurylowicz, Jerzy, "The evolution of grammatical categories", reprinted in Kurylowicz, *Jerzy Esquisses linguistique* (Volume 2), Munich: Fink.38-54, 1976 [1965].

Kuteva, Tania, "Large linguistic areas in grammaticalization: Auxiliation in Europe", *Language Science* 20.3: 289-311, 1998.

Kuteva, Tania, "Areal grammaticalization: The case of the Bantu-Nilotic borderland", *Folia Linguistica* 34.3-4: 267-283, 2000.

Lehmann, Christian, *Thoughts on Grammaticalization: A Programmatic Sketch* (Volume 1).Cologne: Universität zu Köln, Institut für Sprachwissenschaft, 1982.

Lehmann, Christian, *Thoughts on Grammaticalization* (Revised Edition), Munich: Lincom Europa, 1995.

Mair.Christain, "Corpus linguistics and grammaticalization theory: Statistics, frequency, and beyond", in Hans Lindquist and Christian Mair (eds.) *Corpus Approaches to Grammaticalization in English*, Amsterdam/Philadelphia: Benjamina.

121-150，2004.

Nakayama. Toshihideand Kumiko Ichihashi-Nakayama，"Japanese kedo：Discourse genre and grammaticization"，in Ho-min Sohn and John Haig（eds.）*Japanese/Korean Linguistics*（Volume 6），Stanford：CSLI Publications.607-618，1997.

Narrog，Heiko and Bernd Heine（eds.）*The Oxford Handbook of Grammaticalization*，Oxford：OUP，2011.

Narrog，Heiko and Bernd Heine，"Grammaticalisation"，in Adam Ledgeway and Ian Roberts（eds.）*The Cambridge Handbook of Historical Syntax*，Cambridge：CUP，2016.

Newmeyer，Frederick J. *Language Form and Language Function*，Cambridge. MA：MIT Press，1998.

Newmeyer，Frederick J. "Deconstructing grammaticalization"，*Language Sciences* 23.2-3：187-230，2001.

Noël，Dirk，"Diachronic construction grammar and grammaticalization theory"，*Functions of Language* 14.2：177-202，2007.

Nomachi，Motoki and Bernd Heine，"On predicting contact-induced grammatical change：Evidence from Slavic languages"，*Journal of Historical Linguistics* 1：48-76，2011.

Norde，Muriel，*Degrammaticalization*，Oxford：OUP，2009.

Ocampo，Francisco，"Movement towards discourse is not grammaticalization：The evloution of /claro/ from adjective to discourse particle in spoken Spanish"，in Nura Sagarra and Almeida Jacqueline Toribio（eds.）*Selected Proceedings of the 9th Hispanic Linguistics Symposium*，Somerville，MA：Cascadilla Proceedings Project，2006，pp.308-319.

Patten，Amanda L. Cleft sentences，construction grammar and grammaticalization，PhD Dissertation：University of Edinburgh，2010.

Ramat，Paolo，"Thoughts on degrammaticalization"，*Linguistics* 30：549-560，

1992.

Rammat, Anna G. and Paul J. Hopper, *The Limits of Grammaticalization*, Amsterdam/Philadelphia: John Benjamins, 1998.

Robbeets, Martine and Hubert Cuyckens (eds.) *Shared Grammaticalization*, Amsterdam/Philadelphia: Benjamins, 2013.

Roberts, Ian, "A formal account of grammaticalization in the history of Romance futures", *Folia Linguistica Historica* 13: 219-258, 1993.

Roberts, Ian, *Diachronic Syntax*, Oxford: OUP, 2007.

Roberts, Ian and Anna Roussou, *Syntactic Change: A Minimalist Approach to Grammaticalization*, Cambridge: CUP, 2003.

Schiffrin, Deborah, *Discourse Markers*, Cambridge: CUP, 1987.

Shi, Yuzhi and Charles N.Li, "The establishment of the classifier system and the grammaticalization of the morphosyntactic particle de in Chinese", *Language Sciences* 24.1: 1-15, 2002.

Talmy, Leonard, "How language structures space", in Herbert L.Pick and Linda P. Acredolo (eds.) *Spatial Orientation: Theory, Research, and Application*, New York: Plenum.225-282, 1983.

Torres Cacoullos, Rena and James A.Walker, "Collocations in grammaticalization and variation", in Heiko Narrog and Bernd Heine (eds.), 2011, pp.225-238.

Traugoot, Elizabeth C. "The role of development of discourse markers in a theory of grammatication", Paper presented at the International Conference of Historical Linguistics XII, Manchester, 1995.

Traugott, Elizabeth C. "The rhetorical counter-expectation in semantic change: A study in subjectification", in Andreas Blank and Peter Koch (eds.) *Historica Semantics and Cognition*, Berlin/New York: Mouton de Gruyter, 1999.

Traugott, Elizabeth C. "Constructions in grammaticalization", in Brian D.Joseph and Richard D.Janda (eds.), 2003, pp.624-647.

Traugott, Elizabeth C. "The grammaticalization of NP of NP patterns", in Alexander Bergs and Gabriele Diewald (eds.) *Constructions and Language Change*, Berlin: Mouton de Gruyter, 2008, pp.23-46.

Traugott, Elizabeth C. "Grammaticalization and mechanisms of change", in Heiko Narrog and Bernd Heine (eds.), 2011, pp.19-30.

Traugott, Elizabeth C. and Bernd Heine (eds.) *Approaches to Grammaticalization* (Volume1), Amsterdam/ Philadelphia: Benjamins, 1991a.

Traugott, Elizabeth C. and Bernd Heine (eds.) *Approaches to Grammaticalization* (Volume 2), Amsterdam/ Philadelphia: Benjamins, 1991b.

Traugott, Elizabeth C. and Richard B. Dasher, Regularity in Semantic Change, Cambridge: CUP, 2002.

Trousdale, Graeme, "Constructions in grammaticalization and lexicalization: Evidence from the history of a composite predicate in English", in Graeme Trousdale and Nikolas Gisborne (eds.) *Constructional Approach to English Grammar*, Berlin: Mouton de Gruyter, 2008, pp.33-67.

Trousdale Graeme and Elizabeth C. Traugott, "Contentful constructionalization", *Journal of Historical Linguistics* 28.2: 256-283, 2014.

Trousdale Graeme and Muriel Norde, "Degrammaticalization and construction: Two case studies", *Language Sciences* 36: 32-46, 2013.

van Bogaert, Julie, "think and other complement-taking mental predicates: A case of and for constructional grammaticalization", *Linguistics* 49, 2: 295-332, 2011.

van der Auwera, Johan, "More thoughts on degrammaticalization", in Ilse Wischer and Gabriele Diewald (eds.), 2002, pp.19-29.

van Gelderen, Elly, *The Rise of Functional Categories*, Amsterdam/ Philadelphia: Benjamins, 1993.

van Gelderen, Elly, *Grammaticalization as Economy*, Amsterdam/ Philadelphia: Benjamins, 2004.

van Gelderen, Elly, "Grammaticalization and generative grammar: A difficult liaison", in Heiko Narrog and Bernd Heine (eds.), 2011, pp.43-55.

Wiemer, Björn, Berhard Wälchli and Björn Hansen (eds.) *Grammatical Replication and Borrow-ability in Language Contact*, Berlin: Mouton de Gruyter, 2012.

Wischer, Ilse and Gabriele Diewald, *New Reflections on Grammaticalization*, Amsterdam/Philadelphia: Benjamins, 2002.

Wu, Xiu-Zhi Zoe, *Grammaticalization and Language Change in Chinese: A Formal View*, New York: Routledge, 2004.

（原载中国社会科学院语言研究所《历史语言学研究》编辑部
编《历史语言学研究》（第十一辑），商务印书馆 2017 年版，
与龙海平、Bernd Heine 合著）

《上古汉语语法纲要》评介

一、引　言

梅广《上古汉语语法纲要》（以下简称《纲要》①），是作者潜心多年的学术专著。如果说《马氏文通》是第一部以西方传统语法分析框架分析汉语文言语法的著作，那么此书则是第一部以形式语言学理论方法研究上古汉语语法的著作，其理论价值值得充分肯定。该书以生成语法为基本理论框架，不仅引入了一套全新的理论体系和分析手段，而且对很多现象提出了独到的见解，全书新观察、新观点、新探索层出不穷，胜义迭出。下面先介绍该书的内容梗概，然后就我们能力所及，对该书的成就和一些可商之处提出一些粗浅的看法。

---

① 《纲要》由台湾三民书局 2015 年 4 月出版繁体字版，2018 年 10 月上海教育出版社出版简体字版，内容有所调整和修订。本文初稿在简体字版出版之前写成，故内容仍基于繁体版。

二、《上古汉语语法纲要》内容梗概

《纲要》总体介绍本书宗旨与主要内容的"导言"外，正文共 11 章，可分为三个单元：

第一单元（第一—二章）是绪论：第一章说明句法学对古汉语研究的理论价值和对古汉语学习的实用价值，以虚词"言""焉"为例做了详细的个案分析；第二章介绍本书涉及的生成语法理论，包括生成语法的发展历程、概念术语、操作系统、理论原则，如杠次结构、论元结构、增价结构、加接、移位、指称、轻动词、隐性代词 pro、语义（题元）角色、格位理论、绑定理论等。

第二单元（第三—六章）讲大单位的语句组织，主要运用生成句法理论分析上古汉语三类大于单句的结构：偏正结构、并列结构和句段结构。第三、四两章讲偏正关系：第三章以条件句为代表讨论上古汉语的偏正复句，以条件的"非实然"与"实然"立论，讨论条件句的两个次类——假设复句与让步复句。第四章讨论上古汉语的主题句，将主题语纳入句法成分，将主题句、描写句、叙述句作为上古汉语的三大句类。第五章以"而"字式为代表讨论上古汉语的并列（联合）结构，结合"而"的发展历史，全面梳理上古汉语"而"的功能及其演化，提出了上古汉语是以并列为主体结构的主张。第六章谈句子的延伸——句段结构，句段是单句、复句和主题句三种基本句式的延伸和混合，构成更大单位的信息结构。本章全面分析了句段的类型及其在上古汉语中的表现，认为语法的研究应到句段结构为止，句段以上的研究，则属于篇章分析。

第三单元（第七—十一章）讲单句的语句组织，讨论上古汉语的单句结构原则，是该书的核心部分。第七、八两章分别讨论上古汉语小句的主语和谓语结构；第七章讨论上古汉语的主动句、受动句与被动句，描述上古汉语主动句的样式（施事主语句、致事主语句、历事主语句、当事主语句）并分析主动与受动的关系。严格区分了受动与被动：受动句（受事主语句）是单一论元的句子，被动句是双论元结构，认为上古汉语并没有相当于现代汉语的被动句，只有受动句，被字句是汉代以后才产生的，并叙述了被字句的发展经过。第八章结合"于"字介词组的历史发展讨论其语义及其句法位置的演变，指出"于"介词组的衰落对上古汉语由对等的并列结构发展成为不对等的偏正或主从结构有促进作用。第九、十两章讨论上古汉语的论元结构：第九章集中解决受动句和致动句的论元实现问题，提出最小论元结构原则；第十章使用增价装置理论解释上古汉语的为动、供动、与动、对动等过去称为动词活用的现象，在用增价装置理论解释上古汉语的意动和双宾语结构等方面做了非常有理论价值的探索。第十一章讨论上古汉语句子论元结构以上的功能结构，主要探讨汉语的时制、动貌和情态的问题，提出弱时态语言这个观念，并认为古今汉语都属于弱时态语言。

三、理论贡献与创新

《纲要》并非上古汉语语法的全面描述，就其所论而言，可称道者多有，兹从理论贡献和创新两个方面加以介绍。限于篇幅，介绍只能挂一漏万。

（一）理论贡献

作者在"导言"中说："本纲要不以生成理论为限，也试图讨论一些生成句法学不太注意的语法问题。"（4页）作者力图以解决问题为中心，在理论建构上，处处扣紧材料。可以说，理论与材料的结合，是本书的最大特色，无论是第二单元的复杂结构研究还是第三单元的单句论元结构研究，都体现了作者立足于上古汉语语言事实而展开理论探索这一特色。

1. 提出句段、复句和单句三个句法研究维度。句段的设立是为了说明与主题相关的句法现象；复句有两大类，偏正结构复句和并列结构复句；单句也有两大类，主题句和主谓句，其中主题句是《纲要》为上古汉语的所谓名词性谓语句特设的，这类句子在《纲要》看来都没有动词中心语，无法对其论元结构进行分析。这三个维度又可进一步概括为复杂结构和简单结构，句段、复句以及单句中的主题句都属于复杂结构，而单句中的主谓句则是简单结构。对于主谓句，《纲要》赞同主语论元外在于最小动词组 VP 的假设。主语因语义角色不同可以分为施事者（agent）、致事者（causer）、历事者（experiencer）、当事者（theme）和受事者（patient）。着眼于主语与动词之间的语义关系，《纲要》区分出主动句和受动句。主动句包含施事句、致事句、历事句和当事句。受动句不同于被动句，二者的根本差别在于句子的论元结构不同，受动句是单论元结构，被动句是双论元结构。《纲要》明确指出上古汉语只有受动句，"先秦时期还是被动形式发展的试验阶段"（287 页）。

2. 轻动词理论的运用。轻动词假设是生成语法学理论在 20 世纪 90 年代的重要发展，现已成为生成语法学理论的核心假设之一。《纲要》吸收了 Marantz 和 Halle 的分布构词学（Distributed Morphology）理论，将轻动词规定为一种词素，既可以是构词成分，也可以是一种句子成分。在形式上，《纲要》指出上古汉语的轻动词既有有语音形式的轻动词，也有没有语音形式的轻动词。在综合性结构中，多数是没有语音形式，如施事轻动词 v_{agt} 和历事轻动词 v_{exp}；但是从汉语史看致事轻动词 v_{caus} 是有语音形式的；分析性结构中轻动词多是有语音形式的，如被动句"为……所"中的"为"。在功能上，《纲要》认为轻动词具有指派题元角色的功能，因而将轻动词广泛运用于上古汉语的增价结构分析，比如致动结构以及意动、供动、为动、对动等各种增价装置的论元实现等。

3. 引入隐性空代词 pro。隐性空代词 pro 是基于作者对上古汉语语言事实的认识而引入的，以别于空代词 PRO。《纲要》针对上古汉语的一些实际问题，用隐性空代词 pro 进行了新的分析。比如上古汉语主语位置上经常见不到主语，同时又找不到主语省略的条件，《纲要》认为这种情况其实不是主语省略，主语是由隐性空代词 pro 充当的。"老子者，楚苦县厉乡曲仁里人也"（《史记·老子韩非列传》）这类主题句，《纲要》分析为："老子"是一个"主题语"，其后主语为 pro，二者同指。又如 379—380 页说：《荀子》的《王制》和《王霸》两篇有三五个"之所以"的用法，一般认为"之"等于"其"，其实"之所以"就是"pro 之所以"。380 页举到《左传》两例疑似"之"作"其"用的例子，其实"之"也是"pro 之"，而不是"其"。445 页脚注分析"泰伯，其可谓至德也已矣"（《论语·泰伯》）一类"也已矣"的例子，认为"其可谓至德也"与"已矣"是两个句子，"已矣"义为"就是这样了"，其结构是"pro 已矣"，pro 承指前面"其可谓至德也"这个命题性主题语。

4. 引入"增价装置"（applicative）。增价装置这个概念来源于非洲语言研究，内地多译为施用装置或施用结构。《纲要》引入这个概念，将其视为增添论元的一种方式，并认为它是一种轻动词结构，有并合（merge）操作参与。《纲要》认为，标准型增价装置的语义结构显示增价论元不与 VP 事件连接，它不是事件的参与者，而只是个与事件整体发生关系的次要外部论元，这样的次要论元不能移位而成为句子的主语。但是增价装置还有多种延伸功能，可以利用它来添加论元、提升增价等。因此，《纲要》特别指出："基本上，我们可以说增价装置是增添论元的一种句法手段。汉语不但利用它来增添为动论元，而且还利用它来表达与事件发生关系的被动参与者，甚至还利用它提供一个空位，以解决双宾语的格位问题。"（399页）《纲要》运用增价装置分析和解释了上古汉语中的为动、供动、与动、对动、意动、双宾语结构等一系列特殊的句法语义结构。比如《纲要》运用"增价装置"很好地区分了两类"对动"（419—420页）：一类是"君三泣臣矣"（《左传·襄公二十二年》，意谓三次对臣泣，407页）一类句子，这里的"臣"本不是"泣"的论元（"泣"不及物），但增价结构可以给"臣"分派语义角色（表对象），并分派一个格位；一类是"且告之悔"（《左传·隐公元年》，419页）一类句子，这里的"之"本来就是"告"的论元，增价结构并不给"之"分派语义角色，只给它分派一个格位，这就是"提升增价"（raising applicative）的观念，即只增加一个句法位置，供没有格位的 NP 提升至此以获得格位，而不指派语义角色。

（二）主要创新点

《纲要》全书新观察、新观点、新探索层出不穷，在 21 世纪以来同类著作中最具创新性。

1. 新观察。《纲要》对上古汉语语法现象观察入微，指出很多前人未曾注意到的现象。24页指出"所"可以代表命题中的事件论元（event argument）。比如：

（1）是故君之所不臣于其臣者二：当其为尸则弗臣也；当其为师则弗臣也。（《礼记·学记》）

这里的"所"指"不臣于其臣"的情况。81—82页指出副词"既"引导一个表实然（realis）的分句，它可出现于条件句，但不能出现于假设句。副词"已"不同于"既"，它也可以出现于假设句（比如"如已葬而世子生，则如之何"《礼记·曾子问》）。147页脚注指出"以……故……"类"因在前果在后"的因果句，汉以后才固定，先秦典籍罕见。183—184 页指出：“而”必须关联两个词组，但不能关联两个 NP。状语如果是词组，与其后述语之间可以用“而”，如“率尔而对”；如果是一个形容词而不是词组，与其后述语之间不能用“而”，如“急追”不能说成“* 急而追”。根据“而”必须关联两个词组这个结构限制，可以预测 VP 的中心语 V 之后不能加“而”，如“孟子见（* 而）梁惠王”，“孰能（* 而）御之”。不过“而”后来发展出只起垫音作用的功能，这时“莫能而御”（《白虎通义·五行》）这类例子就出现了。254—256 页又说：“而”在上古汉语基本上是一个句子连词，用来连接分句和分句以下的结构（又可参看 183 页），很少用为句段关联词。与之相反，“然”在春秋时期只用为句段关联词，即不连接分句，只连接独立的句子；战国时期其用法扩张到连接分句，作句子连词。《纲要》270 页指出例（2）中的“杀”“弑”“戮”均为致动用法，表示“使得御叔被杀 / 使灵侯被弑 / 使夏南被戮”。这种结构就是致使 vc 与受事 VP 并合运作产生的，其致动结构可以表述为：$[_{VP}\ V_c\ [_{VP}\ V\ NP]]$：

　　（2）巫臣曰：“是不祥人也。是天子蛮，杀御叔，弑灵侯，戮夏南，出孔、仪，丧陈国。何不祥如是！”（《左传·成公二年》）

　　2. 新观点。《纲要》对于很多具体问题，提出了新的观点。这些新观点未必都是正确的，但都值得重视。比如 137—138 页认为上古汉语中期以前指示词“是”“此”等用于承指，只能承指命题性主题语，不能承指实体词充当的主题语，“富与贵，是人之所欲也”，其中的“富与贵”具有谓语性，是命题性的主题语，才可以用“是”承指。159 页脚注说“春秋时代名字之后加‘也’……例子甚多”，认为“回也非助我者也”（《论语·先进》）中“回也”的“也”并非句中助词。181—182 页指出：上古汉语是一种并列型语言，“而”是一个语义无标的并列连词。文献中出现“十一而税”“引领而望之”这种“而”关联偏正结构的情况，说明上古汉语会把一些不是并列关系的结构也当作并列结构来处理。309—310 页认为：甲骨文"于远，擒"（《屯》2061）是"田于远，擒"之省，"王于商"（《合》33124）是"王入于商"之省。基于作者对这类动词省略现象的认识，《纲要》引入了一个概念：gapping。gapping 的存在可解释很多动词、介词混淆的现象。408—410 页认为："揖于 NP"与"揖 NP"不同，前者是敬语用法。同样，"问、告"有用"于"介词组与不用"于"介词组两种用法，用"于"的为敬语形式。410—411 页认为"意动"是一种很特殊的句法现象，它以一个判断句结构为基础，但系词必须为零形式（null copula）。411 页说"意动能够成立的前提是这个语言必须有一个零系词，同时还须有一个带零形式小 v 的增价结构。"428 页认为汉语属于弱时语言，弱时语言没有"三时制"，而只表示说话时间的绝对定点。由此进一步认为："上古中期以后，汉语就有了一个简单的时（Tense）的装置，历经三千多年，都没有改变。""上古汉语的'矣'，现代汉语的句尾词'了'都是汉语的时的标记。"452—453 页认为：否定词有投射和加接两种：由中心语投射出来的否定词组是一个重读结构；否定词不重读，则是加接成分，不是中心语。由此《纲要》认为："先秦时代否定词都是重读的，因此引起弱性宾语'之'、'吾'的前移，如'不吾知'、'未之学'。这些前移的成分都是弱音节，弱音节造成重读环境，凸显重音效果。"453 页脚注又指出："否定句宾语前移，只限于弱性宾语。代词'我'常重读，重读宾语'我'是不前移的，如《诗经·王风·黍离》'不知我者，谓我何求'。"

3. 新探索。《纲要》以生成语法的理论视角研究上古汉语句法，有很多独到的见解与探索。有些见解与探索纵为一家之言，亦能别开生面，给人以启发。

第一，将语法研究与语音分析结合起来。《纲要》很重视上古汉语的合音现象，比如《纲要》接受金守拙（George Kennedy，1940）的观点，认为"焉""是介词'於'结合一个相当于'之'的指示成分 -an 的合音形式。-an 因非独立形式，而是附着成分，故不见于文字。"（4 页）《诗经》中广泛使用的"言"字和"焉（爰）"也只是声母不同，"言"也是个合音词，含有跟"焉"相同的词素 -an。（6 页）"言"像英语的 and there、and then，兼有连接和复指功能。当它居于两个动词之间，形式方面，它成为一个附搭在前面动词上的寄生成分 clitic，意义上，或者失去复指功能而成为单纯的连词，或者只保留了复指功能而产生出"之"的训解。（11 页）《纲要》认为：《诗经》并列连词是"言"而不是"而"，"而"当时是表转折的副词，或者跟"如、然"一样是状态词尾。（10—11 页、171 页）连词"而"兴而"言"废，到春秋晚期金文里才有真正的连词"而"，其普遍使用是在春秋之后。连词"而"很可能是"言"的弱化，正如状态词尾"然"有"而"的变体一样。（10、12、168 页）《纲要》98 页脚注说："其"是一个第三人称代词和表领格的"之"的合音，这个代词没有独立形式，只存在于合音之中。

《纲要》还重视语音轻重的分析。比如在辨析"NP 而 VP"结构时，作者指出："'主而谓'非独立小句的主语不应重读"，当"主而谓"重新分析为双表述谓语结构（即杨荣祥 2008 所说的两度陈述），那么"'主'的位置上必须重读"。（190 页）《纲要》还认为，由于"而"本身作为连词是一个弱读音节，可以利用它形成一个重读环境，从而产生重读主语前移的情况，比如：

（3）吾先君新邑於此，王室而既卑矣，周之子孙日失其序。夫许，大岳之胤也，天而既厌周德矣，吾其能与许争乎？"（《左传·隐公十一年》）

这个例子中，"王室而既卑矣"是"而王室既卑矣"的易位；"天而既厌周德矣"是"而天既厌周德矣"的易位。易位的目的在于"增强主语重

读的音效。"（191 页）

第二，将形式句法学理论与上古汉语语言事实结合起来。《纲要》以生成语法的极简方案为理论依据，但在具体分析过程中非常注重上古汉语的语言事实，做到了既不让理论迁就事实，也不会让事实迁就理论。正如《纲要》"导言"所说："经验科学的理论必须基于事实"，"事实和理论不可偏废"。（6 页）在分析上古汉语的致动结构时，《纲要》指出：上古汉语的致动结构有分析型和综合型两类。分析型使用有形轻动词"使"，构成使动兼语结构。综合型又有两小类：一类是通过轻动词与 V 并合产生 v_{caus}＋VP 型致动词，如"致"＝v_{caus}＋至；另一类是通过轻动词与词根并合产生 v_{caus}＋$\sqrt{X}$ 型致动词，如"妻帝之二女"（《孟子·万章上》）中的"妻"是 v_{caus}＋$\sqrt{妻}$。（268、361—362 页）综合型致动句与施事句的区别在于前者"不能以一个带外部（施事）论元的轻动词 vP 作为它的结构基础"，（351 页）而后者则是通过轻动词 v 将一个外部论元加接到一个 VP 上，形成 vP＋VP 结构。致动句不能以一个带外部论元的轻动词词组 vP 作为它的结构基础，这是一条严格的理论限制，因而像"奔"这一类不及物行为动词不能有致动用法，因为它是不及物行为动词，带有一个外部论元，而"走"乃是一种不及物状态动词，因而可以有致动用法，如"公子率五国之兵破秦军於河外，走蒙骜"（《史记·魏公子列传》）。此外，致动词还有另一条限制：致事轻动词只能选择单论元的 VP 进行并合运作，但是在上古汉语里却存在着如下的致动现象：

（4）负之釜（斧）钺，以徇於诸侯。（《左传·昭公四年》）
（367 页）

"负"是一个及物行为动词，带有一个内部论元，而此处却用作致动。对于这个反例，《纲要》认为也有可能是仿造"佩之金玦"而成的，"佩之"是供动而非致动。这种解释的目的就是不能让理论随意地迁就语言事实。

上古汉语中期的判断句作者认为是没有系词的，针对这种情况，《纲要》设立主题句，在主题述题的框架下而不是在以动词为核心的主谓框架下来分析上古汉语中期的判断句。在此基础上，《纲要》进一步将句段纳入句法研究的范围。汉语的句段意识是自《马氏文通》就有的，《纲要》继承了这个传统观念，认为句段是多个句子的组合，是篇章的最小单位，同时也是句法分析的最大单位。《纲要》在申小龙（1988）和刘承慧（2010）相关研究的基础上，指出："汉语自春秋时期以后，就是一个主题优势类型语言，主题／述题的表达方式是古今汉语所共同的。"（220页）在句段结构中着重分析了主题、主题链、主题片的作用和类型。可以说，主题句和句段结构的提出和分析，都是《纲要》尊重上古汉语语言事实的产物。

第三，将形式分析与语义分析结合起来。《纲要》研究上古汉语句法，皆从形式入手，这是《纲要》的理论背景决定的。比如《纲要》认为表示使成的兼语结构中的"使"是主要动词而不是轻动词，理由是致事轻动词 v 不能选择 θextP（小型句）为补足语，而像"老使我怨"这样的使成兼语式中的"我怨"乃是一个小型句。①

但《纲要》也非常重视语义分析，在该书第一章，就结合句读问题强调了语义分析的重要性，指出"子在齐闻《韶》三月不知肉味"有三种可能的句读方式，但其中"子在齐，闻《韶》三月，不知肉味。"这种句读方式肯定是错误的，原因在于"闻"语义上属于瞬成动词，不能带表达时段的期间补语。

《纲要》注重形式与意义相结合的句法分析突出地表现在对句子的

---

① 《纲要》374 页对于"老使我怨"的分析可能有误。因为此例"使"是"使得"的意思，按照梅先生的观点，"我怨"应分析为"完全句"，而非"小型句"。

论元结构以及相关句式的分析上。《纲要》在上古汉语语法研究领域第一次提出蒙受句概念。"所谓蒙受句，是指在句法上表现一个事件发生在某人身上的语义关系的句子。"（354 页）蒙受句就是大陆汉语语法学界所讨论的领主属宾句，但大陆语法学界所讨论的领主属宾句在 2016年之前基本上仅限于近现代汉语范围之内，而《纲要》不仅指出上古汉语同样有这类句子，而且这类句子还可以细分为两类，一类是以不及物动词为基础生成的，如"阖庐伤将指。"（《左传·定公十四年》）另一类是以及物动词为基础生成的，如"（吾）伐树於宋。"（《庄子·山木》）《纲要》进一步提出，蒙受句是用一个轻动词 vaff 将蒙受主语跟一个表达事件的 VP 连接起来，因而属于轻动词并合。从《纲要》对蒙受句所下的定义即可看出，蒙受句的提出是形式与意义相结合的产物。

除了蒙受句，《纲要》还指出上古汉语存在受动基础的致动句和致动基础的受动句，这也是非常有价值的探索。受动基础的致动句如前引例（2）中的"杀御叔""弑灵侯""戮夏南"；致动基础的受动句，《纲要》举司马迁《报任安书》中的"仆又茸（耻）以蚕室"为证，认为其中的"茸（耻）"就是致动基础的受动句，它以一个致事结构 VP（耻仆）为基础，而其致事宾语"仆"又移出 VP，成为句子的主语。这句话的意思是："我又被加以宫刑羞辱"。（372 页）

自《马氏文通》在拉丁语语法框架下分析文言文语法以来，汉语语法学界一直强调主被动关系，而《纲要》则认为上古汉语并不存在真正意义上的被动语态，并从类型学角度对此予以阐释，明确指出："我们不应把带有施事论元的被动视为语言的普遍基本性质，事实上，在语言类型学上称为'作格语言'类型的语言都是没有这种被动句式的。藏缅语普遍也只有受动，没有被动。南岛语如台湾原住民的语言，也根本没有类似西方语言的被动句式。"（280 页）"受动句是汉藏语系语言的一个重要特征。"（265 页）《纲要》基于这样一种认识提出了上古汉语主动、受动和致动三种句法语义关系，并根据形式与意义相结合的原则进一步提出了受动基础的致动句和致动基础的受动句，为上古汉语句法语义分析打开了一扇新的窗户。

《纲要》用"增价装置"（applicative）来分析上古汉语的"为动""供动""对动"等所谓的特殊动宾关系。在分析"为动"结构时，《纲要》认为"为动"结构是轻动词 v_{wei} 与 VP 并合而生成的。例如：

（5）夫人将启之。（《左传·隐公元年》）按：这句话的意思是：夫人正要替他打开（城门）（390 页）

《纲要》进一步指出，为动结构不限于受益关系，还可以表目的或原因。例如：

（6）由仁义行，非行仁义也。（《孟子·离娄下》）按：这句话的意思是：顺着仁义而行，而不是为了仁义而行。（391 页）

（7）箕子为之奴。（《论语·微子》）按：这句话的意思是：箕子因之而去当奴隶。（393 页）

但同样是带原因宾语，感知动词带原因宾语，《纲要》不认为是为动结构，因而下面例子中的"怒"不是为动用法：

（8）魏王怒公子之盗其兵符。（《史记·魏公子列传》）

做这样的分别，《纲要》提出了两条理由，其一"增价结构限用于行为动词"，（394 页）而感知动词不属于行为动词；其二是为动结构不能以子句为宾语，而感知动词所带的原因宾语皆是子句。这两条理由的第一条是语义的根据，而第二条则是形式依据。

四、不足与可商讨之处

《纲要》的不足之处，我们认为最突出的一点是未能充分重视上古汉语的形态音变，未能结合形态音变展开深入的形态句法分析。上古汉语具有综合性（synthetic），这一点《纲要》有明确的认识："汉语属于分析型语言，古代汉语则含有若干综合性质。"（386 页）在讨论动词的论元结构时动词并合和增价装置是《纲要》的主要分析手段，而这两种分析手段的依据就是上古汉语的综合性质。《纲要》也注意到上古汉语的动词并合跟形态有关。《纲要》认为上古汉语的致动词是一种动词并合，其中的轻动词小 v_{caus} 是有语音性质的，并指出："汉藏语学者认为原始汉语这个小 v 是一个词头（prefix）*s-，此形式可上推至原始汉藏语。作格动词有声母清浊交替的语音性质，恐怕与此词头有关。又有学者推测原始汉语还产生了一个表致事的词尾（suffix）*-s，后来成为去声的一个来源，因此作格动词的及物（致事）和不及物用法有时会表现出声调上的差异。这就是训诂学上所谓'四声别义'。汉代注释家又有长言、短言之分，恐怕也是指声调而言。"可惜《纲要》到此戛然而止，"然而'四声别义'恐怕并不限于'作格'现象，清浊交替的构词学意义如何，也引起过学者很多讨论。因为这些问题还没有确定结论，这里就不多说。"（360 页）

由于《纲要》在讨论与动词并合和增价装置有关的句法问题时未能充分重视形态音变现象，未能进一步地展开形态分析，致使对一些跟形态密切相关的句法现象的分析未能更深入一步，对一些跟形态相关的句法现象出现认识上的偏差。

《纲要》注意到上古汉语致动结构有两种并合现象：其一是轻动词小 v_{caus} 与作格动词并合产生致动词；其二是轻动词小 v_{caus} 与词根并合产

生致动词。分别如例（9）中的"败"和（10）中的"妻"：

(9) 覆而败之曰取某师。（《左传·庄公十一年》）（285 页）

(10) 妻帝之二女。（《孟子·万章上》）（361 页）

稍加留意就会发现，上述两类动词并合，前一类的动词并合广泛存在音变现象，其中最常见的是清浊交替。梅祖麟（2008）列举到的有自动和使动配对而语音上存在清浊交替的有"败""别""属""断""折""系""着（著）""长""会"等，《纲要》提到的"至"与"致"也存在着音变，只不过不是声母清浊交替，而是 r 介音的有无。后一类动词并合却不存在任何的音变现象。这说明上古汉语的轻动词小 v_{caus} 与作格动词并合会产生音变，而与非作格性的词根并合则不产生音变。或者换个角度说，上古汉语的致动词一类是通过有语音形式的轻动词小 v_{caus}（致动形态）构成，另一类是通过没有语音形式的轻动词小 v_{caus} 与词根并合而成。

《纲要》明确指出以往的上古汉语语法研究者多将读去声的"食""饮"看作致动用法是错误的，读去声的"食""饮"乃应如宋玉珂（2009）所论，是供动用法。这个观点无疑是正确的。实际上，供动用法不唯"食""饮"读去声，"解衣衣之"的后一个"衣"和"以其兄之子妻之"的"妻"等也读去声。许思莱（Schuessler，2007）、洪波（2009）的研究表明"去声别义"的一个功能就是增价功能，供动结构属于增价结构，当然在"去声别义"的这个功能范围之内。更为重要的是，根据《纲要》的研究，上古汉语的致动并合是通过轻动词小 v_{caus} 增加一个外论元，供动的增价并合则是通过轻动词小 v_{yu} 增加一个"被动的参与者"（400 页）。而在形态音变上，致动音变最常见的是声母的清浊交替，而供动音变则是去声与非去声的交替。声母的清浊交替来源于上古汉语早期致动前缀 *s- 的清化作用（参见梅祖麟，2008），去声与非去声的交替则来源于上古汉语早期 *-s 后缀的影响（参见梅祖麟，1980）。这两种形态音变现象与轻动词并合所增加的论元性质之间显然存在着关联。

"去声别义"除了增价功能外，还有一种形态功能是动词的完成体功能，这种功能从宋代贾昌朝以来经过周祖谟（1946）、周法高（1953）、唐纳（Downer，1959）、梅祖麟（1980）、金理新（2005）等学者的研究，基本可以得到确认。《纲要》368 页在分析受动基础的致动句时举了下例：

（11）（辞曰：某固愿）闻名於将命者。（《礼记·少仪》）

这个例子中的"闻"，《经典释文》卷十二："如字，徐音问。注皆同。"如果按《经典释文》的如字读，则诚如《纲要》的分析，是受动基础的致动用法。但如果按徐邈的音读，则该例中的"闻"用的是它的完成体形式，"闻"的完成体形式如同"治"的完成体形式（直吏切）一样，是一个状态动词，那么将该例分析为受动基础的致动就是有问题的。

前文已经指出，《纲要》有很多新探索和新观点。既然是新探索、新观点，就不一定都是可信的，因此《纲要》可以商讨的地方也就不少。比如，《纲要》认为汉语没有英语的不定时小句（67、78页）。375—376 页又说汉语没有不定时标记，它的 ECM（exceptional case marking，例外格位标注）动词只能带小型句（small clause）补语。381—382 页说明了小型句的范围：比如不能带否定副词，不能带能愿动词（如"能""肯"）或情态词（如"必"）。403 页、414 页还运用小型句来分析意动等结构。但小型句/完全句似乎是不定时小句/定时小句的翻版，引入小型句是否有必要，仍然值得讨论。还有，《纲要》150页指出："小人恐矣，君子则否。"（《左传·僖公二十六年》）这类对比主题句中的"则"是副词，不是连词，所以只见于谓语之前、主语之后。不过如果以后代有同样用法的"即"（如"衣即绫罗，食即恣口"，敦煌变文《韩朋赋》）的发展来类比，可以推测：这种用法的"则"应该是由连词"则"发展而来的，故其定位尚需斟酌。

下面谈两处语料的甄别问题。

《纲要》402—403 页认为下面两例中的"与"都是"分给"的意思，并认为（13）"其御羊斟不与"是"不与其御羊斟食"的意思：

（12）及食大夫鼋，召子公而弗与。（《左传·宣公四年》）

（13）华元杀羊食士，其御羊斟不与。（《左传·宣公二年》）

按《经典释文》，例（12）"弗与"无音注，则视为如字，读上声；例（13）"不与"注曰"音预"，读去声。上声"与"是及物动词，故否定词用"弗"；去声"与"是不及物动词，故否定用"不"。《纲要》将此二例中的"与"作相同分析显然是不正确的。

《纲要》362 页认为下面两个例子中的"阶"都是致动用法，"使登阶"的意思，是轻动词小 v_{caus} 与词根并合产生的：

（14）将立州吁，乃定之矣；若犹未也，阶之为祸。（《左传·隐公三年》）

（15）王不忍小忿而弃郑，又登叔隗以阶狄。（《国语·周语中》）

《纲要》还提到"阶乱"（《左传》），"阶祸"（《国语》）的说法。首先，"阶"本身没有"登阶"的意思，上古典籍中"登阶"义只说"登"，而不说"阶"；其次，将"阶乱""阶祸"分析为"让祸乱登阶"更是讲不通。我们认为"阶之"是"为他作阶"的意思，"阶狄"是"为狄作阶"的意思；同样，"阶乱 / 祸"是"为祸乱作阶"的意思。都是为动用法。

参考文献

洪波：《上古汉语 *-s 后缀的指派旁格功能》，《民族语文》2009 年第 4 期。

金理新：《汉藏语完成体后缀 *-s》，《民族语文》2005 年第 2 期。

刘承慧：《先秦书面语的小句合成体——与现代书面的比较研究》，《清华中文学报》2010 年第 4 期。

马建忠：《马氏文通》，中华书局 1983 年版。

梅广：《上古汉语语法纲要》，（台）三民书局 2015 年版。

梅祖麟：《四声别义的时间层次》，《中国语文》1980 年第 6 期。

梅祖麟：《上古汉语动词清浊别义的来源》，《民族语文》2008 年第 3 期。

申小龙：《中国句型文化》，东北师范大学出版社 1988 年版。

宋玉珂：《古汉语的供动》，载《古今汉语发微》，首都师范大学出版社 2009 年版。

王力：《汉语史稿》，中华书局 1980 [1958] 年版。

杨荣祥：《论"名而动"结构的来源及其语法性质》，《中国语文》2008 年第 3 期。

周法高：《中国语法札记·语音区别词类说》，"中研院"历史语言研究所集刊 1953 年第二十四本。

周祖谟：《四声别义释例》，载《问学集》上册，中华书局 1966 [1946] 年版。

Downer，G. B.（唐纳），"Derivation by Tone-Change in Classical Chinese"，*Bulletin of the School of Oriental and African Studies*，Vol. XXII，part 2，pp.258-290，1959.

Kennedy，George（金守拙），"A Study of the Particle Yen"，*Journal of the American Oriental Society* 60.1：1-22，60.2：193-207.，1940.

Schuessler，Axel（许思莱），*ABC Etymological Dictionary of Old Chinese*，Honolulu：University of Hawaii Press. 2007.

（原载《中国语文》2019 年第 4 期，与陈祝琴、李明合著）

前修未密，后出转精

——《古书虚词通解》评介

一、前　言

从元末到近代，产生了不少虚词著作。影响比较大的如《经传释词》，阮元说："恨不能起毛（苌）孔（安国）郑（玄）诸儒而共证此快论也。"（《经传释词》阮序）再如《词诠》首次运用语法学观念对虚词进行解释和归类，非常便于利用，所以它至今仍然是一部查检和研究古汉语虚词的重要工具书。如果能够对前人的虚词著作进行系统总结，不但能够彰显原书的价值，而且对今后进一步研究古汉语虚词也会具有指导意义。

《古书虚词通解》（解惠全、崔永琳、郑天一编著，中华书局 2008年 5 月第 1 版；以下简称《通解》）汇集史上最具代表性的虚词著作，[①]

[①]　《通解》收录的虚词著作有：(1) 元末卢以纬的《助语辞》；(2) 清初袁仁林的《虚字说》；(3) 清初刘淇的《助字辨略》，简称《辨略》和《辨》；(4) 清王引之的《经传释词》（包括黄侃的批注），简称《释词》和《释》；(5) 清吴昌莹的《经词衍释》，简称《衍释》和《衍》；(6) 近代杨树达的《词诠》，简称《诠》；(7) 近代裴学海的《古书虚字集释》，简称《集释》和《集》。另外《通解》还收录了近人孙经世的《经传释词补》（简称《释补》）和《经传释词再补》（简称《补》），所以实际上是九部。

用实词虚化的观点对虚词进行分析、诠释和辨正，理清了多个虚词的源流。每个词条下，对原书义项进行重新归并，分别注明来源。义项按照由实到虚的顺序排列，体现了虚词发展变化的轨迹。例句在注明原出处的同时还要说明哪些虚词著作选用了该例句。在大部分词条多数义项之后加了按语，一些用法较为复杂的虚词，在其全部义项之后还有"附说"。这些按语和附说或讲解虚词用法，或说明各义项的联系与区别，条分缕析，解说精当。全书共列词目 928 条，加上复音虚词，所解释的词语 1380 多个。为方便查检，除书前有拼音目录外，书后还附有笔画索引。

《通解》的主要编纂者解惠全先生早年师从著名语言学家马汉麟，长期从事古汉语教学和研究工作，在古汉语虚词研究方面用力尤勤，且成绩斐然：1987 年发表《谈实词的虚化》一文，首次从理论和实践两方面对古汉语虚词教学和研究提出了崭新的思路；1989 年所注《虚字说》由中华书局出版。如今，在退出教学和研究第一线十余年后，又出版了《通解》，这是他多年虚词研究成果的一个汇总。

下面从几个方面谈谈《通解》的特点。

二、述中有作，订正前人之失

前人对虚词的关注大多出于两个目的，一是为了写好文章，一是为了解经。虽然目的相对简单，但对虚词的训释却相当繁乱，有时会让人无所适从，表现最为突出的当数《古书虚字集释》，比如"夫"：

> 犹而也，且也。说详"而"字、"且"字两诂。盖古人"夫""且""而"三字，互通用也。

将"夫"解释为"而""且"是说它具有连词功能，让人觉得很奇怪。因为"而"作为连词有顺接和转接两种基本用法，"夫"到底属于哪一种呢？而且还说这三个词可以通用，就更让人迷惑，不知何去何从了。再看它举的例子："未之思也，夫何远之有？"（《论语·子罕》）这里的"夫"换成"而""且"仅从翻译上来讲也是不通的。《集释》的这种训释不论从方法上还是从结果上来说，都是有问题的。《通解》对此有一个解释：

> 诸例"夫"均用在疑问代词之前，与"其"相似（如《左·隐公元》："其谁曰不然？"），与现代的"那"也相似（如"那谁还能说什么？"），"夫""其""那"在句中还都有较明显的代词意义和性质，故可视为指示代词。但从纯表意的角度说它们又是多余的，而它们的句法地位又使它们显现出引出后果小句的作用，像是连词。若从它们用于反问句来说，又可以视为加强反问语气的作用，不过，它们似乎并未虚化到这种程度。（192—193页）

关于《集释》对"夫"的解释，《通解》作了三个方面的说明：（1）"夫"不是相当于"而""且"，而是相当于古代汉语的"其"和现代汉语的"那"；（2）"夫"有明显的指示代词性质；（3）由于引出后果小句和整个句子具有反问语气，所以"夫"被认为具有连词和语气词的作用。

两相比较，《通解》不但对《集释》的训释进行了必要的订正，而且还在一定程度上说明了《集释》之所以错误的原因——随文训释。随文训释就是按照翻译或者直觉来解释虚词，不考虑或者很少考虑句法因素。"夫"之所以被解释成"而""且"，正是因为没有考虑到它在句子中的地位以及与它有关的其他句子成分的作用。"夫"由于引出一个结果小句，所以"像是连词"，但它本身并不是一个连词。《集释》这类的错误还有很多，比如"将，犹是也"，"方"训为"夫"，"乎"几乎具有了所有语气词的功能等，处处皆是，有的还很荒唐。随文训释的结果就是对虚词解释得越多越精细，错误也就越多。在这几部古书中，《集释》出得最晚，而它的问题也最大，每每遭人诟病，原因就在于此。

《释词》曾一度被人尊崇，而且它对一些虚词的解释也是颇为精当的，比如对"终风且暴"中"终"的解释就很精彩。但它也会犯与《集释》相同的错误。比如《释词》"而"字条：

> 而，犹如也。……《诗·君子偕老》曰："胡然而天也？胡然而帝也？"毛《传》曰："尊之如天；审谛如帝。"

其实，毛传并没有将"而"释为"如"，这个"如"是上下文的意思，"而"只是用在"胡然"和"天"之间起连接作用，"天"本是体词，在这里有了谓词性的用法。"帝"亦然。毛《传》是一种翻译性的解释，是典型的随文训释。《释词》不但没有认识到这一点，还进一步认为"而"的意思就是"如"。方法上没有改进，结果上又朝错误的方向迈进了一步。

单就"而"的"如"义来说，有"如似"义，如"彼都士人，垂带而厉。彼君子女，卷发如虿。"（《诗经·小雅·都士人》）有"处置"义，如"而何其血之流杵也？"（《孟子·尽心下》）有"如果"义，如"富而可求……如不可求。"（《论语·述而》）在解释"而"时应当分别训释。但《释词》没有这样做，所以杨树达批云："类似之'如'，假设之'如'，当分列为是。"另外，"而"可训"如"，又可训"若"，只要说明"而"可训"如""若"就可以了，不用再"而，如也""而，若也"分别训释了。《通解》将诸书"而"训"如""若"的义项进行了重新整理，分类放在一起，既订正了前人的错误，又指出了前人训释之所以失误的原因。

《词诠》是这几部虚词著作中最具现代性的一部，它首次标明了虚词的词性，按注音字母编排词目，根据虚词的句法作用对其进行解释，但仍然没有完全脱尽随文训释的毛病。比如："所，若也。誓词中用之犹多。"所举的例子有，"所可道也，言之丑也。"（《诗经·鄘风·墙有茨》）"所不与舅氏同心者，有如白水。"（《左传·僖公二十四年》）这里的"所"是代词，之所以被认为有假设的意味，是因为它用在了誓词当中。杨氏不察，犯了随文训释的毛病。《通解》不但纠正了这个错误，而且还说明了原因：

> 此项"所"多见于誓词，可能是上古的一种习惯用法。考其来源，或与代词"所"有关，当"所……（者）"由表示处所转而表示时间时，"所……（者）"句即含有假设的意思了。（690 页）

前人对虚词的训释有其合理的地方，但不合理的地方也很多。要想让前人的成果很好地被利用，就必须对它们进行考察，有所扬弃。俞敏先生在《虚词诂林·序言》的开头说："一九八四年，谢纪锋同志告诉我说，想编一部文言虚词词典，我说，要编这样的东西，得先作个长编，把乾嘉以来的重要著作整个儿攒起来，然后再一条儿一条儿审查，作出结论，这工程可不小哇！""一条儿一条儿审查"就是要看前人的说法哪些是合理的哪些是不合理的，合理的加以保留，不合理的说明原因。这是一个既述且作的工作。《通解》做的正是这样的工作，通过句法——虚词的语法地位以及和虚词有关的句法成分——来理解和训释虚词，使前人对虚词的训释井然有序，不再让人望而生畏了。这一点是《通解》和其他虚词著作以及工具书一个很大的不同之处。

三、运用理论，执简驭繁

实词虚化（《通解》用引申、演化、虚化等来表示）是这本书的一个很重要的内容，表现在三个方面：（1）说明义项间的关系；（2）对虚词的总体理解和说释；（3）说明一些词的平行虚化现象。

有些虚词义项很多，简直到了无以复加的程度。这一方面是由于古书随文训释所致，但有的虚词确实用法很多。怎么理解这些虚词的不同用法？这些不同的用法之间有何关系？实词虚化很好地解决了这个问题。比如"是"有代词、动词、副词、连词、助词等用法，而且有的用法下还有很多小项。《通解》对此有很精到的说释：

> 从虚词的意义上说，"是"的基本用法是做指示代词，一般认为是表示近指的，它既有体词性用法，又有谓词性用法。"是"的诸项虚词用法大多来自指示代词。当"是"用在体词性主语和谓语之间时，它复指主语，进而虚化为副词其（主语一般指说话的对方），表示命令或劝勉语气；虚化为助词（标志句子没有独立性）。当"是"用在体词性定语和中心词之间时，它复指定语，进而虚化为助词（定语的标志）。当"是"用在两个分句之间时，复指前一分句所说情况，进而虚化为副词或连词则、乃及连词故等。当"是"出现在句首主语之前，起指示作用，进而虚化为助词（即提示之词，或称句首语气词）。以上用法使用均不广泛，而且常常不够典型，故它们这些用法的资格有时不好确认。当"是"用在宾语和动词之间时，它复指宾语，进而虚化为助词（宾语提前的标志）。上古汉语指示代词大都有与上述各虚词义项类似的用法，这是因为它们在语义上和语境上具有大体相同的向各虚词义

演化的条件，即构成平行发展的关系。又：在上古，代词"是"做宾语常有置于动词或介词之前的，如"是刈是濩""寡人是征，寡人是问"，特别是"是以"在上古就成为双音连词，有人把这类例子比喻作远古汉语语序的活化石。（647—648 页）

通过句法位置以及虚化途径，"是"的各义项及其关系被解释得很透彻。这是任何一本虚词著作都没有的内容。

实词虚化是一种认识，这个认识早就有了，元代的周伯琦在《六书正讹》中说："大抵古人制字，皆从事物上起。今之虚字，皆古之实字。"有些虚词词典在编纂时也试图体现这一理念。比如《古代汉语虚词词典》（中国社会科学院语言研究所古代汉语研究室编，商务印书馆1994），其"凡例"云："本词典所收的单音虚词，一般都勾画了它的虚化过程，说明在不同历史时期的不同用法和语法意义。"但所谓的勾画只是在每个虚词的开头说明该虚词的本义、假借，虚词何种用法在哪一时间段使用等情况。但这些勾画和词典的义项完全是脱节的。而且由于在义项的设立上没有实词虚化的概念和认识，就无法做到条理性和合理性并重。比如"厥"，《古代汉语虚词词典》列了三个词性，五个义项（324 页）：

代词（一）表示领属关系，在句中做定语。可译为"他（她、它）的""他（她、它）们的"。（二）起指示作用，在句中做定语。可译为"那"。

助词（一）用于句中或句首，起强调作用，不必译出。（二）与助词"之"的作用相同，可译为"之"。

副词 用于后一分句之首，表示行为状态要在一定条件下才出现。可译为"才""乃"等。

　　这里出现了三个方面的问题。从义项的顺序上来说，副词显然比助词要实在一些，应该排在前面。排列成现在这个样子显然和词典的本意不相符合。从义项的设立来看，"厥"用作副词的可能性极小，这一条很可能是错的。再看它举的例子，"左丘失明，厥有《国语》"（《汉书·司马迁传》），即使翻译成"才""乃"也是连词，怎么会是副词呢？从语感上来说，这个"厥"不能翻译成"才""乃"，应该翻译成"这才"才合适。"才"是上下文的意思，而不是"厥"本身具有的意思。用实词虚化的眼光来看，"厥"应该是代词，处于两个小句的中间，复指前一小句，从而发展出连词用法。这里的"厥"正处在发展的过程当中，所以要翻译成"这才"才合适。这个例子的前面一部分"屈原放逐，乃赋《离骚》"中的"乃"也和"厥"一样应该翻译成"这才"。之所以会出现这样的问题，还是和随文训释有关，或者更具体一点，和翻译性解释有关。虽然也标明了词性，而且也说明了虚词本身的句法地位，但根本没有考虑虚词与其他句子成分的关系，这和"厥，乃也"的训释本质上是一样的。这是第三个方面的问题。

　　《通解》运用实词虚化的眼光来考察虚词，避免了上面的这些问题。不但义项顺序安排得当，而且义项的设立和解说也不会出现随文训释的错误。"厥"的"附说"还通过对比"厥""其"说明了二者之间的关系：

　　　　"厥"和"其"最初都用作指示代词，"厥"是较早形式（古字眼儿），主要见于《诗》《书》等有限几部较早的文献。"其"在上古由指示代词虚化为承接连词、假设连词及助词等多项用法，例此，"厥"也可能有这些用法，但因用例很夕，且不够典型，故不好确定。（387页）

　　虚词来源于实词人人皆知，但要真正应用到虚词的解释和词典的编纂上却非人人都能做到。从句法的角度来解释虚词，并不是单纯地给虚词定出词性，说它用在什么句法位置，而是要关注虚词出现的句法环境，也就是说要联系与虚词有关的其他句子成分来对虚词进行训释。实词虚化要追溯虚词的来源，寻找实词发展为虚词的轨迹和条件，所以能够将虚词与它出现的环境联系起来，从来源上对虚词作出合理的解释，不仅条理清晰，而且可以执简驭繁，在很大程度上可以避免犯一些不应有的错误。这一点是《通解》不同于其他虚词工具书的真正所在。

四、便于初学，促进研究的深入

《通解》对初学者来说是一部很好的工具书。当查一个虚词用法的时候，常常会觉得句子中的虚词讲做副词也可以，讲做连词也可以；而且一本词典说它是副词，另一本词典却说它是连词，不知道何去何从。《通解》通过按语和附说告诉我们，这个虚词有副词用法和连词用法，而连词用法是从副词用法虚化来的，有些用例出现两种理解是很正常的，这是虚词发展过程当中一个很常见的现象。对初学者来说，这样的解释比从"副词（1）（2）（3）""连词（1）（2）（3）"里面找自己需要的解释要好得多。

《通解》对虚词研究颇有益处。首先它可以使人省却翻检之苦，执此一编，如七编在手，不用再翻来翻去，何况有些书还不好找。但《通解》更大的作用是它提供了进一步思考和研究的平台。比如，宾语前置是古汉语中一种特殊的句法现象，有些虚词被认为是宾语前置的标志，"是""之"是最常见的两个。读过《通解》之后，会发现能做宾语前置标志的还有一大批，比如"安""彼""或""厥""来""实""斯""焉""攸""有""爰""云"等都有这样的用法。这些词大部分都来源于指示代词。但也有不是指示代词来的，比如"安"本来是个疑问代词，"或"最初是不定代词，"有"和"云"是从动词来的，"来"的来源还不好确定。另外"厥"有这种用法，但它的替代品"其"好像没有见到有这么用的。"攸"和"所"的情况与此相同。还有，一般认为"是""实""寔"是一个词的不同变体，但"是""实"可以标志前置宾语，而"寔"却未见这种用法。看来情况并不像我们想象的那么简单。我们不禁要问，为什么不同性质的东西能有相同的用法和功能？它们能不能用一种解释"一以贯之"？为什么有的指示代词能标志前置宾语，有的不能？以前的一些看法和解释是不是有问题？《通解》中多次提到这些现象是早期汉语的遗留，是活化石，好像在提示我们汉语更早时期与后来的情况差别很大。但这种差别到底是什么样的？以现有的文献我们能不能窥见一些端倪，或者找出一个突破口？如果"文献不足征"，我们要不要寻求别的途径？是不是应该换个角度来重新审视古代汉语？

古汉语虚词研究由来已久，有前人的著述，也有今人的总结和探索，但很多虚词还是得不到很好的或者至少让人信服的解释。究其原因，一方面是由于随文训释，另一方面则主要是由于眼界不够开阔，往往只在汉语里兜圈子。要么用翻译来代替虚词用法，要么认为古汉语和现代汉语差别不大，只要说明那些特殊的用法就可以了。这样做虽偶有发明，但总不能说得很透彻。比如"言"这个词，可用于句首，"言告师氏，言告言归"（《诗经·周南·葛覃》）；可用于句中，"驾言出游，以写我忧"（《诗经·邶风·泉水》）；还可用于形容词之后、动词之间，用法复杂且位置不固定。前人对此皆分而治之，不能一贯。《通解》分析了前人的说法，认为《集释》"以为'言'与'焉'同音通用，训'言'为助语之词、状事之词、乃、则、而，很有启发性"。但感觉还是隔了一层。俞敏《〈诗〉"薄言"解平议》根据梵汉对音指出《诗经》里的"言"是"我＋焉"压缩而成的，"焉"等于"于是"（时、空）。一下子让人豁然开朗。这里有两点值得古汉语虚词研究者借鉴，一是通过语音构拟来解说虚词，二是用音变的理论来说明虚词的用法。这种解释姑且不论其正确与否，起码眼界开阔了，在方法和角度上给了我们很好的启示。古代汉语和现代汉语除了都用汉字记录之外，其他方面还是有很大差别的，所以研究古汉语虚词不能以今律古，更不能用随文训释的翻译来代替对虚词用法的解释。

《通解》运用实词虚化理论，廓清了很多似是而非的问题，而且有些问题值得我们进一步深思和研究。比如，书中多次提到平行虚化，即意义相同或相近的实词可能会虚化出相同的虚词用法，那么这些虚词平行虚化的原因和条件是怎样的呢？另外，一个虚词有多个义项，这些义项之间的演化过程和顺序又如何呢？这些都可以作为古汉语虚词继续研究的方向。

总之，《通解》运用虚化理论将古书中关于虚词的训释作了一个大的检讨，使之变得井然有序且怡然理顺，它通过实践告诉我们虚词研究的正确方法，给古汉语虚词研究指出了一条切实可行的道路。

这部书编写于 20 世纪 80 年代中后期，到现在已经 20 多年过去了。其间有人事的变动，也有社会的变迁，更有学术潮流的更革，好多东西都湮没了。但《通解》仍然得以出版，这足以说明它的生命力。一位出版界人士云："它虽然不是畅销书，但肯定是一部长销书。"我们坚信，这部书的价值一定会随着时间的推移不断彰显。

参考文献

白玉林、迟铎：《古汉语虚词词典》，中华书局 2004 年版。

洪波：《论汉语实词虚化的机制》，载《古汉语语法论文集》，语文出版社 1998 年版。

洪波：《论平行虚化》，《汉语史研究集刊》第二辑，巴蜀书社 2000 年版。

裴学海：《古书虚字集释》，中华书局 1982 年版。

沈家煊：《"语法化"研究综观》，《外语教学与研究》1994 年第 4 期。

（清）王引之：《经传释词》，岳麓书社 1984 年版。

谢纪锋：《虚词诂林》，黑龙江人民出版社 1992 年版。

解惠全：《谈实词的虚化》，《语言研究论丛》第四辑，南开大学出版社 1987 年版。

解惠全、崔永琳、郑天一编著：《古书虚词通解》，中华书局 2008 年版。

杨树达：《词诠》，中华书局 1965 年版。

俞敏：《〈诗〉"薄言"解平议》，载《俞敏语言学论文集》，商务印书馆 1999 年版。

（清）袁仁林著，解惠全注：《虚字说》，中华书局 1989 年版。

张玉金主编：《古今汉语虚词大辞典》，辽宁人民出版社 1996 年版。

中国社会科学院语言研究所古代汉语研究室编：《古代汉语虚词词典》，商务印书馆 1999 年版。

（原载《南开语言学刊》2011 年第 1 期，与高迎泽合著）

后　记

　　承学校社科处的盛意，支持我出版一本学术论文集，作为"燕京学者文库"的一种，诚惶诚恐之至！

　　生命是一个加速度的过程，年龄越大越觉得时间流逝得快，越能体会"日月忽其不奄"的人生况味。但能"从吾所好"，沉浸于学问之中，却也是不负此生的幸福与快乐。偶有一得，虽敝帚而自珍；教学相长，非虚言而莫弃。舁入此集的文章大部分为近年发表的，也有一些旧作而未收入《坚果集》与《汉语历史语法研究》的，其中既有个人的独撰，也有与他人合作的，合作者多是学棣。

　　学问之道在于"发明"，这是先辈的谆谆教诲。语言纷纭，而"道"在其中。所谓"发明"，就是要能披沙见金，见巨识微，于语言之"道"发而明之。发明语言之"道"，要有好的理论和方法。但凡好的理论方法，都可以借鉴，无问西东，但不能因循图解，更不能方枘圆凿或削足适履。概而言之：攻坚克难，常需他山之石；买椟还珠，则是无眼之人。这本小书名为"语言文字探微"，实不敢以"发明"自是，但依傍好的方法发明语言之道乃是毕生的追求，也是这个名称的应有之意，故志以自勉焉。

　　西历 2020 年 5 月，夏历庚子年孟夏记于四毋斋庸耕室

责任编辑:宫　共

封面设计:源　源

图书在版编目(CIP)数据

语言文字探微:洪波学术论文集/洪波 著. —北京:人民出版社,2020.12

ISBN 978-7-01-022970-6

Ⅰ.①语…　Ⅱ.①洪…　Ⅲ.①汉语-语言学-文集　Ⅳ.①H1-53

中国版本图书馆 CIP 数据核字(2020)第 267055 号

语言文字探微

YUYAN WENZI TANWEI

——洪波学术论文集

洪　波　著

人民出版社 出版发行

(100706　北京市东城区隆福寺街 99 号)

北京佳末印刷科技有限公司印刷　新华书店经销

2020 年 12 月第 1 版　2020 年 12 月北京第 1 次印刷

开本:710 毫米×1000 毫米 1/16　印张:27.25　字数:377 千字

ISBN 978-7-01-022970-6　定价:98.00 元

邮购地址 100706　北京市东城区隆福寺街 99 号

人民东方图书销售中心　电话　(010)65250042　65289539